한국교회 예배와 예배음악의 개혁

```
국립중앙도서관 출판예정도서목록(CIP)

한국교회 예배와 예배음악의 개혁 : 한국교회 예배와 예배음
악에 대한 55개의 논제 / 지은이: 김춘해. — 서울 : 동연,
2017
    p. ;   cm

참고문헌과 색인수록
ISBN 978-89-6447-391-7 93200 : ₩22000

예배학[禮拜學]
기독교[基督敎]

237-KDC6
264-DDC23                         CIP2017034665
```

한국교회 예배와 예배음악의 개혁
― 한국교회 예배와 예배음악에 대한 55개의 논제

2017년 12월 30일 초판 1쇄 발행
2018년 3월 15일 초판 2쇄 발행

지은이 | 김춘해
펴낸이 | 김영호
편   집 | 박연숙 디자인 | 황경실 관 리 | 이영주
펴낸곳 | 도서출판 동연
등   록 | 제1-1383호(1992. 6. 12)
주   소 | 서울시 마포구 월드컵로 163-3
전   화 | (02)335-2630
전   송 | (02)335-2640
이메일 | yh4321@gmail.com

Copyright ⓒ 김춘해, 2017

이 책은 저작권법에 따라 보호받는 저작물이므로
무단 전재와 복제를 금합니다.
잘못된 책은 바꾸어드립니다.
책값은 뒤표지에 있습니다.

ISBN 978-89-6447-391-7 93200

한국교회 예배와 예배음악에 대한 55개의 논제

한국교회 예배와 예배음악의 개혁

Sola scriptura!

김춘해 지음

동연

추 천 의 글

한국교회 진정한 예배 회복을 위해 몸으로 쓴 예배학

'예배'라는 우리말은 '예로써 절한다', '예를 갖추어 경배한다'는 뜻이다. 교회에서는 우리의 신앙의 대상인 하나님께 '마음과 뜻과 정성'을 모아 예를 갖추어 섬기는 모든 행위를 말하는데, 이를 통해 신자들은 하나님의 임재(臨在)를 체험하고 하나님과 더 깊은 사귐의 단계에 들어가게 된다. 예배는 일정한 양식(예전)에 따라 이뤄지는데, 보통 찬송과 기도, 성경 봉독과 설교, 성찬 등의 순서로 진행된다.

예배는 그 순서 하나하나에서 하나님의 임재를 체험해야 한다. 인간이 온몸을 통해 하나님의 임재를 체험하고 그와 특별한 교제를 이룰 때 예배는 극치에 이르게 된다. 그 순서가 모두 하나님의 임재를 체험하는 순간인 만큼 가벼이 진행할 수는 없다. "하나님은 영이시니 예배하는 자가 영과 진리로 예배할찌니라"(요한복음 4:24)라고 한 것은 이 때문이다.

한국교회 예배와 관련하여 아주 특별한 책이 나왔다. '특별'하다는 것은 저자가 신학자도 아니고, 예배를 집례하는 위치에 있지 않았던 평신도이기 때문이다. 그렇지만 교회 오르가니스트로서 이제껏 많은 예배에 참예하였고, 교회음악인으로서 예배에 대한 이론적인 학습이나 연구를 학교에서, 그리고 개인적으로 해왔던 사람이다. 또 저자는 장로교회에서 자라나서 현재 장로교 계통의 대학교회에서 봉사하고 있으며, 유학 중 성공회와 침례교회, 감리교회, 순복음교회 등에서 오르가니스트로서 봉사하면서 다양한 예배 의식에 참여한 경험을 바탕으로 이 책을 쓰고 있다. 따라서 이 책은 몸으로 체험한 '예배학'이요, 50년 이상 예배에 참여한 경험을 토대로 쓴 책이라는 점에서 무엇보다 주목을 끈다.

저자는 다양한 예배 체험과 영감을 통해 이 책을 썼다. 저자는 40여 년 동안 교회 반주자로서 누구보다 예배에 착실하게 참석, 주목하면서 그때마다 성령께서 감동하시는 바에 따라 성경의 말씀을 찾아가면서 나름대로 이 예배학을 완성시켜 갔다. 때문에 이 책에는 현학적(衒學的)이거나 학문적인 성과에만 매달려 자신의 주장을 펴거나 정당화하려는 것이 보이지 않는다. 성령의 인도함을 받아 '성경이 예배에 대해 무엇을 어떻게 말하고자 하는가'에 따라 서술하려고 노력했다. 저자의 예배관은 다음과 같은 그의 글에서 찾을 수 있다.

주일예배는 창조주 하나님을 피조물 인간이 기리고 칭송하는 것이다. 또한 예배는 예수 그리스도의 죽음과 부활, 즉 구원을 성도들이 함께 기리는 것도 포함한다. 물론 이것은 구약 시대의 희생제사의 신약적 의미이기도 하다. 예배는 예배로서 성경공부가 아니며 부흥집회 또한 아니다. 예배에는 말씀이 있고, 말씀을 통하여 깨닫고 새로운 다짐을 하는 헌신의 순간이 예배의 결과로 나타나기 때문에, 예배는 자연스럽게 성경 말씀을 배우고 심령을 새롭게 하는 부흥집회의 성격이 내포되어 있기는 하다. 또한 역으로 성경공부에서 우리는 하나님께 예배할 수 있으며 부흥집회에서도 우리는 여전히 예배할 수 있다. 이 세 가지 요소는 각각 독립적으로 존재할 수도 있지만 서로 함께 공유하는 부분도 있다.

저자가 체험에 의해 예배에 접근하고 있지만, 예배의 초점은 '우리가 돌아갈', '오직 성경'에 두고 있다. 하나님의 말씀을 다시 읽고 찾아서 그동안 인간적인 욕심과 안이함에 흐려진 우리의 눈을 다시 하나님의 말씀으로 밝히고(시편 119:105), 그 말씀을 중심으로 다시 진정한 예배에 접근하려고 시도하고 있다. 저자가 시도하는, 현재 한국교회의 예배와 예배음악에 접근하는 자세는 하나님 말씀으로 다시 돌아가야 한다는 기본 전제에서 출발하고 있다. 저자는 평소 예배에 관한 것을 보고 느꼈을 뿐만 아니라 그 느낌을 성경에 근거하여 재검토, 해석해 갔다. 성경학자 못지않게 성경을 자주 인용하고 설명하는 것은 이 책의 특징이다. 저자가 얼마나 성경을 가까이 했는가는 그가 이 책에서 인용하는 성구들을 통해 확인할 수 있다.

예배와 관련하여 다루고 있는 저자의 주제는 목차에서 보이는 바와 같이 매우 다양하다. 어떤 때는 마치 잔소리 많은 시어머니 같은 꼼꼼한 모습도 보인다. 그러나 거기에는 저자의 성경에 대한 해박한 성찰과 신앙의 본질에 대한 깊은 이해가 전제되어 있다. 설교가 예배가 되는 것은 설교를 받으면서 '하나님 앞에 완전히 굴복하는 것'이기 때문이라고 말한다. 그래서 "하나님 말씀으로 옛 사람이 없어지고 새 사람이 된다면 그것은 예배이다. 말씀을 들으면서 배우기만 하는, 즉 성경 공부만 하는 설교는 예배가 아니다. 그래서 예배 시간, 특히 설교 시간에 내용을 적는 것은 예배에 맞지 않다"라고 주장한다. 주기도문과 관련해서도, 저자는 '주기도문'을 '주님의 기도'라고 불러야 할 것을 제안하는 한편 그것을 어떻게 예배화할 것인지도 나름대로 제안한다. 저자는 '주님의 기도'를 호흡을 조절하면서 단어 하나하나의 의미를 살려가면서 외워 기도하거나 찬양으로 할 것 등을 제안한다. 저자는 세례를 설명하는 대목에서, "세례는 우리가 이 세상에 대하여는 죽고 영에 대해서 사는 것이다. 세례식은 이것을 공적으로 선언하는 행위이다. … 세례는 물속에서 죽었던 우리가 건짐을 받아 다시 사는 것이다. 이것은 영적인 부활이며 중생, 즉 거듭남이다. 이것이 세례 예식의 의미이다"라고 한다. 이런 설명은 그가 미국 유학 시절 한인침례교회 오르가니스트로서 예배 중에 침례식을 살펴보았기 때문일 것이다. 저자는 또 헌금과 관련해서도, 이름이 적힌 헌금 봉투가 없는 것이 성경적이라고 주장하는 등, 저자 나름대로의 이상적인 모습을 제시한다. 주보와 관련해서도, 예배 순서가 일 년 내내 변하지 않기 때문에 교회 주보가 불필요할 뿐만 아니라 예배 집중을 방해할 수도 있다고 지적한다. 이 밖에 찬양 등 예배 순서 전반에 걸쳐 세미한 부분까지 그 관찰의 영역을 다양하고 조밀하게 확대한다.

신학을 전공하지는 않았지만 관련 서적을 읽고 자신의 것으로 체화했다는 여러 가지 흔적들이 보인다. 가령 하나님 말씀의 선포를 두고, "하나님의 말씀은 선지자들이나 왕 그리고 학자들에 의해 하나님의 말씀이 담긴 두루마리 성경을 백성 앞에서 펼쳐서 읽어주는 것이었다. 이것이 이어진 것이 바벨론 포로 시기 이후에 생겨난 회당에서의 하나님의 말씀 선포이다"라는 대목에서 저자가 관련 전문 서적을 독파했음을 엿볼 수 있다. 또 예배와 관련한 저자의 자세에서는 사유의 끈질김과 관찰의 다양성도 보여준다. "예배는 지식적으로 무엇을 축적하는 시간이 아니며 오히려 탈지식의 순간이 예배이다." "물리적으로는 의자에 앉아 있지만 영으로는 무릎을 꿇고 있으며, 하나님의 말씀을 들으면서 하나님을 경배하고 있으며, 말씀을 마음으로 화답하고 있는 것이다. … 주일 예배에서 모든 성도가 하나님의 말씀을 다 함께 경청하면서 다 함께 말씀에 화답하고 다 함께 하나님 앞에 굴복한다면 설교는 바로 예배이다." "설교만이 하나님의 말씀이 아니라 예배의 모든 순서들이 하나님의 말씀으로, 들으며 기도하며 찬양"한다면 그것은 예배라고 하는 데서 저자의 예배에 대한 다양한 사유를 엿볼 수 있다. 그런데 저자에 의하면, "자기를 내려놓고 자신을 없애고, 자신을 죽이고 하나님께서만 영광을 받으시도록 하는 시간이 예배"인데 그렇지 못한 경우가 너무나 많다고 안타까워한다. 어떤 사람은 교회에 예배하러 온 것이 아니라 예배를 관리하고 평가하러 온 사람인 경우도 있다는 것이다. 인간은 예배를 평가하는 존재가 아님을 주장한다.

저자는 이 책에 앞서 『예배와 오르간 - 오르간 예배음악 연주법』, 『오르간과 피아노를 위한 찬송가 편곡 1-3』을 써서 한국교회 예배에 대한 나름대로의 관심을 이미 표명한 바 있다. 이어서 이 책을 쓰는 것은 한국교회의 예배와 예배음악의 본질을 회복하고 그 간절한 소망을 재강조하기 위함이다. 그것은 한마디로 성경으로 돌아가자는 것이다. "우리 하나님께로 돌아오라 그가 너그럽게 용서하시리라"(이사야 55:

7), "이스라엘아 네가 돌아오려거든 내게로 돌아오라"(예레미야 4:1). 성경으로 돌아가는 길은, 한국교회 예배에서 무엇이 잘못 되었는가를 깨닫고 속히 고치려는 열망이 있을 때 가능하다. 하나님보다 더 소중하게 생각하는 것들을 다 내려놓을 수 있을 때 예배도 회복될 수 있다는 것이 저자의 일관된 주장이다. 그래서 시종일관 '오직 성경으로 Sola scriptura'로 돌아가자고 외친다. 이 책이 주장하는 예배의 본질 회복은 하나님의 말씀으로 돌아가자는 것이다. 이 책의 결론이 "하나님 저희들이 말씀 안에서 하나님께로 돌아오게 하시옵소서"라고 염원하는 것은 이 때문이다. 저자가 이 책에서 강조하고 열망하는 한국교회 예배 회복의 염원이 실현되기를 기원한다.

2017. 12. 4.

이만열
(숙명여자대학교 명예교수,
전 국사편찬위원회 위원장)

추 천 의 글

이 책은 종교개혁 5백주년을 맞이한 한국교회가 개혁의 방향을 잡는데 매우 유익한 지침서이다. 지금까지 진행된 개혁 논의는 주로 교리와 교회 제도 및 재정에 집중되어 있었다. 이 책은 매우 중요하지만 빠뜨리기 쉬웠던 예배음악의 개혁에 대해 논하고 있다. 예배음악은 교회의 모든 활동에서 필수적이지만 우리가 매우 소홀히 대하고 있는 부분이다. 김 교수는 현재 우리의 예배음악이 마치 세월호처럼 침몰하는 배와 같다고 탄식하면서 본질로 돌아가는 대안을 간곡히 제시하고 있다. 루터의 95개 논제처럼 이 책도 한국교회 예배와 예배음악의 개혁을 55개 논제로 다루고 있어서 일반 대중들도 쉽게 이해할 수 있다. 한국교회의 개혁을 바라는 모든 성도들이 필독해야 할 책이다.

백종국
(교회개혁실천연대 공동대표,
기독교윤리실천운동 이사장)

추 천 의 글

　예배를 가르치는 전문학자의 입장에서 보면 이 책은 매우 특이한 책이다. 전문적인 이론으로 무장되어 있지 않으면서도 한국교회의 예배 현실과 그 신학적 대안을 깊이 있게 다루고 있기 때문이다. 오르가니스트이신 김춘해 교수님이 한국교회의 문제를 예배 현장에서 발견하고 고민하며, 이론과 실천적 대안을 찾아 꼼꼼하게 정리하신 그 노력의 흔적이 곳곳에 배어 있다. 아마도 한국교회를 사랑하고 예배를 사랑하는 교수님의 열정의 결과가 아닌가 생각된다. 그래서 이 책은 매우 귀한 책이다. 이만열 교수님의 추천의 글 제목처럼 "몸으로 쓴 예배학"이다.

　예배학자들의 고민은 교회와 신학의 전통(Tradition)과 정통성(Authenticity)을 가르쳐야 하지만 현장의 예배 경험이 이와 동떨어져 있거나 많이 어긋나 있고, 이를 바로 잡기에는 학자들의 목소리가 너무 전문적이어서 현장에서 수용하기 어렵다는 데 있다. 그러나 김춘해 교수님의 글은 그 차이를 메우고 있는 매우 의미 있고 가치 있는 저술이다. 예배학자로서 이 글을 읽으며 문득문득 '아, 이러한 부분은 어떤 학자의 어떤 개념과 연결되어 있는데…' 하는 생각을 하게 된다. 그러나 동시에 이러한 이론적 연결은 오히려 대중들과 소통을 어렵게 하고 예배를 이해하기 어렵게 만드는 장벽이 될 수 도 있다. 이론을 사용하지 않아도 충분히 그 의미를 생각하고 대중들에게 쉽게 설명하는 기술은 김춘해 선생님이 오랜 예배 현장에서 고민이 축적되어 있었기에 가능하다고 본다.

2017년 루터의 종교개혁 500주년도 이제 저물어가고 있다. 한국교회는 개혁을 위해 몸살을 앓고 있다. 이 어두운 긴 터널 끝에는 무엇이 기다리고 있을까? 비판의 날을 세우고 자기 자신은 비판의 대상에서 제외되는 것처럼 행동하는 수많은 지식인들에 의해서가 아니라, 끝이 보이지 않는 어두움의 끝에 한줌의 빛을 기다리는 자들에 의해서 한국교회는 변화되리라 본다. 그들은 그리스도의 빛을 기다리는 자들이다. 아버지와 아들과 성령이 서로에게 내주하고 존경하고 사랑하는 관계 안으로 들어가 그 안에서 뛰어놀고 자유롭게 되는 예배를 소망하는 자들이다. 그래서 하나님은 자신을 진정으로 예배하는 자들을 목말라한다. 우리도 그분을 목말라 한다.

Veni Sante Spiritus!

박종환

(한국예배학회 회장,

실천신학대학원대학교 교수)

감사의 글

이 책이 나오기까지 감사드릴 분들이 있다. 추천의 글뿐만 아니라 좋은 의견으로 지도해주신 이만열 교수님과 백종국 교수님, 박종환 교수님께 감사를 드린다. 글을 세세하게 읽고 조언으로 격려해주신 남편과 두 언니들에게도 감사드린다. 나의 좋은 영적 후원자로서 교정을 비롯해 글의 내용 등 글의 전체적인 방향에도 도움을 주신 황원실 목사님께도 감사를 드리며 늘 강건하시고 하나님의 좋은 목자가 되시기를 기도한다. 마지막으로 이 글의 출판을 맡아주신 도서출판 동연의 김영호 사장님께도 감사드린다.

Semper soli Deo gloria.

저자 김춘해

머리말

Sola scriptura

　　종교개혁 500주년을 맞이하면서 개혁이라는 단어를 더욱 실감하는 2017년이다. 종교개혁자들의 입장에서 본다면 개혁은 500주년이라는 어떤 특정한 시점에 생각하는 것이 아니라 항상 개혁하는 것이다. 그들은 이렇게 외쳤다. "Semper reformanda." 500주년이라서 더 개혁하고 그 다음 해는 별로 개혁하지 않아도 된다는 것이 아니다.

　　그럼에도 불구하고 500주년을 맞이하여 필자가 이 글을 쓰게 된 것은 부끄럽고 죄송하지만 그래도 감사하다. 이 주제에 대해 평소 많이 생각해 온 것은 사실이지만, 이것을 글로 쓰게 된 더 직접적인 동기는 올해 봄에 출판된 필자의 『예배와 오르간』이다. 필자가 5년 전에 이 책을 쓰기 시작하여 작년 여름부터 글을 완성해 오면서 한국교회의 예배와 예배음악의 개혁에 대해 더 많이 고민하게 되었다. 그래서 쓰던 책이 완료되면 이 주제로 글을 쓸 것을 생각하고, 이 주제에 관련된 내용의 글은 『예배와 오르간』에서 따로 떼어 놓았으며 이제 이 글에서 다시 만나게 될 것이다.

지금 한국의 교회는 루터가 1517년 95개의 논제를 제안했던 당시 교회가 아니다. 루터(Martin Luther, 1483-1546)와 칼빈(John Calvin, 1509-1564)이 이 시대에 살아 있다면 지금의 한국교회의 예배와 예배음악에 대해 어떤 반박문을 내걸까? 필자는 루터나 칼빈처럼 신학자가 아니며 목회자가 아니다. 필자는 교회음악인이다. 그리고 평생을 하나님을 믿어온 평신도이다. 하나님을 사랑하고 하나님이 원하시는 삶을 살고자 하는 한 평신도의 눈에는 현재 우리나라 교회의 예배에서 수정되어야 할 부분들이 많이 있어 보인다. 그리고 교회음악인으로서, 예배음악 역시, 하나님을 섬기고 예배하는 본질에서 멀어진 것들이 많다고 생각한다. 이것은 단지 필자의 생각만이 아니다. 목사님들과 교회 성가대 지휘자 그리고 오르가니스트들과 이야기를 나누면 많은 사람들이 현재 우리나라 교회 예배와 예배음악에 대해서 우려하는 말들을 한다. 그래서 이 글을 쓰는 용기도 더 가지게 되었다.

교회 주일예배의 모든 순서는 다 예배이다. 그리고 예배의 모든 음악, 즉 찬양은 모두 당연히 예배이다. 그래서 필자는 이 점에서 예배와 예배음악을 논할 것이다. 루터의 95개의 반박 논제가 아니라 필자는 한국교회의 예배와 예배음악 상황에서 질문을 하고, 이에 하나님의 말씀을 찾고, 그 말씀을 근거로 우리가 어떻게 하는 것이 성경적인 것인지 풀어서 쓰고자 한다. 또한 말씀에 근거하여 하나님의 음악을 하고자 하였던 성전부터 지금의 교회까지 예배음악의 흐름과 그 변화를 살펴보는 동시에, 현재 우리나라 교회보다 더 발달한 서양 교회의 예배와 예배음악의 경우를 예로 들기도 할 것이다. 또한 음악사와 음악 이론 내지 음악의 기능과 영향에 대해서도 보충 설명을 할 것이다.

지금 우리나라 교회의 예배와 예배음악은 기울어진 배 같다. 이 배는 기울어진 채로 표류하고 있는 것 같다. 이것은 배의 선장이 잘못되어 있어서 그렇다. 배의 모든 것은 선장의 책임 아래 이루어진다. 굳이 2014년의 세월호를 떠올리지 않더라도, 믿음의 방주인 교회의 선장이 현재 누구인가? 선장은 하나님이셔야 하고 나침반은 하나님의 말씀 곧 성경이 되어야 한다. 그런데 하나님 자리에 이 세상의 온갖 것들이 앉아 있다. 선장 자리에 앉아 있는 모든 것은 없어져야 하며 없애야 한다.

'개혁'(reform)이라는 단어는 어떤 점에서는 그 의미와 과정이 모호하다. 그래서 필자는 개혁이라는 단어보다 '돌아가다'(return) 즉 '회귀'(回歸)라는 용어를 쓰고 싶다. 우리는 하나님께로부터 나왔으며, 그래서 교회는 하나님으로, 즉 하나님의 말씀으로 돌아가야 한다. 교회는 하나님의 말씀으로 세워진 성도의 공동체이다. 이 글에서 유일한 권위는 하나님의 말씀이다. *Sola scriptura*! 현재의 예배와 예배음악이 본질적인 정신으로, 즉 하나님의 말씀으로 되돌아 갈 수 있기를 희망한다. 예배와 예배음악의 본질은 인간이 아니라 하나님이시다. 그리고 인간의 생각이 아니라 하나님의 말씀이다.

눈을 들어 하늘 보라 어두워진 세상 중에

외치는 자 많건마는 생명수는 말랐어라

죄를 대속하신 주님 선한 일군 찾으시나

대답할 이 어디있나 믿는 자여 어이할고

_ 〈눈을 들어 하늘 보라〉 2절, 석진영 가사 / 박재훈 곡

2017년 성탄절을 기다리며

글쓴이

차 례

추천의 글 / 이만열
추천의 글 / 백종국
추천의 글 / 박종환
감사의 글
머리말 *Sola scriptura*

머리글 | 한국교회 예배와 예배음악의 개혁
— 하나님 말씀으로 돌아감(Sola scriptura)   23

제1부 한국교회 예배

I. 예배

1. 주일예배는 예배인가, 성경공부인가, 부흥집회인가?   31
2. 열정적인 예배와 경건하고 차분한 예배   45
3. 예배 시간은 몇 시간? 한 시간?   55
4. 성찬식과 세례식   71
5. 주기도문, 주님의 기도(Lord's Prayer)는 어떻게 하는 기도인가?   82
6. 헌금(봉헌)은 무엇이며, 결과를 왜 주보에 싣는가?   91
7. 예배 주보, 필요한 것인가?   102
8. 침묵, 조용한 시간, 아무 소리가 없는 시간   109
9. 예배에서 설교가 가장 중요한가?   118
10. 성도는 예배를 평가해도 되는가?   124
11. 예배에서 박수는 왜 하는가?   131
12. 교회 연합 예배는 예배인가, 이벤트성 집회인가?   138
13. 어버이주일(Parents', Father's, Mother's, and Lord's Day)?   143
14. 하나님께서 거절하시는 예배!   148
15. 우리는 예배당에서 그리고 예배에서 너무 불손하다   157
16. 주일 옷(Sunday Clothes)이 이상하다?   165
17. 예배 순서를 맡은 사람은 예배자인가, 예배 관리자인가?   172
18. 11월 셋째 주일 추수감사절은 미국의 국경일, 미국인의 예배인가?   180

II. 예배당

19. 예배당에 십자가가 없다, 대신 웬 태극기? … 186
20. 예배당은 기독교 예술의 종합 작품 … 194
21. 영상, 세상에 눈을 감아야 하나님을 볼 수 있다 … 202
22. 예배당 강대상 정면의 파이프 오르간은 어떠한가? … 211
23. 예배당의 잔향이 길면 좋은 이유 … 220
24. 예배당의 성도들 의자는 어떤 것이 좋은가?
    ― 긴 의자(pew) 혹은 개인 의자? … 229
25. 예배당에서 성가대(찬양대) 좌석의 위치 … 238

제2부 한국교회 예배음악

III. 예배음악

26. 성스러운(sacred) 혹은 세속적인(secular)? … 251
27. 소음을 그치라! 대신 정의를 하수같이! … 263
28. 교회음악과 예배음악에서 기술(기교, technique)의 의미 … 273
29. 예배음악은 음악의 요소를 고루 갖춘 균형이 있는 음악 … 280
30. 회중찬송가의 균형 … 291
31. 어머니 찬송? 나라 사랑 찬송? … 305
32. 화답송을 회중찬송으로 … 311
33. 성가대(찬양대) 찬양곡 레퍼토리의 균형 … 320
34. 성가대(찬양대)는 있어도 좋고 없어도 좋은가? … 337
35. 성서상의 악기와 예배와의 관계 … 343
36. 예배 악기로서 정체성, 역사성 그리고 전통성의 의미 … 351
37. 대중음악 악기, 드럼, 신시사이저, 전기 기타는 예배 악기로 괜찮은가? … 363
38. 많고 큰 것이 좋다? … 378
39. 교회음악은 진보적인가, 아니면 보수적 혹은 전통적인가? … 384
40. 무반주 예배음악 … 398

IV. CCM(Contemporary Christian Music, 대중적 기독교 음악)

41. CCM은 예배음악으로 가능한가?   407
42. CCM은 인스턴트 음악인가?   419
43. CCM의 교육적 문제점   427

V. 교회음악인

44. 교회음악은 전문 영역인가, 교회에서 음악을 하는 사람은 모두 교회음악인인가?   438
45. 교회음악인의 연구의 필요성 – 예배음악 준비를 위한 시간과 노력   445
46. 교회음악인의 사례(fee)   451

제3부 한국교회 예배와 예배음악의 미래

VI. 한국교회 예배와 예배음악을 위한 제언

47. 교회음악 연구위원회   465
48. 전임 교회음악인(Full-Time Church Musician) 제도   470
49. 신학대학교의 목회자를 위한 교회음악 교육   479
50. 기독대학의 교회음악에 대한 사명   485
51. 한국 찬송가(Hymnal, 찬송집)의 발전   489
52. 주일학교 노래, 기독교교육 음악, 세상을 가르치는 음악?   497
53. 즐김 증후군   503
54. 성도를 위한 예배와 교회음악 교육   509
55. 예배에서 성도들의 참여   513

마치는 글 | *Soli Deo gloria* 519

참고문헌(Bibliography) 521

찾아보기(Index) 525

일 러 두 기

1. 이 책에 나오는 성경 구절 중 출처 표기가 없는 것은 개역개정판(한글)과 KJV(King James Version, 영문)이다.
2. 찬송가는 특별한 출처 표기가 없으면 한국찬송가공회에서 발간한 새찬송가를 지칭한다.

머리글

한국교회 예배와 예배음악의 개혁
— 하나님 말씀으로 돌아감(*Sola scriptura*)

500년 전 교회 개혁자들이 가톨릭교회와 분리될 때 그들은 *Sola scriptura*(오직 성경), *Sola fide*(오직 믿음), *Sola gratia*(오직 은혜), *Solus Christus*(오직 그리스도), *Soli Deo gloria*(오직 주님의 영광)를 외쳤다. 이 다섯 개의 *Sola*를 하나로 묶는 것은 *Sola scriptura*이다. 오직 성경 즉 하나님의 말씀, 여기에 한국교회 예배와 예배음악 개혁의 모든 것이 들어 있다고 필자는 믿는다. 하나님의 말씀으로 우리는 돌아가야 한다. 개혁이라는 영어 단어는 reform으로 다시 모양을 만든다는 뜻이다. 어떤 것에 뭔가 고쳐져야 될 것이 있다고 생각될 때 고쳐서 다시 모양을 만든다는 뜻이다. 하지만 필자는 현재 한국교회의 예배와 예배음악을 수정하는 정도가 아니라 하나님 말씀으로 다시 돌아가도록 해야 한다고 생각한다. 이것은 고치는 수준이 아니라 근본으로 돌아가는 것으로서, 우리 성도의 삶의 지침이며 영의 양식(food)인 하나님 말씀으로 복귀 혹은 회귀이다. 그래서 '*Sola scriptura*', 이 하나로 충분하다는 뜻이다.

현대의 많은 교회는 하나님 말씀보다 인간의 생각을 앞세우고 혹은 옆에 세우며, 인간의 경험과 욕심을 내세운다. 하나님께서는 지금도 말씀하신다. "나의 생각은 너희 생각과 다르다."[1] 하나님의 자녀라면, 하나님의 종이라면 하나님의 생각을 알아야 하지 않는가? 그리고 하나님의 생각을 따라야 하지 않겠는가? 하나님의 생각은 어떤 것인지, 하나님의 생각은 무엇인지는 하나님 말씀인 성서에 다 기록되어 있다. 우리는 어쩌면, 하나님의 말씀을 잘 몰라서, 그래서 하나님의 생각을 잘 몰라서 하나님을 따르지 않는 것이 아니라, 하나님 말씀을 알면서도 그리고 하나님의 생각을 알면서도 하나님을 따르지 않고 있는 것인지도 모른다. 하나님 말씀은 알면서도 모르는 체하며 그리고 따르지 않는 것이다. 그래서 우리는 의지적으로 다시 *Sola scriptura*로 돌아가야 한다. 마음만 가져서는 안 된다. 행동으로, 의지적으로, 지금, 하는 모든 것에서, 하나님 말씀과 멀어져 있다면 다시 하나님 말씀으로 돌아가야 한다. 이것은 본래의 위치로 돌아간다는 의미이다. 우리가 어디서 나왔는가? 나온 곳으로 돌아가는 것이다.

기독교 예배의 정신은 구약성서의 성전 예배와 신약성서의 초대교회의 모습에 있다. 구약성서를 통해 하나님께서 주신 말씀과 예배의 모습 그리고 신약성서에 나타나는 초대교회를 통해 우리는 지금의 교회를 진단하고 쇄신해야 한다. 개혁자 칼빈은 가장 이상적인 교회를 원시교회(Primitive Church), 즉 초대교회로서 초대교회의 모습으로 돌아가자고 외쳤다. 지금은 구약성서 시대도 아니며, 교회가 소아시아와 로마로 팽창해가고 있던 신약성서 시대도 아니다. 그리고 르네상스의 한 가운데 있었던 루터나 칼빈의 시대도 또한 아니다. 그래서 구약성서의 성전 예배나 초대교회의 모습 그대로 돌아가야 한다는 것이 아니며 루

---

[1] 이사야 55:8-9 "여호와의 말씀에 내 생각은 너희 생각과 다르며 내 길은 너희 길과 달라서 하늘이 땅보다 높음 같이 내 길은 너희 길보다 높으며 내 생각은 너희 생각보다 높으니라."

터 교회나 칼빈 교회로 돌아가자고 하는 것도 아니다. 우리가 돌아갈 곳은 오직 성경이다. 하나님께서 하신 말씀을 다시 찾고 읽어서 그동안 인간적인 욕심과 안이함에 흐려진 우리의 눈을 다시 하나님의 말씀으로 밝히고,[2] 모든 것을 다시 보아야 한다. 교회는 이 세상에서 성경을 기독교의 유일한 권위로 생각한다. 그러면서도 성경 말씀대로 하지 않는 것은 무슨 의미인가? 이것은 인간의 욕심으로 하나님 말씀의 권위를 인정하지 않는 것이다. 성경은 기독교의 본질이다. 그런데 성도가 본질을 잃어버리고, 본질을 외면하고, 본질을 왜곡시키면서 사람 마음대로 교회를 좌지우지한다.

하나님은 한 분이시다. 하지만 교회에 100명의 성도가 있다면 하나님은 한 분이 아니라 100분이신 것 같은 느낌이다. 그리고 각 교회는 물론, 각 나라 또한 같은, 한 하나님[3]을 믿는 성도가 예배에 대하여 가지는 생각이 왜 다른 것인지 우리는 고민해야 한다. 이것은 단지 시대적인, 문화적인 차이라는 것으로 변명할 성격이 아니다. 본질적인 것으로 성경에 우리의 모든 것을 다시 비추어 봐야 한다. 성경에서 하라고 하면 하는 것이고, 하지 말라고 하면 하지 않는 것이다. 이것은 구약성서에 나오는 어떤 동물은 먹지 말라고 한 것에 대한 현대적 해석을 말하는 것이 아니다. 예배의 본질적인 면에서 우리는 하나님을 예배하는지, 또한 찬양하는지 말씀에 근거하여 점검해야 할 일이다. 고민만 하고 고치지 않는다면 그것은 더 큰 잘못이다. 잘못된 것을 안다면 수정할 것이며, 바르지 않은 길이라면 그 길에서 돌아서서 다시는 가지 않아야 하며 그리고 말씀에 따라 길을 가야 한다.

---

2 시편 119:105 "주의 말씀은 내 발에 등이요 내 길에 빛이니이다."
3 디모데전서 2:5, 갈라디아서 3:20, 야고보서 2:19.

먼저, 우리가 가장 많이 논하는 개혁이라는 단어부터 알아본다. 성서에서 개혁(reform, reformation)이라는 단어는 King James Version에서 레위기 26장 23절과 히브리서 9장 10절에, 한글 성경은 히브리서 9장 10절에 나온다.

And if ye will not be **reformed by me** by these things,
but will walk contrary unto me(Leviticus 26:23).
이런 일을 당하여도 너희가 내게로 돌아오지 아니하고
나를 대항할찐대

일이 이 지경이 될 때까지도,
너희가 나에게로 마음을 돌이키지 않고,
여전히 나를 거역하면(표준새번역 개정판).

Which stood only in meats and drinks,
and divers washings, and carnal ordinances,
imposed on them until the time of **reformation**
(Hebrews 9:10).
이런 것은 먹고 마시는 것과 여러 가지 씻는 것과 함께
육체의 예법만 되어 개혁할 때까지 맡겨 둔 것이니라.

이런 것은 다만 먹는 것과 마시는 것과
여러 가지 씻는 예식과 관련된 것이고,
개혁의 때까지 육체를 위하여 부과된 규칙들입니다
(표준새번역 개정판).

위의 레위기의 말씀에서 보면 개혁(reform)이라는 단어는 하나님께로 돌아가는 것으로 번역되어 있다. 그리고 히브리서에서는 개혁이라는 한글 단어를 바로 직접적으로 사용하고 있으며 여기서 개혁이라는 의미는 예수 그리스도의 새로운 언약, 즉 십자가의 죽으심과 부활을 통한 구원의 역사로 나타나는 은혜의 새 시대라는 의미로 해석된다. 결국 성경에서 개혁(reform)이라는 의미는 하나님께로 돌아가는 것으로, 율법의 하나님뿐만이 아니라 은혜의 하나님께로 돌아가는 것으로 해석된다. 이것은 구약의 하나님과 신약의 예수 그리스도가 한 분이시며, 성경은 하나의 말씀으로서 우리가 유일하게 돌아가야 할 곳이라는 것이다. 이런 의미에서 교회의 개혁은 잘못된 것을 수정하는 정도가 아니다. 본질로 돌아가는 것이다. 즉 하나님 말씀으로 돌아가는 것이다(*Sola scriptura*). 이제 예배와 예배음악을 하나하나 점검하면서 하나님으로부터 멀리 가 있는 것이 있다면 돌아오도록 해야 할 것이다.

제1부
한국교회 예배

I. 예배
II. 예배당

I
예배

1. 주일예배는 예배인가, 성경공부인가, 부흥집회인가?

여호와를 경외함으로 섬기고 떨며 즐거워할지어다(시편 2:11).

예배는 무엇인가? 한국교회의 주일예배는 예배(Worship)인가, 성경공부(Bible Study)인가, 부흥집회(Revival Meeting)인가? 여기서 한국교회 예배를 지칭한 이유는 현재 우리나라 교회의 예배는 유럽이나 미국 교회의 예배와는 많이 다른 모습이라고 필자가 느끼기 때문이다. 예배 시간에 성도들이 필기도구로 설교 내용을 적으면서 공부하는 교회가 있는가 하면, 찬양을 몇 십 분씩 하면서 갈급한 심령을 채워달라고 기도하는 교회도 있다.

주일예배는 창조주 하나님을 피조물 인간이 기리고 칭송하는 것이다. 또한 예배는 예수 그리스도의 죽음과 부활, 즉 구원을 성도들이 함께 기리는 것도 포함한다. 물론 이것은 구약 시대의 희생제사의 신약적 의미이기도 하다. 예배는 예배로서 성경공부가 아니며 부흥집회 또한 아니다. 예배에는 말씀이 있고, 말씀을 통하여 깨닫고 새로운 다짐을 하는 헌신의 순간이 예배의 결과로 나타나기 때문에, 예배는 자연스럽게 성경 말씀을 배우고 심령을 새롭게 하는 부흥집회의 성격이 내포되어 있기는 하다. 또한 역으로 성경공부에서 우리는 하나님께 예배할 수 있으며 부흥집회에서도 우리는 여전히 예배할 수 있다. 이 세 가지 요소는 각각 독립적으로 존재할 수도 있지만 서로 함께 공유하는 부분도 있다.

그럼에도 불구하고 예배는 예배라야 한다. 특히 모든 성도가 일주일의 하루를 정해 놓고 함께 모여서 드리는 주일예배는 더욱 그렇다. 예배는 정신(spirit)이며 마음(heart)이고 자세(attitude)이다. 정신과 마음과 자세가 하나의 외적인 모습을 갖추어 나타나는 것이 주일예배이다. 예배하는 성도의 마음이 예배의 정신으로 가득 차 있다면 그것은 예배이다. 그러면 예배의 정신은 무엇인가? 내가 없어지는 정신이다. 그리고 하나님만 바라보고, 하나님께서만 온전히 임재하시는 것이다. 내 중심에 있는 나를 비우고 하나님을 내 중심에 모시고 내 안에서 하나님께서 충만하시도록 하는 것이다. 예수님께서는 "나를 따라오려거든 자기를 부인하고 자기 십자가를 질 것이라"[1] 하셨다. 예수님을 따르는 것도 예배하는 것도 다 같다. 이것은 인간 중심에서 하나님 중심으로 모든 것을 옮기는 것이다. 그러므로 예배에서 인간적으로 무엇을 얻으려고 한다면 그것은 이미 예배가 아니다. 여기서 인간적인 것은 물론 영적인 것이라 하더라도 나를 위해 얻으려고 하는 것이 있다면 그것 또한 예배의 정신에 어긋난다. 사모하는 것이 신령한 것이라 하더라도 성도가 예배 시간에 뭔가를 바라는 그 자체는 예배의 정신에 위배되는 것이라는

---

1 누가복음 9:23 "… 아무든지 나를 따라오려거든 자기를 부인하고 날마다 제 십자가를 지고 나를 따를 것이니라."

뜻이다.

예배는 채우는 시간이 아니고, 비우는 시간이다. 내가 비워져야 하나님께서 내 안에 들어오실 수 있다. 가진 것이 있다면 있는 것 모두를 다 하나님 앞에 내어 놓고 하나님을 영광스럽게 하고 하나님을 존경하는 행위를 하는 것이 예배이다. 예배하는 순간은 사람으로서 가장 진실하고 솔직한 시간이어야 한다. 이것은 솔직하게 하나님 앞에 우리가 원하는 것을 아뢰라는 것이 아니다. 하나님을 하나님으로 인정하는 시간이 예배라는 의미이다. 예배는 하나님께 우리의 잘못과 죄를 자백하고 용서함을 받으면서 하나님을 인정하는 시간이며, 피조물로서, 또한 구속을 받은 성도로서 하나님께 감사와 찬미로 하나님을 인정하고 높이는 시간이 예배인 것이다.

이에 비해 성경공부와 부흥집회는 사람 중심의 모임이다. 이 두 모임은 사람이 뭔가를 얻기 위한 것이다. 그것이 비록 하나님 말씀을 듣기 위함이라 할지라도 역시 사람이 바라는 것이 있으며 공부한다는 점에서, 그렇기 때문에 결국 얻기 위하여 모였다는 것에는 다를 바가 없다. 부흥집회는 더욱 그렇다. 메마르고 고갈된 심령이 하나님의 말씀과 성령의 역사로 새로워지고 뜨거워져서 자신의 신앙생활에 에너지와 능력을 가지게 되는 것은 모든 성도가 원하는 것이다. 그리고 이것은 성도에게 아주 중요한 것이기도 하다. 그럼에도 불구하고 성경공부와 부흥집회는 성도의 신앙생활을 위한 것(도와주는 것)을 목적으로 하는 것이기 때문에, 즉 사람을 위한 것으로서 이것은 예배가 될 수 없다는 것이다.

예배 시간에 성경 강해를 하는 것은 예배의 본질에서는 어긋난다. 예배는 성경 세미나가 아니며 사경회가 아니다. 이것은 예배는 성경을 탐구하고 배우는 시간이 아니라는 의미이다. 그 날에, 그 주일에 하나님께서 주시는 말씀을 목회자는 성도들에게 선포(Proclamation of God's Word)하는 것이 설교이다. 설교는 설교자의 개인적인 의견이 들어간 성경 풀이가 아니다. 물론 목회자는 성경과 신학을 연구한 사람으로서 하나님 말씀을 일반 평신도에게 이해하기 쉽게 설명하는 것이 필요하다. 하지만 하나님의 말씀은 또 다른 하나님의 말씀으로 풀이하는 것으로, 자신의 해석보다 하나님 말씀에 더 중심을 두어야 한다. 그래서 목회자는 하나님의 말씀을 성도에게 선포하고 성도는 하나님의 말씀을 들을 때 아멘으로 화답하면서 하나님 말씀에 감사하며 영광을 돌리는 것이다. 그래서 설교는 Sermon(설교, 강론, 교훈)이나 Homily(하나님 말씀을 읽고 그 말씀에 대해 짧게 설명을 하는 것)라는 용어보다도 Proclamation of God's Word(하나님 말씀의 선포)라는 용어가 더 적절하다. 외국의 많은 교회가 이런 용어를 쓰고 있다.

하나의 예화가 있다. 한국인 한 여행자가 유태인 회당에 예배하러 갔을 때의 일이었다. 유태인 안내자는 그 사람이 회당에 들어갈 때 "No writing!"이라고 말을 했다고 한다. 그때 그 유태인은, 한국사람 중에는 예배 시간에 성경공부 하듯이 설교자의 말씀을 기록하는 사람이 있는 것을 알고 있었던 것 같으며, 예배는 예배이며 공부 시간이나 자료를 모으는 시간이 아니라는 의미로 그 말을 한 것 같다. 예배는 그 예배 시간 100%를 다 집중해서 하나님께 드리는 것이다. 뭔가를 적는다는 것은 들으면서 그것을 자기 것으로 다시 만드는 과정으로, 드리는 정신은 약해질 것이며 오히려 받는 상황이 될 가능성이 많아진다. 그러므로 예배는 온전히 하나님께 드리는 것으로 충분하다.

현재 한국교회는 여러 가지 형태로 성경공부를 한다. 성경공부에 참여하는 성도가 전체 성도가 아니라는 이유로 예배를 성경공부 시간으로 만드는 것은 하나님께 드리는 예배를 설교자가 방해하는 것이라고 해도 과언이 아니다. 설교자는 예배 시간을 자신의 설교를 위한 시간으로 생각하면 안 된다. 설교자가 예배를 말씀을 가르치는 시간으로 생각한다는 것은 성도들이 예배를 은혜 받는 시간으로 생각하는 것이나 다를 바 없이, 모두 하나님 앞에서는 옳지 않은 일이다. 이런 자세의 예배는 사람을 위한 모임이 될 가능성이 매우 높다.

기독교인들이 좋은 설교자를 찾아 쇼핑하듯이 교회를 정하는 현실이 바로 이것을 말해준다. 예배를 드리러 오는 것이 아니라 자기가 좋아하는 그 무엇을 찾아오는 것이다. 설교가 좋든지, 음악이 좋든지, 성도들이 좋든지, 교회 건물이 좋든지, 아니면 교회의 다른 어떤 프로그램이 좋아 교회를 나온다는 것이다. 이것은 결국 많은 사람들이 예배당에 앉아 있지만 예배한다는 하나의 마음으로 예배당에 있는 사람들만은 아니라는 것이다. 그래서 교회의 설교가 자신의 마음에 들지 않으면 교회를 옮긴다. 이 얼마나 교만한 모습인가? 성도는 교회를 선택할 권리가 없다. 자신이 선택한다고 생각하는 그 자체가 모순이다. 우리는 우리 스스로 무엇을 할 수 있는 그런 대단한 존재가 아니다.

예배는 성도의 신앙생활을 '위한' 것이 목적이 아니다. 오히려 예배는 성도의 신앙생활 '한가운데' 있는 것으로, 예배는 바로 신앙생활, 즉 신앙의 표현이다. 예배는 예배로서 그 이상도 그 이하도 아니다. 나를 없애고, 내가 바라는 것을 버리고, 하나님을 찬양하고, 하나님을 칭송하고, 하나님을 높이는 것이 예배이고 예배의 목적이다. 예배에서 성경을 읽을 때도, 성경 말씀을 들을 때도, 묵상할 때도, 기도할 때도 그리고 당연히 찬양할 때도 하나님을 칭송하는 것으로 예배의 모든 순간은 다 예배이다. 예배는 이 세상의 것에 눈을 감는 때이다. 이 세상 것에서 눈을 감을 때 하나님을 보게 될 것이며, 이 세상 것에서 귀를 막을 때 하나님의 음성을 들을 것이다.2 그리고 불평하고 시기하고 부정적인 말을 중단할 때 입은 진심으로 하나님을 찬양한다. 이것은 사람이 자신의 평소 생각과 마음에서 큰 전환을 해야 예배가 가능하다는 것을 의미한다. 예배는 저절로 되는 것이 아니다. 자기가 죽어야, 이 세상 것에서 분리되어야 신령한 것과 연결된다. 이것은 예배에서 성도가 적극적으로 자신을 내려놓고, 세상과 분리시킬 때 하나님을 바라볼 수 있음을 의미한다. 이런 의미에서, 예배는 성도의 삶 가운데에서도 가능하다.

　구약성서에 Holy(거룩)라는 단어는 성전과 연관되어 많이 나온다. Holy라는 단어는 하나님의 고유한 속성으로, 하나님 예배에 쓰이는 성전의 기물들에 이런 명칭이 붙은 것은 이들이 하나님께 속한 것이라는 뜻으로, 성전의 모든 것은 이 세상의 것과 분리된 것이며 구분된 것이라는 의미가 있다. 그래서 성도는 삶에서 세상 사람들의 삶과 구별되어야 하는 것으로서, 예배는 성도의 삶의 결정체로서 구별과 분리라는 의미가 더욱 중요하다. 예배의 형태, 예배의 내용, 예배의 방법 모두가 다 구별되어야 하고 분리될 수밖에 없는 것이 예배이다. 그렇지 않고서 어떻게 거룩하신 하나님께 우리가 예배할 수 있겠는가?

　필자의 책『예배와 오르간』에서 빌리 그레이엄(Billy Graham, 1918-2018) 목사님 책의 구절을 인용한 것이 있다.3 하나님께 'tune in'(주파수가 맞추어져 있는)의 상태, 이것이 예배의 상태이며 예배자의 상태이다. 예배당과 예배의 설교 및 예배음악을 비롯한 예배와 관련된 모든 것 그리고 예배 순서 하나하나 모두는 하나님의 속성과 하나님의 기뻐

---

2 김춘해, 예배와 오르간, 계명대학교 출판부, 2017, 345
3 김춘해, 예배와 오르간, 계명대학교 출판부, 2017, 24

하심에 맞추어져 있어야 한다. 이것이 인간에 맞추어져 있으면 안 되는 것이다. 그런데 지금의 예배는 너무나 많은 부분에서 하나님이 아니라 인간에게 'tune in' 상태로 보인다. 사람을 기쁘게 하고, 사람에게 듣기 좋은 설교, 사람에게 듣기 좋은 음악, 사람에게 보기 좋고 사람에게 편안한 예배당… 이 모든 것에 우리는 익숙하다. 우리가 좋아하면 하나님께서도 좋아하실 것이라는 생각으로, 심지어 그렇게 말하면서 이것을 부추기는 목회자도 있다. 이 얼마나 어이없으며 철부지 같은 생각인가!

하나님께서 천지를 창조하시고 하나님의 반응은 "하나님 보시기에 좋았더라"이다. 그러면 하나님께서 보시기에 좋다고 하시는 것은 어떤 것일까? 창조 이후, 자연 만물 모든 것이 오로지 하나님 한 분만을 바라보고 있는 모습은 가장 선하고 아름다운 것으로, 어떤 것으로도 오염이 되지 않은 상태였다. 웨스트민스터 소요리 문답[4]에서 사람의 제일 되는 목적은 하나님을 영화롭게 하는 것과 영원토록 그를 즐거워하는 것이라고 쓰여 있다. 이것은 결국 인간의 삶 자체가 바로 하나님께 예배라는 의미로서, 하나님을 창조주로서 바라보며 영광을 돌리는 그 순간, 즉 우리가 피조물의 상태로 돌아갈 때 하나님께서 보시기에 좋아하시는 예배가 될 것이다.

구약성서에서 하나님께 예배하는 모습을 묘사한 구절에 "머리를 숙이고"(창세기 24:26, 48), "머리를 땅에 대면서 숙이고"(창세기 24:52, 출애굽기 34:8), "거룩함의 아름다움으로 여호와를 예배"(역대상 29:20, 시편 29:2, 96:9) 등이 있다. 그리고 예배라는 단어가 나올 때는 "섬기

---

4 웨스트민스터 소요리 문답(Westminster Shorter Catechism): 1646-1647년 영국의 웨스트민스터 교회 회의에서 채택된 것으로 평신도를 위한 교리 교육을 목적으로 총 107문항이 있으며, 질문을 하고 이에 답을 하는 형식으로 되어 있다.

다"(serve), "두려워하다"(fear), "찬양하다"(praise) 혹은 "노래하다"(sing) 그리고 특히 구약 성전의 예배에서 가장 중요한 것으로, "제물을 바치다"(sacrifice)라는 단어가 함께 나온다. 그렇지만 하나님의 말씀을 선포하면서 예배를 드렸다는 구절은 찾기 힘들다. 하나님의 말씀 선포는 모세나 여호수아 그리고 선지자들을 통해 하나님께서 원하시는 특정한 때에 있었던 것으로, 성전에서 하나님께 드리는 예배와는 다른 성격이다. 이에 구약성서에 나타난 예배는, 즉 하나님께서 원하시는 예배는 그야말로 드리는, 바치는 것뿐이다.

　신약성서에 나타나는 예배는 어떤 형태였는가? 예수님께서 하나님께 예배하는 것에 대하여 직접 말씀하신 내용은 누가복음 4장 8절과 요한복음 4장 21-24절에 나타난다. 특히 요한복음의 말씀은 예배를 어떻게 해야 하는지를 가르치고 있는 내용으로 예배는 장소를 초월하는 것이며 진정한 예배자는 하나님을 "영(spirit)과 진리(truth)"로 예배하는 것이라고 말한다. 왜냐하면 하나님은 '영'이시기 때문에 사람이 '영'으로 예배하여야만 하나님과 교통이 가능한 것이기 때문이다. 여기서 영은 사람의 가장 중심에 있는 '영'(spirit), 즉 사람의 몸과 마음만 아니라 영으로, 그래서 인간의 모든 것으로 예배를 드리는 것이다. 사람은 영이 없이 몸만 반응할 수 있다. 그리고 영이 없이 몸과 마음만 반응할 수도 있다. 하지만 살아있는 사람이 영으로 반응한다는 것은 사람의 모든 것으로 반응한다는 의미이다. 이것은 사람이 하나님과 닮은 것으로 유일하게 하나님과 통할 수 있는, 즉 하나님께서 인간에게만 주신 그 영으로 하나님과 교통하고 교제한다는 의미에서 매우 중요하다. 그리고 우리가 하나님과 교제하고 예배한다는 것은 이미 영으로 예배드리는 것이라 말할 수 있다. 왜냐하면 영이 아니면 하나님께 예배를 드릴 수 없기 때문이다. 하나님을 인정한다는 것은 영을 인정한다는 것이며 하나님께 예배한다는 것은 영으로 예배한다는 것과 같다. 영(spirit)으로 예배한다는 것은 또한 '성령'으로 예배하는 것이다. 영의 일은 성령의 일이기 때문이다. 인간의 힘으로나 인간의 의지와 감정이 아니라 성령의 충만함을 통하여 성령의 감동으로 하나님께 드리는 예배를 의미한다.

그리고 '진리'는 길과 진리이신 '예수 그리스도'를 통해서만이 하나님께 예배할 수 있다는 말씀으로 해석할 수 있다. 그래서 예배는 하나님과 예수 그리스도 그리고 성령의 삼위 모두가 임재하시며 활동하시는 순간이다.

> 하나님은 영이시니 예배하는 자가 영과 진리로 예배할찌니라(요한복음 4:24).
> God is a Spirit: and they that worship him must worship him in spirit and in truth

> 예수께서 이르시되 내가 곧 길이요 진리요 생명이니…
> (요한복음 14:6).
> Jesus said unto him, I am the way, the truth, and the life…

예수님의 부활과 승천 이후 그리고 제자들이 오순절 성령 강림을 체험한 후 그들의 모임에서 예배는 어떠하였는가? 사도행전과 바울서신을 비롯한 사도들의 편지를 보면 그들이 함께 모인 사실과 그 상황 기술은 자주 나타나지만 하나님께 예배드렸다는 단어 자체는 나타나지 않는다. 그렇다고 그들이 모여 예배를 하지 않은 것은 아니겠지만 예배라는 직접적인 단어로 표현하지 않는 것은 당시 그들의 모임의 특성 때문도 있을 것으로 추측한다. 예수님의 제자들은 복음 전도를 예수님의 지상 명령으로 받들고 열심히 전도하였으며 믿는 사람들은 여러 모습으로 사도들과 거의 매일 모임을 가졌다. 이 모임은 여러 가지 성격의 일들이 함께 한 것으로 그 중에서 가장 중요하였던 것이 성찬과 예수 그리스도라는 복음의 메시지였다. 지금으로 말하면 성찬예식과 성경공부 및 전도집회인 셈이다. 그리고 또한 중요한 것이 성도의 교제로서 간단한 식사에서부터 저녁을 먹는 일이었다. 예수님의 복음이 강력하게 전파되던 당시에는 교회당이라는 건물이 없어 가정집에서 모임을 가졌으며, 모임은 종종 오랜 시간 동안 이어지면서[5] 이런 다양한 성격의 일들이 가능하였던 것으로 보인다. 초기 기독교인들은 구약성서에서 하나님께서 말씀하신 제사나 예배에 대하여 알고 있었던 유태인들이 중심이었으나 구약성서 시대 예배와는 확실히 다른 개념의 모임임에 틀림이 없다. 그들은 안식일이 되면 성전에 가서 예배를 드렸을 수도 있지만 그들만의 모임들은 주로 주 중에 이루어졌다.

그리고 신약성서에서 초기 기독교 예배의 한 가지 모습을 더 볼 수 있는 것이 유태인 회당(Synagogue)[6]의 예배이다. 이 회당 예배는 예수님께서도 참석하셨던 예배이다. 회당은 바벨론 포로 시대 중 유태인의 회합 장소로 만들어진 곳으로 유태인 공동체 생활의 중심이 되는 곳이었다. 회당 예배는 주로 말씀 위주의 예배로, 시편 찬송이 있었으나 악

---

5 당시 모임이 길었던 것을 성경에서 볼 수 있는 것으로, 유두고가 밤늦게까지 말씀을 듣고 있다가 창문에서 떨어져 죽었을 때 바울이 이를 살려낸 일이 있다(사도행전 20:9).
6 회당(Synagogue): "회중의 집" 혹은 "기도의 집"이라는 뜻을 가진 회당은 성전 다음으로 이스라엘 백성에게 중요한 장소이다. 유태인들의 회합 장소로서 성경을 읽고, 성경을 연구하기도 하며 백성들의 community center 역할도 했던 곳이다.

기는 사용되지 않았던 것으로 추정한다. 그러므로 사도 시대의 예배는 안식일의 성전(Temple) 예배와 유태인들의 접근이 쉬웠던 회당 예배 그리고 평일의 가정 교회(House Church)의 모임 등으로, 이 세 가지의 예배 모습이 모여져 서서히 하나의 교회 예배 모습으로 만들어지게 된다. 이것이 기독교 교회 예배의 출발이다.

그럼 현대에 와서 하나님께서는 어떤 예배를 원하실까? 현대 예배는 구약성서의 성전 예배와 당연히 다르다. 희생제사가 가장 중요했던 성전의 예배는 예수님께서 완전한 희생제사가 되셨기 때문에 다시는 드릴 필요가 없어졌다. 대신 그 희생제물이 되셨던 예수 그리스도를 하나님께서 제정하신 예배의 희생제사 자리에 모시는 것이다. 그리고 나머지는 구약성서의 예배 정신과 동일한 것이라고 보는 것이 타당하다. 왜냐하면 달라진 것은 희생제사에 관한 것뿐이기 때문이다. 그래서 기독교 예배에서 성도는, 희생제사 되시는 예수 그리스도의 십자가의 죽음과 함께 죄에 죽고, 예수 그리스도의 부활과 함께 거듭나며, 예수님께서 보내신 성령을 통해서 성령의 능력을 받고 예수 그리스도의 제자가 됨을 확인하는 것이다.

그러므로 예배에서 희생제사는 예수 그리스도의 죽음뿐만 아니라 성도 모두의 죽음과 연결된다. 즉 성도는 죄에 대하여 죽고 영에 대하여 사는 것이다. 이것이 전제될 때 예배가 성립된다. 즉 우리가 희생제물(sacrifice)로서 우리 자신을 포기할(죽을) 때 온전한 예배가 되는 것이다. 포기하는 것이 없이, 희생하는 것이 없이 예배한다는 것은 이미 예배로서 불가능하다. 그런데 우리는 희생은 고사하고 바라는 것을 위해 예배하는 경우가 많다는 것이다. 그것이 성경공부이든 부흥집회이든 모두 인간의 이기적인 목적이 들어 있는 것이라면 순수한 의미의 예배가 되기 힘들다. 엄밀히 말하면 예배는 사모하는 것을 충족하는 시간이 아니라 자신이 바라는 것을 내려놓고 하나님께서 바라시는 것이 내게 이루어지도록 나를 내어놓는 것이다.7 하나님을 생각하고 하나님을 기다리고 하나님께서 우리에게 원하시는 것을 하시도록 내어드리는 그런 상태가 예배이다. 그러므로 찬양하고 기도하고, 말씀을 읽고 말씀을 듣는 것에서 다른 목적이 있을 수 없다. 찬양은 그 자체로 찬양이며 기도는 그 자체로 예배로서 나 자신을 돌아보고 하나님께 tune(주파수를 맞추는)하는 시간이며 말씀을 통해 예수님이 현현(명백하게 나타나는 것, Epiphany) 하시도록 하는 것이다.

주일예배는 성도가 이렇게 하나님께 예배함으로써 하나님과 교통하는 시간으로 개인적인(personal) 시간이기도 하며 성도 전체와 함께하는 공중(public) 혹은 공동 시간이기도 하다. 특히 공중 예배라는 것은 주일예배에서 매우 중요한 의미이다. 공중 예배를 위하여 찬양과 말씀과 기도는 보편적인 예배 방식을 취함과 동시에 주관적 혹은 개인적인 방식과의 균형 감각도 필요하다. 성도가 함께 예배한다는 것은 교회 예배의 가장 중요한 요소로서 성도 다함께 하는 부분과 성도를 대표해서 훈련된 사람이 하는 부분이 있다. 이것은 하나님께서 구약성서에서 제정하신 예배의 방법이다. 즉, 성도 모두가 하나님께 드릴 수 있는 것이 있는 반면, 훈련된 성도가 준비하여 하나님께 드릴 수 있는 것이 있다는 뜻이다. 그러나 준비된 전문인이 드리는 것이라 하더라도 이것은 성도를 대표해서 하는 것으로, 여전히 성도 모두가 함께 드리는 것임을 잊으면 안 된다.

---

7 마태복음 6:10 "주님의 나라가 임하시오며 주님의 뜻이 하늘에서와 같이 이 땅에서도 이루어지이다"(주기도문 중에서, 영어에서 직역).

그러므로 예배는 설교자의 설교를 자랑하는 시간이 아니며 음악인의 기교를 자랑하는 시간이 아니다. 예배의 스타(star)는 유일하신 하나님 한 분이시다. 어느 누구도 예배에서 스타가 될 수 없으며, 또한 스타가 되는 불경죄를 지으면 안 된다. 그런데 현대 교회 예배에는 스스로 스타가 되고 싶어 하는 사람이 많다. 하지만 중요한 것은 스스로 스타가 되고 싶어 하는 사람이 있다 하더라도 그는 결코 하나님 앞에서 스타가 될 수 없다는 것을 알아야 한다. 하나님, 예수님 한 분으로 우리는 그 어떤 스타도 필요하지 않으며, 그 어떤 사람도 예배에서는 스타가 되는 것이 불가능하다. 낮의 강렬한 태양의 빛 아래에서는 어떤 별도 보이지 않는다. 스스로 스타가 되었다고 생각하는 사람이 있다면 곧 그는 허공을 맴도는 한 피조물일 뿐이라는 것을 알게 될 것이다. 아래는 미국 성공회교회 찬송가[8]의 예로서 우리의 유일한 스타는 예수님이시라는 고백의 아름다운 시로 된 예배 찬송이다.

I want to walk as a child of the light

나는 빛의 자녀로 걸어가려네.

I want to follow Jesus

나는 예수를 따라가려네.

God set the stars to give light to the world

하나님은 이 땅에 빛으로 별들을 두셨네.

The star of my life is Jesus

나의 삶에 스타(별)는 예수님.

In him there is no darkness at all

---

8 *The Hymnal 1982*, The Church Hymnal Corporation, New York, 1985, 490장

예수님 안에는 어두움이 전혀 없네.
The night and the day are both alike
밤과 낮이 서로 같네.
The Lamb is the light of the city of God
어린양께서 하나님의 성에서 빛이시네.
Shine in my heart, Lord Jesus
주 예수님 내 마음에 빛을 비추소서.
_ 시: Kathleen Thomerson(1934- , 미국)

예배는 예배다. 이것은 하나님께 드리는 예배다. 예배는 이 본질에서 그 이상도 그 이하도 아니다. 하나님은 "나는 나다"(I AM THAT I AM)[9]라고 말씀하신 것과 같이, 사람이 어떻게 하나님을 더 이상 수식하는 것이 불가능하듯이, 예배를 더 이상 다른 것과 섞는 것이 불가능하다. 그것이 비록 성도의 신앙생활과 밀접한 관련이 있는 것이라 하더라도 예배와는 별개로 다루어져야 할 것으로 예배의 근본정신을 훼손시키는 일은 있어서는 안 된다. 사람이 하나님의 영광을 막으며 가로채는 일이 얼마나 어리석은 일이며, 또한 그것이 실제로 얼마나 불가능한 일임을 사람은 알아야 한다.

---

9 출애굽기 3:14 "And God said unto Moses, I AM THAT I AM; and he said, Thus shalt thou say unto the children of Israel, I AM hath sent me unto you(하나님이 모세에게 대답하셨다. 나는 곧 나다. 너는 이스라엘 자손에게 이르기를, '나'라고 하는 분이 너를 그들에게 보냈다고 하여라)"(표준새번역 개정판) "하나님이 모세에게 이르시되 나는 스스로 있는 자니라…."

2. 열정적인 예배와 경건하고 차분한 예배

하나님께서는 어떤 예배를 좋아하실까? 예배를 받으시는 분은 하나님이시다. 그러니 하나님이 원하시는 예배를 성도는 드려야 하지 않을까? 대부분의 성도는 자기를 위하여 예배를 드린다. 그들은 하나님께 예배한다고 하면서 자신의 호불호를 예배에서 따진다. 현대인은 특히 자신의 스타일을 주장한다. 그래서 교회에 대해서 자신의 선택권을 고집한다. 대체로 그들은 여러 교회를 다녀본 후 자기 스타일에 맞는 교회를 정해서 다닌다. 그러다 마음에 들지 않으면, 즉 자신의 스타일에 맞지 않으면 교회를 옮긴다. '세상은 넓고 교회는 많다'라고 생각하면서, 자신의 마음에 드는 교회를 정하는 것이 뭐가 문제냐는 생각을 하는 성도가 많다.

성도가 교회를 선택한다는 것은 사실 성경적이지 않다. 자신이 선택하였다고 생각하더라도 그 교회는 결국 하나님께서 이끄신 곳이라는 것을 서서히 알게 된다. 하지만 시간이 흐르면서 그 초심을 잃고 인간적인 욕심으로 교회를 옮기게 될 때가 있다.

성도가 교회를 선택(?)할 때 고려하는 것은 여러 가지가 있겠으나 그 대표적인 것들이 담임 목회자, 교회 규모, 교회 건축물, 기독교교육 내용 그리고 그 교회의 음악 등으로 이 요소들이 하나로 모여 있는 것이 바로 주일예배이다. 현대로 올수록 자신의 스타일 혹은 취향에 맞는 예배 형태를 찾아 교회를 쇼핑(shopping)하러 다니는 성도들이 많이 있다. 이것은 주일예배가 교회에서 얼마나 중요한 것인가를 말하는 것이다. 하지만 이것은 신앙의 초기 단계에서는 있을 수 있으나 성숙한 그리스도인이라면 결국 교회는 자신의 유익을 위한 것이 아니라 하나님을 섬기기 위한 것이라는 것을 깨닫게 된다. 그래서 예배 또한 자신에게 좋은 것보다는 하나님께서 좋아하시는 예배를 추구하게 된다. 즉 성숙한 성도는 자신의 성향을 주장하기 이전에 이 예배가 나를 위한 것이 아니라 하나님께 드리는 것임을 늘 기억한다.

구약성서의 예배 형태에는 크게 두 가지가 있다고 라우틀리(E. Routley)10는 말하였다.11 그 하나는 레위인들이 이끄는 성전 예배이며, 다른 하나는 선지자들의 즉흥적인 예배이다. 레위인이 주관하는 예배는 실내(in door) 예배로서 질서 정연하고 차분할 뿐만 아니라 예술적이며 경건한 예배이다. 그래서 이 예배는 정적 예배의 대표적인 모습이다. 이 예배의 모습은 우리가 익히 아는 예배로서 역대상·하와 열왕기상·하에 자세하게 기록되어 있다. 반면 선지자들이 이끄는 예배는 옥외(out door) 예배로서 성령의 역사로 예언과 노래가 함께 나타나며 열정적인 춤이 있을 때도 있다. 그 대표적인 예배가 사울이 이스라엘의 왕으로 기름부음을 받을 때 사무엘을 만나는 상황에서, 사울이 선지자들과 함께 예언하면서 예배하는 장면이다. 그래서 "사울도 선지자인가"라는 성경 구절이 나온다.12 이 두 성격의 예배는 예배음악을 논할 때 자주 등장하는 주제이다.

예배음악 또한 크게는 이 두 성격의 음악으로 나눌 수 있는데 그 하나가 객관성을 중시한 클래식 스타일(classical style)과 주관성을 중시

---

10 Erik Routley(1917-1982): 영국 회중 교회 목사, 신학자, 교회음악인, 음악학자. 교회음악 작곡과 교회음악에 관한 책 저술로 20세기의 가장 영향력 있는 교회음악인 중의 한 사람이다.

11 Erik Routley, *Music Leadership in the Church*, Abingdon Press, 1978, 54-59.

12 사무엘상 10:11 "... Is Saul also among the prophets?(전에 사울을 알던 모든 사람들이 사울이 선지자들과 함께 예언함을 보고 서로 이르되 기스의 아들에게 무슨 일이 일어났느냐 사울도 선지자들 중에 있느냐 하고)."

한 낭만적 스타일(romantic style)이 있다. 인간의 감정 표현을 동반하는 예술 작품이나 그 행위에서 이 두 요소는 항상 서로 반대되는 개념으로서 함께 공존하기도 하며 대비 관계를 이루기도 한다. 그래서 음악에서는 이 두 가지 요소가 어떠한 비중으로 나타나는가에 따라 클래식 혹은 로맨틱 스타일로 구분하기도 한다.

예배는 인간이 하나님께 존중과 감사를 표현하는 것으로서 그 방법은 시대적으로, 또한 지역적으로 다르게 나타난다. 예배의 성격을 결정짓는 가장 중요한 요소 중 하나는 예배음악이다. 음악은 예배 전체 순서에 지속적으로 등장하는 것으로, 또한 음악은 소수가 참여할 때도 있지만 전체 회중이 참여한다는 의미에서 예배의 성격을 더 확실하게 결정지어 준다.

신약성서에는 레위인의 예배음악과 선지자의 예배음악, 이 두 가지 음악의 성격을 함께 보여주는 찬양들이 있다. 즉 레위인적인 형식을 갖춘 경건미가 있는 찬양과 선지자들의 즉흥적이고 가끔은 열광적인 성격의 찬양의 예이다. 그것은 에베소서 5장 19절에 나오는 "시와 찬미와 신령한 노래"(개역한글)이다. 여기서 많은 학자들은, 시(psalm)는 시편을 의미하는 것으로 구약성서에서 내려온 전통적인 찬송이며, 찬미(hymn)는 대체로 성경에서 나오는 찬양 구절이나 시편 이외의 창작시에 의한 찬양을 의미하나 가끔은 시편을 포함하기도 한다. 찬미가 시편으로도 쓰인 예는 예수님과 제자들이 마지막 만찬 후 감람원으로 가면서 부른 찬송[13]으로, 여기서는 찬미로 표현되어 있으나 그 내용은 유월절 시편(Hallel Psalm)[14]으로 추측한다. 이 두 찬송가는 전통적이며 경

---

[13] 마태복음 26:30, 마가복음 14:26 "And they had sung an hymn(찬미: 개역개정, 찬송: 표준새번역 개정판), they went out into the mount of the Olives."

건한 성격의 찬송인 반면, 신령한 노래(spiritual song)는 즉흥적이고 자유로운 노래일 것이다. 특히 초기 기독교인들이 많이 하였던 방언 기도처럼 이 찬송은 방언으로 하는 찬양일 수도 있다는 점이다. 이 노래는 앞의 두 찬송에 비하여 개인적이며 감성적인 노래였을 가능성이 높다. 이 세 가지의 찬양의 모습은 각기 다른 찬양이지만 예배음악에서 서로 다른 성격의 찬양으로 각각 특징과 그 의미가 있었던 것으로 보인다. 하나님을 찬양하는 데 있어서 그 표현과 내용은 이렇게 각기 다를 수 있다. 이것은 교회음악의 다양성을 성경에서 보여주고 있는 점이다.

하나님을 섬기는 모습은 시대와 장소에 따라 다양함을 보여준다. 성전 예배에서 레위인의 의복은 철저하게 경건한 모습을 가지고 있다. 성전 예배는 마음과 몸가짐은 물론 외적인 형식도 매우 중요하며, 철저하게 하나님의 율례에 따른 예배로서 이에 어긋났을 때에는 하나님의 심판이 바로 내려오는 그런 예배였다.[15] 그런데 성전 밖에서의 하나님을 찬양하는 모습은 이와 다를 때가 대부분이다. 가장 비교되는 찬양의 모습이 바로 하나님의 법궤가 이스라엘로 돌아올 때 다윗의 찬양 모습이다.[16] 다윗은 법궤가 돌아오는 것을 기뻐한 나머지 옷이 흐트러지는 것을 모른 채 하나님 앞에서 춤을 추면서 즐거워하면서 하나님을 찬양하였다. 이 모습은 성전에서 하나님께 드리는 찬양에서는 상상할 수 없는 모습이다. 하나님의 율법에 보면 성전에서는 피부를 드러내는 일이 없도록 옷을 입어야 했다.[17] 하지만 다윗의 찬양을 통하여, 성전 안 혹은

---

14 Hallel Psalm: "praise"라는 뜻의 시편으로 유태인의 축제일에 주로 불리는 찬양 시편시로서 시편 113-118편의 총 6편이다.
15 아론의 아들 나답과 아비후가 하나님의 율례와 다른 금지된 불을 예배에서 사용함으로 하나님 앞에서 죽었다(레위기 10:1-2).
16 사무엘하 6:14-15.

성전 밖이라는 장소의 구별보다도 더 중요한 것은 하나님께 찬양하는 마음의 자세가 우선한다는 것을 알 수 있다. 이것은 율법을 초월하는 예배의 정신을 또한 의미한다.

예배음악에 있어서 내면적인 경건성과 외향적이고 극적인 성격의 두 가지 음악적 스타일이 역사적으로 서로 크게 대조를 이루면서 공존했던 경우가 있었다. 그 대표적인 것이 16세기 르네상스 시기(1450-1600년)[18]의 이탈리아 교회음악이다. 당시 로마와 베네치아 두 지역에서는 음악사적으로 좋은 비교가 되는 두 가지 교회음악 양식이 발달하였다. 당시 로마의 베드로성당(St. Peter, 지금의 바티칸)의 교회음악은 교황의 직접적인 영향으로 예배음악은 엄격한 무반주 음악이었다. 팔레스트리나(G. P. da Palestrina)[19]의 a cappella('교회 양식으로') 합창음악은 예배음악으로 이상적인 작품들이었으며, 당시 예배 악기인 파이프 오르간은 미사에서 성악을 반주하지 않고 성악과 교대로 연주되면서 크게 쓰임을 받지는 못한 편이었다. 팔레스트리나를 중심으로 하는 로마악파(Roman School)는 교회의 무반주 합창음악의 최고의 모습을 보여주는 반면 악기의 역할은 최소를 유지하고 있다. 이 음악의 특징은 고전적이며 절제되어 있는, 맑고 순수한 음악이다. 화성적으로는 특별한 종교적 신비감을 위한 반음계의 사용 이외에는 대체적으로

---

17 출애굽기 28:40-43, 레위기 16:3-4.
18 음악사에서는 중세를 1450년까지, 르네상스를 1450-1600, 바로크를 1600-1750로 대체로 나눈다.
19 Giovanni Pierluigi da Palestrina(c. 1525-1594): 르네상스 시기의 이탈리아 교회음악에서 가장 뛰어난 작곡가로 아 카펠라(a cappella) 무반주 합창음악의 대가이다. 로마 베드로성당에서 활약한 작곡가로 로마악파를 대표하며 그의 합창곡을 통하여 르네상스 다성음악의 최고 경지를 보여 주었다. 그의 곡 중 100곡이 넘는 미사곡과 300곡의 모테트는 우수한 작품으로 평가받는다.

전음계(diatonic)로 순차진행을 하며 리듬적으로는 온건하고 유연하다. 이 음악은 화려하고 장식적은 것은 가능한 한 피하며 예배의 경건성을 최대한 유지하는 스타일이 강점이다.

반면 베네치아악파(Venetian School)는 빌라르트(A. Willaert)[20]에 의해 발달되며 로마악파와는 대조적으로서 외향적이고 극적이며 화려함을 추구한다. 그들의 음악은 베드로성당의 무반주 합창음악이 아니라, 악기는 합창과 종종 같이 연주되었으며 파이프 오르간만이 아닌 다양한 관현악기가 사용되기도 하였다. 이 악파는 베네치아 마르코성당(St. Mark)을 중심으로 크게 발전하였으며, 이 성당의 오르가니스트를 비롯한 음악인들의 위치는 당시 최고의 자리였다. 유럽 최고의 음악가들이 마르코성당의 수석오르가니스트가 되기 위하여 경쟁적으로 이 직에 응하였으며 이 성당의 대표적인 음악가는 카바쪼니(M. A. Cavazzoni)[21]와 가브리엘리(G. Gabrieli)[22] 등이다. 이것은 마르코성당 예배에서 악기의 역할이 중요하였음을 의미하며, 이에 오르간을 비롯한 여러 기악곡들이 많이 작곡되었으며, 유명한 오르가니스트들 또한 많이 배출되었다. 그들은 화성적으로 반음계를 더 많이 사용하고, 극적이며 감성적

---

[20] Adrian Willaert(c. 1490-1562): 르네상스 시기의 네덜란드 출신 작곡가로 베네치아 악파의 창시자이다. 베네치아의 마르코성당을 중심으로 활동하면서 polychoral(다합창) 스타일을 발전시켰다. 팔레스트리나의 5-6성부의 합창곡이 아닌 특히 여러 합창단을 동시에 혹은 응창(antiphonal) 형식으로 하는 다합창 성부 구조로 많이 작곡하였다.

[21] Marco Antonio Cavazzoni(1485-1569): 이탈리아 오르간 음악에서 선구적인 역할을 한 사람으로 그의 아들 Girolamo와 함께 ricercare와 toccata 등 오르간 음악의 발전에 큰 업적을 이루었다.

[22] Giovanni Gabrieli(c. 1554/1557-1612): 이탈리아의 베네치아악파의 대표적 작곡가로서 Andrea Gabrieli의 조카이다. 그는 르네상스에서 바로크 시기로 넘어가는 시점에서 베네치아 마르코성당의 음악인으로서 당시 가장 영향력 있는 작곡가였다. 오르간을 위시한 기악곡과 교회 합창곡들을 많이 작곡하였다.

인 표현을 자유롭게 구사하였다. 이러한 음악적 양식들은 오페라의 발달에도 기여하게 되었다. 이들의 음악은 인간의 즐거움도 함께 표현하는 음악으로서 인간의 기교와 감정을 마음껏 음악에서 표현하고 있다. 이 음악 스타일은 로마악파의 순수함과 절제미 그리고 경건성과는 거리가 있으나 사람의 감정을 직접적으로 그리고 열정적으로 표현하는 따뜻함과 솔직함이 있다는 점에서 인간적인 음악으로 평가될 수 있다.

이 두 가지 음악 양식은 시대를 초월하여 항상 나타나는 현상이다. 레위인적인 음악과 선지자적인 음악은 현대의 교회음악에서 어떤 의미인가? 전례를 행하는 교회의 예배음악은 다분히 레위인적인 성격이 강하다. 왜냐하면 예배의 중심이 설교가 아니라 성찬이기 때문에 예배의 모든 예식은 성찬을 향하여 있으며 성찬이 끝나면 예배도 끝난다. 성찬의 성격은 자유롭고 열광적인 것이 아니다. 성찬은 차분하고 묵상적이며 경건한 것이 특징이다. 그래서 이들의 음악 또한 이런 성격이 많다. 이에 비해 선지자적인 음악은 대체로 복음주의 교단의 음악이다. 특히 침례교회나 오순절파 교회 혹은 독립교회에서 대중음악 악기를 동원하여 복음성가나 CCM을 위주로 찬양하는 교회가 그렇다. 이들의 찬양은 극적이며 종종 세속적이다.

여기서 지적할 것은 선지자적인 음악과 대중음악은 엄격히 다르다는 것이다. 선지자적인 음악은 오히려 대중음악과 반대쪽에 있는 음악이다. 가장 영으로 충만한 음악인 선지자적 음악은 세속적인 감정의 음악, 즉 대중음악과는 본질적으로 다른 것이다. 그럼에도 불구하고 선지자적인 음악과 대중음악의 유사점이라는 것은 단순히 겉으로 보이는 외형적인 것이다. 즉 선지자들의 음악은 예언과 노래로서 열정적이며 즉흥적이고 자유로운 음악일 뿐만 아니라 북과 같은 타악기도 사용하면서 춤도 추는 것을 볼 수 있다. 선지자는 레위 지파와는 무관하며 이 음악은 하나님의 율례에 따른 예배음악이 아니다. 이 음악인들은 역사적으로 이스라엘 백성 생활 가운데에서 노래하고 춤추는 유랑 음악인 혹은 민속 음악인으로 평가받기도 하였다.[23] 반면 성전에서 레위인의 음악은 즉흥적이고 자유로운 음악이 아니라 정련되고 절제되었으며 성전 안에서 춤은 없었다.

세계의 교회는 한 교회이다. 하지만 각 교회는 또한 하나의 교회이기도 하다. 특히 한 교단의 특징은 그 교회의 예배음악에 영향을 준다. 필자의 미국 유학 10년 동안 성공회, 감리교, 장로교, 침례교, 순복음 등 다섯 교단의 경험을 통하여 알 수 있었던 것은 각 교회의 음악적 특징은 확실히 각각 다르다는 것이었다. 가장 레위인적인 성격의 음악은 전례를 행하는 성공회이며, 그 다음이 장로교, 감리교, 침례교, 순복음 교회 순서이다. 이것은 필자만 느끼는 것이 아니라 대부분의 교회음악인이 공감하는 것이다.

중요한 것은 이런 두 가지 음악 성격이 혹은 예배 성격이 각 교회에서 분리되어 나타나는가 하는 것이다. 정도의 차이는 있으나, 한 가지 성격으로만 일관하는 교회가 있는 반면 두 가지 성격이 고르게 나타날 수도 있다. 성경에 두 가지 예배가 나타난 것을 보면 이 두 가지는 각기 의미가 있는 동시에 현대 예배에는 이 두 성격의 균형이 중요하다고 볼 수 있다. 필자의 경험을 예로 들면 성공회교회는 물론, 미국 장로교의 예배는 예술적으로 뛰어나고 아름답고 질서정연한 것이 특징이었다. 하지만 침례교회를 방문하였을 때 장로교회 예배에서 잘 느끼지 못하는 열정과 따뜻함이 있었다. 물론 이것은 그 두 교회만의 특징일 수도

---

23 Routley, 56

있으나 9년 반 동안 직접 오르가니스트나 성가대원으로서 혹은 간접적인 교회 방문이나 글들을 통하여 이것은 교단 전체의 특징인 것도 알 수 있었다.

사람에게는 이성과 감성이라는 두 감각이 있다. 지금까지 나온 두 가지 성향은 이성과 감성이라는 측면에서 논할 수도 있는 것으로 이 두 감각은 분리될 수 없는 것이다. 정도의 차이에 의해서 어느 하나가 더 비중이 높아질 때 의미 있는 변수가 되는 것이다. 하나님을 예배하는 것은 이성적인 행위인 동시에 감성적인 행위이다. 하지만 여기서 더 나아가야 하는 것은 영성이다. 그러면 영성은 무엇인가? 영성은 이성도 아니며 감성도 아니다. 이것은 이성과 감성을 초월하는 것으로 믿음의 영역과도 같은 것이다. 즉 이성에만 그리고 감성에만 의지하지 않으면서 성령의 감동으로 하는 것이 예배이다. 다른 말로 하면 이성과 감성이 동반되는 영성으로 드리는 것이 예배이다. 지·정·의와 영으로 드리는 예배라는 것이다. 우리의 예배는 이성적인 예배 혹은 감성적인 예배를 뛰어 넘어 영으로 드리는 예배라야 하며, 이것은 성령의 역사 안에서 이루어지는 것이다. 그리고 이 두 가지 요소를 하나로 아우르는 것이 영으로 드리는 예배이다.

도시화된 사회에서 차가운 기계와 살아가는 현대인에게는 열정적인 예배가 더 선호되는 편이다. 그러나 열정적인 예배 가운데 인간의 감정만이 있고 하나님께서 계시지 않는 예배가 있을 수 있다. 어떤 모습이든 한 쪽으로 치우친 것은 영성이라고 말하기 힘들다. 이 두 가지 성격이 고루 내포되어 있으면서 성령의 지배를 받고 성령의 움직임으로 이어지는 예배라면 하나님께서 기뻐하시는 예배가 될 것이 분명하다.

그러면 성령에 의해 드리는 예배는 어떤 예배인가? 우리는 이것을 어떻게 알 수 있는가? 예수님은 진리를 알면 진리가 우리를 자유케 할 것이라고 하셨다(요한복음 8:32). 진리의 영은 예수님의 영이며 곧 성령이다. 예수님의 영으로 가득한 사람의 예배는 성령으로 드리는 예배다. 그것이 경건하고 순수한 모습을 가지든지, 열정적이고 극적인 모습을 가지든지, 예수님의 영이 우리를 다스리고 우리 예배에 거하시면 그것은 진정한 예배이다. 그러면 예수님의 영은 무엇인가? 자기를 십자가에 내어놓으신 영이며 하나님 앞에 온전히 순종하신 영이다. 예수님 자신의 이익을 구하시지 않은 영이며 다른 사람을 위해 모든 것을 내어주신 영이다.

차분하고 경건한 레위인들의 성전 예배음악과 열정적인 선지자들의 예배음악은 예수님의 영 안에서 하나가 된다. 하나님을 온전히 예배하면서 자신의 것을 구하지 않는 예배라면 경건함과 열정적인 것을 구분하는 것이 아니라 하나로 아우르는 예배일 것이다.

3. 예배 시간은 몇 시간? 한 시간?

> 주님의 궁정에서 한 날이 다른 곳에서의 천 날보다 나은즉
> 악인의 장막에 사는 것보다 내 하나님의 성전 문지기로 있는 것이
> 좋사오니(시편 84:10).

예배 시간은 얼마가 적당한가? 성경에서 예배 시간에 대한 말씀이 있는가? 하나님께서는 우리가 얼마나 오래 예배하는 것이 좋은지에 대해서는 구체적인 언급을 하시지 않으셨다. 가끔은 하나님께서 오래 동안 성전(Temple) 혹은 성막(Tabernacle 혹은 회막, Tent Meeting)에 머무셔서 이스라엘 백성과 하나님의 만나는 시간(예배 시간)이 오래 걸린 경우가 있다. 이스라엘 회중은 경건한 마음으로 하나님의 임재를 기다렸으며, 하나님의 영광이 성전 혹은 성막에 나타나셔서 머무르시는 동안은 아무 것도 하지 않고 경이감과 경외심으로 이것을 지켜보고 있었다. 이것은 예배 시간은 인간의 시간이 아니라 하나님의 시간이라는 의미이다.

필자는 하나님께서 예배 시간에 대해서 구체적으로 명령하시지 않은 것이 참으로 다행이라고 생각한다. 하나님께서는 이 귀한 예배를 인간의 시간 속에 제한시키는 것을 원하시지 않으신 것 같다. 하지만 기독교인들은 예수 그리스도의 부활을 기념하여 일주일 중에서 안식일 후의 첫 날인 지금의 일요일이라는 하루를 정하고, 또 그 정한 날에서 시간을 정하여 함께 예배를 드렸다. 하지만 성경에 나타난 그들의 예배나 모임은 시간에서 자유로운 것을 알 수 있다.

그러면 지금 우리는 예배를 왜 한 시간 안에 다 마치려고 하는가?

다윗은 시편 84편에서 하나님의 전을 사모하는 마음이 얼마나 간절한지를 말하고 있다. 좀 더 직접적인 느낌을 위하여 아래에 몇 가지 번역을 실었다.

> 만군의 여호와여 주의 장막이 어찌 그리 사랑스러운지요
> 내 영혼이 여호와의 궁정을 사모하여 쇠약함이여
> 내 마음과 육체가 살아 계시는 하나님께 부르짖나이다…
> 주의 궁정에서의 한 날이 다른 곳에서의 천 날보다 나은즉
> 악인의 장막에 사는 것보다 내 하나님의 성전 문지기로 있는 것이 좋사오니
> (시편 84:1-2, 10).

> 만군의 주님, 주님이 계신 곳이 얼마나 사랑스러운지요.
> 내 영혼이 주님의 궁전 뜰을 그리워하고 사모합니다.
> 내 마음도 이 몸도, 살아 계신 하나님께 기쁨의 노래를 부릅니다…
> 주님의 집 뜰 안에서 지내는 하루가
> 다른 곳에서 지내는 천 날보다 낫기에,
> 악인의 장막에서 살기보다는,
> 하나님의 집 문지기로 있는 것이 더 좋습니다
> (표준새번역 개정판).

이 성경본문은 시편 시 중에서 가장 아름다운 시 중의 하나로 많은 작곡가들이 이 시로 뛰어난 합창음악을 작곡하였다. 그중에서 대표적인 곡이 브람스(J. Brahms, 1833-1897)의 독일 진혼곡 네 번째 악장 "만군의 여호와여, 주의 장막이 얼마나 사랑스러운지요"이다. 위의 두

한국 성경 번역과 함께 아래에 영어 성경을 참고로 싣는다. 특히 1-2절의 내용은 서로 다르게 표현되어 있음에 유의하기 바란다.

> How amiable are thy tabernacles, O LORD of hosts!
> My soul longeth, yea, even fainteth
> for the courts of the LORD:
> my heart and my flesh crieth out for the living God.

위의 시 내용을 풀어서 다시 한글로 번역하면 다음과 같다.

> 천상의 만군의 여호와여, 여호와의 성전이 얼마나 사랑스러운지요!
> 나의 영혼이 여호와의 궁정을 그리워합니다.
> 예, 너무 그리워하여 내 영혼이 쓰러질 정도입니다.
> 내 마음과 내 몸이 살아계신 하나님을 향해 부르짖습니다
> (하나님을 갈망합니다).

현대의 성도들은 이런 심정(마음, 자세, mind, attitude)으로 교회에 나오는가? 그리고 이런 심장(heart)으로 하나님을 예배하는가? 하나님을 사모하여 하나님 전에 오면 심장이 두근두근 하는가? 하나님 전을 사랑하는 마음을 이보다 더 잘 표현한 시는 드물다. 하나님을 만나는 것이 이런 마음이라면 시간에 제한을 받는다는 것이 불가능하다. 설교 시간을 재면서 길다고 하며, 기도가 길면 짧게 요구하며, 찬송가 횟수가 많다고 그리고 가끔은 찬송가가 길다고 찬송가 수와 절수를 빼기도 줄이기도 하는 예배를 어떻게 설명할 수 있을까.

현재 장로교회의 예배음악은 대체로 각 교회가 비슷하며, 기본적으로 세 개의 회중찬송가로 입례 찬송가, 설교 전 찬송가, 설교 후의 헌신의 찬송가가 있으며, 성가대 송영으로 첫 송영, 기도송, 축복송 등의 세 곡과 한 곡의 성가대 찬양 그리고 교회에 따라 헌금송 혹은 봉헌송이 있다. 그리고 조금 더 발전된 교회인 경우 예배 전주곡과 후주곡이 있을 것이다. 하지만 전주곡과 후주곡은 국내에서는 대체로 예배 시간 안에 넣지 않기 때문에 여기서는 예배 시간에서 따로 떼어 놓겠다. 이에 예배 순서 안의 음악들을 다 합하면 20분이 채 되지 않는다. 바흐 시대 예배에서 음악의 분량이 한 시간 넘는 것을 생각하면 이 정도의 시간은 바흐 시대 예배음악의 1/3에도 못 미치는 것이다. 물론 당시의 예배 시간은 세 시간이 넘었다. 예배음악에 대한 논의는 이후에 자세하게 할 것이다.

한국교회 예배에서 성경 봉독은 그야말로 가장 짧은 시간으로 할당한다. 성경 봉독은 거의 요식 행위에 가까울 정도로 하나님의 말씀에 전혀 예의를 보이지 않는다. 예를 들면 성경본문이 10절 이상이 되면 본문을 다 읽지 않고 뛰어넘어 가면서 성경을 듬성듬성 읽는다. 교회 예배의 역사에 보면 성경을 읽을 때는 모든 성도가 일어서서 하나님께 존경과 경외의 마음을 표하면서, 왕의 명령을 받고 있는 신하처럼 하나님의 말씀을 경청하였었다. 하지만 이제는 성경 본문을 줄이는 것은 물론 많은 경우 성도는 성경을 찾지 않으며, 집례자나 교인 대표가 성경을 봉독("받들어 읽음, 뜻을 새기기 바람")하는 동안 영상에 띄워주는 성경 본문을 눈으로만 대충 보면서 교회 의자에 등을 기대고 앉아서—가끔은 다리를 꼬고 앉아서— 성경 읽는 것을 듣는다. 하나님의 말씀을 가장 권위로 생각하는 개신교회의 이런 모습은 정말 많이 변질했다. 최근의 현상으로는, 예배 시간에 성경을 스마트폰으로 읽는 사람도 있다고 한다. 예배 시간에 스마트폰이 웬 말이란 말인가?

　전통적인 예배식을 가지고 있는 교회는 예배에서 성경을 네 번 읽는다. 구약성서, 시편, 신약성서의 사도들의 편지(Epistle) 그리고 복음서이다. 이렇게 네 곳의 성경을 천천히 음미하면서 본문이 길든지 짧든지 모두 다 읽는다. 그래서 이 성경을 읽는 시간은 적어도 10분이 넘는다. 그런데 대부분 개신교회는 성경 한 곳만 읽는 것이 일반적이다. 그것도 위에서 말한 것처럼 약식으로 읽는다. 가끔 시편을 교독하는 교회가 있기는 하지만 많지는 않다. 그런데 이 시편은 현재 비록 교독으로 읽는(read) 것이기는 하지만 이것은 장로교의 오랜 전통이다. 칼빈은 시편을 특히 중요하게 생각하여 시편을 가사로 찬송가(metric psalmody, 운율 시편 찬송가)를 만들어 그의 개혁교회에서 예배의 유일한 찬송가로 삼았다. 그런데 우리나라 장로교회에서는 이런 전통을 거의 따르지 않는 경우가 대부분이다. 이렇게 구약성서, 시편, 사도들의 편지 그리고 복음서로 성경의 네 곳을 예배 시간에 읽는 것은 하나님의 말씀의 균형을 위함이다. 하나님의 말씀은 시대가 흐르면서도 여전히 동일하다는 점에서, 한 주제를 성경의 다양한 부분에서 찾아서 읽는 것은 매우 중요하다.

　그런데 하나님의 말씀을 읽는 것에는 이렇게 시간을 아까워하면서 설교에 많은 시간을 할애하는 것은 어떻게 해석해야 하는가? 성령께서 함께하시는 예배라면 성경 말씀은 그대로 살아 있는 하나님의 말씀이 된다. 거기서 인간이 설명을 덧붙인다고 하더라도 하나님의 말씀에 약간의 소박한 해석을 붙일 뿐 성경에 쓰인 하나님 말씀을 능가할 수는 없다. 성경에 쓰인 하나님 말씀보다 인간의 설명을 더 앞세우는 예배라면 예배의 정신에 어긋난 것이다. 전통적인 예배에서는 성경의 네 곳을 천천히 읽는 시간과 설교 말씀 시간의 길이는 거의 비슷하다. 오히려 성경 읽는 시간이 더 길 수도 있는 것이 그들의 예배이다. 물론 이것은 그들의 예배가 성찬 중심의 예배로서 설교 중심의 예배가 아닌 이유도 있다. 하나님의 말씀이 선포(proclamation)될 때 성도가 집중해서 경청하고 말씀을 마음에 새기면 그 말씀은 그 자체로 충분하다. 그런데 성경 풀이가 오히려 하나님 말씀을 더 왜곡하거나 진리를 희석시키는 경우도 있다.

성경 말씀의 선포를 듣는 것만으로도 우리는 충분히 예배를 드리고 있는 것이다. 에스라가 하나님의 말씀을 선포할 때 이스라엘 백성이 가진 자세를 통해서 예배의 자세를 배울 수 있다.

> 학사[학자] 에스라가 모든 백성 위에 서서
> 저희 목전에 책[하나님 말씀]을 펴니
> 책을 펼 때에 모든 백성이 일어서니라
> 에스라가 광대하신[위대하신, great] 하나님 여호와를 송축하매[bless]
> 모든 백성이 손을 들고 아멘 아멘 응답하고
> 몸을 굽혀 얼굴을 땅에 대고 여호와께 경배하였느니라[worship].
> _ 느헤미야 8:5-6(개역한글 / [ ]: KJV, 표준새번역 개정판)

이 성경 구절에는 예배의 모든 모습이 들어 있다. 1) 일어서고, 2) 하나님을 축복(송축)하고, 3) 손을 들고, 4) 아멘이라 응답하고, 5) 몸을 굽히고, 6) 얼굴을 땅에 대고, 7) 여호와를 경배하는 것, 이것이다. 하나님의 말씀이 선포될 때 우리는 바로 예배하는 것이다. 하나님의 말씀 선포만으로도 우리는 예배한다. 단지 그 말씀을 듣는 사람의 자세가 중요할 뿐이다. 예배 시간을 아까워하며 하나님 말씀을 읽는 시간을 줄인다는 것은 하나님께 불손이며, 예배의 정신에서 한참 멀리 간 것이다.

필자는 본인의 의지로 교회에 나가서 하나님의 말씀을 들은 지가 40년이 넘었다. 지금까지 많은 설교를 들었지만 인간의 설명이나 주장을 넣은 설교는 결코 하나님의 말씀과 같은 감동이 없었다. 오히려 하나님 말씀의 담백한 풀이가 성령으로 살아 움직이는 말씀이 되는 경우가 더 많았다. 이것은 빌리 그레이엄 목사님의 설교를 들으면 느낄 수 있다. 그런데 설교에서 많은 예들을 들면서, 하나님 말씀은 그야 말로 체면치레 하듯이 조금만 인용하는 설교를 들을 때면 답답함을 느낀다. 왜 세상적인 예를 앞세우고 하나님 말씀을 뒷전에 두는지 이해할 길이 없다. 이것은 하나님의 말씀을 전하는 설교라 말하기 힘들다.

필자가 어느 한 예배에서 세상에서 나름 유명한 설교자의 설교를 들은 적이 있다. 그 설교는 하나님의 말씀이라기보다 인간의 웅변술 내지 말의 기교(technique, 언변술)를 보여주는 연설이었다. 그 설교자는 설교를 무슨 말로 시작하면 성도들의 주의를 집중시킬 수 있으며, 어느 시점에 가서 어떤 말을 하면 사람들이 어떤 반응을 보일 것이며, 어느 시점에 어떤 재미있는 말을 하면 사람들이 웃을 것이라는 것을 다 예측하고 계산을 하면서 말(설교)을 하고 있었다. 그 설교를 들으면서 필자는 설교자가 사람을 조정하려는 강한 의도를 느끼면서 불쾌감까지 들었다. "나는 너를 다 알고 있어서 내가 이렇게 말하면 너에게 통할 것이다"라고 생각하고, 어떤 사람이 말을 한다면 그 말을 듣고 있는 사람은 얼마나 기분 나쁘겠는가?

설교는 인간의 기술을 필요로 하는 것이 아니다. 오로지 성령의 도우심이 필요하며 성령의 감동과 감화가 필요할 뿐이다. 말씀에서 자신을, 즉 인간을 의지하고 인간에게 하는 설교는 이미 하나님의 말씀이 아니며 듣는 사람 또한 예배자로 만드는 것이 아니라 자신의 설교를 감탄하는(좋아하는) 청중을 만들고 있는 것이다. 이런 설교가 예배에서 없다고 장담할 수 있겠는가? 이런 설교라고 하더라도 예배 시간에서는 가장 긴 시간으로 할당을 받는다.

기도는 어떤가? 기도 역시 예배에서 길지 않다. 기도도 대부분 약식 기도를 하고 있다. 이것은 기도하는 사람의 책임이라기보다 목회자 혹은 성도들의 책임이기도 하다. 대부분의 교회는 예배 중 대표기도를 짧게 하라고 요구한다. 가끔은 어떤 교회는 3-4분 이내에 끝내도록 시간까지 정해주는 경우도 있다. 이런 기도는 왜 하는지 알 수가 없다. 이처럼 단순히 격식을 갖추기만 하고 마음이 없는 순서가 예배에 많이 있다.

기도는 하나님께 드리는 것이며 기도 또한 예배이다. 목회자의 기도이든 평신도의 대표기도이든 예배에서 모든 기도는 각기 의미가 있다. 회개와 감사, 찬양과 헌신, 이 모든 것이 기도 안에 들어간다. 그리고 성도를 위한 간구의 기도(중보기도)도 가능할 것이다. 하지만 현재 교회 예배에서 기도는 회개와 감사, 찬양 및 헌신의 기도라기보다 대부분 성도의 필요를 위한 간구의 기도로 이루어져 있다. 기도 종류 중에는 목회자가 드리는 성도를 위한 기도, 즉 중보기도와 축복 기도가 있기는 하다. 하지만 기본적으로 기도는 예배의 한 형태라는 것을 명심할 필요가 있다. 심지어 예수님께서 우리에게 가르쳐 주신 "주님의 기도"는 주일 예배 때 거의 하지 않으면서, 오히려 축복 기도를 할 목사가 없을 때 주기도문으로 예배 혹은 성도의 모임의 끝을 낸다. 이것은 예수님께서 남기신 기도보다 목사의 축복 기도에게 더 큰 권위를 주는 것으로, 이런 현실은 참으로 예수님께는 모욕적인 것이다. (주기도문은 다음 글에서 더 논의할 것이다.)

우리는 예배에서 기도를 제대로 하지 않는다. 기도 또한 하나님께 예배하는 것이 되어야 함은 마땅하며 예배에서 기도는 인간적인 간구를 하는 것이 되어서는 안 된다. 예수님께서 너희는 먼저 그의 나라와 그의 의를 구하라고 하셨다.[24] 그러니 주일예배에서는 가장 좋은 기도를 하나님께 올려야 하지 않겠는가?

이런 의미에서 전통적인 교회의 오래된 기도문은 큰 의미가 있다. 예를 들면 성공회교회 예배에서 드리는 기도문들이 있다. 필자는 장로교회에서 자라면서 예배에서 많은 기도를 들었다. 하지만 성공회교회의 〈예배책〉(Book of Common Prayer)[25]에 실린 기도문으로 예배에서 처음 기도를 하였을 때—물론 신부님이 많은 부분을 하셨다— 지금껏 이렇게 좋은 기도는 평생 해 본적이 없는 그리고 평생 앞으로도 필자 스스로는 해볼 수 없는 기도로서 정말 완전에 가까운 기도라는 느낌을 받았다. 그것은 단순한 인위적이고 장식적인 기도가 아니었다. 하나님을 찬양하는 구절부터 자신의 죄를 회개하고 자신을 비우는 기도문은 구구절절 가슴에 와 닿았으며, 이것이야 말로 진정한 기도라고 생각하였다.

기도 또한 우리는 배워야 한다. 기도가 무엇이며, 기도는 구체적으로 어떻게 해야 하며, 어떤 기도를 하나님은 기쁘시게 받으시는지, 예배라는 측면에서 우리는 기도를 배워야 한다. 물론 개인적으로 일상생활에서나 경건의 시간에 드리는 기도는 또 다른 성격의 기도이다. 하지만 공중 예배에서 성도와 함께 혹은 성도를 대표해서 드리는 기도는 우

---

[24] 마태복음 6:33 "너희는 먼저 그의 나라와 그의 의를 구하라…."
[25] 성공회 〈예배책〉(Book of Common Prayer): 1549년 영국 에드워드 6세 때 만들어진 성공회 예배책으로 아침기도와 저녁기도 그리고 교회력에 따른 여러 예배식과 기도문, 시편, 송가(canticle) 등이 실려 있다.

리를 돌아보는 참회와 찬양이 중심이 되는, 하나님을 칭송하는 기도가 핵심이어야 한다.

성도가 기도의 길이에 대해서 호불호를 이야기하는 것은 좋지 않다. 왜냐하면 그 기도는 하나님께 드리는 것이기 때문이다. 기도는 우리의 것이 아니다. 하나님의 것이다. 그래서 당연히 기도의 길이는 우리가 논할 것이 아니라는 의미이다. 기도하는 사람이 하나님께 진심으로 아뢸 말씀이 있다면 성심으로 하도록 해주어야 한다. 여러 평신도가 돌아가면서 대표로 기도한다는 것은 그 기도하는 사람의 영적인 관심과 상태에 따른 다양한 기도라는 것을 전제로 하는 것이다. 그렇지 않다면 여러 사람들이 돌아가면서 대표기도를 할 필요가 없다. 목회자이든 누구든 한 사람이 늘 같은 기도를 매주일 하면 되는 것이다. 아니면 성공회교회의 기도문처럼 잘 만들어진 기도문으로 기도하면 된다. 그런데 기도하는 사람의 마음을 무시하고 천편일률적으로 시간을 정하고 기본적인 기도의 내용 순서대로 읊어 내려가는 기도라면 진정한 의미의 예배 대표기도라 할 수 없다.

물론 공(公) 예배에서 너무 개인적인 성향이나 주장이 들어가 있는 기도는 좋지 않다. 그리고 간구로만 장황하게 길게 늘어놓는 것도 좋은 기도는 아니다. 그래서 기도의 내용은 당연히 하나님을 칭송하는 것이며, 인간적인 간구는 아님을 전제로 하는 것이다. 예배에서 대표기도는 무조건 '짧게'라는 것은 하나님께 대한 불손이다. 이것은 그 기도가 누구에게 하는 것인지를 잊은 사람의 요구일 뿐이다. 이렇듯 우리의 기도는 하나님께 드리는 것이 아닌 경우가 많다. 하나님께서 우리에게 기도를 짧게 하라고 언제 말씀 하셨는가? 짧은 기도를 말할 때 자주 인용되는 성경 구절이 있다.

> 또 기도할 때에 이방인과 같이 중언부언[26] 하지 말라
>
> [빈 말을 되풀이하지 말아라]
>
> 그들은 말을 많이 하여야 들으실 줄 생각하느니라
>
> (마태복음 6:7, [ ]: 표준새번역 개정판)

예수님께서 하신 이 말씀은 올바르지 않는 기도에 대한 말씀으로 마음에 없는, 진심이 담기지 않은 기도를 경계하신 것으로 기도의 길이 자체를 의미하는 것이 아니다. 예수님께서는 이 말씀에 이어서 기도를 어떻게 할 것인지 '주님의 기도'를 예로 들면서 가르쳐 주신 것이다. 기도는 그 길이에 있지 않고 그 내용에 있다. 마음이 담긴 영의 기도라면 길이와 무관하다. 예수님께서 가르치신 기도는 의외로 짧다. 하지만 기도에서 우리가 해야 할 모든 내용이 함축적으로 다 들어있는 완전한 기도이다.

반면 다른 예로서, 성경에 나타나는 기도 중 대표적인 것으로 솔로몬의 기도, 즉 솔로몬이 하나님의 성전을 건축한 후 봉헌 예배에서 하나님께 드렸던 기도이다. 이 기도는 열왕기상 8장 23절에서 53절까지 이어지는 긴 기도로서 참으로 감동적인 기도이다. 이 기도에서 솔로몬이 완전히 하나님께 굴복하고 하나님을 예배하는 모습이 절절히 보이며, 기도가 예배 그 자체라는 것을 또 한 번 알 수 있다. 솔로몬의 기도의 시작과 끝 부분이다.

> 솔로몬이 여호와의 제단 앞에서 이스라엘의 온 회중과 마주서서
> 하늘을 향하여 손을 펴고(열왕기상 8:22).

---

26 vain repetition, 공허한 반복.

> 솔로몬이 무릎을 꿇고 손을 펴서 하늘을 향하여
> 이 기도와 간구로 여호와께 아뢰기를 마치고 여호와의 제단 앞에서 일어나
> (열왕기상 8:54).

이것은 솔로몬이 하나님을 경외하고 하나님을 드높이며, 하나님을 찬양하는 그리고 왕으로서 백성을 사랑하여 하나님께 드리는 중보기도이다. 인간의 약함에 대한 인식과 이에 대한 하나님의 긍휼을 구하는 그의 모든 모습에서 솔로몬이 얼마나 하나님을 두려워하면서도 하나님을 사랑하고, 그래서 하나님의 백성에 대한 책임 의식과 사랑이 강했는지 알 수 있다. 이 기도를 들으신 하나님께서는 그야말로 감동하신 것 같다. 그래서 하나님께서는 솔로몬에게 나타나셔서 축복과 경고를 동시에 주셨다.27 이것이 예배이다.

봉헌은 어떤가? 물질을 하나님께 드리든, 자신을 하나님께 드리든, 이 모든 것은 봉헌이다. 봉헌은 예배에서 결론적인 부분에 해당하는 것으로 진실하고 의미심장하게 해야 하는 부분이다. 찬양도 하나님께 드리는 봉헌으로 중요한 것이지만, 물질의 봉헌 시간은 사람이 일주일 동안 일하여 얻은 소득을 드리는 것으로 의미가 크다. 대부분의 사람은 돈을 제일 중요하게 생각한다. 이것은 신앙인이든 신앙인이 아니든 상관이 없다. 사람은 물질을 자신이 노력해서 힘들게 얻은, 자신의 분신이라고 생각하기 때문에 가장 귀하게 여긴다. 그리고 이 물질로 여러 일을 할 수 있기 때문에 또 귀하게 여긴다. 그래서 인간의 모든 문제가 물질에서 출발한다. 성경에는 "돈을 사랑함이 일만 악의 뿌리"(디모데

---

27 열왕기상 9:3-9.

전서 6:10)라고 경고하고 있다.

하지만 물질은 자신이 노력해서 얻은 것일 수 있지만 이와 동시에 하나님의 선물이며 축복이다. 그런데 우리는 예배에서 봉헌을 어떻게 하는가? 진심으로 감사함으로 하는가, 아니면 형식적으로 하는가? 마음과 정성을 다 담아 하나님께 예의를 차려서 정중하게 드리는가? 최근 많은 교회가 봉헌 시간을 약식으로 하고 있다. 이것은 어떤 점에서는 좋은 동기에서 출발한 경우도 있다. 예를 들면 예배당에 들어오면서 바로 하나님께 드릴 것을 먼저 드리고 예배한다는 의미이다. 그래서 예배당 입구에 봉헌함을 두어서 예배당에 들어오면서 각자 먼저 봉헌을 하고, 예배 순서 중에 이미 드린 봉헌 내용을 성단 앞쪽으로 가져오면서 전체 봉헌으로 하나님께 올리는 것이다. 이것은 나름 의미가 있기는 하다. 하지만 이런 절차로 인해 실제 봉헌에 대한 신중한 마음이 많이 약화된 것 또한 사실이다.

그런데 위험한 것은 특히 예배 시간을 줄이기 위하여 이렇게 하는 교회도 있다는 것이다. 헌금 순서가 길어서 시간을 줄이기 위하여 예배당에 들어오면서 바로 헌금을 하고, 예배 중에 찬송가를 부르면서 봉헌을 하는 것이다. 이것은 아주 위험한 발상이다. 봉헌은 예배의 본질과도 같은 것이다. 찬양도 봉헌(Offering)이며, 성경 봉독도 봉헌이며, 예배의 모든 순서는 봉헌으로, 사람이 가장 귀하게 생각하는 물질을 봉헌하는 것은 사람(자신)을 포기하는 의미와도 일맥상통하는 것이다. 봉헌은 자신을 내어놓고 하나님께 의탁하는 것이다. 물질을 봉헌하는 순간에 성도는 자신의 모든 것을 하나님께 드리는 것이다. 이것은 물질만 드리는 것이 아니라는 의미이다. 많은 교회가 헌금송으로 찬양하는 "모든 것이 주께로부터 왔으니"라는 찬송가가 있다.[28] 모든 것이란 자신의 생명까지를 포함한다. 그래서 봉헌 시간에는 단지 물질을 봉헌하는 의미만을 주면 안 된다. 물질을 비롯한 우리의 모든 것 그리고 그 순간의 예배 모두를 드린다는 의미를 가지고 있는 것이 봉헌 순서이다. 이런 의미의 봉헌이 예배 시간의 봉헌이며, 그렇기 때문에 봉헌은 별도의 귀중한 순서로서 귀하게 예를 갖추어 해야 하지 않겠는가?

봉헌의 의미를 예배의 정신에 맞추어 하는 방법은 봉헌의 순간에 모든 성도가 다 일어서서 하나님께 예의를 갖추어 드리는 것이다. 그냥 앉아서 하나님께 드린다는 것이 이상하지 않은가? 받으시는 하나님께서는 앉아계시고, 드리는 우리는 일어서야 한다. 가끔은 우리는 앉아서, 그러나 하나님께서는 일어서셔서 받으시는 그런 느낌의 봉헌을 자주 본다. 헌금 봉헌에서는 성도 모두가 일어서서 하나님께 겸손한 자세로 올려드리는 예의가 필요하다.

교회에 따라 성도 모두가 함께 봉헌하는 시간을 예배 안에 직접 넣는 경우도 있다. 이것은 봉헌의 의미를 더 가질 수 있어서 좋은 방법이다. 예배 시간을 줄이기 위하여 각자 이미 봉헌함에 넣은 것을 다 모아서 전체 봉헌 절차만 거치는 것이 아니라, 성도 모두가 준비한 것을 다 함께 봉헌하는 것은 더 큰 감동을 줄 것이다. 외국 교회의 경우 대부분 예배 시간에 다 함께 봉헌하는 순서를 가진다. 성도 대표가 나와서 헌금바구니를 돌리면서 각 회중석을 돈다. 이것은 보기가 이상한 것이 아니다. 헌금을 구걸하는 것도 아니며, 헌금을 강요하는 것 또한 아니다. 중요한 것은 봉헌할 때는 전체 봉헌이든 대표 봉헌이든 성도 모두가 일어서서 봉헌하는 것이 예배자의 헌금에 대한 자세라는 것이다. 그리고 시

---

28 찬송가 634장(역대상 29:14) "…모든 것이 주께로 말미암았사오니 우리가 주의 손에서 받은 것으로 주께 드렸을 뿐이니이다."

간은 많이 걸리겠지만 모든 성도 각자가 앞으로 나와 직접 봉헌하는 것도 좋다. 예전에는 예배 시간에 함께 봉헌을 하면 동전 소리와, 지갑에서 헌금을 낼 때 옆 사람에게 돈의 액수가 보이는 서로의 불편함이 있다고 여겼다. 그래서 예배당에 들어오면서 미리 봉헌하도록 한 이유가 있기는 하다. 하지만 이것은 충분한 이유가 못된다. 헌금할 때 주위 사람을 의식하는 자체가 비성경적이며 이에 대해 성도는 교육을 받아야 한다. 그리고 모두가 이름이 없는 똑같은 헌금 봉투에 미리 준비하여 헌금을 한다면 이 또한 위의 불편함은 없어질 것이다. 일본의 교회가 그렇게 한다. 우리나라는 아직까지 개인 수표(personal check)의 사용이 거의 없기 때문에 헌금 액수의 많고 적음에 따라 봉투 모양이 차이가 나는 것이, 함께 봉헌하는 것의 문제가 제기된 것은 사실이다. 하지만 이러한 불편함에도 불구하고 다 함께 한 순서로 하나님께 봉헌하는 것은 예배의 귀한 순간이다. 사람이 제일 귀하게 생각하는 것을 예배에서 아무렇지 않게 하고 있는 것을 보면, 이것을 믿음이라고 해야 하는 것인지, 진정한 봉헌의 감동 없이도 예배하는 성도들의 무신경이 아쉽기만 하다.

지금까지 예배에서 인간이 얼마나 시간을 자신의 것으로 생각해 왔는지를 알아보았다. 찬송 시간, 기도 시간, 성경 읽는 시간, 봉헌 시간을 줄이며 예배를 한 시간이라는 한계 안에 넣고 시간에 쫓기듯이 설교를 하는 현실에서 하나님께 드리는 예배가 무엇을 예배하는지 불분명하다. 예배의 시간은 사람의 것이 아니다. 이것은 하나님의 것이다. 예배를 사람이 계획할 수는 있으나 인색함으로 드리는 예배는 결국 헛수고가 될 것이다. 그런 예배를 하나님께서 받으실 것이라고 생각한다면 그것은 교만이다. 그런데 이렇게 중요한 예배 순간순간들을 짧게 할당하면서 예배 시간을 줄이고도 오히려 예배와 무관한 것들은 예배에 또 넣고 있으니 이것은 어찌된 영문인가? 뒤의 글에서 이런 것들을 계속해서 함께 논할 것이다.

목회자가 예배 시간에서 자유로울 수 있기를 원한다면 제일 먼저 할 일이 있다. 그것은 예배당에서 시계를 없애고 예배 시간에 자신의 시계를 없애는 일이다. 시계는 예배당에 전혀 어울리지 않는 물건이다. 예배는 학교에서 시간을 정해놓고 하는 강의가 아니다. 사람이 인위적으로 정해놓고 모든 것을 이 안에 짜맞추는 예배는 '예배식'일 수는 있으나 '예배'는 아니며 인간의 '모임'일 가능성이 높다. 이런 인간의 모임에 하나님의 이름을 빌리는 이유는 무엇인가? 이 안에는 사람의 온갖 탐욕이 들어있지 않을까? 우리 모두 스스로 묻고 답을 해야 한다.

4. 성찬식과 세례식

예수님께서 제자들에게 모일 때 하라고 명령하신 것이 있다. 그것은 성찬이다. 예수님께서는 첫 성찬을 제자들과 가지시면서 "너희는 이를 행하여 나를 기념하라"(누가복음 22:19)라고 말씀하셨다. 신약적인 관점에서 구약성서의 희생제사는 바로 예수 그리스도의 십자가의 죽음이기 때문에, 교회의 제일 중요한 모임에서 이 성찬을 가지는 것은 구약성서의 희생제사 만큼이나 중요하고 필수적인 것이다.

기독교 예배에서 성찬이 이스라엘 백성의 성전 예배에서 희생제사와 대등한 중요성을 가져야 하는 것인가에 대하여서는 각 교회의 의견이 다를 수 있다. 개신교회 내에서는 대표적으로 루터교회와 성공회교회에서 주일예배마다 성찬을 가지는 반면, 장로교회나 침례교회 및 감리교회에서는 그렇지 않다. 이들은 교회에 따라 일 년에 성찬의 횟수가 대체로 각기 다른 편이다. 예배에서 성찬의 여부는 전문적으로 논의가 필요한 것으로서, 예배의 전통을 지키는 대부분의 교회들이 성찬을 매주 행하는 것을 생각하면 현대에 와서 성경 말씀에 근거하여 성찬에 대해 다시 해석할 필요가 있다.

성찬은 교회의 중요한 예식이다. 장로교회에는 두 성례(Sacrament) 즉 성찬과 세례식이 있다. 그런데 이 두 성례가 잘 행하여지고 있는지에 대해서는 여러 의문이 있다. 성찬의 중요성과 그 의미는 어느 교회이든 공통이겠으나 매주일 성찬의 여부에 대해서는 서로 다른 의견이 있는 것은, 세상적이고 인간적인 해석의 결과일 수도 있다. 성경의 명령이면 그냥 그대로 하는 것이다. 사람이 토를 달고 이유를 달아서 변형시키면 안 된다. 이것이 성경으로 돌아가야 한다는 의미이다. *Sola scriptura*.

성찬을 주일예배에서 늘 하지 않는 이유가 무엇인가? 루터교회와 성공회교회 그리고 가톨릭교회는 주일예배마다 성찬을 하는 것에 비해 그렇게 하지 않는 교회는 왜 그런 것인가? 필자는 평생을 교회에 다녔지만 그 이유에 대해서 정확히 교회에서 들은 바가 없다. 이것은 무엇을 말하는 것인가? 교회가 이 중요한 성례에 대하여 성도에게 제대로 가르치지 않고 있다는 의미이다.

성찬을 매주일 하지 않는 이유 중에서 일반 성도가 가장 많이 알고 있는 첫째 이유는 성찬을 하면 예배 시간이 길어진다는 것이다. 하나님께 드리는 예배 시간이 길어진다는 이유로, 예수님의 명령인 성찬을 주일예배에서 매번 하지 않는 것이 가능하다는 말인가? 예배는 왜 하는 것이며 성찬은 왜 하는 것인지, 많은 성도는 정확히 알지 못하는 것 같다. 예수님의 십자가의 죽음을 기념하는 것이 성찬의 전부인지, 그렇다면 일 년에 한두 번만 해도 되는 것인지 등 성찬에 대해 아는 것이 없는 편이다. 이러한 것은 전적으로 교회의 책임, 즉 목회자의 책임이다.

성찬을 일 년에 한두 번만 하는 경우, 성도들이 알고 있는 둘째 이유는 성찬은 소중하고 귀하고 거룩한 것이기 때문에 의미 있게 구별해서 해야 하는 것으로서 자주 할 수 없다는 것이다. 즉 사람이 무엇이든 어떤 일을 매번 하게 되면 일상적으로 되어 그 귀함을 모르게 될 우려가 있다는 것이다. 그래서 새로운 의미를 가지고 그 귀함을 강조하기 위하여 교회 절기 중에서 특별한 날인 사순절기 중이나 고난 주일, 부활절 혹은 오순절 등 특별한 축제 절기에 한다는 것이다. 하지만 이것 또한 사람의 편의를 위한 사람의 변명으로 보인다. 귀한 것은 왜 자주 하면 안 되는 것인가? 숨 쉬는 것은 사람에게 가장 귀한 것이다. 그런데 숨은 매순간 쉬고 있지 않는가? 귀한 것이니 한 시간에 한 번만 쉬라고 말할 수 있겠는가?

그런데 성경에 나타난 예수님의 성찬에 대한 말씀에서, 우리가 모일 '**때마다, 모든 모임**'에서 예수님을 기념하여 성찬을 하라고 하신 것은 아니라고 한다면 이것은 또 다른 해석으로서 상황은 달라진다. 성찬의 횟수 자체에 대하여 모든 모임이라고 해석하지 않고 교회가 결정할 사안이라고 말할 수도 있다. 성경에 보면 마태복음, 마가복음과 누가복음에 성찬의 기록이 있으나 요한복음에는 없다. 그리고 첫 두 복음서에서는 예수님께서 제자들에게 자신을 기념하여 이 일을 행하라고 하신 말씀은 없으며 누가복음에만 이 말씀이 있다.

…이것은 **너희**를 위하여 **주는** 내 몸이라

너희가 이를 행하여 나를 기념[기억, remembrance]하라

(누가복음 22:19 / [ ]: 표준새번역 개정판)

예수님의 죽음을 기념하는 성찬이 중요한 것이라고 예수님께서 생각하셨다면 예수님의 제자, 즉 마태, 마가, 누가, 요한이 쓴 사복음서에 이 말씀이 다 들어가 있어야 할 것이다. 그런데 누가 이외에 사복음서 저자들은 예수님의 성만찬에서 예수님께서 하신 말씀을 왜 기록하지 않았을까. 사복음서에 공통으로 기록된 사건들과 말씀29은 있지만 성찬에 대하여 예수님께서 하신 말씀을 이렇게 다 기록하지 않은 것은 무엇 때문인지 신학자들은 이것을 성도들에게 설명해주어야 한다.

---

29 사복음서에 모두 기록되어 있는 것들은 많지 않으며, 성찬의 의미를 가지고 있는 보리떡 다섯 개와 물고기 두 마리로 오천 명을 먹이신 일은 사복음서에 모두 있다(마태복음 14장, 마가복음 6장, 누가복음 9장, 요한복음 6장).

예수님의 부활과 승천 그리고 성령 강림 이후 제자들이 능력을 받고 가정 교회의 형태로 모이기 시작할 때, 그들은 모임에서 떡을 떼며 예수님을 기념한 것으로 나타난다.30 여기에서도 모든 모임이라는 명시가 보이지는 않지만, 대부분의 학자들은 모든 모임에서 성찬을 가졌을 것으로 추정한다. 예수님의 십자가와 부활 메시지가 주요 주제였던 그들의 초창기 모임과, 예수님이 부활하신 날을 기념하여 안식일 이후 첫날 즉 일요일에 모였을 때 늘 성찬을 행하였던 것은 당시로서는 당연한 것으로 보인다. 이 성찬은 하나의 중요한 예식이 되면서, 교회의 전통으로 중세 교회 예배의 중심으로 자리 잡는다.

그런데 개혁교회로 들어오면 성찬의 중요성은 조금씩 달라지기 시작한다. 개혁자들의 관심은 성찬보다는 하나님의 말씀이었다. 그 이유는 가톨릭교회에서 하나님 말씀을 잘 가르치지 않아서 성도들이 하나님의 말씀에 무지하였다고 개혁자들이 보았기 때문이다. 그렇기 때문에 교회가 잘못된 것을 가르쳐도, 예를 들면 면죄부를 판매하여도, 성도는 이것을 분별할 능력이 없으므로 인해 교회에 복종할 수밖에 없는 상황이었다는 것이다. 그래서 개혁자들은 하나님의 말씀을 우선적으로 가르치는데 전념하였으며 라틴어 성경을 독일어 등 자국어 성경으로 번역하기 시작한 것이다. 그러면서 상대적으로 성찬의 중요성이 말씀 뒤로 물러나게 되면서 모든 예배에 있던 성찬이 점점 그 위치가 약화되기 시작하고 성찬의 횟수가 줄어든 것이다.

여기에는 가톨릭교회와 개신교회의 성찬의 개념이 다른 이유도 적

---

30 사도행전 2:42, 46 "그들이 사도의 가르침을 받아 서로 교제하고 떡을 떼며 오로지 기도하기를 힘쓰니라", "날마다 마음을 같이 하여 성전에 모이기를 힘쓰고 집에서 떡을 떼며 기쁨과 순전한 마음으로 음식을 먹고"

용된다. 가톨릭교회의 성찬의 의미는 빵과 포도주가 우리 몸에 들어갈 때 바로 예수님의 몸(살, flesh)과 피(blood)로 변한다는 개념31이지만 개신교회의 성찬에서 빵과 포도주는 예수님의 몸과 피를 상징하는 것으로서 성찬은 예수님의 죽으심과 이로 인한 구원사역을 기념하는 것이다. 성찬에 대하여 이렇게 서로 다른 해석은 당연히 성찬에 대한 의미와 중요성에 영향을 준다. 예배의 핵심이라면 모든 예배에서 하는 것이 마땅하다. 하지만 그렇지 않다면 매번 하지 않을 수도 있기 때문이다.

주일은 주님의 부활을 기념하는 날이라는 것이 주일예배의 유래이다. 성찬은 예수님의 죽으심을 기념하는 것으로 부활과 가장 직접적인 연관이 있으며 이에 당연히 주일예배에서 가장 중요한 부분이 되는 것이 타당하다. 그런데 개신교회가 성찬의 횟수를 적게 하는 진정한 이유가 무엇인지 물을 필요가 있다. 교회가 혹시라도 인간적인 이유로 성찬의 횟수를 조정하고 있지 않는가? 한 시간이라는 예배 시간을 의식한 것은 아닌지, 또한 성찬을 하게 되면 설교 시간이 줄어들 수밖에 없기 때문에, 목회자의 설교에 대한 욕심 때문이 아닌지 스스로 돌아보아야 한다. 이것이 진정으로 하나님의 말씀을 더 전해야 하겠다는 목회자의 열성 때문인가? 개혁 시기까지는 예배가 아니면 성도들이 성경 말씀을 들을 수도 없었다. 하지만 지금은 개혁 시기가 아니다. 하나님의 말씀은 홍수를 이룬다고 해도 과언이 아니다. 우리는 어디서든 언제든지 원하기만 하면 하나님의 말씀을 읽고, 들을 수 있다. 개혁자들이 말씀 중심의 예배를 위하여 성찬의 횟수를 줄였다면 지금 개혁자들이 살아있다면 오히려 성찬을 더 강조하지 않을까?

---

31 화체설(Transubstantiation): 성찬에서 빵은 예수님의 몸으로, 포도주는 예수님의 피로 바로 변한다고 하는 가톨릭교회의 성찬 개념. 1215년 4차 Lateran 공의회에서 확정됨.

성도는 성찬의 의미를 다시금 배우고 예수님께서 직접 명하신 말씀을 심각하게 생각해야 할 것이다. 성찬을 매주일 예배에서 의미심장하게 할 수 없기 때문에 가끔씩 한다는 것이라면 이것은 온당치 않다. 모든 예배는 다 의미심장한 것이다. 성찬이 있어서 그런 것이 아니라 하나님 앞에서 드리는, 하나님의 임재가 있는 예배이기 때문에 모든 예배는 늘 진중할 수 밖에 없다.

성찬의 성물 또한 많은 의구심이 일어난다. 예수님의 몸을 상징하는 빵은 딱딱하고 맛이 없는, 효모(누룩, 이스트, yeast)가 들어가 있지 않는 빵이다. 예수님의 몸을 상징하는 빵이 부드럽고 맛이 있으면 어찌 되겠는가? 예수님의 피를 상징하는 포도주는 더욱 중요하다. 많은 교회가 달고 맛있는 포도 주스를 사용하고 있으며 이것은 예수님의 고통과 희생을 생각나게 하는 고난과 구원의 포도주가 전혀 아니다. 필자가 미국 성공회교회 오르가니스트로 첫 예배에서 성찬에 참예하였을 때의 기억이 아직도 생생하다. 그 포도주는 매우 쓰게(bitter) 느꼈으며 포도주를 받는 순간 '아! 예수님의 고통과 죽음이 이렇게 쓴 것이구나' 하는 절절한 감동이 있었다. 성찬의 빵과 포도주는 이런 의미에서 구별된 빵과 포도주라야 한다.

많은 교회가 성찬의 빵과 포도주를 잘못 사용함으로써 성찬의 의미를 더욱 퇴색시키고 있다. 이런 현실 속에서 성도가 어떻게 예수님의 고난을 기념하는 성찬을 제대로 받을 수 있을까? 성찬의 빵은 맛이 없으며 딱딱하고 먹기 불편할수록 그 의미에 맞을 것이다. 이것은 이스라엘의 유월절 빵에 효모가 들어가지 않은 빵과 같은 이치이다. 그리고 포도주는 예수님의 쓴 잔(마가복음 10:38, 현대인의 성경)을 의미하는 쓴 것으로 하는 것이 타당하다.

성찬을 받는 자세도 또한 생각해 보아야 한다. 예수님의 몸과 피를 상징하는 빵과 포도주를 받을 때는 성도는 기본적으로 무릎을 꿇어야 한다. 물론 자세는 마음의 일로서 겉은 덜 중요하다고 할 수 있다. 하지만 행동에서 마음의 자세를 알 수 있듯이, 행동은 마음을 표현하는 것이기도 하다. 서양의 교회를 방문하면 많은 교회는 성도가 무릎을 꿇을 수 있는 곳을 성단 앞에 마련해 두는 편이다. 하지만 방문하는 관광객 등 약식으로 하는 사람들을 위해 앞에 나가서 빵만 받고 포도주는 받지 않아도 되는 그런 경우도 본 적이 있다. 더 엄격한 교회는 방문자는 아예 성찬에 참예하지 않도록 말을 하는 경우도 있었다. 이것 또한 인간적인 편의와 인간의 생각을 예수님의 말씀과 성찬의 의미보다 앞세운 것으로 올바른 성찬이라 하기는 어렵다.

사람은 늘 같은 것을 반복하면 그것의 소중함을 잊어버리고 습관적으로 되기 쉽고 나중에 가서는 그 의미를 잃어버리는 경향이 있기는 하다. 그러나 사람은 살기 위해 습관적으로든 의식적으로든 밥을 먹는다. 그렇다면 영적인 사람은 영의 밥을 늘 먹어야 하지 않겠는가? 습관적으로 되어 의미를 훼손시킬 수 있다고 매일 먹는 밥을 하루 이틀 먹지 않는 사람이 있다고 한다면 이 사람은 정상이 아니다. 그런데 왜 성찬은 매번 하지 않아도 되는 것인지 설명이 필요하다.

성찬 예식은 예수님께서 십자가에서 죽으시기 전 제자들에게 하신 마지막 명령이다. 성찬을 매주일 예배에서 행하면서, 예수님의 죽음과 함께 성도는 죽는 것이다. 그리고 다시 살아난다. 이것은 매주일 성도가 예배에서 경험하고 체험해야 하는 것이다. 가톨릭교회 성찬의 의미이든 개신교회 성찬의 의미이든, 예수 그리스도의 부활을 기념하고 축하하는 주일예배에서 성찬은 예배의 가장 중요한 부분으로서, 인간의 욕심으로 그리고 인간의 약함을 핑계로 성찬을 약화시켜서는 안 된다.

세례는 어떤가? 장로교회의 세례 또한 성경 말씀대로 하지 않는다. 이것은 가톨릭교회도 같은 현실이다. 성경에서 나타나는 세례는 완전히 물속에 들어갔다 나오는 것이다. 그런데 침례교회를 제외한 대부분의 교회는 이렇게 하지 않으며 약식으로 머리에 물을 약간 뿌리는 것으로 대신한다. 마태복음 28장 19절에서 예수님께서는 "그러므로 너희는 모든 족속으로… 아버지와 아들과 성령의 이름으로 세례를 주고"라고 하셨다. 이때의 세례는 당연히 예수님께서 받으신 세례의 형식임에 틀림이 없다. 만약 다른 모양의 세례라면 예수님께서 말씀하셨을 것이기 때문이다.

세례는 그 본질이 중요한 것이고 형식은 그리 중요하지 않다고 생각하는 것은 위험한 발상이다. 본질만 중요하고 그 수행하는 방식은 아무래도 상관없다는 것은 성경적이지 않다. 성경에는 본질을 수행하는 그 절차와 과정을 매우 엄격하게 규정하고 있으며, 그것이 바로 하나님께서 주신 많은 율법들로서 모세오경에 자세하게 기록되어 있다. 지금에 와서 하나님의 이런 율법들은 다 필요 없으며 현실적으로 재해석 되어야 한다고 한다면 이 사람은 기독교에서 쫓겨날 사람임에 틀림이 없다. 본질 못지않게 방법도 중요하다. 그 방법 혹은 그 형식은 본질을 담는 귀한 그릇이기 때문이다. 내용이 귀하면 그 그릇도 귀한 모양을 갖는 것은 당연하다.

세례는 당연히 그 본질이 중요하다. 그래서 그 본질을 온전히 수행하기 위하여 그에 따르는 적합한 행위가 필요하다. 세례는 우리가 이 세상에 대하여는 죽고 그리스도 영에 대하여 사는 것이다. 세례식은 이것을 공적으로 선언하는 행위이다. 사람이 죽으려면 그냥 되는 것이 아니다. 성경에 따르면 물속에 들어가서 죽는 것이다. 물속에 들어가서, 물에 빠져서, 숨을 쉬지 못해 죽는 것이다. 그리고 이와 동시에, 세례는 물속에서 죽었던 우리가 건짐을 받아 다시 사는 것이다. 이것은 영적인 부활이며 중생, 즉 거듭남이다. 이것이 세례 예식의 의미이다. 그리고 이 물은 또한 중요한 의미를 가지고 있다. 물의 의미는 여기서 논의하지 않겠다.

그런데 많은 교회가 세례를 약식으로 머리에 물을 뿌리는 것으로 대신한다. 이렇게 해서 사람이 죽겠는가? 그 적은 양의 물은 사람을 죽이지 못한다. 그런 이유는 아니겠지만, 많은 기독교인이 죽지 않아 거듭남의 체험은 물론 새로운 삶에 대해서도 잘 모르는 가운데 평생 살아가기도 한다. 이것은 물론 세례의 형식이 그 이유의 100%인 것은 아니겠지만, 전혀 아니라고 말하기도 힘들다.

필자는 미국 유학 시절 한인침례교회 오르가니스트로 있는 동안 예배에서 침례식을 몇 번 본 적이 있다. 세례자는 침례 받는 곳에 들어가기 전에 하얀 로브(robe 혹은 가운)를 입고 있었으며, 세례를 받을 때는 물속에 머리까지 완전히 들어갔다. 그리고 목사님의 구원(거듭남)의 선포가 있은 후에 세례자는 물에서 나왔으며, 한 세례자는 물에서 나오면서 "할렐루야"라고 환호를 하면서 손을 높이 쳐들었는데 그 순간을 지켜보고 있었던 필자도 함께 감동으로 눈물이 난 경험이 있다. 세례를 이렇게 받은 사람과 약식으로 머리에 물 몇 방울로 세례를 받은 사람은 차이가 있지 않을까? 세례를 받는 그 순간은 성도로서 평생 지녀야 할 소중한 순간이다. 성도로서 평생의 가장 귀중한 순간이, 크게 고생스럽지도, 감동적이지도 않는 방법으로 지나갔을 때의 허전함은 매우 큰 것이다. 그래서 자신의 세례 받은 날짜를 기억하는 사람이 적은 것이 이 이유도 있을 것이다. 더구나 유아세례를 받은 사람은 다시 세례를 받지 않기 때문에 이것은 또 다른 의미이다. 여기서 유아세례가 성경적인지 아닌지는 논의하지 않겠지만 필자는 개인적으로 유아세례를 반대한다. 필자는 세례를 받는 순간이 성도에게는 평생 제일 소중한 순간이라고 생각한다. 그런데 필자는 그런 세례식을 경험할 수 없게 하는 유아세례를 받은 사람으로 많이 아쉽게 생각한다.

그렇다. 세례는 이런 것이다. 성도에게 제일 중요한 것이 이 세례식이며, 죄에 대하여 죽고 그리스도 안에 다시 살아나는 것은 기독교의 핵심이다. 성경에는 예수님께서 세례 받으시는, 즉 요단강에서 요한으로부터 침례를 받으면서 물속에서 나오셨을 때의 순간을 자세히 묘사하고 있다.

> 예수께서 세례(침례)를 받으시고 곧 물에서 올라오실새
> 하늘이 열리고 하나님의 성령이 비둘기 같이 내려
> 자기 위에 임하시는 것을 보시더니(마태복음 3:16).

초창기 침례교인들은 개신교 중에서 특히 많은 박해를 받았던 사람들이었다. 비침례교도들은 그들이 물속에 들어가서 세례를 받는다고 하여 이들을 물속에 넣어 죽임으로써 박해를 가하기도 하였다. 이러한 박해를 받고 자란 침례교회는 성도가 다른 교단에서 세례를 받았더라도 침례교인으로 등록하려면 다시 침례를 행하는 것으로 알려져 있다. 물론 이것은 또 다른 논의의 주제가 되는 것이지만, 침례의 의미에서 본다면 약식으로 행하는 세례는 성경 어디에도 없으며, 예수님께서 받

으신 세례 형태가 아니다. 침례라는 것을 한 교단의 특별한 예식으로 가치를 절하할 것이 아니라, 성경에 근거하여 침례를 다시 생각해볼 일이다. 세례식은 성도에게 일생 동안 가장 중요한 순간이다. 평생 잊지 못하고, 늘 그 순간을 기억하면서 믿음이 약해질 때에 다시금 일어설 수 있게 하는 것이 세례식의 기억이다. 이것은 이스라엘 남자아이가 8일 만에 할례를 받는 것과 같은 신분에 관한 일로서 아이는 8일째 받았던 할례를 기억할 수 없지만, 세례식은 성인이 가지는 예식으로 공적으로 중생한, 즉 거듭난 날이며 그리스도인의 생일이다. 그러니 이 세례식을 평생 기억할 수 있는 세례식으로, 성경 말씀에 따라서 해야 하지 않겠는가?

성찬과 세례는 교회의 중요한 예식이다. 이 두 예식의 의미를 교회는 잘 가르쳐야 하고 성도는 이것을 숙지하고 있어야 한다. 또한 이 예식은 성경대로 행해야(*Sola scriptura!*) 하지 않을까? 사람의 어떤 이유가 성경의 말씀보다 앞설 수는 없다. 인간의 생각으로 교회에서 가장 중요한 이 두 예식의 본질을 왜곡해서는 안 되며 평가절하해서도 안 된다.

5. 주기도문, 주님의 기도(Lord's Prayer)는 어떻게 하는 기도인가?

기독교인의 예배와 모임에서 주기도문을 마침 기도로 하는 경우가 많다. 주기도문은 무엇인가? 이 질문은 아주 어리석은 질문처럼 보인다. 하지만 교회는 주기도문의 가치와 의미를 잘 모르는 듯하다. 주기도문은 주님의 기도(Lord's Prayer)이다. 이것을 더 정확하게 읽으려면 '주-기도-문'으로 떼서 읽어야 한다. 그런데 여기서 '문'이라는 단어는 왜 붙어있는지 의아하다. 굳이 붙이지 않아도 되는 것을 붙여 가끔은 이 주기도문이 '기도'라는 단어는 빨리 지나가고 약식으로 '주문'이라고 들릴 경우가 많기 때문에 이때 '문'이라는 단어가 이상하게 느껴진다.

이 기도는 주님께서, 예수님께서 자신을 위하여 하신 기도가 아니라 이렇게 하라고 우리에게 가르쳐 주신 기도이다. 예수님께서 이 기도를 가르쳐 주실 때 마태복음의 상황은 예수님께서 기도에 대하여 말씀하시고 계시던 때였다. 이방인이 중언부언(공허하게 반복하는, vain repetitions)하면서 제대로 기도하지 못하는 것과 또한 제자들이 인간적인 욕심으로 올바른 기도를 하지 못할 때 이렇게 하라고 예수님께서 가르쳐 주신 기도이다. 누가복음에서는 세례 요한이 자기의 제자들에게 기도를 가르쳐 주었듯이, 예수님의 제자들도 자신들에게 기도를 가르쳐 달라고 부탁하자 예수님께서 모범적인 기도를 보여주신 것으로 기록되어 있다.[32] 예수님은 이 기도에서 하나님께서 바라시는 진정한 기도의 모습을 보여주고 계신다. 그래서 이 기도는 기도 중에서 가장 중요하고

---

[32] 마태복음 6:9-13, "그러므로 너희는 이렇게 기도하라…", 누가복음 11:2-4 "예수께서 이르시되 너희는 기도할 때에 이렇게 하라…."

소중한 기도일 뿐만 아니라 최고의 기도이다.

그런데 우리는 이 기도를 소중하게 하는가? 그렇지 않는 것이 지금의 현실이다. 오히려 성도는 기도 중에서 목사의 축복 기도(축도)를 제일 위에 두고 주님의 기도는 어떤 점에서는 제일 아래에 두는 것 같은 현실이다. 주기도문은 성도들 모임을 마칠 때 마침 기도로 제일 많이 사용된다. 그래서 이 기도는 중언부언의 기도는 아니지만 마음에도 없이 입으로만 대충 하여 빨리 마치는데 제일 유용한 기도가 되어 버렸다. 예배나 성도의 모임에서 목사가 없을 때 그리고 아무도 마침 기도를 하려고 하지 않을 때, 주기도문으로 모임을 뚝딱 마친다. 어쩌다 주님께서 가르치신 기도가 목사의 축복 기도보다 못한 그리고 성도의 대표기도보다 못한 기도가 되어 버렸다는 말인가! 예수님께서 이런 사실을 오래 전부터 아시고 얼마나 속이 상하시고 계셨을까.

먼저 '주기도문'이라는 한글 제목부터 문제가 있다. 무엇이든지 간략하고 짧게 만든다는 것이 좋은 것만은 아니다. 특히 하나님의 말씀이나 예수님의 말씀인 경우에는 더욱 그렇다. '주기도문'이라고 할 때 성도는 주님(예수님)의 기도라고 생각할 여유 없이 빠르게 '주기도문'이라고 한숨에 말하면서 이 귀한 기도를 아무렇게 부르며 평범하게 생각해 온 것이 사실이다. '주'(Lord)라는 단어는 의미심장한 단어이다. '주'라는 단어가 있다는 것은 '종'이 있다는 것이 전제로 될 때가 아닌가? 그런데 현대에는 '주'라는 단어와 '종'이라는 단어의 개념이 거의 사라진 시대로서 이 단어가 생소하다. 그래서 만약 성도가 '주'라는 단어를 사용할 때는 우리는 '님'을 함께 붙여서 사용하는 것이 낫다.

이렇게 단어에서 오는 개념을 감안하면, '주기도문'이라고 하지 않고 '주님의 기도'라고 하는 것이 이 기도의 의미와 가치를 좀 더 생각하게 할 수 있을 것이다. 단어나 말은 그 자체의 품위나 느낌이 중요하다. 주기도문이라고 했을 때는 대표기도의 대용으로 쓰이는 짧은 기도문 같은 인상이 많으며 단어 하나하나에 의미와 묵상이 있는 기도가 아니라 의미를 생각할 여유도 없이 일사천리로 빨리 해서 마쳐야 할 의무가 있는 기도로서 성도들은 외우기만 한다. 주님께서 우리에게 가르쳐 주신, 기도의 모범이며 최고의 기도를 우리는 아무렇게 대하는 것이다. 최고의 기도를 우리는 제대로 해야 하지 않겠는가?

주님의 기도를 귀하게 하는 방법은 마침 기도로 하지 않고, 예배 시작이나 설교 전 혹은 예배의 가장 한가운데에 하는 것이 좋다. 어떤 의미에서 마침 기도는 그 모임 혹은 예배를 종결하는 의미로 제일 비중이 있는, 즉 현재 개신교회 예배의 축복 기도의 위치이다. 신약성서에서 예수님께서 우리에게 주신 기도와 대비되는, 구약성서에서 하나님께서 사람에게 가르쳐 주신 기도가 있다. 이것은 하나님께서 아론에게 이스라엘 백성을 축복할 때 하라고 주신 축복 기도로서 '아론의 축복 기도'(Aaronic Blessing)이다. 이 기도는 지금도 많은 목회자, 특히 전례를 행하는 개신교회의 목회자들이 많이 사용하는 축복 기도이다(민수기 6:22-27).

여호와께서 모세에게 말씀하여 이르시되
아론과 그의 아들들에게 말하여 이르기를 너희는 이스라엘 자손을 위하여
이렇게 축복하여 이르되
"여호와는 네게 복을 주시고 너를 지키시기를 원하며
여호와는 그의 얼굴을 네게 비추사 은혜 베푸시기를 원하며
여호와는 그의 얼굴을 네게로 향하여 드사

평강 주시기를 원하노라 할지니라 하라"
그들은 이같이 내 이름으로 이스라엘 자손에게 축복할지니
내가 그들에게 복을 주리라

  이 축복 기도는 축복이라는 의미에서 모임 끝에 하더라도 모든 사람은 귀를 기울인다. 하지만 이 이외의 마침 기도에서 대부분 성도는 집중력이 떨어져 제대로 귀를 기울이지 않으며 대체로 기도가 빨리 끝나기를 기다리는 편이다. 이런 상황에서 주님의 기도를 마침 기도로 하는 것은 적절하지 않다는 것이다. 예배의 마침 기도로 구약성서의 하나님께서 주신 축복 기도를 한다면, 신약성서의 주님께서 주신 기도는 예배의 시작 혹은 예배의 한가운데에 하는 것이 가장 적절할 것이다. 성도들이 예배에 모여 가장 집중이 되고 몸과 마음, 영 모두가 깨어있을 때 주님의 기도는 우리의 신앙고백이 되기에 충분하다. 가톨릭교회 예배에서는 성찬의 한가운데 이 기도를 한다.

  주님의 기도에 들어있는 단어 하나하나를 음미하면서 제대로 기도하는 좋은 방법 중 하나로 첫째는 천천히 또박또박 단어 하나하나를 강조하면서 기도하는 법이다. 우리는 대체로 무엇이든지 빨리 하려고 한다. 찬송가를 빨리 부르며 기도는 짧게 하고, 성경도 짧게 끊어서 부분부분만 읽고, 함께하는 기도는 더 빨리 해치운다. 필자의 주위에는 이런 말을 하는 사람이 있다. "인생이 뭐 그리 급해요?" 우리의 삶이 짧은 인생이라고 많은 것을 해보고 싶어 뭐든 빨리 하는 것인지 알 수 없지만, 이렇게 할 때에는 많은 것을 할 수 있을지 모르지만 제대로 하는 것은 하나도 없을 수도 있다. 그 안에 들어있는 소중한 의미를 모르면서 껍데기만을 가진다고 할 때 그것이 무슨 가치가 있겠는가? 그래서 주님

의 기도는 천천히 단어 하나하나를 음미하고 묵상하면서 단어 떼어 읽기에 더 여유를 주면서 기도하면 더 좋은 기도가 될 것이다.

현대 음악 중에는 가끔 악보에 몇 마디부터 몇 마디까지 연주 시간을 적어놓는 곡이 있다. 이것은 단순한 메트로놈 지시가 아니라 더 구체적인 연주 시간을 제시하여 작곡가가 원하는 길이의 음악을 원하는 경우이다. 필자가 주님의 기도를 현재 대부분의 교회에서 기도하는 속도로 하였을 때 걸리는 시간은 약 25초 정도였다. 하지만 주님의 기도를 시를 읽듯이 문장에서 드러나는 쉼표(comma, ',')와 마침표(period, '.')의 호흡을 의미 있게 하고, 또한 단어 하나하나의 의미를 생각하면서 천천히 기도하였을 때 걸리는 시간은 약 1분이었다. 필자는 적어도 주님의 기도는 1분 이상이 걸리면서 기도하는 것이 좋다고 생각한다. 이렇게 기도하였을 때 정말 주님의 기도를 하였다는 느낌이 들 정도였으니 그동안 우리는 주님의 기도를 제대로 하지 않았다는 것을 실감한다.

주님의 기도를 제대로 하는 또 하나의 방법은 찬양으로 하는 것이다. 중세 교회에서 이 기도는 그레고리안 챤트(Gregorian Chant) "Pater noster"(우리의 아버지)로서 지금까지 가톨릭교회와 전례를 행하는 개신교단의 예배에서는 노래(찬양)로 불리고 있다. 그들은 성찬 한가운데 주님의 기도를 성도 모두가 유니슨으로 찬양한다. 성찬의 한가운데 불리는 주님의 기도는 심오하고도 귀중한 찬양이 된다. 독일의 루터교회에는 이 기도를 가사로 한 찬송가(Chorale) "Vater unser im Himmel"(하늘에 계신 우리 아버지)이 있다. 이 찬송가 선율을 주제로 많은 합창곡과 오르간 곡이 작곡되어 있다.

현대에 들어와서 우리나라 성도들 대부분이 익히 아는 찬양곡으로 주님의 기도는 미국의 작곡가 말로테(Albert H. Malotte, 1895-1964)

의 곡이다. 이 곡은 독창곡 혹은 합창곡으로 많이 불리고 있지만, 회중 찬송으로 편곡되어 있기 때문에 예배 등 기독교인의 모임에서 일반 성도들의 찬송이 충분히 가능하다. 현행 한국 찬송가에도 이 찬송가가 실려 있어 찬양하기는 더욱 용이해졌지만 아직도 많은 교회의 예배와 모임에서 주님의 기도를 기도문으로 외우기만 하고 찬양할 생각을 하지 않는 현실이 안타깝다. 찬양을 하면 기도로 하는 것보다 시간상 서너 배가 더 들기 때문으로, 우리는 이 시간을 아까와 하는 것이다.

주님의 기도를 의미 있게 할 수 있는 또 다른 방법은 시편을 교독하는 것처럼 기도를 주고받으면서 하는 것이다. 교회 예배의 역사에서 보면 중세에 이어 바로크 시기까지 교회에는 교대연주 관습(Alternatim Praxis)이 있었다. 이것은 구약성서에서부터 나타나는 회중찬양의 교대연주 방식으로서 시편 찬양이 이렇게 구성되어 있는 시가 많이 있다. 아래는 이 찬양법이 성경에 나타나 있는 예들이다.

> 시와 찬미와 신령한 노래들로 서로 "화답"하며…(에베소서 5:19, 개역한글).

> 서로 찬송가를 "화답"하며(sang together by course)…
> (에스라 3:11, 개역한글).

> 예배를 드릴 때에, 그들은, 하나님의 사람 다윗 왕이 지시한 대로,
> 동료 레위 사람들과 함께
> "둘로 나뉘어 서로 마주 보고 서서 화답"하면서
> (ward over against ward…) (느헤미야 12:24, 새번역).

그들은 서로 "화답"하여 이렇게 노래하였다(one cried unto another) (이사야 6:3, 현대인의 성경).

이렇게 성경의 전통적인 교대 찬양법은 초대교회로 이어지면서 중세로 넘어오게 된다. 성경 봉독이나 찬양을 교대로 하게 되면 회중은 자연스럽게 상대방이 하는 내용에 귀를 기울일 수밖에 없다. 그렇지 않고는 자신의 순서를 알아차리기 힘들기 때문이다. 이렇게 자신과 상대방이 하는 일에 집중할 수 있는 방법이 주고받는 형식으로 주님의 기도를 좀 더 의미 있게 할 수 있을 것이다. 이 교대 찬양법은 성가와 오르간의 교대연주로도 발달한 것으로, 교회는 성경에서부터 유래한 이 교대연주 관습을 더 확대하여 적용할 수 있을 것이다. 주님의 기도를 교대로 찬양(singing) 혹은 말로 하는(speaking) 방법을 한 가지 아래에 소개한다. 이 기도가 영어일 때는 좀 다른 구성이 될 수 있으나 우리말로 된 상황에서 이렇게 교대로 가능할 수 있다.

하늘에 계신 / 우리 아버지여
이름이 거룩히 여김을 받으시오며 / 나라이 임하옵시며
뜻이 하늘에서 이룬 것같이 / 땅에서도 이루어지이다
오늘날 우리에게 / 일용할 양식을 주옵시고
우리가 우리에게 / 죄지은 자를 사하여 준 것같이
우리 죄를 / 사하여 주옵시고
우리를 시험에 들게 하지 마옵시고 / 다만 악에서 구하옵소서
다함께: 대개 나라와 권세와 영광이 아버지께 영원히 있사옵나이다 아멘.

이외에도 주님의 기도를 최고의 기도로 할 수 있는 방법은 많이 있을 것이다. 성도 한 사람이 단어 하나하나에 의미를 주면서 웅변가가 연설하듯이 천천히 또박또박 묵상하면서 기도를 읽어 내려가는 것을 전체 회중이 함께 들으며 기도하는 것도 또한 가능하다. 예배 시간의 대표기도처럼 주님의 기도 또한 대표기도의 성격으로 가끔 누군가가 이렇게 할 수 있다. 사람이 만들어 내는 어떤 기도보다 뛰어난 주님의 기도를 우리 성도는 절대로 소홀히 해서는 안 된다.

주기도문은 기도문이라는 형식적이고 틀에 매인 성격의 기도가 아니라 이름에서부터 '주님의 기도'라고 다시 고쳐 부르는 것이 더 낫다. 가끔은 집례자 혹은 인도자가 '주님께서 가르치신 기도'라고 칭할 때도 있기는 하다. 이것 또한 좋은 명칭이다. 주님께서 제자들에게 가르쳐 주신 기도를 모임의 마침 기도로 때우기 식으로 빠른 속도로 외우는 기도가 아니라 기도의 한 단어 한 단어가 우리의 심장에 꽂히고 맺히는 기도가 되도록 해야 한다. 그래서 이 기도는 예배 순서상의 위치도 중요한 곳으로 배치하도록 하며, 기도를 하는 방법도 천천히 묵상하면서 고백하듯이 하는 것이 중요하다. 그리고 더 좋은 것은 기도를 찬양으로 하는 것이다. 이 귀한 기도를 찬양으로 하면서 예수님을 더 기리고 기도의 의미를 더욱 살아나게 할 것이다. 아래는 주님의 기도를 천천히 읽고 몇 초 동안 묵상하면서 하는 기도로 묵상하는 위치를 떼어 적어보았다. 주님의 기도는 이렇게 하면 1분 이상 훨씬 넘어 소요되지만 단어 하나하나의 의미가 살아있는 진정한 주님의 기도가 될 것이다. 이렇게 주님의 기도를 시작하는 것은 어떤가?

하늘에 - 계신 - 우리 - 아버지여 -

이름이 - 거룩히 - 여김을 받으시오며 - 나라이 - 임하옵시며 -

뜻이 - 하늘에서 - 이룬 것같이 - 땅에서도 - 이루어지이다 - (좀 더 오래 묵상)

오늘날 - 우리에게 - 일용할 - 양식을 - 주옵시고 -

우리가 - 우리에게 - 죄 지은 자를 - 사하여 준 것같이 -

우리 죄를 - 사하여 주옵시고 - (좀 더 오래 묵상)

우리를 - 시험에 - 들게 하지 마옵시고 - 다만 - 악에서 - 구하옵소서

대개 나라와 - 권세와 - 영광이 - 아버지께 - 영원히 - 있사옵나이다 - 아멘

6. 헌금(봉헌)은 무엇이며, 결과를 왜 주보에 싣는가?

우리나라 교회의 예배 주보는 유럽과 미국의 교회 주보와 많이 다르다. 그 중 헌금 내용을 주보에 적는 경우는 다른 나라와 다르다는 정도가 아니라 성경에 어긋난 일이다. 왜 교회는 성도가 하나님께 헌금한 것을 세상 사람들이 다 알도록 공개하는가? 성도는 하나님께 헌금한 것이지 사람에게 한 것이 아니다. 그리고 사람에게 알리려고 한 것도 또한 아니다. 그럼에도 불구하고 교회는 왜 이것을 주보에 싣는가? 예수님께서는 너희의 선한 일을 남이 모르도록 하라고 하셨다.[33] 사람에게 선한 일을 하는 것도 남에게 모르게 하는 것으로서, 하물며 하나님께 드리는 것을 세상이 다 알도록 왜 나팔을 불며 그리고 교회는 그것을 왜 조장하는가?

귀한 일을 했으니 칭찬하기 위함인가? 하나님께 헌금하는 것은 어떤 의미에서 보면 귀한 일일 수도 있다. 하지만 더 엄밀하게 말하면 하나님께 드리는 것은 사실 드리는 것이 아니라 제자리로 돌아가는 것으로 당연한 일이다. 내 것이 있었다면 내 것으로 하나님께 드릴 수 있지만, 성도가 가지고 있는 것이 있다면 그것은 성도 자신의 것이 아니다. 모든 것이 하나님 것인데 무슨 의미로 내 것인 양 하면서 하나님께 드리는 것을 귀한 일로 생각한다는 것인가?

교회는 성도들에게 헌금을 많이 하라고 가르칠 것이 아니라 우리가 가진 것이 모두 하나님의 것이라는 것부터 가르쳐야 한다. 하나님의 것이니 하나님께로 돌려드리는 것뿐이다. 그래서 감사헌금, 구제헌금 등의 여러 이름의 헌금 명목은 사실 인간을 교만하게 만드는 용어이다.

---

[33] 마태복음 6:3 "너는 구제할 때에 오른손이 하는 것을 왼손이 모르게 하여."

모든 것이 당연한 것이라면 구차하게 이런 이름을 사용할 필요가 없기 때문이다. 이런 구체적인 헌금은 예외적으로 가능할지 모르나 일반적으로는 우리가 하나님께 헌금을 하면 그 이후 일은 우리의 소관이 아니라고 생각해야 한다. 교회는 하나님의 헌금을 성경에 근거하여 하나님의 일에 사용하면 되는 것으로 바친 사람의 알 바가 아닌 것이 원칙이다.

교회 주보에서 헌금한 사람의 명단은 사라져야 한다. 예전에 어떤 교회는 그 주일의 헌금 총 액수는 물론, 더 심각한 교회의 경우는 개인 헌금 액수까지 적었던 때가 있었다. 이것을 적는 이유가 무엇인가? 자랑하기 위함인가 아니면 헌금을 더 해달라는 요청인가? 이런 일로 가난한 사람들이 교회에서 상처받았을 것을 생각하면 교회가 하나님 앞에서 잘못한 일들이 많은 것 같다.

그래서 서양의 교회 예배 주보에 없는 우리나라 교회 주보의 헌금 내역을 보고 있으면 답답함을 느낀다. 물론 독일에서는 대부분의 국민이 세금에서 종교세를 내기 때문에 예배 주보에 헌금한 사람의 이름을 쓸 필요가 없는 것은 사실이다. 하지만 미국에서도 헌금한 사람의 이름이 주보에 실리지 않는다. 성경은 헌금에 대해서 뭐라고 말씀하는가? 구약성서에서 하나님께 드리는 봉헌(Offering)에 대한 첫 언급은 가인의 봉헌이다.

> 세월이 지난 후에 가인은 땅의 소산으로 제물(offering)을 삼아
> 여호와께 드렸고(창세기 4:3).

이어서 아벨의 봉헌이 나오며(창세기 4:4), 창세기 8장에서는 노아가 하나님께 드리는 봉헌을 나름 자세하게 설명하고 있다.

노아가 여호와를 위하여 단(Altar)을 쌓고
모든 정결한(clean) 짐승 중에서와 모든 정결한 새 중에서 취하여
번제(Burnt Offering)로 단에 드렸더니(창세기 8:20, 개역한글).

위의 성경에서 보는 가인과 아벨의 봉헌과 노아의 봉헌은 바로 예배라는 것을 알 수 있다. 노아의 봉헌은 홍수로 하나님께서 세상을 심판하신 후에 비가 그치고 물이 마른 후 노아와 가족 그리고 모든 짐승들이 땅으로 나온 후에 노아가 하나님의 구원을 감사하고 찬양하는 봉헌, 즉 예배이다. 노아는 홍수 이전에 이미 방주로 들어간 짐승 중에서 정결한 짐승을 하나님께서 미리 준비하신 것으로 알고 있었으며, 그 정결한 짐승으로 하나님께 예배한 것이다. 노아 시대에 들어오면 하나님께 드리는 봉헌이 이렇게 서서히 구체적인 모습을 갖추면서 이루어지는 것을 성경에서 볼 수 있다. 첫째는 봉헌하는 단(Altar)이라는 제단이 있었으며, 제물은 정결한(clean) 짐승 중에서 취했다는 것으로 하나님께 바치는 봉헌은 어떤 자세와 어떤 것으로 해야 하는지를 보여주고 있다. 즉 아무데서나 아무렇게 하나님께 봉헌하는 것이 아니라 형식을 취하여 봉헌하는 것이며, 또한 아무것이나 하나님께 드리는 것이 아니라, 구별되고 성별된 정결한 것으로 하나님께 드리는, 봉헌의 가장 근본적인 원칙을 보여주고 있다. 노아의 봉헌(예배)을 받으신 하나님께서는 다시는 사람을 물로 심판하시지 않겠다고 하셨으며, 이 땅의 생명을 가진 모든 것들에게 천지창조 때와 같이 다시 생육하고 번성하라고 축복하셨다. 최초 인간 아담에게 주신 하나님의 축복이 다시 회복된 것이다. 하나님께 드리는 올바른 봉헌(예배)은 이렇게 하나님과 사람을 화해시키는 것으로, 이것은 바로 예수 그리스도께서 하나님과 인간의 화목 제물[34]이

되셨다는 것과 통한다.

성경에서 하나님께 드린 봉헌의 절정은 아브라함이 이삭을 봉헌한 일이다. 여기서 하나님께서는 무엇을, 어디서, 어떻게 바칠지를 말씀해 주셨다.

> 여호와께서 가라사대 네 아들 네 사랑하는 "독자 이삭"을 데리고 "모리아" 땅으로 가서 내가 네게 "지시하는 한 산" 거기서 그를 "번제"(Burnt Offering)로 드리라(창세기 22:2, 개역한글).

아브라함이 이삭을 하나님께 봉헌한 것은 그야말로 자신의 모든 것이었다. 오히려 자신의 모든 것보다, 자신의 생명보다 더 귀한 것을 하나님께 바친 것이다. 이것은 하나님께서 독생자 예수님을 인간을 위한 번제로 내어 놓으시는 십자가를 상징하는 것이다. 아브라함이 이삭을 바친 것은 그의 하나님께 대한 믿음의 결정적인 모습이다. 아브라함의 이 봉헌은 사람으로서 하나님께 할 수 있는 최고의 봉헌이었다. 이것은 자신을 포기하고 자신을 내어놓는 것으로 이것이 예배의 정신이다.

하나님께 드리는 봉헌에는 여러 종류가 성경에 나타나며, 그 중에서 현대의 성도가 가장 중요하게 생각하는 십일조라는 봉헌이 구약성서에 등장하는 것은 창세기 14장 20절이다.

> 너희 대적을 네 손에 붙이신 지극히 높으신 하나님을 찬송할지로다 하매 아브람이 그 얻은 것에서 십분의 일(tithes)을 멜기세덱에게 주었더라.

---

34 로마서 5:10 "… 그의 아들의 죽으심으로 말미암아 하나님과 화목하게 되었은즉…."

이 십일조 봉헌은 이후 하나님의 율법으로서 이스라엘 백성에게는 여러 봉헌 중의 하나로 의무 사항이 된다. 구약성서에는 십일조 봉헌 외에 다른 여러 봉헌들이 있으며 그 대표적인 것이 번제(Burnt Offering)와 화목제(Peace Offering, 출애굽기 24:5), 죄 사함을 위한 봉헌, 즉 속죄제(Sin Offering, 출애굽기 29:14), 요제(Wave Offering, 출애굽기 29:24)[35] 등이다.

그러면 신약성서의 예수님께서는 하나님께 드리는 봉헌에 대하여 어떻게 말씀하셨는가? 예수님은 유태인이셨기 때문에 기본적으로 유태인들의 봉헌에 대한 언급을 하시면서, 바리새인과 사두개인이 십일조 봉헌 등 율법의 형식은 따르지만 위선으로 가득 차 있는 것을 경계하라고 하신 적이 있다.[36] 더 나아가 하나님께 봉헌하기 전에 먼저 이웃을 사랑하라고 하셨다(마태복음 5:23-24).[37] 그리고 제사나 봉헌하는 것보다 더 중요한 것은 하나님을 먼저 온 마음과 영과 힘을 다해 사랑하고 이웃을 사랑하는 것이라고 서기관이 말한 것을 예수님께서는 귀하게 보시고 천국이 멀지 않았다고 칭찬하셨다(마가복음 12:33).[38] 그리고는 하나님께 드리는 봉헌에 대해서 직접적인 언급이 별로 없으시다. 이것은 예수님께서 하나님께 드리는 봉헌이 중요하지 않다는 것이 아니라

---

35 요제(Wave offering): "이리저리 움직이다, 흔들다"의 뜻으로 제사장이 제단 앞에서 하나님께 제물을 드린다는 표시로 제물을 높이 들어 위, 아래, 좌, 우로 흔든 다음 제단으로부터 흔들며 물러나는 제사의 한 방법으로 여기 쓰인 제물은 제사장의 몫이 된다.
36 마태복음 23:23, 누가복음 11:42.
37 "그러므로 예물을 제단에 드리려다가 거기서 네 형제에게 원망들을 만한 일이 있는 것이 생각나거든 예물을 제단 앞에 두고 먼저 가서 형제와 화목하고 그 후에 와서 예물을 드리라(offer thy gift)."
38 "또 마음을 다하고 지혜를 다하고 힘을 다하여 하나님을 사랑하는 것과 또 이웃을 제 몸과 같이 사랑하는 것이 전체를 드리는 모든 번제물(Burnt Offering)과 기타 제물(sacrifice)보다 나으니이다"(개역한글).

당시 예수님을 따르는 그들은 이미 유태인으로서 기본적인 봉헌은 하고 있었기 때문에 더 이상 언급을 하시지 않은 것으로 이해된다. 그리고 예수님은 그 봉헌이 율법에 따른 형식적인 봉헌이 되지 말고 온전히 하나님께 향하는 봉헌이 되기를 원하신 것이다. 이에 성도는 봉헌과 동시에 이웃에 대한 사랑이 바로 하나님께 드리는 어떤 봉헌만큼이나 중요한 것을 알고 봉헌의 정신을 다시 한 번 점검해야 할 것이다.

어떤 면으로 보더라도 헌금한 사람의 이름을 주보에 싣는 것은 성경적이지 않다. 성경 어디에서 하나님께 봉헌한 사실을 다른 사람에게 알리라고 한 내용이 있는가? 성경에서는 자기의 의를 드러내는 사람들을 경계한다. 예수님은 늘 바리새인과 사두개인의 외식에 대해서 경고하셨다. 예수님은 그들을 회칠한 무덤, 독사의 자식이라고 나무라셨다.39 그들은 늘 사람들에게 자신의 의를 드러내면서 그렇지 못한 사람들을 마음으로 무시하는 교만한 마음을 가지고 있었다. 예수님께서는 심지어 그들이 하는 기도까지 경고하셨다. 예수님은 남이 들으라고 큰 길에서 큰 소리로 기도하는 것을 위선으로 보셨으며 대신 골방에 들어가 하나님께 기도하라고 하셨다(마태복음 6:5-6). 이 모든 것은 무엇을 의미하는가? 하나님은 우리가 하나님께 하는 것을 다른 사람에게 떠벌리는 것을 원하지 않으신다. 마태복음 6장 2절에서 예수님께서는 정확히 말씀하셨다.

> 그러므로 구제할 때에 외식하는 자가 사람에게 영광을 얻으려고 회당과 거리에서 하는 것 같이 너희 앞에 나팔을 불지 말라

---

39 마태복음 23:27 "화 있을진저 외식하는 서기관들과 바리새인들이여 회칠한 무덤 같으니 겉으로는 아름답게 보이나 그 안에는 죽은 사람의 뼈와 모든 더러운 것이 가득하도다."

> 진실로 너희에게 이르노니 저희는 자기 상을 이미 받았느니라(개역한글).

사람과 사람 사이의 일도 이렇다면 하나님께 드리는 봉헌은 더 높은 기준이 있어야 함은 말할 필요가 없을 것이다. 하나님께 드리는 봉헌은 하나님만 아시면 된다. 하나님께서 우리가 봉헌하고자 하는 마음을 이미 아셨고 또 드린 것도 아시는데 무슨 이유로 주보에 그 이름을 싣는다는 말인가? 이것은 순전히 사람을 위한 것일 뿐이다. 첫째는 헌금한 사람을 위한 것이며 둘째는 헌금을 하지 않은 사람을 위한 것이다.

헌금한 사람의 이름을 주보에 실을 경우 이것은 하나님께 드리는 헌금이 온 세상에 공포되는 것으로서 하나님께 드린 것이 아니라 오히려 사람에게 내보이기 위한 결과가 되는 것이나 다름없다. 교회는 헌금자의 이름을 주보에 실으면서 묵시적으로 헌금하는 사람을 칭찬하며, 하지 못한 사람을 교육하려는 의도가 있다. 이렇게 헌금을 해야 한다는 그런 의미이다. 누구는 십일조, 주정헌금, 감사헌금, 장학헌금, 구제헌금, 선교헌금 등등을 하는데 당신은 뭐하고 있느냐 하는 그런 훈계의 내용이 안에 들어있다. 그리고 헌금을 자주 혹은 많이 하는 사람을 추켜세운다. 이로 인하여 헌금한 사람은 본의 아니게 교만해질 가능성도 높다.

누가복음 21장 1-4절에 헌금의 액수에 관한 구절이 있다. 부자가 많이 헌금한 것과 가난한 과부가 적게 헌금한 것을 예수님께서 보시고 헌금의 자세를 말씀하시면서 과부가 모든 사람보다 많이 넣었다고 말씀하셨다.

> 저들은 그 풍족한 중에서 헌금을 넣었거니와

> 이 과부는 그 가난한 중에서 자기가 가지고 있는 생활비 전부를
> 넣었느니라 하시니라(누가복음 21:4).

예수님은 겉으로 드러나는 것보다 그 안의 마음을 더 중요하게 보시는 분이시다. 헌금의 액수는 각자의 상황에 따라 당연히 달라지는 것으로 이것은 하나님만 아시면 되는 것이다.

헌금은 헌금함에 들어가는 순간 헌금한 사람의 것이 아니다. 물론 헌금함에 들어가기 전에도 그것은 그 사람의 것이 아니었다. 주보에 헌금자의 이름을 쓰는 것을 가끔은 헌금한 사람이 자신의 헌금이 바로 잘 들어갔는지 주보에서 자신의 이름을 확인하는 의미가 있다고 하는 것은 교회가 성도들을 잘못 인도하는 처사이다. 부끄럽게도 필자도 예전에 헌금한 결과를 주보에서 확인한 적이 있으며, 곧바로 그 일을 후회하였다. 그리고는 그 후로는 주보의 헌금 내역을 보지 않으려고 노력한다. 헌금이 온전히 전달되고 안 되고는 하나님 손에 달린 일이다. 만약 본인이 드린 헌금이 다른 사람의 손에 들어갔다면 그것 또한 하나님의 뜻일 수 있다는 것이 필자의 생각이다. 그래서 헌금한 사람이 자신의 헌금을 확인하는 것은 믿음이 적은 자의 일이다. 이미 바친 것을 왜 확인하는가? 바쳤으면 더 이상 내 것이 아니다. 그런데 주보의 헌금 내역을 확인하는 것은 성도는 자신을 위하여 헌금을 한다는 일면을 보여주는 것이다. 그런데 교회는 이것을 바르게 교육하지 않는다. 주보에 헌금자를 싣는 일은 성도들이 이런 태도를 가지도록 조장할 수 있으며 성도들에게 세속적인 마음을 심어주는 것으로 어서 빨리 지양해야 할 일이다.

반대로 헌금을 하지 않은 사람의 입장에서 보면 그 헌금한 사람의 이름을 보면 스트레스를 받는다. 교회는 이렇게 성도들에게 헌금이라

는 스트레스를 주고 있는 것과 같다. 그리고 성도들이 많은 헌금을 하였을 때는 목회자가 가끔 헌금을 많이 해줘서 감사하다고 예배 시간에 말하기도 한다. 헌금을 받으신 분은 하나님이신데 목회자가 왜 감사한가? 성도들이 하나님을 사랑하는 마음이 그만큼 커서 목회하는 사람으로서 성도들의 믿음이 감사하다는 뜻인지, 교회에 헌금이 많이 들어와서 감사하다는 뜻인지 알아듣기가 힘들다. 헌금 때문에 시험이 들어 교회를 떠나는 성도들이 가끔 있다. 그렇다고 이 성도가 잘 한 일이라고 말할 수는 없지만, 믿음이 약한 성도가 교회에서 헌금의 이유로 환영을 받지 못한다고 느꼈다면 이것은 교회의 진정한 모습이 아니다. 교회에서는 우리의 겉모습과는 아무 상관없이 모든 성도가 평등하고 모든 성도가 존귀하게 여겨져야 한다. 헌금으로 사람 사이에 구별이나 대우가 달라지면 안 되는 것이다.

그런데 실제로 교회에서 헌금을 많이 하는 사람은 보이지 않게 권위를 행사한다. 그리고 성도들은 주보의 헌금 내용을 통해 교회 성도들을 파악하게 되고, 묵시적으로 그 권위를 인정해준다. 물론 주보만이 아니라 성도는 자연스럽게 교회에서 권위를 행사하는 사람들을 알게 된다. 교회의 성도는 섬기는 사람으로 세상과 같이 권위를 행사하는 사람이 아니다. 그런데 많은 교회에서, 섬기는 사람이 인정받는 것이 아니라 헌금을 많이 하는 사람이 인정받고 권위를 행사함으로써 교회는 세속적인 사회로 변질했다. 주보에 헌금 명단을 쓰는 일이 큰 역할을 한 것이다.

교회 헌금은 무기명으로 하는 것이 성경적이다. 모든 성도가 헌금할 때는 이름이 없는 봉투에 헌금을 하는 것이다. 아니면 아예 교회에서 헌금 봉투를 없애는 방법도 있다. 물론 현대에는 세금 혜택을 위해 교회에서 매년 기부증명서를 발부하기 위해 이름이 필요할 수도 있다. 하지만 교회의 모든 헌금을 무기명으로 하고 기부증명서 영수증도 발부하지 않는 것이 더 성경적이지 않을까?

독일 교회에서는 종교세 때문인지 헌금이라는 봉헌의 의미는 우리나라 교회에 비해 약해보였다. 헌금 시간에 봉투는 없으며, 대체로 적은 액수를 봉헌하는 듯하였다. 혹은 어떤 사람은 세금으로 내는데 왜 또 예배 시간에 헌금 시간이 있는지 기분 나빠하는 사람도 있다고 들었다.

교회는 교회대로 헌금자의 이름이 있으면 편리하기는 하다. 교회 예산을 세울 때도 도움이 된다고 할 것이다. 하지만 처음에는 도움이 될지 모르지만 교회 성도 수를 통해 기본적인 액수의 예상이 가능하기 때문에 이것 또한 이유가 될 수 없다. 그리고 교회의 예산이라는 것도 사실은 인간적인 것으로 하나님의 생각과 다를 수 있다는 것이 필자의 생각이다. 교회의 기본적인 운영 이외에는 헌금에 따라 사역의 범위를 조정하면 될 일이다. 교회 일에서 사람의 생각이나 재정의 한계에 갇혀있는 것은 하나님의 사역을 제한하는 일로서 이것은 신앙의 길이 아니다.

결론적으로, 교회에는 이름을 적는 헌금 봉투가 없는 것이 성경적이다. 헌금하는 사람이 이 헌금으로 어떤 특정한 사업에 써달라고 하는 것도 인간적인 욕심일 수 있다. 교회를 믿고, 교회가 하나님 말씀대로 그 헌금을 사용할 것을 믿고, 또 하나님께 다 맡기는 것이다. 그리고 교회는 성도가 하나님께 바친 헌금을 벌벌 떨면서 하나님께서 원하시는 일에 사용하여야 한다. 그렇다면 이런 특정 헌금이라는 용어도 사라질 수 있다. "하나님께 돌려 드리니 하나님께서 원하시는 대로 온전히 쓰십시오" 하는 것이 헌금자의 자세라 할 것이다. 헌금 봉투에 불필요하게 이름을 써서 사람은 스스로 자기 체면과 교만이라는 함정을 만드는 것이다.

이렇게 교회 주보에 헌금 내용을 쓰지 않는 것도 성경적이지만 다양한 헌금 봉투를 없애고 봉투에 이름을 쓰지 않는 것은 한 발 더 나아가는 것이다. 구약성서에 다양한 제사가 있었던 것을 지금의 다양한 헌금의 종류와 비교하는 것은 맞지 않다. 성도는 하나님께 다양한 감사의 제목으로 하나님께 봉헌할 수 있다. 하지만 이것을 봉투에 쓸 필요는 없다. 하나님께서 아시니 굳이 사람에게 알릴 이유가 없는 것이다. 헌금 봉투에 이름이 없으면 주보에 이름을 실을 수도 없으며 성도는 연말에 세금정산에 도움을 받을 수 없게 될 것이다. 이렇게 해도 하나님께 헌금을 기꺼이 드릴 수 있다면 이것이 진정한 헌금이 아니겠는가?

봉헌은 예배이다. 구약의 예배는 봉헌이 거의 모든 것이었다. 예배에서 사람을 드러내는 일은 예배의 정신이 아니다. 하나님께 예배하는 성도들이 온전하게 예배를 드릴 수 있도록 교회는 성도를 도와야 하며 또한 교육하여야 한다. 성도는 교회에 예배하러 온 것이다. 예배에 와서 자신이 하나님께 드린 헌금 내용과 다른 성도들의 헌금 상황을 주보로 보면서, 인간적인 자랑, 이로 인한 질투와 시기, 더 나아가 그렇지 못한 성도를 자책하게 하는 예배는 온전한 예배라 할 수 없다. 예배는 세상적인 것을 내려놓고, 기쁜 마음으로 온전히 하나님만을 바라보는 것이다.

7. 예배 주보, 필요한 것인가?

우리나라 대부분의 교회는 예배 주보가 있다. 이 주보는 성경적인 것인가? 주보는 왜 생겼을까? 물론 예전에는 종이도 귀했으며 인쇄 기술도 발달하지 못했기 때문에 주보의 역사는 짧다. 주보가 어떻게 시작되었는지를 떠나서 현재 주보의 의미를 다시 생각해 볼 필요가 있다. 주보의 경제성이라는 면에서가 아니라 주보가 예배의 본질과 기독교적 가치라는 점에서 성경적인지를 살펴보는 것이다.

실제로 현재 주보는 성도의 예배를 돕기보다는 방해하는 요소가 더 많다. 주보에는 대체로 세상 자랑이 가득할 때가 많다. 그리고 가끔은 주보에 실린 내용 때문에 성도가 상처를 입기도 하며 성도 간에 오해가 생기기도 한다. 주보는 예배를 도와주기 위한 것이었으나 오히려 예배를 방해할 수 있으며, 실제로 방해하고 있을 때가 많다. 그리고 지금의 주보는 많은 경우 개교회의 이기주의와 성도들의 세속적인 가치를 부추기는 것으로 어쩌면 사탄이 보낸 유혹의 수단일 수도 있다. 주보가 예배에서 필요한지를 알아본다.

첫째로 주보는 예배에서 인간적인 도움이 될 수 있을지 모르지만 성도가 예배에 집중하는 것을 방해할 수도 있다. 주보는 왜 필요한 것인가? 만약 주보가 있어서 도움이 되는 것이라면 구체적인 도움이 주보 안에 들어 있어야 하는 것이지만 실제로 주보는 예배 자체에 도움이 되는 것은 별로 없다. 예배 순서는 집례자가 예배 중에 도움말을 하면 되는 것이며, 찬송가와 성경 구절 또한 마찬가지이다. 예전에는 주보가 있어도 예배 인도자가 찬송가와 성경 등 예배에 필요한 것들을 성도에게 공포하기도 했었다.

그리고 집례자, 설교자, 찬양하는 사람에 대한 정보는 사실 예배를 드리는 사람은 알 필요가 없다. 이런 내용을 아는 것은 오히려 성도에게 선입견과 인간적인 관심을 주게 되어 온전히 하나님을 예배하는 것을 방해할 수도 있다. 성도들은 교회에 오면 주보를 받고 주보를 열심히 탐구(공부)하는 편이다. 사실 이렇게 하라고 교회에서 주보를 만드는 이유도 있다는 것이 더 심각하다. 그런데 문제는 이 주보를 성도는 너무 사랑하는 나머지 예배 중에도 열심히 읽고 있다는 것이다. 예배하는 것이 아니라 주보를 공부하고 있는 것이다. 헌금 명단에 자기 이름이 제대로 들어있는지, 헌금은 누가 했는지, 광고에서 성도들에게 어떤 일이 일어났는지 등등. 심지어 누가 어디에 합격한 소식까지 주보의 내용을 자세히 공부하면서 그 생각들로 가득차서 예배를 안 드려도 배는 이미 부른 상태가 되어버린다. 영이 갈급하여 주일에 예배하러 모인 성도가 예배 시작하기 전에 교회당에 들어오면서 받은 주보로 예배의 본질은 사라지고 마는 것이다. 물론 모든 성도가 이러하지는 않겠지만 많은 성도가 이런 세상적인 일과 예배를 동시에 마음에서 나누어 가지는 상황이 됨으로써 예배를 온전히 드리는 데에 방해가 되는 현실이다. 그래서 예배가 끝나면 기다렸다는 듯이 그 주보 내용에 따라 행동한다. 이런 성도는 어쩌면 예배 동안 예배는 드리지 않고 주보에 따라 예배 후에 할 일에 마음이 쏠린 사람일 수도 있다. 이 사람은 예배를 드리는 사람이 아니라 주보를 공부하는 사람이라고 해야 하지 않을까?

둘째는 주보에서 예배 순서에 대한 내용이다. 앞서 언급했듯이 예배 순서는 성도가 꼭 알지 않아도 되는 내용이다. 예배 순서를 몰라도 지금까지 주일예배에 참석한 성도는 자연스럽게 예배를 드릴 수 있으며, 또 집례자가 각 순서에 짧은 멘트(comment)를 하면 충분하다. 모든 성도가 굳이 각자 스스로 나서서 하지 않더라도 공동으로 같이 예배하기 때문에 인도하는 사람을 따라서 한 마음으로 하면 된다. 찬양하면 같이 찬양하고, 기도하면 기도하고, 성경을 읽으면 선포하는 대로 성경을 찾아 읽으면 된다. 그래도 주보가 필요한 것인가?

설교자가 누구인지를 만약 안다면 이것 또한 선입견에 의해 하나님의 말씀의 씨를 옥토에 받듯이 순전하게 받기가 힘들어 질 수 있다.[40] 누가 말씀을 전하는 것이 중요한 것이 아니라 어떤 말씀이 선포되는지가 중요한 것이다. 그리고 성도는 그 말씀을 어떻게 받는지가 중요하다. 이것은 예배의 다른 순서도 마찬가지이다. 대표기도는 누가하는 것이 중요한 것이 아니다. 하나님께서 원하시는 기도를 어떻게 하느냐가 중요한 것이다. 특히 찬양은 더 그렇다. 누가 지휘하고, 누가 연주하며, 그 예배에서 솔로는 누가 하며 등등 성도가 예배하면서 세상적인 일에 관심을 보이게 되면 예배를 드리는 마음이 몇 갈래로 나뉘게 된다. 이쯤되면 이런 주보를 사탄이 좋아할 것 같지가 않은가? 사탄은 어떤 방법이든 성도와 하나님과의 온전한 교통을 방해하기를 원하기 때문이다.

예배 주보 중에서 최악의 주보가 있다. 이것은 교회 연합 예배의 주보이다. 이것은 예배라는 본질적인 개념을 무시한 예배 순서지이다. 이 예배 순서지를 보면 오히려 하나의 행사로 이름하는 것이 하나님 앞에 정직할 수 있는 그런 예배식이 들어있다. 그 주보에는 예배 순서 하나하나에 각기 다른 사람 이름이 쓰여 있는 경우가 대부분이다. 그 좁은 지면 안에 순서 맡은 사람의 현재 혹은 전의 직함이 자세하게 쓰여 있는 것을 보면 식순이 불쌍하게 보일 정도이다. 예배라고 이름한 예배에서 왜 이렇게 많은 사람들이 한 순서씩 맡아야 하며, 그 순서에 왜 각 사람

---

40 마태복음 13장 씨 뿌리는 자의 비유.

이름이 직책과 함께 나열되어야 하는지 성경적으로 설명할 사람이 필요하다. 사람이 죽어야 할 예배의 순간에 사람이 이렇게 고고하게 살아 있는데 예배가 되겠는가? 순서를 맡은 사람은 말할 필요도 없이 이것을 보는 성도는 또 어떤 마음으로 예배를 하게 될까? 이런 주보를 통해 성도들은 이 세상의 명예를 사랑하게 되는 것이다. 이 주제는 다음에 다시 더 논의할 것이다.

셋째는 주보로 인한 시간과 경제적 손실이다. 주보 없이도 예배는 잘 드릴 수 있다. 혹 필요하다면 찬송가 장수는 벽이나 성도가 보이는 곳에 장수를 써 붙일 수 있다. 유럽의 많은 교회가 매주일 예배 주보는 만들지 않고 찬송가 장수와 성경 본문은 벽이나 기둥에 숫자를 표시하는 방법을 택하고 있다. 그리고 방문자나 예배 전체 의식에 적극적으로 임하기를 원하는 사람이 있다면 예배당 입구에 기본 예배식을 프린트한 작은 유인물이나 예배 책을 가지고 들어와서 예배 중에 이것을 참고로 하면서 예배드릴 수도 있다.

우리나라 교회의 경우 특히 큰 교회의 주보는 자신의 교회를 자랑이나 하듯이 주보를 칼라 프린트로 여러 쪽으로 만들며, 예배 순서만 아니라 교회 소개, 성경공부, 그 외의 모임 소개와 중요하게는 헌금자의 명단을 장황하게 프린트하는 경우도 있다. 이런 경우는 이 주보를 만드는 데 상당한 노력과 시간이 소요될 것이며, 매주 이런 주보를 만들려면 경비도 상당할 것이다. 이렇게 매주 한국교회에서 소비하는 종이의 양은 엄청날 것이다. 그런데 이렇게 할 의미와 가치가 있느냐는 것이며 더 중요하게는 이것이 성경적이냐는 것이다. 교회는 이 세상에서 할 일이 많다. 주보에 들어가는 시간과 물질을 복음 전파와 구제 그리고 섬기는 일에 사용할 수 있지 않을까.

넷째로 많은 주보는 교회의 이기적이고도 세속적인 욕심이 실려 있는 것으로 성도들에게 좋지 않은 영향을 줄 수 있다는 것이 큰 위험이다. 대부분의 교회는 재정적으로 가능하다면 칼라(color)로 근사하게 주보를 만들어 교회당의 사진을 멋있게 전면에 싣고 싶어 한다. 그리고 주보의 교회 그림은 실제보다 더 크고 좋게 인쇄되는 경우도 허다하다. 작은 교회는 교회 사진이 아니라 그림을 사용하는 경우가 많으며 비용이 부담이 되어 인쇄가 아니라 작은 종이에 복사하기도 한다. 그래서 교회 주보는 그 교회의 경제력에 따라 많은 차이를 보인다. 즉 주보에서 경제력 격차가 확연히 드러나는 것이다. 서양의 교회에 주보가 있는 경우에는 교회별로 차이가 거의 없다. 대부분 단순하게 예배 내용을 중심으로 만들어져 있다. 큰 교회라도 비싼 잉크나 화려한 디자인은 하지 않는다. 그런데 우리나라 교회 주보는 개교회의 이기적인 욕심을 드러내려다 보니 경제력 차이도 드러나는 것이 현실이다. 스스로 자랑하는 교회가 있는 반면, 스스로 이에 비교되면서 자신이 없고 가끔은 부끄러워하는 교회가 있기도 하다. 이것은 교회의 참 모습에서도 어긋난다. 그리스도인은 스스로 자랑하는 사람이 아니다. 그리스도인은 섬기는 사람이다. 자기보다 약한 사람을 섬기는 사람이다. 이렇게 자신의 가진 것을 드러내어서야 어떻게 섬기는 사람이 되겠는가?

그리고 우리나라 교회의 주보가 외국 교회의 주보에 비해 거의 필요하지 않은 중요한 이유가 있다. 그것은 우리나라 교회 예배 순서는 대체로 일 년 내내 변하지 않는다는 것이다. 한국교회는 교회력을 대체로 따르지 않기 때문에 예배 순서는 한 번 정하면 교회의 큰 변화에도, 심지어 담임 목회자가 바뀌어도, 거의 바꾸지 않으려고 하는 것이 대부분이다. 예배 순서가 바뀌면 예배하는 것이 헷갈린다는 이유로 한 번 정해진 예배 순서는 붙박이처럼 아무도 못 바꾸는 교회가 많다. 모든 성도가 일 년 내내 똑같은 것으로 반복하는 이런 예배 순서임에도 불구하고 주보는 왜 필요한 것이라는 말인가? 외국의 경우, 특히 주보를 만드는 경우 그들은 주보에 자세한 예배 내용이 있다. 이 내용들은 주로 예배마다 바뀌는 것들이다.

예를 들면 회중찬송가를 한 가지 방법, 즉 성도의 제창으로 모든 절을 다 부르지 않고 각 절을 다양하게 부를 경우 주보에는 찬양하는 법을 자세히 써놓는다. 즉 매절마다 누가 어떻게 노래하는지 설명을 써놓는다. 왜냐하면 그들의 찬양은 우리나라 교회 예배 찬송가처럼 처음부터 끝까지 성도 모두가 제창으로 하지는 않기 때문이다. 그들은 찬송가를 다양하게 부른다. 그래서 그들의 주보에서 회중찬송가의 다양한 찬양법은 주일마다 다르게 나타난다. 이런 경우는 주보가 좋은 안내자가 되는 것이다. 이것뿐만 아니라 그들은 예배 순서 자체도 자주 바꾸며 음악의 내용도 종종 바뀐다. 필자가 유학 시절 음악목회를 공부하기 위해 다녔던 달라스(Dallas)의 Highland Park Presbyterian Church의 예배 순서는 종종 다르다. 성가대 찬양이 한 번 있을 때도 있으나 설교 전후로 두 번 있을 때도 있었다. 그리고 성가대의 묵도송이나 다른 응답송의 경우도 자주 바뀌며 그 곡들은 늘 주보에 싣는다. 예배 순서의 변경이 늘 있는 교회라면 주보의 의미는 그나마 조금은 있다고 할 수 있다.

우리나라 주보에는 성가대 찬양 곡명을 싣는 경우가 간혹 있으나 없는 경우도 많다. 하지만 미국 등 외국 교회의 주보에는 예배음악에 대한 정보가 대체로 자세하게 있다. 예를 들면 성가대 곡의 작곡가와 작시자는 물론 찬송가의 작곡가와 작시자를 실을 경우도 있다. 그리고 예배 전주곡과 후주곡의 제목과 작곡가는 또한 필수이다. 그리고 많은 경우 성가대 찬양곡의 가사를 주보에 싣는다. 그래서 성도는 성가대가 찬양할 때, 이 찬양은 성도를 위해 부르는 찬양이 아니라 하나님께 드리는 찬양임을 생각하고 주보에 실린 가사를 따라 가면서 마음으로 함께 찬양한다.

이런 주보라면 의미가 있는 것이다. 예배를 함께 드리도록 돕는 것이라면 주보는 필요한 것이다. 그런데 우리나라 교회의 주보에 성가대 찬양곡의 가사를 싣는 경우는 아주 드물다. 현재 우리나라 대부분의 교회 앞에 설치되어 있는 영상 스크린에 대해서는 다음에 논의하기 때문에 여기서 자세히 하지 않지만, 영상 스크린이 있는 교회가 주보를 만드는 것은 더더욱 돈과 시간을 낭비하는 일이다. 예배 내용을 영상에 모두 띄우는 것이라면 주보는 그야말로 예배와는 무관한, 그래서 이 세상의 일을 전하는 것이 목적이 아닌지 스스로 반성해야 한다. 주보에 실린 이 세상의 일은 예배자로 하여금 예배하는 것을 방해할 것이다.

예배 주보는 예배에 도움이 되는 것이라면 의미가 있을 수도 있다. 하지만 위에서 살펴본 바와 같이 주보는 거의 필요하지 않으며, 오히려 주보가 있음으로 해서 예배를 방해하는 것이 더 많다는 것을 심각하게 생각해야 한다. 교회에 예배하기 위하여 온 성도들의 생각이 하나님으로 채워져야 할 시간에 주보에 나온 내용으로 채워진다면 그런 주보는 당장 없어져야 하는 것이다. 사람의 편리함을 위하여 생긴 것들이 종종 주객이 전도되어 사람이 노예로 되는 현상은 어디서나 어떤 것이든지 가능하다. 하나님 전에 오면 세상 모든 일을 잊고 십자가를 바라보고 하나님만을 바라보는 것이다. 여기에 어떤 장애물이 있다면 어서 치워야 하지 않겠는가?

8. 침묵, 조용한 시간, 아무 소리가 없는 시간

현대인들은 침묵을 대체로 좋아하지 않는 것 같다. 무엇을 하든 어디를 가든 어떤 소리가 항상 우리를 따라 다닌다. 이런 소리에 익숙한 현대인은 조용하면 오히려 불안해하는 것 같다. 집에 와도, 차를 타도, 식당이나 커피숍, 수퍼마켓을 가도 음악 내지 무슨 소리가 끊임없이 따라온다. 심지어 쇼핑센터에는 더 그렇다. 이런 소리는 사람의 정신을 빼 놓아 어떤 일에 집중할 수 없게 만드는 특징이 있다. 특히 식당의 음악은 많은 경우, 음식을 음미하고 즐기는 것을 방해하고 빨리 음식을 먹고 자리를 비워달라는 식당 주인의 주문이 들어있는 것 같은 느낌을 종종 받는다.

그럼 예배는 어떤가? 우리의 예배는 늘 소리로 채워져 있는가, 아니면 침묵이 흐르는 시간이 있는가? 그리고 예배에서 음악은 어떤 성격을 가지고 있는가? 음악은 본래 그 자체가 가지는 고유의 의미와 가치가 있다. 집중하여 감상만 해도 겨우 이해가 가능한 음악이 있는 반면 사람이 어떤 일을 하는 가운데 배경 음악이 될 수 있는 음악도 있다. 예배에서 음악은 음악 자체가 예배이다. 예배 중의 음악은 모두 하나님을 찬양하는 가사로 된 음악으로 하나님께 직접적으로 드리는 찬양이며, 그래서 이것은 바로 예배인 것이다. 예배 중의 음악은 어떤 것도 수단이 될 수 없으며 예배의 본질이 된다.

그런데 이 음악이 가끔은 예배에서 수단으로 사용되는 경우가 있다. 그 예는 예배 순서에서 잠시라도 빈틈, 즉 소리가 안 나는 순간을 없도록 음악으로 채우는 것이다. 예배가 시작되면 끝날 때까지 무슨 소리라도 늘 채워져 있어야 한다고 생각하는 것은 잘못된 생각이다. 대체로 교회는 이 1-2초의 빈 공간을 허용하지 않고 모든 순서를 틈이 없이 이어지기를 원한다. 집례자의 기원이 끝나는 그 순간에 성가대의 송영 첫 음이 들려야 하며, 이것이 끝나면 집례자는 바로 찬송가 몇 장을 선포하든지, 아니면 반주자가 바로 이어서 찬송가 전주에 들어가야 한다. 이것뿐만이 아니다. 모든 순서는 한 치의 빈 공간도 없이 다 이어져서 연결되어야만 한다는 것이 대체로 성도들의 생각이다. 그래서 어쩌다 대표기도가 바로 이어서 나오지 않으면 눈을 감고 기다리다가 다시 눈을 떠서 무슨 일이 있나 하고 살펴본다. 아무 소리가 없더라도 때가 되면 기도가 시작될 것이고, 그동안 묵상하면서 자신의 기도를 시작하면 될 것을 우리는 그렇게 하지 못하는 것이다.

필자는 가능하면 찬송가 전주를 바로 이어서 연주하지 않으려고 하는 편이다. 앞의 순서가 마치면 적어도 2-3초의 호흡을 한 후 전주를 들어간다. 한 순서가 끝나고 찬송가인 경우는 앞 순서와의 적절한 간격, 즉 호흡이 있어야 한다. 숨 쉴 수 있는 공간을 허락하지 않고 모든 순서가 이어지는 것은 예배의 정신에도 어긋난다. 예배는 하나님을 예배하면서 동시에 하나님을 생각하고 말씀을 묵상하는 시간이다. 예배의 모든 순서에는 하나님을 생각하게 하는 말씀이 들어있다. 그래서 한 순서가 끝나면 숨을 고르면서 묵상하고 여운을 가지는 시간이 필요하다. 그런데 이런 순간들을 허락하지 않는 것은 성도들로 하여금 정신은 필요 없고, 아무 생각 없이 따라오기만 하라는 난폭한 지도자 같다.

빈 공간을 허락하지 못하는 것은 봉헌의 시간에 더욱 그러하다. 봉헌하는 일이 끝나면 이 봉헌 시간 동안 하고 있었던 것은 무엇이든지 바로 중단시킨다. 이때는 음악이 그 순간을 채우는 것까지도 허락하지 않는다. 봉헌송으로 연주되던 음악도 끊으며,[41] 부르고 있던 찬송가도 절수를 뛰어 넘어가며 끝내는 경우가 허다하다. 이때 하나님께서 얼마나 당황하시며 속상하실지 생각해본 적이 있는지 모르겠다. 이 경우는 음악까지 수단으로 생각하는 전형적인 예이다. 예배의 모든 순서가 모두 하나님께 향하는 예배라는 개념이 있을 때 우리는 자유로울 수 있다. 빈 공간이 있든 없는, 그 순서가 길든지 짧든지 상관없이 성도는 진심으로 예배할 수 있어야 진정한 예배이다. 사람이 뭔가를 얻기 위해, 즉 사람을 위해 예배하는 것이 아니기 때문에, 빈 공간이 있어도 그 공간까지 하나님께 드리는 시간이 되는 것이다.

빈 공간이라는 순간은 참으로 귀한 것이다. 모든 것을 꽉꽉 채우기만 하는 것은 좋은 것이 아니다. 그림에는 적절한 여백이 있을 때 아름다운 것이며 음악도 음표만 있는 것이 아니라 쉼표가 적절하게 있을 때 음악이 만들어진다. 음악을 아는 사람은 쉼표(rest)는 엄밀한 의미에서 쉼표가 아니라는 것을 안다. 필자가 방문한 유럽의 어느 박물관에 모차르트(Wolfgang Amadeus Mozart, 1756-1791)의 다음과 같은 말이 붙어 있었다.

Music is not in the notes, but in the silence between.
음악은 음표(안)에 있는 것이 아니라,
(음표) 사이의 정적(아무 소리가 없는 것, 쉼표 혹은 그 어떤 간격)에 있는 것이다.

---

41 필자의 책 『예배와 오르간』에서 예로 든 것으로, 필자의 예전의 교회에서 봉헌송으로 오르간을 연주하고 있었는데 봉헌하는 집사님들이 강대상 앞에 다 모였다고 필자의 오르간 봉헌송을 중단하라고 한 장로님이 있었다. 필자는 당시 10여 초 남은 곡을 끝까지 연주했다.

이 말이 단지 음악에만 적용되겠는가? 사람은 무엇인가 채우면 행복할 것이라고 생각하지만 실상 채우는 것보다 비울 때 더 행복하다는 것을 체험적으로 알 것이다. 채우면 행복할 것이라는 것은 단지 생각일 뿐이며 실상은 아니라는 것이다. 오히려 비웠을 때 한없는 평온함을 가지는 것은 영적인 성도면 다 동의할 것이다. 많은 것들로 채워야 한다는, 강박관념에 가까운 이 습관은 우리 성도가 경계해야 할 일이다. 이렇게 채우는 일에 급급하다 보면 귀중하고 가치 있는 것보다는 쓸데없는 것들로 가득 차 있는 경우가 허다하다. 실제로 교회당 안도 마찬가지이다. 이 주제도 뒤에서 논의될 것이기는 하지만, 우리는 쓸데없는 것들로 너무나 많이 우리 자신을 그리고 교회를 채우고 있다. 이런 잡동사니를 청소하고 비워야 하나님께서 임하시지 않을까?[42]

예배 시간에 빈 공간이 있으면 안 되는 이유가 있을까? 왜 목회자와 성도들은 1-2초보다 더 큰 빈 공간을 허용하지 못하는 것일까? 예배 주보를 보면서 한 순서를 한 후 그 다음 순서를 바로 이어서 해야 직성이 풀리는 것을 어떻게 이해할 수 있을까? 이들은 혹시 예배를 드리는 것이 아니라 예배식이라는 일을 치루는 것이 아닐까? 그래서 빨리빨리 모든 순서를 해내고 예배를 마치고 나가고 싶은 마음을 가진 성도들이 예배 안에 가득하다고 하면 너무 지나친 말인가? 예배당에 들어오면 세상을 잊고 하나님만을 바라보면서 행복해 하고 즐거워하며 또한 평안해 하면서 예배당을 떠나고 싶어 하지 않는 성도가 정상적인 예배자가 아닐까? 소리가 들리든지 들리지 않든지, 함께하는 것이 있으면 함께하고, 아무 소리가 없으면 하나님을 바라보면서 묵상하면서 고요 속에 평안히 거하는 시간이 예배 시간이어야 한다. 그런데 여러 순서를

---

[42] 마태복음 21장 12-13절에 예수님께서 성전을 깨끗이 하신 일이 있다.

빽빽하게 채워 놓고 빈틈없이 몰아붙이면서 성도로 하여금 따라오게만 하고, 스스로 생각하고 스스로 하나님을 만나고 하나님과 교제하는 시간을 없게 하는 예배가 좋은 예배라 할 수 있겠는가?

예배 순서 하나하나는 모두가 예배이다. 그 예배 한가운데에 침묵으로서 하나님과 교통할 수 있다. 침묵은 오히려 필요한 것이다. 침묵 속에서 하나님께서는 우리에게 말씀하시며, 우리는 그 음성을 더 잘 들을 수 있다. 우리는 하나님께 늘 우리의 말만 늘어놓는 경우가 많다. 하나님께서 말씀하실 기회와 시간을 드려야 하는데 이것을 우리는 잘 하지 못한다. 성도의 관심은 결국 무엇인가? 하나님의 생각이 아닌가? 그렇다면 하나님께서 생각하시는 것을 우리에게 말씀하시도록 기다리면서 조용히 있는 시간이 필요하다. 이것은 단지 묵상 기도 혹은 침묵 기도만을 의미하는 것은 아니다. 예배에서 있을 수 있는 빈 공간 그 어떤 것이라도 모두 침묵의 시간이, 묵상의 시간이 될 수 있다. 예배 순서가 빈틈없이 이어지는 것이 아니라 간격이 있더라도 예배의 정신이 살아있으면, 즉 성도가 사람을 바라보고 있는 것이 아니라 하나님을 바라보고 있다면 그 공간은 비어 있는 어정쩡한 순간이 아니라 귀한 시간이 된다.

성도는 이런 침묵의 순간에 더욱 눈을 감을 수 있다. 눈을 뜨고 예배를 하였다면 기도 시간뿐만 아니라 예배의 순간순간들 사이에 눈을 감고 평안하게 천국을 그리고 하나님을 그릴 수 있다. 이런 것이 예배다. 예배는 바로 자세이기 때문이다. 무엇을 해서 예배가 되는 것이 아니라 무엇을 하지 않아도 예배가 될 수 있는 것이 예배이다. 무엇을 해야만 무엇을 이루는 것은 아니다. 아무 것도 하지 않는 가운데서 오히려 하나님께서 하시는 시간이 되게 하는 것이다. 무엇을 함으로써 하나님을 찾을 수도 있지만 아무것도 하지 않으면서 하나님과 교제할 수 있다. 내려놓고 비우는 가운데 하나님께서는 우리에게 하실 말씀이 있으실 것이다.

이 침묵 혹은 정적(stillness)의 시간은 예배 가운데서 다양하게 적용할 수 있다. 개신교회 예배에서는 이런 침묵의 시간이 묵상 기도 이외에는 그리 기회가 많지 않으나 가톨릭교회의 예배에서는 특히 성찬 시간에 침묵이 가능하다. 가톨릭교회의 성찬에서 빵과 포도주가 예수님의 성체로 바뀌는 거양성체(Elevation) 순간에는 그야말로 침묵이 신비의 순간을 더 강화시켜준다.

예수님은 우리가 영으로(in spirit) 예배하라고 하셨다. 이것은 이 세상의 어떤 것과도 다른 것으로, 조용하고 묵상적인 순간에서 영의 활동을 더 느낄 수 있을 것이다. 성경에서 이 묵상 혹은 명상의 순간들이 언급된 곳이 있다. 셀라(Selah)라는 단어는 시편에서 일흔 한 번 그리고 하바국에서 세 번 등장하는 단어로서 그 뜻이 확실하게 전해지지 않은 용어이지만 히브리 어원에서 오는 뜻은 "to hang"(무엇을 걸다), "to weigh or measure in the balances"(균형을 맞추도록 무게를 조절하다), "to praise"(찬양하다), "to lift up"(목소리를 높이다)이라는 뜻과 "to pause"(멈추어 쉬다)라는 뜻으로 주로 해석한다.[43] 그래서 학자들은 이 단어가 나타날 때는 성경 읽는 것을 잠깐 멈추고 쉬면서 조용히, 앞에서 읽은 절을 묵상하는 것을 권한다. 그리고 힉가욘(Higgaion)이라는 용어는 시편에서 세 번 나오는 것으로[44] "묵상"(meditation)으로 주로 번역하며 "thought"(생각), "reflection"(반향, 반영된 생각)이라는 뜻이 있다. 여기서는 좀 더 나아가 단순히 묵상이나 명상만 하는 것이 아니라 이때에 음악적인 간주를 하는 공간으로 많이 해석하고 있다.

---

43 www.gotquestions.org.
44 시편 9:16, 19:14, 92:3.

이 두 단어가 시편에서 나타나는 것을 생각하면 찬양과 연관된 묵상이나 명상이라는 점에서 특히 주목할 만하다. 찬양이라고 하여 계속해서 쉼 없이 이어지는 것만은 아니라 이렇게 묵상과 명상을 함께하면서 특히 가사의 의미를 되새기고 생각을 할 수 있도록 잠시 쉬기도 했다는 것은 큰 의미가 있다. 물론 이때 찬양은 쉬지만 악기가 간주를 하였을 가능성은 있다.

현대로 들어올수록 사람의 정신적 질병이 더 많아지고 있다. 이와 함께 치유(힐링, healing) 프로그램의 일환인 명상이 21세기로 들어오면서 꾸준히 영향을 주고 있다. 틱낫한(Thich Nhat Hanh)[45]이 창설한 플럼 빌리지(Plum Village)를 비롯하여 가톨릭 수도원에서는 현대 생활에 지친 영혼들을 치유하는 프로그램이 많이 있다. 유럽의 교회를 방문하면, 특히 전례를 행하는 가톨릭교회나 루터교회에서 예배를 드리면 그들은 예배 내내 평온하고 조용한 편이다. 찬양이 있거나 오르간이 예배 시간에 연주되고 있지만, 아무 소리가 없는 상태에서 성직자들이 성찬을 준비하고 또 예배 순서 사이사이에 위치를 옮겨 가는 것을 자주 본다. 그러나 이 시간에는 대체로 성도들은 앞을 향해 기도하고 기다리는 평화스러운 모습이다. 이에 비해 개신교회의 성도들은 이런 빈(?) 시간이 있으면 무엇으로라도 채우기를 원한다. 이것이 우리나라 교회의 현실이다. 이런 여유와 여백을 하나님께 향하는 묵상으로 만들 수 있는 한국교회의 성도가 되기까지는 많은 시간이 걸릴 수도 있다. 하지

---

45 Thich Nhat Hanh(1926-): 베트남 출신의 승려로 시인, 학자, 평화 운동가. 불교를 유럽에 크게 전파한 승려로 1975년 프랑스 스위트 포테이토 설립 이후 1982년 플럼 빌리지를 건설하였으며, 매년 세계적으로 8천명 이상의 방문자들이 찾아와 명상의 시간을 가지면서 마음을 챙기는(수행하는) 삶의 기술(The art of mindful living)을 배우는 것으로 알려져 있다.

만 이것은 예배의 정신에는 물론 성도의 영적 생활에도 중요한 것으로 교회가 나서서 실천해야 할 부분이다. 여기서 지적할 수 있는 것은, 유럽 교회의 예배당이 묵상과 명상에 더 적합한 것으로 그들의 예배당 안의 모습은 우리의 예배당과 많이 다르다는 것이다. (이것은 다음 글 "예배당"에서 자세하게 논할 것이다.)

오래 전에 한 목회자가 고난 주간에 고난과 묵상이라는 예배를 인도한 적이 있었다. 당시 교회당은 작은 홀이었으며 모인 사람들도 적었다. 하지만 그 예배는 필자가 그 전에도 그 후에도 경험하지 못한 묵상과 명상의 예배였다. 그 예배는 성경 한 구절을 읽고 그 구절을 2-3분 동안 눈을 뜨고 앞 쪽에 있는 십자가를 바라보면서 묵상하는 것을 여러 번 반복하는 것이었다. 예배당 안의 전등은 다 소등되었으며 십자가에만 불이 들어온 상태로 주위는 깜깜한 예배당 안이었다. 2-3분 동안, 기도하는 것이 아니라 아무 말 없이 말씀을 묵상하면서 십자가만을 바라보기만 하는 것은 쉽지가 않았다. 당시 그렇게 훈련되지 못한 필자로서는 이런 순간이 좋은 것임을 알면서도 묵상하면서 집중하는 것이 쉽지 않았다.

시끌벅적한 이 사회에 사는 사람은 조용한 시간이 필요하다. 그런데 이런 시간이 필요하다는 것을 가르쳐 주지 않으면 대체로 사람은 이것을 모르는 채 소리에 중독되어 자신의 정신과 영에 무감각한 상태로 살아간다. 묵상과 명상은 평소 습관이 필요하다. 정신없이 살아가는 사람에게 이런 시간은 사막의 오아시스 같은 청량제가 될 것은 분명하지만 정작 교회는 이것을 실천하지 않는다. 그래서 계속 채우는데 급급하다. 교회는 성도에게 영적인 좋은 길 안내자가 되어야 한다. 예배 시간의 묵상과 명상을 통하여 매일의 삶에서도 스스로 이런 시간을 가지면서 늘 하나님과 소통하는 건강한 영의 사람이 되도록 교회는 가르쳐 주어야 한다. 이 세상은 수많은 유혹들로 가득 차 있어서 성도가 정신을 차리지 않으면 말씀대로 살아가기 힘든 세상이다. 하나님과 늘 교통하는 방법은 이 묵상의 시간을 더 늘리는 것이 하나의 좋은 방법이 될 것이다. 이런 묵상이 예배에서뿐만 아니라 신앙생활에서도 익숙한 것이 되도록 실천이 필요하다.

예배는 하나님과 교통하는 시간이다. 하나님과 교통하는 것은 무엇을 하면서도 가능하지만 아무것도 하지 않으면서 하나님만을 바라보는 가운데서도 가능하다. 예배는 채우는 시간이 아니다. 예배는 비우는 시간이다. 찬양을 하면서도 비우며, 기도를 하면서도 비우며, 설교를 들으면서도 우리는 비운다. 그리고 아무 소리도 없는 빈 공간 속에서 아무것도 채우지 않고 그대로 두면서 조용히 하나님의 임재를 느끼는 시간이 되기를 바라는 것이다.

9. 예배에서 설교가 가장 중요한가?

예배에서 어떤 순서가 제일 중요한가? 이 질문은 어리석은 질문이다. 이 질문은 아이에게 엄마와 아빠 중에 누가 더 좋은지 묻는 어리석은 질문과 똑같다. 그런데 설교가 예배에서 가장 중요하다고 생각한 때가 있었다. 그 대표적인 때가 개혁 시기이다.

예배에서 모든 순서는 예배다. 예배의 모든 순서는 하나님을 향하여 자신을 내려놓고 하나님을 기리는 것이기 때문에 모든 것이 다 예배이다. 그렇기 때문에 어떤 순서의 경중을 논하는 것은 예배 정신에 어긋난다. 그런데 가끔은 특히 음악을 비교하여 예배에서 음악보다 설교를 더 강조하는 목회자가 종종 있다. 물론 이것은 하나님의 말씀을 중요하게 생각하는 마음에서 나온 것이라 생각한다. 교회는 성경을 유일한 권위로 생각한다. 그래서 하나님의 말씀 선포는 중요하다. 하지만 하나님 말씀은 설교만을 통해서 나오는 것이 아니라 찬양에서도 하나님 말씀은 선포된다. 특히 성경 봉독은 어떤가? 인간의 주석이 달리지 않은 성경 봉독은 100% 하나님의 말씀이다. 그래서 예전의 많은 교회가 그러하였으며 지금도 교회에서 성경 봉독할 때 성도는 일어서서 예를 표하면서 하나님의 말씀을 경청하는 경우도 있다. 하지만 지금은 설교자의 설교는 서서 듣지 않는다.

예배는 하나님께 드리는 것으로, 설교를 성도가 듣고 받는 것으로만 생각한다면 이것은 예배의 개념에서 멀리 가 있는 것이다. 그리고 설교는 설교자가 성도에게 주는 것이 아니다. 설교자는 하나님의 말씀을 성도에게 전달하는 전달자일 뿐이다. 그 안에서 역사하시는 분은 하나님이시며 그래야만 온전한 설교가 되는 것이다. 만약 그 설교가 인간의 주장이라면 공허할 뿐이며, 하나님의 영이 함께하시지 않는 설교는 울리는 꽹과리가 된다. 그리고 아무리 사람이 좋은 통찰력을 가졌다거나 웅변술이 있다고 하더라도 하나님 말씀의 해석에는 성령님의 감화 감동이 함께 해야만 가능한 것이며, 말씀을 전달할 때에는 사람의 기술이 필요하지 않다. 만약 그렇게 생각하는 설교자가 있다면 이것은 교만이며 착각이다.

설교는 입으로 하는 것이 아니라 몸으로 하는 것이며 무릎으로 하는 것이라는 말이 있다. 언변이 아무리 좋아도 평소 삶에서 하나님의 말씀이 살아 있지 않는 설교자는 그리고 기도가 없는 설교자는, 즉 말씀이 삶으로 나타나지 않는 설교자는 인간적인 기술이 뛰어났을 때 잠시 인정을 받을 수는 있으나, 성령의 감동은 없는 그야말로 말을 잘 하는 사람일 수도 있다. 성령의 역사는 영적인 영역이다. 이 영적인 영역이 어떻게 인간의 기술에 의해 좌지우지될 수 있다는 말인가. 불가능한 일이다. 만약 인간의 기술에 의해 영향을 받은 사람이 있다면 그 영향을 받은 사람 또한 인간적인, 세속적인 사람일 수 있다. 교회의 사역은 다 이와 같다. 영적인 일을 인간의 기술로 하려는 사람들이 교회에서 실패하는 이유가 바로 이것이다.

예배에서 설교가 가장 중요하다고 생각하는 사람은 목회자뿐만 아니라 성도들 중에도 많이 있다. 하지만 구약성서의 성전 예배에는 하나님의 말씀은 없었으며 제사 중심의 예배였다. 하나님의 말씀은 선지자들이나 왕 그리고 학자들에 의해 하나님의 말씀이 담긴 두루마리 성경을 백성 앞에서 펼쳐서 읽어주는 것이었다. 이것이 이어진 것이 바벨론 포로시기에 생겨난 회당(Synagogue)에서 하나님의 말씀 선포이다. 그래서 기독교 예배는 성전 예배의 제사와 회당의 말씀 선포의 모습이 함께 아우러진 예배 형태라고 하는 것이다.

하나님의 말씀 선포는 신약성서의 초대교회에 이어 초기 교회 예배에 중요한 위치를 차지한다. 당시 세상에서 기독교인(Christian, Christ를 따르는[추종하는] 무리)이라고 칭함을 받았던 사람들은 정해놓은 시간 외에도 수시로 함께 모여서 하나님 말씀을 듣고 배우고 또 예수님의 제자들을 통해서 예수님이 하신 일들을 듣기를 원했었다. 초기 기독교 이후 하나님의 말씀이 이렇게 또 강조되던 때는 개혁 시기이다. 개혁자들은 그동안 성도들이 자신의 성경을 가지지 못한 상태에서, 라틴어로 진행되던 예배에서 하나님의 말씀이 제대로 성도들에게 전달되지 못했다고 판단하였다. 그래서 그들의 예배 중심은 늘 말씀이었으며 이에 비해 성찬 등 예배의 다른 요소들은 그 중요성과 의미에서 약화되기 시작하였다.

성도는 하나님의 말씀을 영의 양식으로 생각한다. 이런 의미에서 주일예배에서 하나님 말씀은 매우 중요하다. 하지만 영의 양식이라는 점에서 생각하면, 양식은 매일 먹는 것이며 일주일에 한 번 먹는 것으로 영의 양식을 잘 먹고 있다고 생각하는 것은 오산이다. 육의 양식은 매일 세 끼를 먹으면서 영의 양식은 일주일에 한 번 먹어서 그 영이 제대로 자라고, 더욱이 매일매일 지탱이 가능하겠는가? 영의 양식도 매일 먹어야 한다. 광야에서 하나님께서 매일 만나를 주신 것과 같은 이치이다.

그렇다면 주일예배에서 듣는 설교 말씀은 무엇인가? 이때의 말씀은 또 다른 의미의 하나님 말씀으로 영의 양식이다. 왜냐하면 그 예배는 공동 예배이기 때문이다. 그래서 공동 예배에서 말씀은 영의 양식일 뿐만 아니라 성도 모두가 함께 들어야 하는, 함께 생각해야 하는 하나님의 말씀 선포(Proclamation of God's Word)이다. 그 말씀은 회개를 촉구하는 말씀일 수도 있고, 이 세상에서 성도가 어떻게 살아야 하는지에 대한 말씀일 수도 있으며, 하나님을 찬양하는 말씀일 수도 있다. 선지자들이 이스라엘 백성에게 하나님의 말씀을 선포하고, 학자들이 하나님의 말씀을 백성에게 읽어 주던 그 상황과 같은 것이다. 그래서 예배 시간의 설교는 하나님 말씀을 풀이하는 것보다는 선지자들이 하였던 하나님의 말씀 선포가 더 성격적으로 맞다.

현대에 와서 성도는 하나님 말씀을 언제든지 들을 수 있다. 원한다면 하루 종일 성경 말씀을 들을 수도 있다. 인터넷을 통하여 우리는 우리 마음에 맞는(?) 설교를 언제든지 들을 수 있다. 필자는 최근 산에서 한 부인이 하나님 말씀을 읽은 녹음기를 들으면서 산책하는 경우를 보았다. 예배는 설교만이 있는 시간이 아니다. 성도들의 회중찬송을 비롯하여 성가대의 찬양, 기도, 성경 봉독과 신앙고백 등이 예배에 있으며 설교는 이 많은 것들의 한 부분이다. 즉 주일예배의 설교는 목회자가 그 주일에 교회의 성도들에게 주고 싶은 하나님의 말씀 혹은 하나님께서 주시고자 하시는 말씀 즉 그 시점에 목회자의 입장에서 성도들에게 필요한 말씀을 선포하는 것이다. 그래서 다 함께 하나님 말씀을 듣고 묵상하는 것이다. 주일예배는 공동 예배로서 다 함께 한다는 것이 가장 중요한 핵심이다. 같은 말씀을 받는다는 것은 성도로서 이 세상에서 함께 가지는 책임이 있다는 의미가 되는 것이다.

주일예배는 전 성도가 다 함께 한다는 것이 가장 중요하다. 그래서 함께하는 회중찬양이 가장 중요하다는 것이다. 그리고 성가대의 찬양은 성가대만이 하는 것이 아니라 회중이 함께하는 것이며 기도 또한 성도가 함께 기도하며 끝에 아멘으로 화답하는 것이다. 예배 순서는 모두 다 이렇게 함께 한다는 것으로, 함께 듣는 설교 말씀이기 때문에 그 의미가 더 소중한 것이다. 그런데 다 함께 듣는 말씀이라는 것 때문에, 성도는 그 말씀이 가끔은 자신과는 무관하고 다른 성도에게 관계가 있다고 생각할 수도 있다. 설교자가 순수하게 하나님의 말씀을 준비하여 선포하였다면 그 말씀은 100% 성도 모두에게 주시는 하나님의 말씀이다. 그래서 설교자는 성도 모두를 향하여 말씀을 선포하여야 하며 성도 모두는 그 말씀이 자신에게 주시는 말씀이라고 아멘으로 받아야 한다. 이것이 예배이다.

예배에서 설교를 강조하는 것은 하나님의 말씀 선포이기 때문이다. 그러나 성도가 말씀을 받는 것만으로 끝날 때는 온전한 예배가 될 수 없다. 그래서 설교는 성도로서 받는 것이기도 하지만 받으면서 하나님 앞에 완전히 굴복하는 것으로 예배가 되는 것이다. 하나님 말씀으로 옛 사람이 없어지고 새 사람이 된다면 그것은 예배이다. 말씀을 들으면서 배우기만 하는, 즉 성경을 공부하는 것은 그야말로 성경공부로서 설교는 아니며, 예배는 더더욱 아니다. 그래서 예배 시간에, 특히 설교 시간에 내용을 적는 것은 예배에 맞지 않다는 이유이다. 예배는 지식적으로 무엇을 축적하는 시간이 아니며 오히려 탈지식의 순간이 예배이다. 설교는 듣고 깨닫는 순간 하나님을 예배하는 것이다. 이 일은 시간적 순서에 의해 일어나는 것이 아니라 동시에 일어나는 것으로 성도가 예배 속에 들어가 있다면 설교 시간에도 우리는 예배하는 것이다. 이것은 무엇을 얻거나 배우는 시간이 아니라는 의미이다.

이런 의미에서 설교는 영적인 변화가 가장 많이 일어날 수 있는 순간으로 예배에서 중요한 부분이다. 물리적으로는 의자에 앉아 있지만 영으로는 무릎을 꿇고 있으며, 하나님의 말씀을 들으면서 하나님을 경배하고 있으며, 말씀을 마음으로 화답하고 있는 것이다. 그런데 우리 성도들이 이런 자세로 설교에 임하는가가 중요하다. 그리고 이런 심정으로 목회자가 말씀을 선포하는 것인가 하는 것이다. 주일예배에서 모든 성도가 하나님의 말씀을 다 함께 경청하면서, 다 함께 말씀에 화답하고, 다 함께 하나님 앞에 굴복한다면 설교는 바로 예배이다.

다시 말하지만 예배에서는 설교만이 하나님의 말씀이 아니라 예배의 모든 순서들은 하나님의 말씀으로, 들으며 기도하며 찬양하는 것이 예배이다. 설교를 지나치게 강조하고 나머지 순서들을 줄이고 빼고 하는 것은 설교자의 인간적인 욕심일 가능성이 높다. 하나님은 신·구약 성서뿐만이 아니라 우리에게 자연 만물 모든 것을 통하여 말씀하신다. 우리의 귀와 영이 열려만 있다면 우리는 우리 주위의 모든 것을 통해서 늘 하나님의 말씀을 들을 수 있다.

예배에서 어떤 순서가 가장 중요한지를 운운한다는 것은 예배의 정신에 위배된다. 예배를 이끄는 그 누구도 자신의 순서가 가장 중요하다고 착각해서는 안 된다. 그래서 기도, 성경 봉독, 신앙고백, 찬양, 설교 등 이것은 모두 예배이며 경중을 논할 대상이 아니다. 그래서 어떤 것을 위해 어떤 것을 축소시키는 것은 있을 수 없는 일이다. 성도가 무릎을 꿇고 하나님께로 향하는 그 어떤 것도 모두 예배이다. 그리고 예배에서 설교는 모든 성도를 향한 하나님의 말씀이다. 설교자는 그렇게 말씀을 선포해야 하며 성도 또한 그 말씀이 자신에게 주시는 하나님의 말씀으로 생각하고 하나님 앞에 무릎을 꿇어야 한다.

10. 성도는 예배를 평가해도 되는가?

예배는 사람이 평가할 수 있는 것이 아니다. 성도가 할 일은 예배하는 것이며 평가하는 것이 아니다. 예배를 평가한다는 그 자체가 있을 수 없는 것이지만, 혹 평가를 한다면 예배를 평가할 수 있는 사람은 하나님 한 분이시다. 하나님께서는 성도의 예배를 평가하시고 성도, 즉 예배자를 평가하실 수 있다. 이 말은 성도는 예배를 평가하는 것이 아니라, 평가를 받아야 할 대상이라는 것이다. 하지만 하나님께서는 우리의 예배를 평가하실 것 같지 않다. 더욱이 예배자 한 명 한 명이 예배를 잘 드렸는지 못 드렸는지도 평가하실 것 같지 않다. 하나님은 우리를 이렇게 매사에 판단하시고 잘잘못을 가리시는 분이 아니시다. 그럼에도 불구하고 하나님께서는 받으시는 예배와 받지 않으시는 예배에 대하여 말씀하셨다(이 주제는 뒤의 글에서 다시 논의한다).

예배의 결과는 목회자나 음악인 등 예배를 이끄는 사람들의 책임이라기보다 성도 자신의 책임이다. 예배하는 사람이 하나님께 진정으로 예배하였다면 그 예배는 은혜로울 수밖에 없다. 그런데 예배에 대해 불평이 많은 사람들을 보면 대체로 그 교회의 중직을 맡은 사람이거나 헌금을 많이 하는 사람인 경우가 많다. 이것은 그 성도가 자신의 헌금이나 직분으로 예배를 사는(buy, purchase) 것과 같다. 그들은 자신이 교회에서 중요한 직을 맡고 있고 또한 헌금을 어느 정도 했으니 좋은 설교를 들을 자격이 있으며, 좋은 음악을 들을 자격이 있다고 생각한다. 그래서 예배에서 자기를 위해 좋은 설교와 음악이 제공되기를 기대한다. 이 얼마나 위험한 생각이고 교만인가? 이 사람은 예배하러 교회에 온 사람이 아니다.

예배의 본질이 무엇인가? 자기를 내려놓고 자신을 없애고, 자신을 죽이고 하나님께서만 영광을 받으시도록 하는 것이 예배이다. 그런데 예배가 자기의 마음에 들어야 한다니 하나님께 얼마나 불손한가? 이 사람은 예배의 본질도 모르는 사람이다. 그런데 교회에서 중직을 맡은 사람뿐만이 아니라 대부분 성도들은 정도의 차이는 있으나 이렇게 예배를 평가하고 있다. 우리의 예배 자세가 얼마나 잘못되었는지 예배의 내용에 따라 각각 점검을 해본다. 먼저 성도들이 가장 관심이 있는 설교에 대해서 알아본다.

앞에서 설교에 대해 논의를 한 바와 같이, 설교는 목회자가 매주일, 때에 따라 성도들에게 필요하다고 생각되는 하나님의 말씀을 전하는, 선포하는 것이다. 설교는 물론 설교자의 주관적인 해석이 있을 수는 있으나 성경 본문이 있으며 하나님의 말씀에 근거하여 설교를 하는 것이 기본이다. 그런데 성도는 그 설교가 자기 마음에 들지 않으면 설교자를 탓한다. 그리고 이것이 과하게 될 때에는 설교가 만족스럽지 못하다고 그 설교자, 이 경우 주로 담임 목회자를 결국 교회에서 내보내기도 한다. 담임 목회자를 평가할 때 설교가 제일 큰 비중을 차지하는 것을 보면 많은 성도는 예배 시간에 예배를 드리지 않고 있는 것 같다.

설교자뿐만이 아니다. 성도 중에는 예배의 모든 것을 평가하는 사람이 있다. 그 주일의 집례자, 대표기도, 성가대 찬양, 음악인들의 연주, 심지어 성경 봉독과 봉헌 등 순서 하나하나와 또 그 순서를 맡은 사람 개개인을 다 평가하는 성도들이 있다. 이런 사람은 교회에 예배하러 온 사람이 아니라 예배를 관리하고 평가하러 온 사람이나 다름없다. 어떻게 보면 불쌍한 사람이다. 자신이 먼저 예배하고, 그 결과로 하나님께서 주시는 새로운 심령으로 돌아가야 할 성도가 예배를 평가하느라 정작 자신은 예배를 하지 못했다는 것은, 비싼 티켓을 사서 연주회에 와서는 음악을 듣고 가는 것이 아니라 연주하는 사람을 구경하고 가는 것 이상으로 어리석은 일이다. 이 사람은 겉으로는 좋은 연주회에 온 사람으로 수준 있고 교양 있어 보일 수 있으나 안은 텅텅 빈 강정이나 다름없다.

예배를 평가하는 것은 성도로서 어리석은 일이지만 예배를 평가하면 안 되는 이유가 있다. 그 첫째는 우리는 예배를 평가할 능력이 없기 때문이다. 예배를 평가할 수 있는 분은 오직 하나님 한 분이시다. 사람의 깊고도 넓은 마음과 정신과 영의 상태를 아시는 분은 하나님 한 분이시다. 사람은 사람을 잘 모른다. 자기 자신도 잘 모르는 사람이 어떻게 남을 알겠는가. 겉으로 드러난 것으로 평가한다는 것은 사실의 전체를 모르면서 안다고 하는 것과 같다. 겉은 속과 완전히 다른 경우도 많다. 더욱이 영적인 부분을 사람이 판단한다는 것은 불가능하며 영이신 하나님 외에는 그런 능력이 없다. 그렇기 때문에 그 일에 능력이 없는 사람이 그 일을 한다면 그 일이 제대로 될 수 있겠는가. 지금도 예배를 평가하고 있는 사람들은 이런 점에서 자기 자신이 어떤 존재인지 먼저 알 필요가 있다.

둘째로 우리가 예배를 평가하면 안 되는 것은 이 영역은 하나님의 영역이기 때문이다. 예배는 하나님께 드리는 것이며 사람을 위한 것이 아니다. 그렇기 때문에 우리의 영역이 아닌 것을 우리 것인 양 평가하는 것은 어불성설이다. 우리 것이 아닌 것을 우리 것으로 생각하고 뭔가를 한다는 것은 우리 스스로를 속이는 일과 같다. 그리고 이것은 하나님 앞에서 교만이다. 하나님의 영역을 감히 우리 것으로 가로 챈 일이기 때문이다. 그리고 그 일을 우리가 할 수 있다고 생각하는 것이 하나님 앞에서는 큰 불경죄이다. 인간의 죄는 여러 가지로서, 교만으로 인해 비롯되는 죄가 많이 있다. 그리고 교만은 사람이 지을 수 있는 죄 중에서 가장 악한 죄이다. 필자가 1980년 미국에 유학 가서 처음으로 그곳 한인교회에서 부흥회가 있어 참석하였다. 당시 설교자이신 김준곤[46] 목사님께서는 "교만은 하나님 앞에서 가장 악질이다"라고 하셨다. 37년이라는 세월 속에서 필자가 그 말씀을 생생하게 기억하는 것은 필자 자신이 교만한 사람이었기 때문이며 그래서 늘 나를 돌아보게 된다. 사람의 교만은 아담과 이브가 사탄의 유혹을 받으면서 들어온, 인간의 가장 고질적인 나쁜 심성이다. 여기서 자유로울 수 있는 것은 오직 하나님의 영으로만 가능하다.

셋째로 우리가 예배를 평가할 수 없는 것은 하나님께서 예배를 어떻게 생각하시는지를 우리는 잘 모르기 때문이다. 우리가 예배를 평가한다는 것은 우리가 하나님의 마음과 생각을 다 안다고 하는 것과 같다. 예배는 하나님께 드리는 것으로 하나님 마음에 들어야 하는 것이다. 그렇다면 우리는 하나님을 그리고 하나님의 마음을 다 아는가? 절대로 불가능하다. 하나님의 말씀이 쓰인 성서를 통해 하나님의 마음과 생각을 조금은 알 수 있을지 모르지만 우리가 아는 하나님은 바다 물의 한 숟가락 혹은 바닷가의 모래알 중에서 한 알 정도가 될까?

하나님께서는 너의 생각은 나의 생각과 다르다고 말씀하시기도 하셨다. 우리가 좋아한다고 하나님께서 좋아하실 것이라고 생각하는 것은 오산이다. 물론 영으로 충만하였을 때는 하나님과 생각이 서로 통할

---

[46] 김준곤(1925-2009): 한국대학생선교회(CCC)를 창설하고 국가조찬기도회를 시작한 사람이다. CCC를 통하여 20세기 한국교회의 대표적인 지도자들을 길러낸 영향력 있는 목회자였다.

수도 있다. 그런데 이런 사람은 예배를 평가하지 않는 사람이다. 하나님의 생각을 다 모르는 우리로서, 하나님께 드리는 예배를 평가한다는 것은 그 자체가 불가능한 일이다.

하나님께서 모세를 부르셨을 때 모세는 하나님께 하나님의 이름을 물었다. 그때 하나님께서는 "나는 나다"(I AM THAT I AM)라고 말씀하셨다(44쪽 참고). 많은 학자들이 하나님께서 직접 자신을 이렇게 표현하신 말씀을 여러 해석으로 풀이하고 있지만, 그 모든 풀이는 하나님을 설명하는 아주 작은 한 부분일 뿐, 하나님이 어떤 분이신지는 영원히 인간에 의해 온전히 풀이될 수 없다는 것이 필자의 생각이다. 이 말씀은 '사람의 능력으로는 하나님을 설명할 수도 없으며 알 수도 없다'는 결론에 도달한다.

현대의 많은 지식인들이 하나님을 자기가 이해할 수 없다고 하면서 하나님을 부정한다. 거기다 어떤 지식인은 하나님은 이러이러 하기 때문에 자기는 하나님을 안 믿는다고도 한다. 이것은 얼마나 어이없는 말인지 그리고 얼마나 어리석고 무지한 말인지를 알아야 한다. 사람은 자신도 다 모른다. 하물며 하나님을 다 알려고 하는 것이 가당키나 한 말인가? 사람이 다 이해하는 하나님은 하나님이 아니다. 자기가 이해하는 하나님을 하나님으로 믿을 수 있겠는가? 우리는 이렇게 이해할 수 없으며 모르기 때문에 하나님을 믿는 것이다. 믿음의 본질이 바로 이것이다. 모르기 때문에 먼저 믿고 거기서 아는 길로 들어서기 시작하는 것이 믿음이다.

결국 예배를 평가하는 것은 성도가 할 일이 아니며 해서도 안 될 일이다. 성도는 예배하는 사람이며 예배를 보고 관찰하는 사람이 아니며 평하는 사람은 더욱 아니다. 우리가 관찰하고 평하는 자리에서 물러날 때 우리의 예배는 진정한 예배가 될 것이며 우리는 예배에서 하나님을 만나고 하나님께로부터 성령의 감화 감동을 받고 은혜를 받는다. 이런 축복을 마다하고 오늘도 예배 시간에 예배를 관찰하고 평가하는 사람이 있다면 어리석은 길에서 어서 돌아서기를 권한다. 사람을 보는 눈을 멈추고 하나님을 바라보기 시작하면 이 세상의 모든 것이 평정을 찾게 될 것이며 하나님과 온전한 교통을 이루면서 하나님의 형상을 닮은 사람으로, 모세가 그러했던 것처럼[47] 하나님처럼 빛날 것이다.

　열심히 찬양하는 사람을 부정적으로 평가하여 하나님께로부터 멀리 간 사람이 있다. 다윗의 부인 미갈은 하나님을 찬양하는 일에서 자신의 위치를 지키지 못하여 실수를 범한 대표적인 사람이다. 그는 다윗이 자신의 몸이 노출되는 것을 알지 못하고 열심히 춤추며 하나님을 찬양하는 것을 보면서, 이것을 부정적으로 판단하고 비난한 결과 하나님의 축복에서 멀어져 평생 아이를 가지지 못하였다.[48] 이것은 찬양에 관한 일이지만 예배의 모든 순서도 다 예배로서 마찬가지이다. 사람은 사람을 알 수 없다. 더구나 영의 일은 더 그렇다. 그가 얼마나 진심으로 찬양하고, 기도하고, 설교하는지는 하나님만 아신다. 그렇기 때문에 외적으로 드러나는 것만으로 우리가 판단하고 비난할 수 없다는 것을 깨닫는 것은 매우 중요하다.

　혹시라도 예배에서 인간적인 실수를 하는 사람이 있더라도 마찬가지이다. 다른 사람의 허물을 드러내지 않고 감추어 주는 것은 사랑이다.[49] 사랑은 허다한 죄를 덮는다고 성경은 말씀한다.[50] 그리고 예배를

---

[47] 모세가 시내 산에서 하나님을 만나고 내려왔을 때 그의 얼굴에서 광채가 나서 이스라엘 백성들이 그의 얼굴을 수건으로 가렸다(출애굽기 34:35).
[48] 사무엘하 6:16-23.
[49] 잠언 17:9 "허물을 덮어 주는 자는 사랑을 구하는 자요 그것을 거듭 말하는 자는 친한

드리는 사람은 우선 자신이 하나님 앞에서 겸손해야 예배를 드릴 수 있다. 설혹 그 사람이 잘못 했다고 하더라도 남을 판단하는 마음은 예배자의 자세가 아니다.

예배는 엎드리고 굴복하는 것이다. 엎드리고 굴복한 사람에게 보이는 것은 아무것도 없다. 고개를 쳐들 때 그에게는 보이는 것이 많을지 모르지만 땅에 엎드려 굴복한 사람은 주위의 상황이 어떻게 되는지를 알 수 없다. 더구나 엎드리는 자세는 겸손한 자세이다. 겸손한 사람은 남을 판단하지 않는다. 예배는 더욱 그렇다. 예배할 때 다른 것은 보지 않고 예배만 하면 그 성도는 자유한 사람이다. 사람을 판단하는 것에서 자유한 사람은 진정으로 예배를 드릴 수 있다. 우리는 세상을 살면서 너무나 많은 것에 스스로를 얽매고 있다. 이 얽맨 것을 푸는 것이 예배이다. 스스로를 얽매고 있으면서 어떻게 예배를 드릴 수 있겠는가?

매주일 예배에 와서 성도들을 만나서 좋고, 예배 순서 하나하나에 하나님께 감사와 찬양을 올려서 좋은 성도는 예배를 평가할 시간이 없다. 이렇게 예배한 성도는 감동과 감사가 있는 예배를 드린 사람이며 이들의 일주일 삶도 또한 이와 같을 것이다.

벗을 이간하는 자니라."
50 베드로전서 4:8 "무엇보다도 뜨겁게 서로 사랑할지니 사랑은 허다한 죄를 덮느니라."

11. 예배에서 박수는 왜 하는가?

최근 우리나라 예배에서 성도들은 자주 박수한다. 박수하는 횟수는 예전의 예배에 비하면 훨씬 많아진 편이다. 필자의 어린 시절 예배에서는 박수를 거의 하지 않았다. 가끔 찬양할 때 박수하면서 찬양한 적은 있지만 이것도 예외적인 것이었다. 미국이나 유럽의 교회 예배에 참석하면 예배 중 박수는 듣기 힘들다. 필자가 방문한 유럽과 미국의 교회는 대부분 전례를 행하는 가톨릭교회, 영국의 성공회교회, 독일의 루터교회이거나 장로교회가 주를 이룬다. 그런데 그들의 예배에는 박수가 없다. 그러면 이들이 예배에서 하지 않는 박수를 우리나라 교회에서는 왜 그렇게 많이 하는가? 이것은 그들이 하지 않아서 우리도 하지 않아야 한다는 것이 아니다. "하나님께 박수로 영광을 돌립시다"라는 말 또한 예배에서 자주 듣는 말이다. 예전에는 이런 것이 없었는데 왜 지금은 많아졌는가? 혹시 사람이 박수를 받고 싶어 하나님 이름을 빌려 오는 것이 아닌가?

성경에서 박수하면서 찬양하라는 구절을 인용하면서, 예배에서 박수하는 것은 성경적이라고 말하는 사람들이 의외로 많이 있다. 하지만 성경의 박수는 예배 순서 하나가 끝나면 하는 것이 아니라, 다시 말하면 찬양이 끝나고 박수하는 것이 아니라 찬양하면서 박수하는 것이다. 즉 손뼉을 치면서 찬양하는 것이다. 성경 King James Version에 박수(clap)라는 용어는 아홉 번이 나온다. 이 중에서 기뻐 찬양하면서 박수하는 경우는 세 번으로 시편 47편 1절과 시편 98편 8절 그리고 이사야 55장 12절이다.

너희 만민들아 손바닥을 치고 즐거운 소리로 하나님께 외칠지어다(시편 47:1).

여호와 앞에서 큰 물은 박수할지어다
산악이 함께 즐겁게 노래할지어다(시편 98:8).

너희는 기쁨으로 나아가며 평안히 인도함을 받을 것이요
산들과 언덕들이 너희 앞에서 노래를 발하고
들의 모든 나무가 손뼉을 칠 것이며(이사야 55:12).

여기서 보면 사람만이 박수하는 것이 아니다. 자연이 함께 하나님을 노래하며 찬양하고 있으며, 바다의 물과 산의 나무들도 박수하며 하나님을 찬양한다고 하였다. 이것은 참으로 의미 있는 성경 구절로서 자연도 사람처럼 박수하면서 하나님을 찬양할 뿐만 아니라, 사람이 박수하지 않으면 자연이 대신해서 박수할 수도 있다는 것이기도 하다. 하나님을 찬양할 때 박수는 인간만이 할 수 있는 것이 아니며, 또한 사람만이 찬양할 수 있는 것이 아니라는 것도 된다. 여기서 박수는 하나님을 찬양하는 하나의 방법이다.

그런데 이 박수는 사람을 조롱하는 경우에도 사용된 것으로 성경에 다섯 번이 나온다.[51] 그리고 한 번은 열왕기하 11장 12절에 나오는 것으로 왕의 대관식에서 왕을 칭송하면서 했던 박수이다. 그러므로 성경에 의하면 성도는 박수하면서 찬양할 수도 있다. 그리고 왕, 즉 사람을 칭송하면서 하는 박수를 하나님께도 할 수 있지 않을까 생각할 수 있다.

그러면 찬양이 끝나고 박수하는 것은 어떤 것인가? 회중찬송이 끝

---

51 욥기 27:23, 욥기 34:37, 예레미야 애가 2:15, 에스겔 25:6, 나훔 3:19.

나고 나서 하나님께 영광의 박수를 돌리자는 의미로 박수하는 경우가 있다. 그런데 이 박수는 대체로 주일예배의 찬송보다는 집회 성격의 CCM 찬양에서 찬양 인도자 혹은 목회자가 이런 말을 자주 하는 것을 본다. 이것도 좀 의아한 것이다. 왜 주일예배의 찬송가 이후에는 이런 말이 없지만 CCM을 여러 곡 부르고 나면 이런 멘트(comment)를 하는 것일까? 이미 예배를 다 했는데 혹시나 뭔가 미안한 마음이 든 것은 아닌가? 자신들은 즐긴 것이 아니며 하나님을 잊은 것이 아니라는 변명 같은 것은 아닌가?

이유 여하를 떠나서 찬양 후에 박수하면서 하나님께 영광을 돌리자고 말한다면, 이것은 하나님께 대한 칭송의 의미로 해석이 가능하다. 그렇다면 이 박수는 찬양 후만이 아니라 예배의 모든 순서 후에 할 수 있는 것이어야 한다. 왜냐하면 예배의 모든 순서는 하나님께 예배하는 것으로 하나님께 드리는 찬양의 성격이 들어있기 때문이다. 그래서 찬양 후에 박수한다면 모든 순서에 박수하는 것이 이상하지 않아야 한다. 그런데 우리는 모든 순서에서 박수하지 않는다. 박수는 노래와 연관이 있는 것으로 찬양에만 사용되고 있으며 동시에 예배에서 사람을 칭찬할 일이 있을 때 또한 박수한다. 이것이 바로 현재 교회 예배에서 박수의 의문점이다. 예배의 모든 순서는 하나님께 영광을 돌리는 것으로 충분하며, 순서가 끝난 후 박수가 왜 필요한가 하는 것이다.

성가대 찬양이 끝나고 나서 그리고 가끔은 특송 혹은 특별 연주가 끝나고 나서 박수하는 경우는 어떤 의미인가? 이 경우 박수하는 것은 오해의 소지가 많은 것으로 하지 않는 것이 낫다. 그 오해라는 것은 하나님께 영광을 돌리는 박수가 아니라 사람을 칭찬하는 박수가 될 위험이 많다. 이것은 위험이 아니라 실제로 성가대나 연주자를 칭찬하는 박수일 경우가 더 많은 것이 현실이다.

성가대 찬양 이후 박수는 성도 모두가 함께 그 찬양으로 하나님께 영광을 돌린다는 의미로 시작되었을 수 있다. 하지만 현재 교회의 성가대 찬양 이후 성도들이 박수하는 것은 거의 대부분이 성가대의 수고에 감사하며 잘했다는 의미인 경우가 더 많다. 많은 성도들은 성가대의 찬양은 자신들을 위한, 자신들에게 불러주는 노래인줄로 안다. 필자는 예전에 예배에서 대표기도하는 사람이 "우리를 위하여 아름다운 찬양을 하는 성가대…"라고 성가대를 위한 기도를 하는 것을 들으면서 매우 놀랐던 경험이 있다. 대표기도자가 이 정도라면 평신도들은 어떠할까? 이렇게 성도들은 성가대 찬양이 듣기가 좋으면 박수를 더 크게 한다. 특히 $\!f\!f$로 장엄하게 찬양이 마치면 박수를 더 크게 하고 조용하게 마치는 찬양곡은 박수를 작게 하든지 아예 하지 않는 경우도 있다. 이것만 보아도 이 박수가 하나님을 향한 것인지 사람에게 보내는 것인지를 알 수 있다.

이것은 예배의 본질에서 매우 잘못된 것이다. 예배에서 사람은 박수를 받으면 안 된다. 그런데 성도들은 성가대나 연주자에게 잘했다고 박수한다. 이렇게 지금의 예배는 본질에서 멀리 가 있는 것이 분명하다. 누구를 예배하는지, 어떻게 예배하는지를 모르는 것이다. 특히 처음 교회에 나오는 사람이면 더욱이 이 박수는 당연히 연주자를 위해 하는 것으로 이해한다. 그들은 성도들이 하는 박수를 따라하면서 예배 찬양과는 먼, 하나의 연주를 듣는 것이다.

박수는 언제 어디서 하는가? 박수는 주로 음악회 연주(performance)에서 연주자에게 칭찬으로 하는 것이다. 격려하고 응원하며, 연주자에게 수고에 대한 하나의 보상으로 박수한다. 그리고 칭찬한다. 그리고 대통령 등 세상의 고위 인사가 연설하는 동안 좋은 말이 나오면 그 말에 대한 감사와 칭찬(칭송)으로 박수한다. 이것이 바로 사람에게 하는 박수이다. 이런 박수가 예배 시간에 사용된다면 그 찬양은 하나님께 올리는 찬양이 아니라 사람을 위한 연주가 될 것이며, 예배는 예배가 아니라 연주회가 되며 예배당은 연주회장이 되는 것이다. 다시 말하지만 현대의 많은 예배들이 이미 예배의 정신에서 아주 멀리 떠나 있다. 예배가 아니라 연주회, 예배가 아니라 이벤트 같은 상황이 주일 아침 교회 여기저기에서 많이 일어나고 있는 것이 현실이다.

그럼 성도들은 어떻게 해야 하는가? 함께 찬양할 때는 박수할 수도 있고 안 할 수도 있다. 하지만 나 자신이 아닌 성가대 혹은 다른 연주의 찬양에서는 그 순간에 성가대 혹은 연주자와 함께 마음으로 찬양할 것이며, 마치면 그 성가대와 연주자와 같은 마음이 되는 것이다. 이것이 예배 시간 성도가 취할 태도이다. 성도는 성가대의 찬양이나 연주자의 특송 혹은 특별 연주를 감상하는 사람이 아니다. 성가대 또한 성도들에게 노래를 불러준 것이 아니다. 감상하는 분은 오직 하나님 한 분이시다. 그리고 성가대 찬양은 하나님께 드리는 음악적 봉헌(musical offering)으로서 헌금과 헌신의 성격이다. 그렇기 때문에 성도는 성가대 찬양 동안 한 마음으로 하나님께 드리는 자세를 가져야 할 것이며, 찬양이 끝나면 당연히 성가대가 취하는 자세와 똑같이 해야 한다. 왜냐하면 함께 하나님께 찬양하였기 때문이다. 함께 찬양하지 않고 듣기만 혹은 감상하기만 한 성도라면 자기를 위해 노래를 불러주었으니 감사하는 마음으로 박수하는 것이 마땅할 수 있다. 혹시라도 이것이 현재 교회 성도들의 생각이라면 이 일을 어찌하겠는가?

성도들 가운데 성가대 찬양 후에 박수하는 것은 하나님께 영광을 함께 돌리기 위함이라고 주장한다면 이 박수가 가능한 방법이 있다. 그것은 성가대 찬양 후 성도뿐만 아니라 성가대원들 모두가 함께 하나님께 영광의 박수를 한다면 어느 정도 이해할 만하다. 그런데 이렇게 하는 교회는 본 적이 없다. 하지만 이런 박수도 역시 순수하게 하나님께 대한 칭송의 박수가 될지 의문스럽다. 왜냐하면 연주회장에서도 이런 박수가 있기 때문이다. 연주회가 끝나면 연주자들은 서로를 격려하기 위해 함께 서로 박수한다.

진정으로 하나님을 사랑하는 사람은 예배에서 자신을 포기하는 사람이다. 만약 박수한다면 그것은 성경에 나오는 것과 같이 "찬양할 때" 박수하는 것으로, "찬양 후"의 박수는 인간을 향하는 것이 담겨 있다. 사도 바울은 고린도전서 8장에서 우상의 제물을 먹는 것에 대하여 말씀한 적이 있다. 그는 우상의 제물을 먹을 수는 있으나 이것이 성도를 실족하게 하면 아예 먹지 않겠다고 하였다.

> 그러므로 만일 음식이 내 형제를 실족하게 한다면
> 나는 영원히 고기를 먹지 아니하여
> 내 형제를 실족하지 않게 하리라(고린도전서 8장 13절).

믿음이 있는 성도는 하나님께 올리는 박수를 할 수도 있다. 하지만 믿음이 약한 성도는 하나님께 아니라 연주자에게 박수할 수도 있다. 그리고 실제로 이것이 현재 대부분의 교회 현실이다. 그러니 이제 우리는 어떻게 해야 하는가? 찬양은 성도 모두가 함께 하나님께 하는 것이며, 같이 찬양하였기에 박수는 없는 것이다. 예배 시간에 자기가 자신에게 박수할 수는 없지 않는가? 예배 시간의 성도는 모두가 예배자이며 찬양하는 사람이다. 우리 성도들은 음악회의 청중이 아니다. 우리 모두는 온전히 하나님께 예배하는 사람이 되기를 원하고 있다. 마음이나 말로만이 아니라 행동으로 우리는 하나님을 예배해야 한다. 예배는 자세인 동시에 행위이기도 하다.

12. 교회 연합 예배는 예배인가, 이벤트성 집회인가?

교회 연합 예배도 예배인가? 아니면 예배 이름을 빌린 행사인가? 타이틀이 예배라고 했기 때문에 예배를 의도한 것은 분명하겠지만 그 실제까지 예배인지는 의문일 때가 많다. 교회의 특별한 기념 예배나 교회 연합 예배를 보면 예배가 아니라 인간의 행사라는 것이 예배 순서지에서 바로 나타난다. 앞의 글에서 말한 바와 같이, 주보의 의미에 따르면 이 예배식 순서는 예배 주보 중에서 최악의 주보이다.

교회의 연합 예배는 참으로 의미가 있는 예배이다. 늘 각 교회로 떨어져 있는 교회들이 어떤 계기로 함께 모여 예배한다는 것은 하나님께서 기뻐하실 일이 틀림없다. 그런데 이 기쁜 예배를 예배로 드려야 할 것을 인간적이고 세상적인 모임 혹은 이벤트로 만들어 버리는 경우가 허다하다. 연합 예배에 참석하는 성도들은 순수한 마음 그 자체로 예배에 참석한다. 하지만 그 예배 순서를 보면 실망감을 멈출 수 없다. 각 순서는 각기 여러 사람의 이름으로 도배를 한 것같이 되어 있으며 이름 아래에는 그 사람의 직함, 가끔은 전직함까지 그 복잡한 순서지에 다 적혀 있다. 그 순서지를 보면 예배라는 느낌이 사라지고 만다. 모든 순서에서 각기 다른 사람이 순서를 맡아야 하는 이유가 무엇인가? 그리고 그 직함을 예배 순서지에 쓰는 이유가 무엇인가?

여기에 대한 이유를 성도들은 모른다. 이렇게 하는 사람들은 설명을 해야 한다. 그렇게 해야 좋은 예배가 되는 것인가? 그리고 그것이 예배에 도움이 되는 것인가? 연합 예배로서 각 교회를 대표하는 여러 사람들이 순서를 맡을 수는 있다. 하지만 그 순서 맡은 사람의 이름과 직함을 주보에 다 실을 필요는 없다. 그리고 순서 하나하나를 각 교회의 대표가 맡아야만 연합이 되는 것은 아니다. 여러 교회의 성도들이 함께 예배드리는 자리에 목회자들도 성도들과 함께 앉아서 예배를 드릴 수 있지 않을까? 예배에는 집례자 한 분과 대표기도 한 분 —이 대표기도 또한 집례자 혹은 설교자가 할 수도 있다— 그리고 설교자 한 분, 즉 주일예배의 모습과 같아도 연합 예배에는 전혀 지장이 없다. 연합이라고 해서 대표(?) 목사님들이 순서를 꼭 맡아야 하는 이유가 없다. 더 이해하기 힘든 일은, 사람 이름을 더 넣기 위하여 일반적인 예배 순서에도 없는 순서를 새로 만들기도 한다는 것이다. 이렇게, 하나님께 드리는 예배에는 안중에 없는 듯한 경우가 허다하다. 여러 사람들이 예배 순서를 하나씩 맡을 때면 예배하는 사람들은 분답하여 예배에 집중하기 힘들며, 그 대신 사람을 구경하게 된다. 거기에다 예배를 인도하는 사람은 한 순서를 할 때마다 예배 순서에 나타난 이름뿐만 아니라 순서를 맡은 사람이 어떤 사람이라는 것까지 소개한다. 예배 순서를 맡은 사람이 어떤 사람이라고 성도들에게 소개하는 것은 예배에서 도대체 무슨 일이란 말인가? 그래서 결국, 성도는 사람을 소개받고 구경하는 것이다. 즉, 누가 사회하고, 기도하고, 성경 봉독하고, 헌금 기도를 하고, 봉헌을 하고, 광고를 하고, 축도를 하고 그리고 설교를 하는지 예배에 참석한 사람들은 목사님 구경만 하다가 예배를 마치게 된다.

이렇게 여러 사람이 순서를 하나씩 맡는 것은 세속적이고도 인간적인 욕심과 명예심에서 나온 것일 수 있다. 순서를 맡은 사람에게는 교만을 부추기며, 여기에 속하지 않은 목회자들은 이들을 부러워하며 언젠가 자신도 그 열(列)에 함께 할 것을 기대하면서 바라보게 만든다. 동시에 이것을 보고 있는 성도로 하여금 세상적인 명예에 가치를 두게 만든다. 최근에 필자는 연합 예배에 간 적이 없지만 과거에 연합 예배에 갈 때마다 예배 시작부터 마칠 때까지 산만하고 복잡하여 마치고 나면 무슨 예배를 드렸는지 기억이 나지 않는 씁쓸한 생각이 머리에 남았다. 사람이 없어져야 하는 예배에서 하나님을 사랑한다는 사람들이 왜 이렇게 자기 이름을 내고 싶어 할까?

이렇게 이름을 내고 싶다면 방법이 있다. 이 모임을 예배라고 이름 하지 않고 기념식이라고 하는 것이다. 예배도 아닌 것을 예배라고 이름 하여 하나님을 망령되이 부르기보다는 차라리 행사 내지 식으로 하는 것이 훨씬 솔직하고 정직한 것이다. 기독교인의 모임 중에는 얼마든지 기념식이 있을 수 있다. 하지만 예배라면 예배로 해야 하는 것이다. 교회와 성도는 하나님의 이름을 걸고 자기 잇속을 챙기는 바리새인과 사두개인이 되지 않아야 한다. 예수님께서 늘 경고하셨던 사람들이 이런 사람들이다. 겉으로는 율법을 다 지켜 의롭게 보일지 모르지만 그 속은 교만과 명예심과 세속적 가치로 충만해 있는 그들은 우리와 크게 다를 바 없다는 것을 늘 기억하고 하나님 앞에서 겸손하고 세상의 욕심을 내려놓을 줄 알아야 한다.

예배는 식이 아니다. 예배는 살아계신 하나님께 성도 모두가 다 똑같은 자격, 즉 구원받은 사람이라는 자격으로 그러나 동시에 죄사함을 받은 죄인이라는 위치에서 예배하는 것이다. 예배할 때는 우리의 세상 직함은 필요 없다. 세상의 모든 계급장은 다 뗄 때, 모든 사람이 평등한 상태일 때 우리는 함께 하나님께 예배할 수 있다. 사회적 직함을 가지고 하나님께 나아갈 수는 없다. 그 직함은 하나님께로 나아가는 길에 방해물이 되어 하나님과 연결을 불가능하게 만드는 것이 될 것이다. 하나님 앞에 자신의 이름을 들고 나아갈 때 하나님은 가까이 오실 수 없다. 그런 누더기 같은 세상의 명예를 벗어 버릴 때 하나님의 미소가 보일 것이며, 이에 예배가 시작될 것이다.

　교회 연합 예배는 큰 의미가 있다. 주일 아침에 한 교회의 성도가 모두 모여 하나님 앞에서 예배드릴 때 그 모습을 하나님께서 기뻐하시듯이, 여러 교회 혹은 그 지역의 흩어져 있던 성도가 함께 하나님께 예배하러 모였다는 것은 대단한 일이다. 현대 교회는 개교회(個敎會)이기주의로 연합이 잘 되지 않는 상황이다. 그런 가운데서 연합 예배는 더 의미가 있는 것으로 백 명이 찬양하던 것이 천 명이 찬양한다고 상상하면 하늘나라의 천군천사의 찬양을 방불케 하는 예배가 될 것이다. 그러면서 모인 성도들은 개교회로 나뉘어졌던 것에서 우리 모두가 하나님 안에서 한 가족임을 실감하게 될 것이다. 이렇게 연합 예배는 성도들에게도, 하나님께도 큰 의미가 있다. 우리의 사도신경 고백과 같이 온 세상의 교회들이 하나님의 한 자녀라는 것, 즉 공교회(Universal Church)로서 교회는 하나이다. 그래서 이런 교회 연합 예배는 더 자주 있으면 좋으며 그때 예배는 예배로 되어야 할 것이다.

　연합 예배를 예배로 하는 것은 아예 주보를 없애는 방법이 있다. 주보가 없다면 여러 목회자들이 순서를 하나씩 맡아도 예배의 연결만 잘 된다면 좋은 예배가 될 수 있다. 물론 이때는 순서 맡은 사람의 이름이나 다른 어떤 소개를 하지 않아야 한다. 예배에 온 사람은 누가 무엇을 하는지 관심을 끄고, 함께 찬송하고, 기도하고, 말씀을 듣고, 찬양하는 것이다. 주보를 만들더라도 사람 이름을 쓰되 직함을 소개하는 글을 넣지 않을 수도 있다. 예배에 참석한 성도들의 인간적인 관심을 불러일으키는 요소들을 주보에 넣지 않는 것이다. 예배를 진심으로 드리려는 마음과 정성만 있다면 좋은 방법은 찾을 수 있다. 교회의 연합이 아쉬운 현대 사회에서 사람의 욕심만 내려놓는다면 우리는 하나님께서 기뻐하시는, 하늘나라의 성도들이 하나님께 예배하는 그 모습을 이 땅에서 재현할 수 있다.

> 이 일 후에 내가 보니 각 나라와 족속과 백성과 방언에서
> 아무도 능히 셀 수 없는 큰 무리가 나와
> 흰 옷을 입고 손에 종려 가지를 들고 보좌 앞과 어린 양 앞에 서서
> 큰 소리로 외쳐 이르되 구원하심이 보좌에 앉으신
> 우리 하나님과 어린 양에게 있도다 하니(요한계시록 7:9-10).

이 얼마나 아름다운 모습인가? 교회 연합 예배는 우리가 할 수만 있다면 좋은 예배이다. 지역 교회 혹은 개교회의 이기적인 모습에서 벗어나 하나님의 한 가족으로 우리는 더 자주 모일 수 있다. 서로의 아픔을 알고 서로에게 관심을 가지면서 이 세상에서 큰 교회와 작은 교회의 격차가 없어지는 것을 목표로 하면서 우리는 모여야 한다. 지금 한국교회의 빈부 격차는 한국 국민의 빈부 격차만큼이나 커졌다. 비가 새는 지붕을 가진 교회가 있는 반면, 대리석과 온갖 세상의 화려한 치장을 한 교회가 있는 것은 기독교의 모습이 아니다. 이 세상의 모든 교회는 다 비슷한 모습을 가져야 하는 것이 하나님의 나라이다. 이렇게 되는 길에는 교회가 연합 예배로 자주 모이는 것이 하나의 방법이 될 수 있다. 비슷하게 모두 옷을 입고 세상의 어떤 직함도 내려놓고 하나님의 자녀라는 한 가지 이름표로 모이는 이 예배는 하나님 앞에서 귀한 예배일뿐만 아니라 우리가 이 세상에서 어떤 사람인가를 재인식시켜 주는 시간이 될 것이다.

13. 어버이주일(Parents', Father's, Mother's, and Lord's Day)?

예배는 예배다. 예배는 예배로서 그 이상도 그 이하도 아니다. 우리는 예배 앞에 부제가 붙을 때를 본다. 그것은 교회력(Church Calendar 혹은 Liturgical Year)에 따른 절기 표시이다. 사순절 첫 번째 주일, 대강절 첫 번째 주일 등등 이런 절기 표시는 예배에서 전통적인 표기 방법이다. 그런데 교회 절기와 무관한 부제가 붙는 경우가 있다. 이것의 대표적인 것이 추수감사주일, 종교개혁주일, 세계성찬주일 등등이다. 하지만 이것 외에 특히 우리나라 교회 주보에서 자주 등장하는 예배 타이틀(제목)로서, 그 대표적인 것이 5월의 어버이주일과 어린이주일이다.

예배에 이런 타이틀이 성경적인가? 예배는 하나님을 예배하는 것으로 이 세상의 어떤 사람도 어떤 것도 예배의 제목이 될 수 없다. 그런데 우리나라의 개신교회는 매년 이렇게 주일을 지킨다. 어버이주일이라 하여 예배 시간에 어르신들께 선물을 하는 시간도 대부분 가진다. 이와 똑같이 어린이주일에는 어린이에게 선물을 주는 시간을 가진다. 부모를 공경하고 사랑하고 잘 모시는 것은 십계명에 있는 하나님의 근엄한 명령이다.52 하지만 부모를 공경하는 것과 예배 시간에 부모를 칭송하는 것은 다른 것이다. 예배의 주제는 오직 하나님 한 분이시다. 그 외의 어떤 것도 예배의 주제가 될 수 없으며 되어서도 안 된다. 부모를 공경하는 것은 하나님의 명령이지만 예배와는 다른 차원의 일로서 예배에서 함께 나눌 수 있는 일이 아니다. 하나님께서 명령하신 것이라고 해서

---

52 출애굽기 20:12 "네 부모를 공경하라 그리하면 너의 하나님 나 여호와가 네게 준 땅에서 네 생명이 길리라"(개역한글).

다 예배 안에 가져오는 것은 하나님의 명령을 잘못 해석한 것일 뿐 아니라 예배의 본질도 왜곡한 것이다.

하나님께서만 영광 받으시고 칭송을 받아야 할 예배에 사람이 그 대상이 된다는 것은 불경죄이다. 우리가 삶에서 해야 할 일과 하나님께 드리는 예배와는 엄격한 차이가 있다. "가이사의 것은 가이사에게 하나님의 것은 하나님께"라고 예수님께서 이미 말씀하셨다.[53] 부모를 공경하는 것은 하나님의 말씀으로 선포하면 되는 것이다. 이것을 예배의 타이틀로 만들어 예배보다 앞에 혹은 예배와 함께 사람을 세우는 일은 하지 않아야 한다. 주일이라는 말은 주님의 날이라는 뜻이다(Lord's Day). 주일은 주님의 날로 충분하며 예배도 주님으로 충분하다. 그런데 거기에 또 어버이주일(Parents', Father's, Mother's, and Lord's Day)이라고 부제를 붙인다는 것은 단어 자체에서도 서로 맞지 않는 두 단어의 조합임을 알 수 있다.

어버이날이 다가오면 교회는 하나님께서 하신 말씀을 다시 읽으며 육신의 부모를 공경하며 감사하는 마음을 가져야 함을 가르칠 수 있다. 하지만 이것은 성도의 교육에 관한 것으로 예배 시간 이외에도 가능하며 설교에서 성경 말씀으로 선포하는 것으로도 가능하다. 하지만 그 정도가 아니라 예배의 제목을 어버이주일로 하고 예배 시간에 말씀 선포뿐만 아니라 어버이를 찬양(?)하는 찬송가까지 부른다. 이것은 예배의 본질에 어긋난다는 것이다. 예배의 주제는 늘 하나님이어야 하고 사람이 될 수 없다.

어버이주일에는 또한 종종 아이들이 예배 중간에 들어와서 어버이 노래를 부르기도 한다. 이쯤 되면 온전한 예배라 하기 힘들다. 좋은 것

---

[53] 마태복음 22:21.

이라고 예배에 모두 좋은 것은 아니다. 성격이 다른 것은 서로 함께 있을 수 없다는 의미이다. 만약 어버이날의 기독교적인 의미를 성도들에게 교육할 필요가 있다면 예배 이후에 이 주제로 하나님의 말씀을 전하고 어버이날 행사를 짧게 할 수도 있다. 그러나 이것은 여전히 예배 이후의 일이다.

그리고 주님의 날을 엄격하게 적용한다면 어버이날 기념도 주일(Lord's Day)에 하지 않고 주 중 5월 8일이라는 그 날짜에 하는 것이 더 타당하다. 이 날이 주일이면 주 중의 다른 날로 할 수 있다. 주일은 주일이며 어버이날은 어버이날이다. 성도들이 주일에 다 모인다고 하여, 사람의 편의를 위하여 어버이주일이라고 명명하고 예배를 이렇게 하는 것은 올바르지 않다. 진정으로 어버이에게 존경을 표현하고자 한다면 평일이라도 교회에 나와서 어버이날 기념행사를 하는 것이 더 맞다. 예배를 희생하면서 이 일을 하는 것은 아무리 선한 동기라 하더라도 인간의 편리함을 하나님께 드리는 예배보다 앞세운 것이 틀림이 없다. 어린이주일도 마찬가지이다. 마음이 있다면 별도로, 교회 오는 불편함이 있어도 할 수 있는 것이다. 아니면 적어도 예배 이후에 다른 프로그램으로 하는 것이다.

우리나라의 개신교회는 교회력을 따르지 않는 곳이 많다. 예수님의 생애를 기준으로 하여 교회의 일정을 만든 교회력도 잘 지키지 않으면서 인간의 기념일을 예배에서 지키려 한다는 것은 아무리 이해를 한다고 하더라도 예배를 받으시는 하나님께 대한 예의가 아니다. 세상적인 이벤트성의 타이틀을 찾아 뭔가 해 보려는 인간적인 생각은 예배와는 맞지 않다.

어버이주일과 어린이주일 이외에 우리나라 국경일도 예배의 제목으로 붙일 때가 있다. 예를 들면 3.1절 기념 예배, 8.15 광복절 기념 예배 등등이다. 이것 또한 예배의 정신과는 맞지 않는 것이다. "… 기념 예배"라는 것은 불가능한 단어이다. 우리는 예수님의 부활을 기념하는 주일예배를 드린다. 그런데 여기서 무엇을 더 기념한다는 말인가? 그때는 예수님의 부활은 뒤로 가고 세상의 기념일을 지킬 것이 분명하다. 한 사람이 두 주인을 섬기지 못한다고 하였다.[54]

예배는 예배로 충분하다. 그런데 사람이 여기에다 무엇을 덧붙이려고 한다는 것은 예배 자체에서 그 진정한 의미와 가치를 덜 느껴서 그런 것이 아닐까? 서양의 교회 예배는 교회력 이외에 다른 부제가 없이 일년 내내 진행된다. 물론 서양의 교회가 그래서 이미 죽었다고 말하는 사람이 있을 수 있다. 하지만 죽었다면 예배 형식에서 죽은 것이 아니라 그들의 마음이 하나님과 멀리 가 있기 때문이 아닐까. 이에 비해 우리는 마음이 멀리 가지 않으려고 어쩌면 다양한 프로그램 혹은 내용을 예배에 추가하려고 하는지도 모른다. 특히 교인 총동원 주일예배는 더 그렇다. 최근 이런 예배는 인간적인 발상일 뿐 교회를 위한 진정한 노력이 아닌 것으로 이해되고 있다.

예배가 제대로 살아 있으면 다른 것이 필요 없다. 이것은 하나님 한 분으로 충분한 것과도 같다. 인간이 하나님 한 분으로 충분하게 못 느끼는 것이 문제이며 이는 하나님께로 돌아오게 하는 것이 더 급선무이다. 하루에 필요한 균형 잡힌 양식을 먹을 때는 간식이 필요 없다. 예배에서 다른 것들을 추가하는 것은 주요 식단이 잘 되어 있지 않으면서 간식들을 찾는 것과 같다. 이것은 성도들의 영적 생활에 도움이 되는 것이 아

---

54 마태복음 6:24 "한 사람이 두 주인을 섬기지 못할 것이니 혹 이를 미워하고 저를 사랑하거나 혹 이를 중히 여기고 저를 경히 여김이라…."

니다. 오히려 성도들의 영양의 불균형과 과다 칼로리로 인한 생활습관병을 일으키는 요인이 된다. 예배의 본질을 잘 찾을 때 모든 것은 질서 정연하게 자리를 잡게 될 것이다.

주일예배에서 다른 수식어가 사라져야 한다. 예배에 다른 것들을 가지고 와서 예배의 본질을 더 이상 훼손하지 말아야 한다. 하나님께 예배드리는 제물은 깨끗하고(clean) 구별된 것이었다. 우리의 깨끗한 마음과 양심으로 하나님 앞에 나아가며 온전히 예배에 충실할 때 예배는 예배로서 충분하며 다른 어떤 것도 필요하지 않다. 자신의 내면의 부족한 것을 밖에서 찾으려고 하는 것은 어리석은 일이다. 예배는 성도의 마음 속에 있는 것이다. 이것을 바로 찾을 수 있도록 목회자는 예배를 바로 세워야 한다.

부모를 섬기는 것과 아이들을 하나님의 상속자로 귀하게 여기는 것은 하나님의 뜻이다. 이것을 의미 있게 지키는 것은, 예배를 희생하면서 하는 것이 아니라 예배를 예배로 하고 이 일은 별도로 할 때 두 가지 일이 다 살게 된다. 두 가지를 한꺼번에 가지려는 인간의 짧은 생각으로 지금도 예배가 훼손되는 경우는 많이 있다. 지금은 구약의 성전 시대처럼 사람이 잘못 하였을 때 바로 하나님의 벌이 내려오는 율법 시대가 아니다. 예수 그리스도의 은혜의 시대라고 하는 지금, 성도는 오히려 예배를 더 감사와 은혜로 채워야 하지 않을까?

14. 하나님께서 거절하시는 예배!

> 아버지께 참되게 예배하는 자들은
> 영과 진리로 예배할 때가 오나니 곧 이때라
> 아버지께서는 자기에게 이렇게 예배하는 자들을 찾으시느니라
> (요한복음 4:23).

하나님께서는 우리가 드리는 주일예배를 거절하실 수도 있다. 아모스 5장을 보면서 예전 멸망의 길을 걷고 있었던 이스라엘 백성과 지금 우리가 다른 것이 무엇인지를 고민하게 된다.

> 나는, 너희가 벌이는 절기 행사들이 싫다. 역겹다.
> 너희가 성회로 모여도 도무지 기쁘지 않다.
> 너희가 나에게 번제물이나 곡식제물을 바친다 해도,
> 내가 그 제물을 받지 않겠다.
> 너희가 화목제로 바치는 살진 짐승도 거들떠보지 않겠다
> (아모스 5:21-22, 표준새번역 개정판).

이 말씀을 읽으면 우려가 앞선다. 이 논제는 예배를 논하는 첫 부분으로 와야 할 주제이다. 하지만 부정적인 글로 시작하는 것을 피하기 위하여 필자는 이 주제를 예배 주제의 뒷부분에서 논하고자 한다. 하나님께서 우리의 예배를 거절하시는 이유가 무엇인가? 그 다음 구절에서 우리는 알 수 있다.

너희는, 다만 공의(judgment)가 물처럼 흐르게 하고,
정의(righteousness)가 마르지 않는 강처럼 흐르게 하여라
(아모스 5:24, 표준새번역 개정판).

    이 말씀은 이스라엘 백성이 하나님께로부터 멀리 가서 하나님 말씀대로 살지 않는 것에 대한 하나님의 경고이다. 아모스는 예루살렘 남쪽 드고아 출신의 농부로서 목자이다. 그는 유다 왕 웃시야와 북이스라엘 여로보암 2세 시대에 하나님의 계시로 북이스라엘에서 활동한 선지자이다. 특히 솔로몬 이후 여로보암 시대는 막강한 부를 자랑하면서 사람들은 하나님을 경외하는 것이 아니라, 세속적인 향락에 빠져 우상 숭배는 물론 빈부의 격차가 심하였으며, 이에 정의롭고 공의로운 사회가 아닌 부패가 만연한 때였다. 그래서 하나님께서는 아모스를 보내어 하나님의 말씀을 북이스라엘에서 전하도록 한 것이다.
    지금을 아모스의 시대와 비교하면 어떤가? 어쩌면 지금은 더 심각할 수도 있다. 성도는 하나님을 섬긴다고 하면서도 이 세상의 권력과 돈을 따라가고 있으며, 빈부 격차가 심한 것은 물론, 온갖 자기 우상이 범람하고 있는 현대이다. 세상의 문명이 발달하면서 우상은 더 많이 생겼다. 하나님께서 말씀하시는 공의와 정의는 세상의 공의와 정의만은 아니다. 하나님의 공의와 정의는 하나님의 말씀이 이 땅에서 이루어지는 것이다.
    그런데 이 같은 말씀은 이사야서에서도 나타난다. 이사야 1장 11-17절에서 우리가 예배할 때 어떤 모습이 되어야 할지를 말씀하신다. 그는 예배에서 우리가 무엇을 하느냐 보다도 우리의 평소 살아가는 모습이 더 중요함을 말씀한다. 하나님께서는 11-15절에서 우리의 제사를

받지 아니하실 것이며 기도도 받지 않으실 것이라 말씀하신다. 그리고는 16절에서 그러면 우리가 어떻게 해야 하는지를 말씀하신다.

> 너희는 스스로 씻으며 스스로 깨끗하게 하여
> 내 목전에서 너희 악한 행실을 버리며 행악을 그치고
> 선행을 배우며 정의를 구하며 학대 받는 자를 도와주며
> 고아를 위하여 신원하며 과부를 위하여 변호하라 하셨느니라
> (이사야 1장 16-17절).

이사야는 아모스 선지자와 동시대 그리고 그 후대에 더 많이 활약한 선지자로서 그의 성경 첫 부분에서부터 이스라엘에게 경고하는 말씀이 시작된다. 당시 이스라엘 백성의 타락함이 얼마나 심각하였으면 그가 시작부터 이렇게 꾸짖고 있을까?

하나님을 믿는 백성들에게 제일 중요한 것은 예배이다. 예배는 성도의 신앙생활의 핵심이다. 그래서 이사야는 첫 장에서 바로 예배를 말하고 있다. 이스라엘 백성들도 당시 하나님께 드리는 제사를 나름 매우 중요하게 생각한 것으로 보인다. 그래서 예배만큼은 거대하게 치렀는지도 모른다. 하지만 하나님께서는 그런 외형만 요란하고 그 안에 진정 하나님께서 원하시는 삶이 없는 것을 아셨기 때문에 이렇게 경고한 것이다.

하나님께서는 성경에서 늘 이렇게 말씀하신다. "순종이 제사보다 낫다"(사무엘상 15:22)라는 말씀은 우리가 늘 듣는 말씀이 아닌가? 역으로, 이것은 예배는 순종하는 사람만이 드릴 수 있다는 의미도 된다. 무엇을 순종한다는 것인가? 하나님의 말씀을 순종하는 것이다. 하나님

의 말씀은 바로 이 땅에서 바르게 살고 약한 자를 도우는 것이다. 그런데 그렇게 살지 못하고 예배를 드릴 때는 그 예배를 하나님께서 받지 아니하시겠다는 말씀이시다.

이 말씀은 모든 성도, 특히 목회자, 교회음악인들은 늘 마음에 두어야 할 말씀이다. 하나님의 말씀대로 사는 것은 참으로 어렵다. 하나님께서 중요하게 생각하시고 또 성도가 중요하게 생각하는 주일예배를 한 번 드리면, 다른 것은 하나님께서 봐주시면 좋겠는데 그것이 아니라는 말씀이시다. 일주일에 한 시간이 아니라 일주일 내내 삶이 중요하다는 것이기에 이것은 결코 쉬운 일이 아니다. 고아를 도우며 과부를 돕는 것은 어쩌면 가능할 수도 있다. 하지만 "정의와 공의를 하수같이"라는 말씀은 매순간 하나님 앞에서 자기를 포기하지 않으면 불가능한 일일 수도 있다. 그럼에도 불구하고 성도는 하나님 앞에서 진실하게 자신의 삶을 돌아보면서 신실하게 하나님 말씀을 지키려고 했는가를 점검해야 할 것이다. 하나님께서 우리의 마음을 보시고 이 모든 것을 판단하실 것이다.

하나님께서 거절하신 예배의 첫 예는 가인의 예배이다.[55] 가인은 하나님으로부터 거절당했다는 것이 마음의 심한 상처가 된 것 같다. 사람에게 가장 힘든 것 중 하나가 거절당함이다. 가인은 이 거절당함으로 인한 분노를 이겨내지 못하여 결국 동생을 살인하는 파국으로 갔다. 이것은 가인에게는 하나님으로부터 인정받는 것이 그만큼 소중한 것이었다는 것을 의미한다. 물론 이것이 동생 아벨을 살인한 변명이 될 수는 없지만 그가 얼마나 절박하였는가를 생각하는 것이다. 가인은 참으로 불쌍한 사람이었다. 회복할 기회도 얻지 못하고 평생 유리하는 자가 되

---

55 창세기 4:3-15.

면서 그 후로 하나님으로부터 영원히 거절당하는 사람으로 살 수 밖에 없는 신세가 된 것이기 때문이다. 하지만 그럼에도 불구하고 하나님께서는 가인을 보호하시는 것을 또한 볼 수 있다.

가인의 예배는 어떤 예배였기에 하나님께서 받지 아니하셨을까? 성경에는 구체적인 이유가 없다. 하나님께 드리는 제사는 구약성서에 보면 피의 제사만이 아니라 곡식 제사도 있기 때문에 가인이 드린 곡식을 하나님께서 기뻐하시지 않으신 것이라고 단정지을 수 없다. 그리고 봉헌(예배)은 자기가 가진 것으로 드리는 것으로, 가인은 자신이 가진 것, 곡식으로 봉헌한 것이었다. 우리의 가진 것으로 하나님께 정성으로 드렸다면 그것은 하나님께서 기뻐하실 것이 분명하다. 그렇기 때문에 가인의 예배가 거절당했다면, 그의 예배에서 하나님께서는 말씀하시고자 하시는 그 무엇이 있었던 것이 분명하다. 그런데 가인은 그것을 몰랐던 것 같으며 혹시 알았다고 하더라도 그 이후의 행동을 보면 뉘우치는 기색이 없다는 것을 성경을 통해 알 수 있다. 이것이 우리가 생각하는 가인에 대한 아쉬움이다.

예배는 이 세상에서부터 하나님께로 돌아오는 것이다. 인간의 것을 내려놓고 하나님께 돌아와서 하나님과의 온전한 관계를 회복하는 것이다. 돌아오지 않고는 예배가 불가능하다. 그런데 가인의 예배 후의 모습을 보면 그는 예배에서 하나님께로 돌아온 모습이 아니었을 가능성이 높다. 그리고 하나님께서 그의 예배를 받지 않으셨을 때 자신의 잘못이 무엇인지를 찾아서 거기서부터 하나님께로 돌아오지를 않았다. 가인이 하나님의 지적을 받고 뉘우치고 돌아왔다면 어쩌면 아벨보다 더 위대한 신앙인이 되었을지도 모른다.

악인은 그의 길을, 불의한 자는 그의 생각을 버리고
여호와께로 돌아오라 그리하면 그가 긍휼히 여기시리라
우리 하나님께로 돌아오라 그가 너그럽게 하시리라(이사야 55:7).

예배를 잘 드린 사람은 예배 후의 결과에서 드러난다. 그것은 겸손함이다. 예배는 드리는 것이다. 그 예배가 받아지고 안 받아지고는 예배자의 몫이 아니다. 그래서 예배가 안 받아들여졌을 때는 자신의 예배에 무슨 부족함이 있는지를 찾아보는 것이 예배자의 모습이다. 물론 자신의 예배가 거절당했을 때는 좌절감과 상처가 있을 것은 분명하지만 곧 깨닫고 하나님께로 돌아와야 하는 것이 예배를 드린 사람의 마음 상태이다.

그럼에도 불구하고, 예배를 거절당한 사람의 상처가 이렇게 큰 것이라는 가인의 예를 성경에서 보면서 성도는 자신의 것만 챙기는 것이 아니라 주위의 거절당한 사람의 상처를 돌볼 수 있는 마음이 필요하다. 또한 우리는 피치 못해 사람을 거절해야 할 경우 상처를 최소화 할 수 있도록 많은 배려를 해야 할 것이다.

예배에서 하나님의 거절을 볼 수 있는 또 다른 예가 웃시아왕의 예배이다. 웃시아왕은 16세에 왕이 되어 유다를 52년간 통치한 사람으로 훌륭한 왕이었다. 그는 하나님을 경외하면서 유다를 다스렸으며 주위의 나라들과 전쟁에서 이기면서 왕국의 번영을 이루었다. 하지만 이렇게 승승장구하면서 그는 교만해지기 시작하였다. 그래서 성전에 들어가서 왕은 할 수 없으며 제사장만이 할 수 있는 제사를 자신이 직접 하려고 하다가 하나님께로부터 거절당하여 이마에 문둥병이 생겨 성전에서 쫓겨났다.[56] 성경은 다음과 같이 자세히 그 상황을 보여준다.

> ··· 웃시아여 여호와께 분향하는 일은 왕이 할 바가 아니요
> 오직 분향하기 위하여 구별함을 받은 아론의 자손 제사장들이 할 바니
> 성소에서 나가소서
> 왕이 범죄하였으니 하나님 여호와에게서 영광을 얻지 못하리이다
> (역대하 26:18).

　웃시아는 가인의 경우와 또 다른 면을 보여준다. 웃시아의 예배가 거절당한 것은 성경에서 말하기를 교만이라고 하고 있다. 교만은 인간의 자랑이며 인간의 명예심이다. 웃시아는 자신이 잘 나가는 왕이었기 때문에 무엇이든지 할 수 있다고 생각하여 하나님의 법을 어겼다.
　교만은 하나님을 대적하게 하는 것이다. 하나님이 "아니라" 하시면 아닌 것이고, "그렇다" 하시면 그런 것이다. 사실 이것은 아주 단순한 것이지만 단순하기 때문에 더 잘 지켜지지 않는다. 하나님 말씀보다 자신의 생각을 앞세우는 것이 바로 교만이다. 한국교회의 예배와 예배음악에 문제가 있다면 그것은 하나님의 말씀보다 인간의 생각을 더 중시하고 인간의 생각으로 예배를 이끌려고 하기 때문이다. 그래서 하나님 말씀으로 돌아가야 한다는 것이다(*Sola scriptura*). 하나님보다 자기의 생각이 더 낫다고 하는 것은 교만 중에 교만이다. 이것은 하나님을 무시하는 것으로, 그래서 '제일 악질'이라는 말이 정답이다.
　신약성서에서도 하나님께 바치면서(예배) 거절당한 예를 볼 수 있다. 이 사람은 아나니아와 삽비라이다(사도행전 5:1-11). 이들은 처음에는 온전한 제사를 드리려고 했는지도 모른다. 하지만 곧 인간적인 욕심이 생기면서 혹은 이 세상의 유혹을 끊지 못하고, 세상과 하나님 양쪽

---
56 역대하 26장.

을 다 가지려고 하다가 하나님의 심판을 받은 경우이다. 이 경우는 우리 모든 성도가 두려워할 사건이다. 어떻게 생각하면 하나님께서 이들을 너무 가혹하게 대하신 것이 아닌가 하는 의문이 들 수 있다. 하지만 하나님 말씀을 보면 하나님께서는 사람을 가혹하게 대하신 것이 아니라 이런 행동에 대해서 엄격하게 대하신다는 것을 말씀하시고 계신다. 실제로 대부분의 성도는 이 세상과 하나님 사이에서 왔다 갔다 하는 존재이다. 그럼에도 불구하고 하나님께서는 이 시대의 아나니아와 삽비라를 바로 벌하지 않으신다. 그리고 그런 행동 또한 바로 엄격하게 대하시지 않으신다. 사도행전의 사건은 우리에게 큰 경고인 동시에, 초대교회라는 시대적 상황을 생각하면 하나님께서 바로바로 사건을 해결하시는 일들이 현대보다는 많다는 것을 알 수 있다.

하지만 하나님께서 우리를 바로 훈계하시지 않는 것이 당장은 다행인 것처럼 보일 수 있으나 오히려 이것이 우리에게는 재앙일 수 있다는 것을 알아야 한다. 잘못된 예배를 드리고 있으면서도 잘못된 것을 모르는 사람은 불행한 사람이다. 그들의 수고가 헛것이기 때문이며, 헛것이라는 것을 알아야 고쳐서 제대로 할 수 있기 때문이다. 그리고 그 멸망의 길을 계속 가고 있는 것을 자신이 모른다는 것은, 큰 심판이 올 것을 대비하거나 피할 방법을 모를 수 있다는 것이다. Davison이 지은 책 *Blessing*[57]에서 그는 말하기를 하나님께서 나쁜(evil) 행동을 심판(혹은 저주)하시는 방법 중에는 그 나쁜 일이 계속 진행되도록 그대로 내버려두시는 방법이 있다고 하였다. 물론 하나님께서는 우리의 잘못을 오래 참으심으로 기다리시기도 하시지만 그냥 내버려 두셔서 스스로 심판을 받는 혹은 잘못된 결과가 되도록 하실 수도 있다는 것이다. 그러므로

---

57 Andrew Davison, *Blessing* (London: The Canterbury Press, 2014), 61.

하나님께서 우리를 훈계하시는 것은 참으로 감사한 일이다.

그럼 지금의 예배에서 하나님께서 우리에게 원하시는 것은 어떤 예배이며 그리고 어떤 예배는 거절하실까? 아모스와 이사야에서 말씀하신 것처럼 적어도 하나님께서는 겉으로 드러나는 예배 모습 하나만으로 평가하지 않으신다는 것이다. 하나님은 예배하는 사람의 중심을 보시며(가인), 하나님께 얼마나 굴복하고 엎드리는지 그 마음을 보실 것이며(웃시아) 그리고 100% 온전한 마음을 원하실 것이다(아나니아와 삽비라). 그리고 이런 예배 이전에 성도의 삶에서 하나님의 의가 나타나는지를 먼저 보시고 계신다는 것이다(정의와 공의를 행함).

하나님께서 기뻐하시는 예배는 우리가 드리기 매우 어려운 것일 수도 있지만 매우 쉬울 수도 있다. 일주일을 하나님 앞에서 잘 살아가면 주일예배는 저절로 되는 것이며, 주일예배를 제대로 드릴 때 일주일 삶도 저절로 잘 살게 되는 단순한 믿음의 비밀이 여기에 있다. 하나님께서 거절하실 수 없는, 하나님께서 기뻐하시는 제사는 성경에서 다음과 같이 말한다.

… 너희 몸을 하나님이 기뻐하시는 거룩한 산 제물로 드리라
이는 너희가 드릴 영적 예배니라(로마서 12:1).
… that ye present your bodies a living sacrifice,
holy, acceptable unto God,
which is your reasonable service.

15. 우리는 예배당에서 그리고 예배에서 너무 불손하다

아름답고 거룩한 것으로 여호와께 예배할지어다
온 땅이여 그 앞에서 떨지어다(시편 96:9).

우리는 예배하는 자세와 예의를 배워야 한다. 예배가 무엇인지 먼저 배워야 하며, 그에 따른 자세 또한 배워야 한다. 그리고 예배하는 곳인 예배당에 대한 각별한 예의도 배워야 한다. 교회의 예배당은 구약성서에 나오는 성전과는 다르다. 그럼에도 불구하고 교회당은 이 세상의 연주홀이나 강의실은 더욱 아니다. 최근에는 예배당을 이런 집회(meeting) 장소의 의미로 많이 건축하는 편이지만 여기에는 장단점이 있다. 교회 건물에 대한 각기 다른 견해가 있을 수 있다 하더라도 주일예배를 드리는 장소, 즉 예배당의 주목적은 당연히 예배이다. 그렇다면 예배당은 모든 것이 예배에 초점이 맞추어져야 한다.

장소에 대한 각별한 의식면에서는 가톨릭교회는 철저하다. 물론 그들은 일 년 내내 예수 그리스도를 상징하는 촛불과 성체가 본당 앞쪽 중앙에 있기 때문에 더 이런 예의가 필요하기는 하다. 이에 비해 개신교회당은 이런 예배당이 아니라고 하더라도 예배하는 장소라는 것은 변함이 없기 때문에 예배당에 대한 예의와 마음가짐은 가톨릭교회와 다를 바가 없어야 한다. 이것을 외식 혹은 위선이라고 하기는 현재 개신교회 성도들은 하나님께 너무 불손하다. 예배당에 들어올 때도 나갈 때도, 십자가를 봐도 아무런 감동이 없이 시끄럽게 떠들면서 나갔다 들어왔다 한다.

가톨릭 신자의 경우는 교회당에 들어올 때와 나갈 때, 비록 그것이 개신교회당이더라도 늘 십자가를 향하여 예의를 표한다(절을 한다). 이것은 좋은 모습이다. 개신교회 성도들은 대부분 교회에 들어오면 자리에 앉아 기도를 하는 편이다. 들어올 때는 이렇게 하였지만 나갈 때는 대체로 그냥 나간다. 예배당을 나갈 때 십자가를 향하여 절을 하는 것이 개신교회 성도들에게 어색하다면 십자가를 바라보며 잠깐 묵례를 하는 것은 어떤가? 예배당은 주일예배의 성령의 기운이 일주일 내내 남아있는 곳으로 예배당과 예배당 안의 모든 것을 소중하게 여기는 것은 중요하다. 예배를 드렸던 장소는 소중한 장소이다. 그리고 또 여기서 예배를 드릴 것이기 때문에 소중한 장소이다. 그러니 이 귀한 장소를 귀하게 여기고 각별하게 생각하는 것은 당연한 것이다.

예배당은 성도가 함께 하나님을 만나는 공적 장소이다. 구약성서에서 이스라엘 백성이 하나님을 공적으로 만나는 장소는 성전이었다. 하지만 지금 우리는 어디서든 언제든지 하나님을 만날 수 있다. 더 나아가 우리 자신은 하나님의 성전이라고 성경은 말씀하신다.[58] 한 교회의 모든 성도가 함께 하나님을 예배하면서 하나님을 만나는 곳은 거룩한 곳이다. 모세가 호렙산 떨기나무의 불 가운데서 하나님을 만났을 때 그곳은 거룩한 곳으로 신발을 벗으라고 명함을 받았다.[59] 야곱은 형을 피해 하란으로 가다가 밤에 광야에서 돌을 베고 자는 도중에 꿈을 꾸었으며 아침에 일어났을 때 지난밤에 하나님께서 오셨던 것을 알았다. 그의 고백은 참으로 우리의 고백이 되어야 할 것이다.

---

58 고린도전서 3:16 "너희는 너희가 하나님의 성전인 것과 하나님의 성령이 너희 안에 계시는 것을 알지 못하느냐."
59 출애굽기 3:2.

> 야곱이 잠이 깨어 이르되
> 여호와께서 과연 여기 계시거늘 내가 알지 못하였도다
> 이에 두려워하여 이르되 두렵도다 이 곳이여
> 이것은 다름 아닌 하나님의 집이요 이는 하늘의 문이로다 하고
> (창세기 28:16-17).

하나님을 만난 장소를 이렇게 표현한 야곱을 보면 왜 그가 믿음의 조상인지 그 출발부터 알 수 있다. 개신교회는 사랑의 하나님, 은혜의 하나님을 강조하면서도 공의와 정의의 하나님은 많이 언급하지 않는 편이다. 그래서 대부분의 성도들은 예배당을 친근하게 생각하는 것을 넘어서, 너무 편하게만 생각하는 것이 지금의 현실이다.

가톨릭교회의 성도들이 예배당에 가지는 겸손한 모습은 또 있다. 그들은 예배당에 들어오고 나갈 때 일반적으로 맨 중앙 통로로는 다니지 않는 것이 원칙이라고 한다. 물론 필자가 가톨릭교회를 방문하였을 때 성도들이 중앙 통로로 입·퇴장을 하고 있었지만, 아마도 사람이 많아 그럴 수 있을 것으로 이해하였으며, 사람이 적다거나 평일 혼자 방문할 때는 중앙 통로를 사용하지 않고 예배당의 모서리 통로로 다니는 것이다. 예배당의 중앙에 십자가를 모시고, 예배당의 주인은 사람이 아니라 하나님, 예수 그리스도이심을 행동으로 고백하는 이런 모습은 본받을 부분이 아니겠는가?

그런데 우리는 예배 장소에 대한 예의는 물론, 예배자의 자세와 예의도 엉망인 경우가 있다. 가톨릭교회의 예배는 현재 개신교회 예배보다 훨씬 더 하나님께 대한 예의가 있다. 물론 이것은 그들은 모든 예배에서 성찬을 하기 때문도 있다. 예배가 무엇인지 알게 되면 이에 따라

예배자의 자세가 나오게 된다. 우리는 예배를 먼저 배우고 예배자의 자세를 늘 점검해야 하며 그것이 우리의 습관이 되고 우리의 성품이 되도록 해야 할 것이다.

자세는 그 사람의 마음의 표현이다. 예를 들어 자신의 상관(boss) 앞에서는 아무렇게나 앉지 않는다. 그런데 우리는 예배 때 앉는 자세부터 고쳐야 한다. 예배 시간에 구약성서의 이스라엘 백성처럼 땅바닥에 머리를 대고 엎드려 있지는 못할망정 불손한 태도로 앉아있지 않는지 스스로 돌아보아야 한다. 의자에 뒤로 기대 앉아 자신의 집 거실 소파에 앉은 듯한 자세와 다리를 꼬고 앉은 자세는 예배 시간에 좋지 않다. 가끔은 어떤 성도는 대표기도자로서 강대상에 앉아 있는 동안에도 다리를 꼬고 앉아 있는 경우도 있다. 만약 그 사람이 한 나라의 대통령 앞에서도 그럴 수 있는 사람이라 하더라도, 하나님 앞에서는 그렇게 하면 안 된다. 하나님은 창조자시며 우리는 피조물이다. 더구나 그의 아들의 피로 구속함을 받은 죄인이 하나님 앞에서 그런 자세는 오만불손, 배은망덕이라는 단어로도 설명이 안 된다.

최근 예배당에서 자주 볼 수 있는 것으로 예배당에 커피 등 음료수를 가지고 오는 사람이 있다. 이것 또한 예배자의 자세가 아니다. 꼭 그 음료수를 한 시간이라는 예배 중에 마셔야 하는 환자가 아니라면, 예배가 끝나고 마셔야 한다. 한 시간은 길지 않는 시간이다. 그런데도 예배당에 음료수를 가지고 들어오는 경우를 보면 예배당에 대한 예의가 너무 없다는 것이다. 학교 교실에도 가지고 가면 안 될 것을 예배당 안에 들고 들어오는 것은 예배당을 우습게 여기는 것이 아니고 무엇이란 말인가? 이것은 예배당이 편해서 그렇다고 변명할 사안이 아니다.

예배 시간에 지각 혹은 일찍 퇴장하는 경우 이 또한 하나님께 불손이다. 예배에 왜 지각하는가? 대학교의 강의에서 정각이 되면 강의실 문을 닫고 학생이 더 이상 못 들어오게 하는 교수가 있기는 하다. 사실 대학 강의에서 일반적으로 지각은 가능하다. 하지만 강의와 예배는 비교할 수 없이 본질적으로 다른 것이다. 지각은 정성이 부족한 것이다. 그 사람의 마음은 이미 예배 정신이 없던지 많이 부족한 상태이다. 대주재이신 하나님께 드리는 예배에서 감히 누가 지각을 하는가? 예외적인 상황이라면 그럴 수 있을지 모르지만, 많은 경우 지각하는 사람들은 대체로 늘 지각한다. 지각은 일반적으로 습관이기 때문이다. 예배에서 지각하는 사람은 예배의 의미를 잘 모르는 사람인 경우일 것이다. 그래서 예배가 무엇인지 배워야 하며, 하나님에 대해서 배워야 한다. 이 세상에서도 지각하는 일은 좋은 일이 아니다. 사업과 관련된 것이라면 더 치명적이다. 자신의 이익과 관련된 것이라면 절대로 지각하지 않을 것이다. 그런데 예배에 지각한다는 것은 그 예배가 자신에게 얼마나 귀한 것임을 모르는 이유일 수도 있다. 예배가 귀하면 예배에 빨리 온다. 그리고 예배 시간을 기다릴 것이다.

　교회는 사랑의 단체이다. 교회는 예수 그리스도의 십자가로 인하여 생겨났으며 희생적인 사랑이 전제된 모임이 교회이다. 그런데 성도는 이 사랑을 값싸게 생각하는 오류를 범하기도 한다. 모든 것이 용서된다는 그런 안일함으로 지각도 예사로 하는지도 모른다. 하지만 대형 교회 중에서 일찍 교회당에 가지 않으면 본당에 못 들어가고 부속 건물에 들어가서 영상 스크린을 보면서 예배를 드려야 하는 경우, 이때는 사람들이 또 일찍 예배당에 간다. 언제 가더라도 환영을 받고 본당에 들어갈 수 있다는 것은 축복이며 은혜이다. 그런데 지각을 함으로써 이런 축복과 은혜를 허무하게 날려버리는 어리석음이 사람에게 있다.

예배 시간에 일찍 퇴장하는 것은 어떤가? 목사님의 축도를 받지 않고 떠난다는 것은 강심장이다. 하나님의 축복에 관심이 없다니 말이다. 물론 이 축복 기도는 진정한 의미에서는 예배라기보다는 예배 이후의 하나님의 선물이다. 그래서 본인이 굳이 선물을 안 받겠다면 할 말이 없겠지만, 동시에 하나님의 축복을 경홀히 여기는 죄를 범할 수도 있다. 성경에서 이삭의 아들 에서(Esau)는 장자권, 즉 장자로서 하나님께서 주시는 축복권을 소홀히 여김으로 야곱에게 축복을 빼앗기는 불행을 맞이하였다.60 축복을 받는다는 것은 이런 점에서 겸손을 의미하기도 한다. 세상이 말하는 복을 좋아한다는 것은 세속적인 욕심이 될 수 있지만, 경건한 하늘의 복을 바라는 성도는 하나님께서 귀히 보실 것이다.

예배에서 성도의 불손한 태도는 또 있다. 이것은 기도시간에 기도를 하지 않고 다른 일을 하는 것으로 이런 성도들이 적지 않다는 것이다. 기도는 하나님께 드리는 것으로 하나님과 성도간의 직접적인 교통(communication)의 시간이다. 이런 시간에 함께 기도해야 할 성도가 회중 모두가 눈을 감고 있기 때문에 자신의 행동을 다른 사람이 보지 못할 것이라 생각하고 엉뚱한 행동을 한다면, 이 사람은 예배를 하나님께 드리러 온 사람이 아니다. 사람은 눈을 감았다고 하더라도 하나님께서 다 보시고 계시는데 사람이 못 본다는 것이 무슨 의미가 있겠는가? 이렇게 사람은 어리석다. 전지전능하시고 무소부재하시고 천지를 창조하신 하나님 아버지께서 우리의 일거수일투족을 다 아시는데 우리는 이것을 잊고 사는 경우가 많다.

필자가 가르치고 있는 계명대학교에는 아름다운 성전 아담스 채플이 있다. 이 채플은 유럽의 성전을 닮은 뛰어난 건축물로서, 또한 채플

---

60 창세기 25:29-34 "… 에서가 장자의 명분을 경홀히 여김이었더라"(34절, 개역한글).

안의 파이프 오르간으로 많은 사람들에게 알려져 있는 예배당이다. 그러다 보니 평일과 특히 주말에는 예배당을 방문하는 사람들이 종종 있다. 그런데 필자가 오르간을 연습하고 있는 상황에도, 방문하는 사람들 중에는 들어와서 떠들며 웅성거리는 사람들이 종종 있다. 그리고 가끔은 아이들이 예배당 안으로 뛰어 들어오면서 강대상 위에까지 올라갈 때도 있다. 이들의 모습을 보면 기독교인이 분명한데도 예배당에 대한 예의가 없는 사람들이 대부분이다. 필자가 채플에 없었을 경우도 그들이 예의 없이 채플 안을 오고 간 흔적을 자주 발견한다. 무엇을 떨어뜨려 놓고 가기도 하며, 교회 기물을 아무렇게나 만지면 안 되는 것을, 특히 오르간을 만진 후 오르간 의자가 삐딱하게 놓여있기도 하며 그랜드 피아노 덮개는 엉망으로 흐트려져 있는 경우가 자주 있다. 오르간과 피아노를 혹시라도 만졌으면 들어 올 때의 정리된 상태로 예배당을 깨끗하게 해놓고 나가는 것이 예의가 아닌가? 세상에서의 예의도 이러한데 하나님의 예배당에서 이렇게 무례하게 하는 것을 보면서 교육의 필요성을 절감한다.

예배당은 성도가 함께 하나님을 찬양하고 하나님을 만나는 장소이다. 그리고 진정한 예배라면 하나님께서 임재하시는 것이 당연하다. 만약 하나님께서 임재하시지 않는다면 그것은 예배가 아니며 예배당이 아니다. 우리는 예배당에서 늘 하나님의 성령의 기운을 느낀다. 이것은 성도라면 정상적인 반응이다. 그렇다면 우리가 예배당에서 어떻게 임해야 할지를 알 것이다.

예배는 우리가 굴복하는 시간이다. 이런 시간이라면 우리의 자세가 어떠해야 할까? 실제로 무릎을 꿇지 못하더라도 마음으로는 늘 무릎을 꿇어야 한다. 예배는 마음이며 자세이기 때문이다. 예배당에서 우리는 늘 옷매무새를 바로 하며 우리의 행동을 조심스럽게 하는 자세가 필요하다. 예전에 교회에서 어릴 때부터 가르쳤던 교회 예절은 요즈음 거의 가르치지 않는 것 같다. 교회가 이렇게 손을 놓고 있는 동안 사탄은 세상의 많은 것들을 교회 안으로 들여 놓았다. 이제 교회는 하나하나씩 정리하여 버릴 것은 버리고 바로 세울 것은 바로 세워야 한다. 하나님은 우리가 사랑하는 하나님 아버지이기도 하지만 두려워 떨며 경외해야 하는 하나님이시기도 하다. 그리고 우리를 사랑하시는 하나님이시기에 우리는 더 존귀하게 하나님을 섬겨야 하지 않겠는가.

16. 주일 옷(Sunday Clothes)이 이상하다?

앞서 성도들의 예배당에 대한 예의에 대하여 논의하였다. 그러면 예배당에 오는 성도들의 옷차림은 어떠한가? 예배에 올 때 평상시의 옷으로 와도 되는 것인가? 성경에서는 무엇이라 말씀하는가? 성전에서 하나님을 섬기는 레위인은 물론 하나님께 예배드리러 오는 이스라엘 백성들은 먼저 스스로를 정결하게 하였다.[61] 영적인 면에서 우리 성도들은 예수님의 피로 이미 정결함을 받은 사람들이지만 이에 맞는 우리의 자세와 모습이 나타나야 한다. 이것은 우리의 의복에서도 마찬가지이다.

옷은 그 사람의 인격이라는 말이 있다. 그리고 옷은 인격일 뿐만 아니라 그 사람의 마음 자세를 대변한다. 때와 장소에 맞게 해야 하는 것 중에서 옷은 매우 중요하다. 대표적인 예로서 생일잔치의 옷과 장례식의 옷은 엄연히 다른 것이다. 그리고 가는 곳의 의미를 귀하게 여기면 옷에 신경을 쓴다. 즉 만나는 사람이 자신에게 귀한 사람이면 좋은 옷을 입는다. 왜냐하면 옷은 상대방에 대한 그 사람의 마음이기 때문이다.

예배는 무엇인가? 성도가 사랑하는 하나님 아버지를 한 교회의 모든 성도들과 함께 만나서 찬양하고 기도하고 하나님께 영광을 돌리는 일이다. 하나님을 사랑하고 하나님을 귀하게 여기면 주일예배에 오는 그 옷은 평소와는 달라질 것이다. 그리고 일주일 동안 그 옷을 준비할 수도 있다. 이런 마음으로 예배를 기다리는 성도라면 이는 진정한 예배자가 아닐까?

미국에서는 주일 옷(Sunday Clothes)라는 용어가 예전에 있었다.

---

[61] 에스겔 43:23 "정결하게 하기를 마친 후에는 흠 없는 수송아지 한 마리와 떼 가운데에서 흠 없는 숫양 한 마리를 드리되."

주일이 되면 평상시와 다른 제일 좋은 옷 혹은 새 옷을 처음 입고 갔던 그 시절은 아마도 현대 사회와는 좀 다른 시대 같기는 하다. 기계 문명이 덜 발달된 당시 사회에서 평일에 입는 옷은 대체로 작업복으로 일하기 편한 옷이었을 것이며, 일로 인하여 더러워지고 헤졌을 수도 있었을 것이다. 그런데 주일이 되어 이 옷을 벗고 깨끗하고 좋은 옷을 입는다는 것은 그들에게 주일은 교회 가는 것뿐만 아니라 좋은 옷도 입는 날이었기에 주일을 기다리며 마음이 설레었을 것 같다.

깨끗하고 좋은 옷을 입는다는 것은 영적으로도 의미가 있다. 레위인들이 하나님 앞에 나아갈 때 하얀 세마포 옷을 입었던 것처럼, 예배에서 목회자나 성가대원만 이런 옷을 입는 것이 아니라 성도들 모두가 이런 옷을 입는 것은 의미가 있다. 구약 시대 성전의 레위인은 지금의 모든 성도를 의미한다. 이스라엘 백성들은 중요한 일이 있을 때 옷을 빨고 깨끗하게 하는 정결 의식을 치렀으며, 이런 의식적인 절차가 현대에 와서 예배에 대한 경건심과 하나님께 대한 사랑의 표현으로 이루어질 수 있다. 가톨릭교회 성도는 정결 의식으로 예배당에 들어가기 전에 성수로 손을 씻는다. 그리고 지금은 사라지고 있는, 머리에 쓰는 하얀 면사포도 정결이라는 점에서는 이해할 만한 것이다.

현대의 성도는 예배할 때 어떤 옷을 입고 오는가? 이것은 각 교단과 교회 전통의 영향이 있다. 특히 전례를 행하는 교단인 경우는 좀 더 정장으로 입을 것이며 그렇지 않은 교회는 좀 더 자유로울 가능성이 있다. 이런 이유만은 아니겠지만 우리나라 개신교회 성도들의 주일 옷은 현재 많이 자유로워진 느낌이다. 우리나라는 기독교 역사가 서양에 비해 짧은 것은 사실이나 세계적으로 유래 없는 교회의 성장으로 많은 교회와 기독교인들이 있다. 하지만 교회의 성장 속도에 비해 성숙의 속도는 느린 편으로, 성도들의 영적 성숙도가 아직 미흡하다는 말을 많이 듣는다. 그리고 한국교회 성도들의 주일 옷은 예전에 비해 신중함이 많이 상실된 상황이다.

예전이라고 하면 거의 40여 년 전 정도로서, 당시는 교회 올 때 복장에 대한 교육이 있었다. 교회 올 때는 단정한 복장으로 와야 했으며 평상시 입는 티셔츠나 청바지 등은 교회 복장이 아니었다. 당시는 짧은 바지가 없었으나 그에 준하는 캐쥬얼 복장을 예배 때 입고 오는 것은 무례한 일로 여겨졌다. 여성의 경우에는 너무 짧은 치마는 금물이었으며 윗옷의 경우 소매가 없는 블라우스 또한 적절한 옷이 아니었다. 신발도 마찬가지이다. 교회 올 때는 슬리퍼를 신고 오면 안 되는 것이었다. 이런 것은 중학교 정도 되면 교회에서 교육을 했던 기억이 있다. 이것은 기독교인으로서 가져야 할 교회에 대한 마음가짐으로, 어릴 때부터 가정과 교회에서 교육하였던 내용이었다.

그럼 현재 교회의 성도는 어떤가? 물론 모든 성도가 그런 것은 아니지만 많은 성도들이 옷에 신경을 쓰지 않는 것 같다. 특별히 새 옷을 샀을 때 등, 가끔은 좋은 옷을 입고 올 경우가 있지만 위에서 말한 예배에 대한 예의나 하나님께 대한 존중의 표시로 옷을 그렇게 입는 것이 아니라 자신을 드러내기 위하여 좋은 옷을 입는 경우가 많다. 그래서 부유한 사람들이 많이 나가는 교회는 주일이면 패션쇼(Fashion Show)를 방불케 하는 경우가 있다고 한다. 그러다 보니 그렇지 못한 사람은 교회에 와서 상처를 입기도 한다. 이런 경우는 예배에 대한, 하나님께 대한 예의로 좋은 옷을 입는 것과는 정반대의 동기로서, 주일 옷이 세속적인 가치와 인간의 탐욕에 의한 옷으로 변질된 것이다.

이와는 다른 상황으로 교회 올 때 옷을 대충 입는 성도들은 더 많다.

여자인 경우 편하게 입는 옷차림도 많으며, 남자의 경우는 정장이 아니라 평상시 집에서 입는 옷 같은 복장도 많다. 젊은이 경우는 야외 활동을 할 때 입는 편한 복장, 즉 놀다가 아무데서나 앉을 수 있는 그런 복장이다. 그리고 신발은 대충 신고 오는 경우도 많다. 구두를 신는 것이 아니라 운동화 등 야외 활동하기에 편한 신발들로 다양하다. 이런 경우의 사람들은 교회를 자기 집처럼 편안하게 생각한다는 것을 넘어, 하나님께 떨리는 마음으로 예배하는 자세가 결여된 것일 수 있으며, 예배는 진중한 것이라는 생각이 적다고 할 수 있다. 예배는 수고가 동반되는 일이다. 몸과 마음과 영으로 드리는 예배는 사람의 100%를 온전히 집중해서 할 때 가능한 것으로서, 대충해서 할 수 없는 그리고 대충해서는 안 되는 것이다.

예배만큼 진중한 것들이 있다. 예를 들면 음악회이다. 우리나라에서는 특별한 규제가 없는 편이나 유럽의 음악회장에는 복장에 관한 규제가 있는 경우도 있다. 이것은 정장을 입지 않으면 음악회에 입장할 수 없는 경우로서 최근에 이런 전통도 서서히 무너지고 있는 편이나, 연주라는 진지한 일에는 의상도 진중한 것이 어울리는 법이다.

예배나 음악회처럼 엄숙한 일이 아님에도 불구하고 의상을 제한하는 경우가 가끔 있다. 그 대표적인 것이 고급 음식점이다. 뉴욕 트럼프 타워에 있는 어느 프랑스 레스토랑은 정장을 입고 구두를 신지 않으면 들어갈 수 없다고 한다. 그래서 그 곳에는 이렇게 준비되지 못한 사람을 위하여 정장과 구두를 빌려주는(rental) 서비스도 있다고 한다. 사람이 먹는 일도 이렇게 격식을 갖춘다고 생각하면 하나님께 드리는 예배는 얼마나 더 격식을 갖추어야 할지 우리 믿는 성도가 다시금 깨달아야 하지 않을까?

사람이 옷에 조심하고 옷매무새를 고치는 경우에는 그 장소가 주는 기운(spirit)의 영향이다. 예배당이 그리고 그 예배당의 성도들과 예배가 진중하며 거룩하다면 성도들도 주일예배에 나올 때는 옷을 가려서 입고, 예배당에 들어오면 옷매무새를 고치지 않을까? 이것은 단지 성도들의 옷만 논할 것이 아니라 예배와 예배당 등, 교회의 전반적인 것과 함께 논해야 할 사안이기는 하다. 교회가 예수님의 몸으로서 교회가 되고 예배가 하나님께 드리는 경건한 예배가 된다면 성도들도 서서히 교회 올 때 뭔가 자세가 달라질 것이 분명하다. 예배가 세상적인 모임 같다면 옷 또한 세상에서 편하게 입는 옷을 걸치고 올 수도 있다. 그렇기 때문에 성도의 경건한 생활을 위한 교육도 중요하지만 교회 자체가 변해야 하는 것이 본질적인 것이다. 본질적인 것이 변한다면 성도는 당장 오는 주일부터 본질에 맞게 옷을 신중하게 입기 시작하지 않을까?

성도의 주일 옷에 한 가지 추가한다면 주일 옷은 가능하면 교회력과도 연관이 있으면 좋다. 예를 들면 사순절 기간에는 화려한 복장을 하지 않는다. 복장뿐만 아니라 장신구도 사순절에는 전통적으로 하지 않는 것이다. 사순절에 화려한 옷과 귀걸이나 목걸이를 하고 교회에 온 성도를 보면 교회가 아니라 화려한 쇼핑센터로 갔어야 할 사람으로 보인다. 그리고 특히 부활절 경우에는 전통적으로 하얀 옷을 입었었다. 부활을 상징하는 동시에 십자가 구원으로 새 사람이 된 사람의 옷으로 하얀 옷을 입고 교회 왔을 때는 그렇지 않은 사람과는 상당히 다른 감격이 있을 것이 분명하다.

주일예배 옷에 관한 지금까지 논의에서 다르게 생각할 사람이 있을 수 있다. 하나님 믿는 것도 힘든데 교회 갈 때 옷까지 신경을 써야 하다니, 이렇게 힘들게 믿을 필요가 있는가라는 의문을 가질 수 있다. 그렇다. 예수님께서는 말씀하셨다. "진리를 알찌니 진리가 너희를 자유케 하리라"(요한복음 8:32, 개역한글). 이 모든 것이 힘들게 느껴지면 그리스도를 아직 진정으로 알지 못한 것이며 그렇기 때문에 자유하지 못한 것이다. 자유하지 못한 사람이 억지로 하는 것은 다시 종이 되는 것과도 같다. 하지만 경건의 훈련은 필요하다. 이런 훈련은 하루아침에 되는 것이 아니다. 어린이 주일학교부터 중고등부와 대학부, 청년부와 장년부에 이르기까지 모든 성도가 자연스러운 삶의 한 모습이 될 때까지 교육하고 훈련해야 가능한 것이다.

옷은 사람의 행동에 영향을 준다. 어린아이의 경우에도, 놀기 편한 옷을 입은 아이는 아무데서나 뒹구는 성향이 있다. 하지만 좋고 새 옷을 입은 아이는 어딘가 옷에 신경을 쓰면서 조심한다. 혹시나 더러운 것이 묻을까 더러운 것을 피하며 행동도 조심한다. 어른도 마찬가지이다. 청바지를 입었을 때의 마음 상태와 정장을 입었을 때의 마음 상태는 많이 다르다. 신발 또한 실내화 같은 신발을 신었을 때와 굽이 있는 좋은 구두를 신었을 때와는 걷는 모습도 다르다. 사람은 무의식적으로 자신의 모습에 따라 행동한다. 교회 올 때 좋은 옷을 입으면 우리의 기분이 좋을 뿐만 아니라 마음가짐과 행동 또한 이에 따라 나온다. 어느 쪽인 먼저이든지 우리 성도는 귀한 마음과 귀한 옷으로 교회 나오는 것이 중요하다.

우리나라는 경제적으로 많이 부유해졌다. 그래서 대부분은 철따라 좋은 옷 몇 벌은 있다. 그렇다면 교회 올 때는 가장 좋은 옷을 입고 오는 것이 주일의 의미에 맞다. 오케스트라 연주회의 연주자들은 대부분 검은 정장을 입는다. 최근에는 색채감 있는 의상을 입는 경우도 늘어나고 있는 추세이지만 그럼에도 불구하고 진중한 연주회에는 검은 정장을 주로 입는다. 검은 색은 제일 어둡기도 하지만 제일 밝기도 하다. 흰색도 마찬가지이다. 주일이 예수님의 부활을 기념하는 것에서 출발한 것을 생각하면 흰색도 의미가 있다. 하지만 어떤 색이 중요한 것이라기보다, 자신의 옷 중에서 깨끗하고 귀한 옷으로 입는다면 그것은 주일 옷이 되지 않겠는가.

17. 예배 순서를 맡은 사람은 예배자인가, 예배 관리자인가?

예배 시간임에도 불구하고 예배하기 힘든 사람들이 있다. 이들은 예배 순서를 맡은 사람이다. 이들은 설교자, 예배 인도자, 기도와 봉헌 등 예배 순서를 맡은 사람, 성가대 지휘자, 반주자, 그 외 음악인들과 성가대원 그리고 최근에는 음향과 영상을 담당하는 사람까지 예배 순간순간에 성도들의 예배를 도와주는 사람들이다. 이 사람들은 예배에서 맡은 일로 인하여 자신의 예배에 집중하는 것이 힘들 수 있다. 그러다 보면 예배 시간에 이들은 자신의 '맡은 일'은 하지만 나머지 예배는 함께 하지 못 할 가능성이 많다. 이들은 자신이 맡은 순서에 집중한 나머지 그것이 끝나면 그 사람에게는 예배가 끝일 경우가 있다. 이것이 이 사람이 예배자로서의 어려움으로, 자신은 예배를 돕고 있지만 스스로 예배자가 되지 못할 수도 있는 양단의 현실이다.

예배에는 관리자는 없으며 오직 예배자만이 있을 뿐이다. 본인이 예배의 한 순서를 맡았다 하더라도 그 사람은 예배자이다. 자신이 먼저 예배자가 되어야 맡은 순서가 예배가 될 수 있다. 자신이 예배자가 되지 않으면 그 순서는 예식 중 하나의 순서일 뿐 예배가 되지 못한다. 만약 순서를 맡은 사람이 예배자가 아니라면 그 순간에는 성도들에게도 예배가 되지 못할 가능성이 높다. 즉, 설교자가 예배하는 자세로 설교를 하지 않으면 그 설교는 세상적인 얘기로 하나의 교훈이나 강의가 될 것이며, 기도 또한 예배자가 하지 않으면 하나님께 전달되기 힘들 것이다. 더 심각한 것은 예배음악을 담당하는 사람이 먼저 예배자가 되지 않으면 그 음악은 하나님께 소음(noise)이 될 가능성이 매우 높다.

예배에서 개인의 영적인 상태는 다른 사람이 알기 힘들다. 그리고 진정으로 예배하는 사람은 하나님께 집중할 뿐 사람에게 관심을 보이지 않는다. 그래서 예배 시간에 성도의 예배 여부는 다른 성도에게 알려지지 않을 수 있기 때문에 사람의 눈은 속일 수 있다. 하지만 예배는 하나님께 드리는 것이다. 하나님은 우리의 깊은 마음까지 다 아신다. 그럼에도 불구하고 순서를 맡은 사람들이 종종 성도의 눈에 드러날 정도로 예배에 임하지 않고 자신의 순서에만 집중하고 있는 것을 볼 수 있다. 이것은 예배 전체에 좋지 않은 영향을 주며, 그 순서에서도 예배가 힘들 수 있기 때문에 이들의 책임은 작지 않다. 즉 예배 순서를 맡은 사람이 스스로 예배자가 되는 것은 자신에게도, 성도들에게도 중요하다

예배를 인도하는 집례자의 경우, 이 사람의 책임은 매우 크다. 이 사람은 스스로 예배자가 되지 않으면 그 영향이 전체 성도와 전체 예배에 미친다. 예를 들면 집례자가 찬송을 인도할 때 찬송가 장수만 공포하고 실제 찬송을 열심히 부르지 않고 다음 순서를 준비한다든가 건성으로 찬송을 하면 그 찬송은 힘을 잃고 만다. 또한 대표기도 시간에 집례자는 함께 기도해야 함에도 불구하고 기도를 하지 않고 다음 순서를 준비하거나, 교인 대표가 성경 봉독을 하는 동안 집례자가 다른 일을 하는 경우가 종종 있다.

예배 시간에 설교자의 모습 또한 중요하다. 대부분의 설교자는 예배 시간에 예배를 드린다. 하지만 적지 않은 설교자들이 예배에 임하기보다는 설교에만 임하는 것을 볼 수 있다. 설교 전까지는 설교에 관심을 두고 설교안을 보고 있거나 성경을 뒤적이는 것은 자주 있는 일이며, 찬송가를 부를 때 찬송을 하나하나 성도들과 함께 정성스럽게 잘 부르지 않는 경우도 있다. 물론 자신의 본교회가 아닌 다른 곳에서 설교를

할 때에는, 조심스럽고 긴장되어 예배에 집중이 덜 되는 것을 이해할 수 있지만, 그럼에도 불구하고 준비가 잘 된 설교자는 설교와 함께 모든 예배 순서에 적극적으로 임할 것이다.

대표기도를 하는 사람이나 성경 봉독을 하는 사람인 경우에도 마찬가지이다. 이들은 자신의 순서까지 많이 긴장한다. 그렇다고 자신의 순서 전의 예배 순간들을 자신이 맡은 순서를 위해 그냥 흘러 보내는 것은 예배의 많은 부분을 희생하는 것이다. 예배의 모든 순서는 각기 다 예배이다. 앞 순서에서 예배를 하지 못한 사람이 자신의 예배 순서에서 제대로 할 수 있겠는가? 평신도에게 대표기도와 성경 봉독을 맡기는 것이 오히려 그들에게 짐이 되어 스스로 예배자가 되는 것을 방해할 뿐만 아니라 전체 성도의 예배에도 지장을 주는 것이 아닌가하는 생각이 가끔은 들기도 한다. 왜냐하면 성도들도 순서 맡은 사람의 그런 모습을 보면 불안해지며 예배에 집중하기 힘들 수도 있기 때문이다.

평신도가 예배 순서에서 기도와 성경 봉독 등 성도를 대표하여 하는 것이 예배 전체에 좋은 것인지는 각 교회가 다른 입장이 있을 것이다. 하지만 예배라는 본질에서 본다면 예배 순서는 가능하면 전문가들이 맡는 것이 바람직할 것이다. 예배는 교육 시간이 아니며 훈련 시간이 아니다. 예배는 성도로 하여금 경험을 쌓고 믿음을 키우는 시간이 아니라는 것이다. 예배는 오로지 예배이다. 예배에서는 어떤 것도 수단이 될 수 없다. 모든 성도가, 즉 어린 성도들까지도 믿음으로 바라볼 수 있으며, 어떤 성도의 부족함도 눈에 들어오지 않는, 그런 천국과 같은 상황이라면 평신도가 예배 순서를 맡을 수도 있다. 하지만 그렇지 않은 교회라면 예배에서 예배를 희생하면서 이렇게 할 이유와 의미가 예배보다 더 큰 것인지, 그것이 성경적인 것인지, 하나님께서 기뻐하시는 것인지 다시금 생각해봐야 한다.

예배에서 집례자와 설교자 이상으로 예배에 집중하기 힘든 사람은 음악을 담당하는 사람이다. 음악을 담당한다는 것은 연주를 한다는 것으로 연주는 신중한 일이기 때문에 더 예배에 집중하기 힘들 수 있다. 연주자가 아무리 준비를 잘 하였더라도 연주는 어려운 것으로서 긴장할 수밖에 없다. 그래서 많은 음악인들이 예배 시간에 연주(성악 혹은 기악 찬양)가 있을 때 예배에 집중하는 것이 힘든 것을 느낀다. 예외적인 연주자도 있지만 대체로 대부분의 연주자는 연주 전에 호흡이 불안해지고 안정이 되지 않는 것은 어쩔 수 없는 사람의 한계이다. 그래서 회중찬송을 부를 때도 집중이 잘 되지 않는다. 어떤 경우 연주자는 자신의 연주까지는 계속 기도만 하고 있는 사람도 본 적이 있다. 정도의 차이는 있겠지만 연주자란 이런 것이다. 이 정도의 모습이라면 그나마 다행일 수 있다. 그런데 가끔은 연주자가 자신의 연주까지 계속해서 악보만 보고 있는 경우도 있는데 이것은 좋지 않다. 악보를 계속 보든지 아니면 다른 악보를 뒤적이든지 하면서 긴장을 풀려고 하는 모습은 인간적으로는 이해되지만 자신의 예배나 성도들의 예배에는 도움이 되지 않는다.

그런데 음악인들의 더 큰 문제는 찬양 후에 발생하는 경우가 많다. 이들은 자신의 연주만 끝나면 예배가 다 끝난 느낌으로 너무 편안해진 나머지 예배와 전혀 무관한 일을 하는 경우도 종종 있다. 이 사람의 경우는 자신의 음악으로 하나님을 예배한 것이라기보다 청중을 위한 그리고 자신을 위한 연주를 한 것이나 다름없다. 실제로 음악인들의 이러한 모습으로 교회음악의 본질은 많이 훼손되고 있으며 성도들 또한 여기에 익숙하게 되면서 예배를 하나의 이벤트 성격의 집회로 변질시키고 있는 요인이 되고 있다. 그래서 연주가 끝나면 연주회장처럼 박수하기도 하는 것이다.

필자도 사실 주일만 되면 긴장한다. 예배에서 오르간이 연주하는 곡들은 많다. 회중찬송가를 비롯하여 성가대 송영과 찬양곡 그리고 전주곡은 연습을 아무리 해두어도 연주전에는 긴장할 수밖에 없다. 그런데 이런 중에도 매순간 예배할 수 있는 것은 각 순서 하나하나에 집중하는 것이다. 기도할 때 기도하고, 성경 봉독 할 때 성경을 보고 읽고, 무엇이든지 다 따라가는 것이다. 이것은 연주전의 긴장을 오히려 잊게 해주기도 하기 때문에 일석이조라 할 수 있다.

성가대원들은 어떠한가? 성가대원들은 예배에 적극적으로 참여하는가? 아니면 성가대가 하는 음악에만 관심이 있는가? 성가대가 예배에서 하는 음악은 여러 곡이 있다. 예배 첫 송영부터 기도송, 성가대 찬양곡, 축도송 등 적어도 네 곡을 찬양한다. 특히 우리나라 대부분의 교회에서는 성가대 위치가 예배당 앞쪽에 있다. 이곳은 성가대원으로서는 부담이 되는 위치인 동시에 성도들에게도 좋은 위치는 아니다. 한 사람도 아닌 수십 명에 이르는 사람들이 예배를 인도하는 성격으로 예배당 앞쪽에 위치하는 것은 나름 의미가 있으나 이들이 진정으로 예배를 인도하느냐 하는 것이다. 잘 훈련된 성가대와 그렇지 못한 성가대는 차이가 대단하다. 왜냐하면 여러 사람의 움직임이 있기 때문에 그의 영향은 바로 성도에게 미친다. 성가대원이 자신들이 하는 찬양에만 관심을 보이고 나머지 예배의 부분에서는 남의 일처럼 반응을 보인다면 그 예배는 아주 냉랭한 예배가 될 것이 틀림없다. 기도를 할 때도 성경을 읽을 때도, 성가대원들이 모든 예배의 순서에서 적극적으로 동참하게 되면 그 예배는 열정과 활기가 넘치는 예배가 될 수 있다.

예배에서 성가대의 적극적인 참여가 특히 중요한 부분은 바로 회중찬송가이다. 예배음악에서 가장 중요한 회중찬송가는 성가대가 적극적으로 함께 할 때와 그렇지 않은 때는 큰 차이가 있다. 성가대는 연습시간을 통하여 성악적으로 훈련을 받는 사람들이다. 그래서 실제로 회중찬송에서 성가대가 자신의 성가대곡을 크게(f) 부르는 것처럼 찬송을 하면 전체 회중의 소리에 버금갈 정도로 클 것이다. 그렇기 때문에 회중의 소리와 훈련된 성가대의 인도하는 소리가 합해지면 그 소리는 예배당을 꽉 채우고도 남는, 오케스트라의 full sound 같은 소리를 낼 수 있다. 그런데 문제는 성가대가 이렇게 회중찬송을 적극적으로 하지 않는 경우가 많다는 것이다. 예배에서 가장 중요한 음악은 회중찬송임에도 불구하고 성가대가 이것을 소극적으로 찬양한다고 하는 것은 아이러니이다. 성가대는 예배를 인도하는 사람들이다. 성가대는 성가대 찬양곡만으로 예배를 인도하는 것이 아니라 예배의 모든 순서에서 인도하는 사람들로서, 기도의 모습에서, 아멘이 필요한 곳에서 그리고 바로 회중찬송가에서 성가대는 예배를 인도하는 사람이며, 이것은 관리자로서가 아니라 적극적인 예배자로서이다.

성가대는 회중의 앞에 위치하기 때문에 예배를 관리한다는 느낌을 더 줄 수 있는 문제점이 있다. 특히 예배당 앞쪽 약간 위쪽으로 위치하는 성가대는 전체 회중을 잘 볼 수 있기 때문에 자신이 예배자라는 것을 잊는 순간 그는 성도들과 강대상에 있는 목회자와 예배 인도자들을 관찰하기 시작한다. 그래서 성가대원(찬양대원)은 진정한 예배자로 예배를 이끌 수도 있지만 예배 관찰자 혹은 관리자로 한 시간 내내 사람의 일만 하는 불행한 사람이 될 수도 있다.

이러한 우려점 때문에 교회는 전통적으로 예배 집례자 등 음악인들까지 보이지 않는 곳에 위치하게 하였다. 예배 인도자들(sanctuary party)은 회중이 보이도록 정면에 앉는 것이 아니라 벽 옆쪽으로 앉아 회중을 정면으로 바라보지 않는다. 이 옆쪽은 예배당 구조에 따라 완전히 보이지 않을 수도 있으며 얼굴 옆모습이 약간 보일 정도이기 때문에 예배하는 성도들에게는 하나님을 바라볼 가능성이 더 높다. 성가대는 또한 앞쪽이더라도 옆으로 앉거나 2층 발코니에 위치하는 경우가 많았다. 이 주제는 글의 다음 부분에서 자세히 논의될 것이다.

예배에서 순서를 맡은 사람들이 적극적인 예배자가 될 수 있는 길은 첫째, 자신이 맡은 일을 철저히 준비하는 것이다. 자신의 맡은 순서를 잘 준비하는 동시에 예배 전체 또한 미리 사전에 익히고 준비하면, 스스로 예배하면서 자신의 맡은 부분도 잘 해낼 것이다. 예배 주보를 주일 이전에 받아서 예배 전체를 점검하고, 자신의 순서 앞뒤는 더욱 세심하게 준비하는 것이다. 필자의 경우도 마찬가지이다. 오르가니스트는 예배에서 맡은 음악이 많기 때문에 이런 준비는 늘 기본으로 한다. 이렇게 준비를 잘 하지 못한 사람이라면 예배에서 계속 다음 순서를 준비하느라, 당장 지금 진행되고 있는 예배 순서에 집중하는 것이 힘들 수 있다. 이것은 미래를 위하여 현재를 제대로 못 사는 사람과 같은 것이다.

그리고 맡은 일에 대한 실제적인 준비와 더불어 기도로 예배를 준비해야 한다. 예배는 영적인 일이다. 인간적으로 최선을 다하여 잘 준비했다고 하더라도 영으로 준비가 되지 않으면, 그 예배는 매끄럽고 질서정연할지는 모르지만 영으로 충만한 예배가 되기는 힘들다. 영으로 준비되지 못하면, 예배에서 조금의 차질이 생기면 크게 당황하게 되고 인간적으로 해결하려고 할 위험이 크다. 그래서 설교자는 삶과 무릎으로 설교를 한다는 말처럼 예배 순서를 맡은 모든 사람은 예배 순서의 구체적인 준비와 함께 기도로 준비하는 것이 필수이다. 이렇게 할 때 이 사람은 예배를 관리하거나 관찰하는 사람이 아니라 예배자가 될 것이며 그 예배는 이런 예배자들로 인하여 더 풍성해지고 감동이 있는 예배가 될 것이다.

이렇게 몸과 영으로 준비한 후, 예배에서는 모든 순서에 집중하고 참여하는 것이다. 자신이 맡은 순서를 생각하는 것이 아니라 현재 하고 있는 각 순서의 예배에 적극적으로 집중하는 것이다. 성도와 함께 성경을 열심히 읽고, 함께 기도하고, 함께 찬송하는 것이다. 이렇게 예배 안에 들어있는 사람이라면 자신이 맡은 순서도 자연스럽게 예배가 된다.

예배는 성도의 삶에서 핵심이다. 예배를 드리지 못하고 예배를 관리나 관찰만 하고 예배당을 떠나는 성도가 있다면 그 사람은 참으로 불행한 사람이다. 예배는 하나님이 사람에게 주시는 최고의 축복이다. 이 축복의 순간은 어떤 일과도 바꿀 수 없는 것이다.

18. 11월 셋째 주일 추수감사절은 미국의 국경일, 미국인의 예배인가?

우리나라 교회에서는 추수감사절 예배를 대체로 11월 셋째 주일에 드린다. 최근에 조금씩 다른 날로 추수감사 예배를 드리는 교회가 늘어나고 있기는 하지만 아직도 더 많은 교회들이 예전처럼 이 주일에 추수감사절 예배를 드리고 있다.

추수감사절 예배는 성경에서 그 유래를 찾아볼 수 있다. 이스라엘 백성들의 추수감사절은 초막절로서,62 지금의 7월에 지키는 명절로 구약성서 여러 곳에 나타나 있다. 추수감사절은 현대 성도의 생활에도 중요한 것으로, 감사의 예배는 일 년 내내 드리는 것이지만 한 날을 정하여 감사절로 드리는 것은 교회의 전통으로 의미 있는 일이다. 그러나 구약성서의 이스라엘 전통적인 추수감사 절기와 지금의 교회 추수감사절은 각기 다르게 적용될 수 있다. 이스라엘 백성의 광야생활 40년은 현대의 우리에게 영적인 의미를 줄 수 있지만, 현재 성도에게 직접적이고 체험적인 감사절은 또 다른 의미가 있다.

우리나라 교회에서 11월 셋째 주일에 지키는 추수감사절 예배는 어떻게 시작된 것인가? 최근에는 추수감사절의 유래를 예배에서 설명하는 것을 듣지는 못 하였지만, 예전의 예배에서는 종종 설명하곤 했었다. '추수감사 예배', 이것은 참으로 의미 있는 예배이다. 추수감사절이 되면 교회가 늘 축제적으로 즐거움과 감사가 가득한 날이었다. 강대상의

---

62 초막절(장막절, 레위기 23:33-44, 민수기 29:12-40): 이 절기는 유월절(무교절)과 칠칠절(오순절, 맥추절)과 함께 이스라엘의 3대 절기에 해당하는 것으로 하나님께서 이스라엘을 애굽에서 해방시켜 인도해 내셨을 뿐만 아니라 광야 40년 동안 이끌어 오신 것을 감사하는 절기이다.

성단에 온갖 곡식과 채소와 과일을 올리고 하나님의 "그 풍성하신 은혜"(찬송가 591장 후렴)를 찬양하는 마음에는 감격이 넘친다. 그리고 성가대는 평소 주일보다 특별하고 긴 찬양곡을 준비하여 하나님께 찬양하고, 예배 후에는 맛있는 음식을 온 성도가 나누어 먹는 추수감사절 예배는 어릴 때는 물론 어른이 되어서도 기쁘고 즐거운 날이다. 그런데 이 즐거운 추수감사절이 그 시기 면에서 다시 평가되어야 하는 이유가 있는 것인가?

우리나라에서 대체로 11월 셋째 주일에 드리는 추수감사절은 미국의 국경일(목요일)로서 이 날에 미국인들은 흩어져 있던 가족들이 함께 모여 전통적인 칠면조 요리로 추수감사절 식사를 하며 예배를 드린다. 필자의 유학 시절 음악목회를 배우기 위하여 다녔던 미국의 장로교회에서 추수감사절 예배를 드렸던 때였다. 그들은 주일에 예배를 드린 것이 아니라 감사절 목요일 오전에 예배를 드렸다. 당시 필자는 성가대원으로 봉사하고 있었으며, 성가대 연습 시간에 목요일 예배 참석 여부를 묻는 성가대 출석부를 돌리고 있었다. 그때 필자는 미국의 감사절 예배에 참석하여 예배를 경험하고 싶었다. 왜냐하면 그때까지 필자는 미국 교회의 오르가니스트(감리교회, 성공회교회)로 있었지만 추수감사절 당일에 예배가 없었기 때문이었다. 그때 마음은 순수한 예배의 목적보다 공부의 목적이 많았던 점이 하나님께 죄송하였지만, 당시 필자는 학생이었기 때문에 이 점을 하나님께서 이해하실 것이라 믿었다.

추수감사절 예배에 참석한 사람들은 다들 축제적인 옷차림이었으며, 예배 분위기도 축제였다. 그러면서도 그 느낌은 엄숙하기도 하였다. 국가의 중요 행사를 하는 듯한 그런 분위기였으며 실제로 그런 의미와 성격의 예배였다. 성도들은 예배당을 거의 꽉 채웠고, 음악들도 다

축제적인 음악으로 이루어졌다. 예배 시간의 찬송가는 우리가 부르는 찬송가와 같은 것도 있었으며, 현재 우리나라 찬송가 66장 "다 감사드리세"라는 찬송가가 특히 기억에 남는다. 그리고 설교 시간에는 목사님이 미국의 역사를 이야기하셨다. 필그림(Pilgrim)들이 미국에 도착하는 과정과 도착하여 힘들게 정착하는 과정, 그러면서 교회를 먼저 짓고 예배를 드렸으며, 이듬해에 곡식을 거두었을 때 감사하는 예배를 드렸던 것 등을 설명하였다. 이 내용은 필자가 어릴 때부터 교회에서 추수감사절이 되면 자주 들었던 것이었지만 미국인 교회의 예배에서 이것을 들었을 때는 완전히 다른 느낌을 받았다. 이것은 바로 미국의 건국 역사를 이야기하는 것으로, 미국의 추수감사절은 단순한 감사절 차원이 아니라 우리나라의 개천절이나 광복절에 버금가는 국경일이라는 것을 알게 되었다.

그랬다. 미국의 추수감사절은 미국 역사의 시작과 연결된 미국 최고의 국경일이었다. 이것은 신앙을 찾아 신대륙으로 건너온 이민자들의 후손들이 감사의 예배를 드리는 국가적인 일이었다. 예배에서 필자를 더욱 당황하게 한 것은 바로 미국 애국가 제창 순서였다. 모두가 일어서서 미국 국가를 열심히 부르는 상황이 벌어지자 필자는 일어선 상태에서 난감하였다. 미국 국가를 알고는 있었지만 차마 입이 떨어지지 않았다. 물론 필자도 미국 국가를 부르면서 미국을 축복하는 시간을 가질 수는 있었지만, 미국인들과 다 같이 예배 시간에 미국 국가를 부르는 것은 어쩐 일인지 마음이 허락하지 않았다. 그래서 필자는 소리를 내지 않으면서 우리나라 애국가를 입으로 중얼거리며 불렀다. 그러면서 다시는 미국의 추수감사절 예배에 오지 않겠다고 다짐했다. 이것은 필자가 미국의 추수감사절 예배에 참석하지 않았더라면 알 수 없었던 산 체험이다.

우리나라에서 11월 셋째 주일 추수감사절 예배가 생긴 것은 선교사들의 영향이다. 그리고 당시는 그 예배가 처음 믿는 성도들에게는 가을에 추수를 마치고 드리는 예배로서, 미국에 정착한 이민자의 감사절 예배와 흡사한 그런 감동을 주었을 것으로 생각한다. 당시는 우리나라의 기독교 전통이 전무한 상태로 선교사들이 소개한 기독교의 좋은 전통을 따라서 하는 것도 좋은 것이라 생각한다. 몇 백 년 전의 미국 이민자의 상황이나 우리나라 초기 기독교인의 당시 생활이 어쩌면 많은 공통점이 있었을 것이다.

이제 한국 기독교 역사 130년이 지난 현 시점에서 여전히 미국의 추수감사절 예배를 우리나라 교회가 지킨다는 것을 다시금 생각해 볼 필요가 있다. 더구나 우리는 우리에게 의미 있는 감사절을 지킬 수 있다. 앞서 설명하였듯이 감사절은 성경에도 있는 것으로, 초막절 이외에도 칠칠절로서 지금은 도시 교회에서 많이 지키고 있지 않는 맥추감사절이다. 특히 농경 사회에서는 추수감사절은 참으로 의미가 있다. 농사는 거의 모든 것이 하늘에 의존하므로 하나님의 은혜가 바로 직접적인 것이다. 현대는 도시와 농촌의 역할이 구분되어 많은 사람들이 추수라는 개념에 익숙하지 않더라도 일 년에 한 번, 특히 결실의 계절 가을에 감사 예배를 드리는 것은 큰 의미가 있다. 농업을 하는 곳은 아직도 우리나라에 많이 있으며 우리는 대중 매체를 통하여 그 해의 벼를 비롯한 농산물의 수확과 과실 등의 소출에 대해 자연스럽게 알고 있다.

도시화된 현대 사회이지만 우리의 식생활과 연관된 추수는 여전히 우리의 관심사이다. 그렇기 때문에 우리는 이 일에 수고한 사람을 생각하고 감사하며 그리고 하나님께 감사하는 예배로 이제는 다르게 해석하여 예배를 드릴 수 있다. 이미 이렇게 예배를 드리는 교회가 늘어나고 있기는 하지만 본격적인 모습은 적어 추수감사절 예배의 의미를 다시 새기고 우리 성도들에게 맞게 조정할 필요가 있다는 것이다. 그리고 실제적인 추수감사의 의미가 아니라 하더라도 일 년 동안 베풀어주신 하나님의 은혜를 생각하면서 감사하는 주일도 의미가 클 것이다.

그리고 추수감사절만큼은 중요한 예배로 미국의 시기와는 별도로 하는 것이 바람직하다는 생각이다. 왜냐하면 11월 셋째 주일에 추수라는 개념을 가지기에는 너무 늦은 감도 있기 때문이다. 그리고 더 중요한 것은 다른 나라의 국경일을 우리가 함께 지키는 것은 우리나라 고유의 전통을 무시한 것일 수도 있다. 세계의 교회는 한 교회이다. 그래서 많은 것을 공유하고 있다. 특히 교회 절기에서 교회력은 적용 정도의 차이는 있으나 세계 모든 교회가 같은 절기를 사용한다. 하지만 추수감사절은 나라마다 기후가 다르기 때문에 일률적으로 적용하기가 힘든 것이다. 그래서 우리나라 현실에 맞는 그리고 가능하면 다른 나라의 국경일이 아닌 날로 추수감사절을 다시 조정하는 것이 필요하다.

이런 일은 교단의 총회에서 의논할 수도 있으며 각 교회가 결정할 수도 있다. 하지만 적어도 우리나라 교회가 다 함께 지키는 우리나라 교회만의 절기가 한두 개쯤은 있는 것이 좋다고 생각한다. 이것이 한국교회의 특수성이며 전통이 될 수 있다. 기독교가 전파되면서 각 나라들은 자기들의 고유 문화와 전통에 따라 기독교가 발전해 간다. 우리나라에서도 좋은 기독교 전통들이 만들어져서 대대로 물려줄 수 있는 한국의 자랑스러운 기독교가 되어야 하지 않겠는가. 기독교가 전파되고 처음 예배를 드린 주일을 한국교회선교주일(가칭)로 모든 교회가 지킨다든가, 우리나라 명절과 연관하여 우리의 고유한 주일이 있을 수 있다.

가톨릭교회는 교회력 외에도 여러 성자들의 축일도 지킨다. 이런 것을 생각하면 개신교회는 세상 사람들이 다 지키는 어버이날을 기념해 어버이주일로 할 것이 아니라 세상 사람들이 알지 못하는, 하나님 말씀과 우리나라 교회의 상황에 맞는 감사주일이 있어야 하지 않겠는가.

II
예배당

19. 예배당에 십자가가 없다, 대신 웬 태극기?

*그러나 내게는 우리 주 예수 그리스도의 십자가 외에
결코 자랑할 것이 없으니…(갈라디아서 6:14).*

현대 교회당에는 십자가도 없고 예수 그리스도도 없다는 말이 종종 있다. 이것은 외형적인 의미라기보다는 교회의 내적인 문제점을 지적한 것이기는 하다. 하지만 실제로 교회당 내부 혹은 외부에 십자가가 없는 경우도 있으며 이런 현상은 점점 더 많아지고 있다.

예배당에 십자가가 없다는 말은 무슨 뜻인가? 이 장소는 어떤 모임, 어떤 활동도 가능하다는 뜻이다. 십자가가 있을 때 불편할 수 있는 일도 십자가가 없으므로 해서 사람은 갈등 없이 아무렇지 않게 예배당에서 할 수 있다. 점차 예배당을 예배만을 위한 장소가 아니라 여러 모임도 가능한 다목적홀(multi-purpose hall)로 건축하는 교회가 늘어나는 추세이다.

그래서 그런지 현대 교회의 많은 예배당 안을 보면 강당 같은 느낌이다. 사람들의 모임(집회) 장소(auditorium)라는 것이다. 예배도 드릴 수 있지만 강의도 들을 수 있고, 음악회도 할 수 있고, 그 음악회는 교회 음악만이 아니라 클래식 음악, 더 나아가 대중음악까지 가능하다. 만약 십자가가 있다면 부르기 불편할 대중음악을 십자가가 없을 때는 쉽게 부를 수 있지 않을까? 이렇게 사람들은 세상적으로 자신들이 원하는 어떤 것도 할 수 있도록 십자가를 가능한 한 피하려고 하는 것처럼 보인다. 아예 십자가를 두지 않든지, 십자가를 직접적이지 않고 간접적인 형태로 예배당의 실내 장식처럼 예배당 앞쪽 옆이나 시선이 직접 닿지 않는 곳에 두는 경우가 있다. 십자가는 전통적으로 예배당의 중앙 정면에 위치하는 것이다. 그런데 점차 시간이 흐르면서 예배당 중앙은 다른 것이 자리를 잡고, 대신 십자가는 옆으로 비켜나게 되면서 결국은 점차 눈에서 사라지고 있는 것이다. 이것이 예배당에서 예배뿐만 아니라 사람이 원하는 다른 세상적인 것을 하기 위한 이유는 아닐 수 있으나, 십자가가 예배당에서 서서히 사라지고 있는 것은 사실이다.

특히 크게 부흥하고 있는 신형 교회의 예배당은 더욱 이렇다. 예배당 정중앙은 십자가가 아니라 사람이 앉아 있는 경우가 많아 강대상 중앙이 사람의 얼굴로 꽉 차있는 경우도 있다. 예배당 360도 전체에 성도가 다 함께 앉아 중앙에 하나님을 모시고 예배한다고 생각하면 이 예배당 디자인이 결코 이상한 것은 아니다. 하지만 그것이 이런 의도가 아니라 사탄의 은밀한 작전으로서 십자가가 예배당 중앙에서 사라지는 것은 아닌지 심각하게 생각해야 한다.

최근의 예배당에 대체로 설치되어 있는 영상 스크린은 이제 강대상 중앙 혹은 중앙 양옆으로 예배당에서 가장 좋은 위치에 자리 잡고 있다.

이 상황을 또 악화시키는 것은 파이프 오르간을 교회 앞쪽 정면에 설치하는 것이다. 가끔은 이것이 하나님께 미안하게 느끼는 것인지 십자가 모형을 디자인하여 전면 파이프들의 중앙에 넣는 경우도 있지만, 이것 역시 십자가는 장식이며 파이프 오르간이 주인이라는 개념은 여전하다. 제일 잘 보이는 곳, 예배당 중심의 십자가 자리에는 세상 안목의 정욕(자랑거리)이 대신 차지하는 경우가 늘어나고 있다.

참으로 슬픈 현실이다. 이러면서도 교회는, 성도는 하나님을 예배한다고 말할 수 있을까? 이렇게 하고도 예배를 드린다는 말이 나온다면 너무 뻔뻔한 것이 아닌가? 교회의 영적인 변화가 절실한 것은 예배당 안에서부터 시작해야 한다. 사람은 마음의 우선 순서대로 물건을 둔다. 제일 중요한 것은 제일 중앙에 눈에 잘 들어오는 곳에 둔다. 집의 거실에 가면 제일 좋은 자리에 뭐가 있는지에 따라 그 사람의 가치관 상태를 알 수 있다. 많은 현대인들이 가장 중앙에 텔레비전을 모시는 일이라든가, 젊은이들이 컴퓨터를 중앙에 모시는 이런 일과 똑같다. 조금 낫다면 사랑하는 사람의 사진을 제일 잘 보이는 곳에 두는 것으로, 예배당의 중앙에는 성도가 가장 사랑하는 것을 두게 될 것이다. 혹시라도 다른 것이 아닌 것이 그 자리에 있다면 당장 사랑하는 것으로 바꾸지 않겠는가?

실내의 중앙은 그 장소의 주목적에 가장 맞는 것으로 디자인되고 장식된다. 예배당은 하나님께 예배하는 장소이다. 이곳의 주목적은 예배이다. 그러면 예배당에는 예배의 중심인 십자가가 중앙에 오는 것이 당연하다. 그런데 예배당 중앙에 다른 것이 있다면 그 장소는 그 다른 것을 하는 장소가 된다. 영상이 중앙에 있다면 사람들은 예배하지 않고 영상을 시청하고 있는 것이며 악기가 중앙에 있다면 연주회에 온 것이나 다름없다. 그러니 예배당 중앙에 십자가 없이도 예배를 드린다고 할 수 있으며 하나님을 사랑한다고 말할 수 있을까? 예배당의 앞 정면이 중요한 것이 아니라 마음이 중요하다고 말하는 사람에게 이렇게 묻고 싶다. 행동이 없는 마음도 마음이라고 할 수 있겠는가?

필자의 계명대학교 아담스 채플에는 앞쪽 정중앙에 파이프 오르간이 있으며 십자가는 회중석에서 보면 정면 왼쪽에 있다. 필자는 이 십자가를 볼 때마다 마음이 무겁다. 아담스 채플은 학생들의 기독교 수업인 채플과 계명대학교 대학교회의 예배 장소이기는 하지만 대학원 졸업식이나 개교기념식 등 학교의 주요 행사를 치루는 곳이기도 하며, 오르간 연주회가 열리는 곳이기도 하다. 하지만 이 채플의 주요 목적은 하나님을 예배하는 것으로, 필자는 교회음악인으로서 오르간이 십자가 자리에 앉아있는 것을 볼 때마다 마음이 편하지 않다.

"Out of sight, out of mind"라는 말이 있듯이 눈에 보이지 않으면 당연히 마음에서도 멀어진다. 즉 마음에서 멀어지면 그것이 실제로 멀리 있어도 못 느끼는 것이며, 마음에서 멀어졌기 때문에 안 보이는 곳에 두어도 아무 상관이 없다는 것이다. 이것은 인간의 약한 부분을 잘 표현하고 있다. 사람은 약하다. 그래서 뭔가 마음에 항상 두고 싶으면 눈에 늘 보이도록 하는 것이다. 잊지 않기 위하여 눈에 잘 보이는 곳에 두는 것과 같이, 우리는 십자가를 잊으면 안 된다. 기독교의 핵심인 십자가는 아이들에게 가르쳐야 하며, 성도는 늘 십자가를 기억해야 한다. 매주 성찬도 가지지 않는 개신교회가 십자가까지 옆으로 밀어내는 것은 기독교를 포기하는 것과 같다.

그러면서도 예배당 안에 하나님과 전혀 상관없는 것들이 대신 들어와 있다. 그 대표적인 것이 우리나라의 경우 태극기이다. 이것은 미국의 교회에서도 종종 있는 현상으로 강대상에 국기를 꼽아둔다. 이런 경우 교회들의 주장은 기독교인은 사회에 대한, 국가에 대한 책임이 있다는 것이며 국가를 위하여 기도해야 한다는 것이다. 기독교인은 애국자라는 것을 이렇게 과시라도 하듯이 태극기를 전시해 놓는 것은, 이 세상에서나 통할 수 있지만 하나님 교회에는 맞지 않다. 우리가 기도해야 하고 관심을 두어야 한다고 그것을 예배당 안에 들여온다면, 예배당은 세상 온갖 잡동사니들로 꽉 찰 것이다. 예배당은 예배하는 곳이며 십자가 하나만이면 충분하다.

전통 기독교에서 소위 이단이라고 하는 교단 교회의 경우 십자가에 대한 개념이 양 극단으로 나뉘는 것 같다. 교회당 안에 십자가를 드러내는 교회가 있는 반면, 아주 크고 잘 지어진 교회당이지만 예배당 안에 십자가가 없는 경우가 있다. 사탄은 하나님의 말씀을 적극적으로 반대하는 말은 잘 하지 않는다. 대신 교묘하게, 없는 단어를 넣든지 단어를 바꿈으로써 약간 표현을 다르게 할 뿐이다. 사탄이 이브를 유혹할 때 어떻게 하였는가? 아래 성경 구절에서 인용 표시(' ')를 한 단어는 하나님께서 이브에게 실제로 하신 말씀이 아니다.

> ··· 뱀이 여자에게 물어 이르되 하나님이 '참으로' 너희에게 동산 '모든' 나무의 열매를 먹지 말라 하시더냐(창세기 3:1).

아름답게 잘 지어진 예배당 안에 십자가가 없이 다른 어떤 것, 그 예로, 강대상 중앙에 대형 스크린이나 파이프 오르간이 신비스러운 조명으로 종종 설치되고 있다. 그리고 사람을 중앙에 세우며, 바로 그 중앙에 국기를 세운다. 이곳 예배에 참석하는 사람은 예배 내내 영상에 크게 확대되는 사람 혹은 악기 그리고 국기를 제일 열심히 볼 수밖에 없다.

사탄이 유혹하는 방법은 예배당을 예배당처럼 짓기는 하되 전형적인 교회당 건축과는 다른 집회 장소의 성격과 함께 섞어서 지으며, 하나님을 찬양하는 듯이 찬양하는 사람과 악기를 내세우면서 그 자리에서 몰래 십자가를 감추는 것이다. 예배당은 예배당이다. 우리가 예배당에 들어갔을 때 첫 느낌이 예배당이라는 생각이 든다면 그것은 예배당이다. 그런데 많은 교회들이 예배당이 아니라 강당으로 보이는 것은 예배당의 정면에 십자가와 성경이 없을 때가 대부분 그렇다.

한 예로 예전에 미국 텔레비전에서 모회사의 햄버거 광고가 있었다. 한 할머니가 자신의 가게 햄버거 안에는 크고 좋은 소고기가 들었다고 강조하면서, 라이벌(경쟁) 햄버거 가게들을 돌면서 햄버거를 주문한 후 그 햄버거를 보면서 크게 소리치는 말이 "Where's the beef?"였다. 이것은 재미있게 웃으며 넘길 수 있는 하나의 광고였지만, 교회의 십자가는 그럴 수 없다. 현대에 교회를 돌면서 "Where is the Cross?"라고 부르짖는 선지자들이 많이 나와야 하지 않겠는가?

현대 교회를 무늬만 기독교라고 하는 사람들이 있다. 그런데 이제 한국교회는 무늬도 교회가 아닌 과정을 걸어가고 있다. 교회 건축물에서 십자가가 사라지는 것은 이렇게 사탄의 은밀한 전략일 가능성이 매우 높다. 예전에는 밤하늘에 빨간 십자가가 수놓아져 있었지만 갈수록 줄어드는 경향이다. 교회 자체가 줄고 있다기보다 십자가가 줄고 있는 것이다. 교회 건축물 외부의 십자가는 이 세상을 위한 것이며 예배당 안의 십자가는 성도를 위한 것으로 우리가 누구이며 무엇을 하는 사람인지 환기시켜 준다.

개신교회는 가톨릭교회에 비해 십자가 모형을 소홀히 하는 편이다.

물론 십자가 형상 자체가 우상이 되면 안 되겠지만 눈에 보이는 십자가는 또한 중요한 의미와 역할이 있다. 가톨릭교회 성도는 식사할 때 십자가 성호를 그으며, 기도할 때도 작은 십자가를 들고 기도하는 경우가 많다. 그래서 가끔은 십자가의 외형에 집착하는 듯한 오해도 불러일으킨다. 하지만 이런 성도들에 비하면 개신교 성도들은 십자가에 대해 거의 생각이 없는 듯하다. 십자가를 볼 때 우리 마음에 감동이 밀려와야 하는 것이 당연한 것이 아닌가? 찬송가 143장 "웬 말인가 날 위하여"(I. Watts, 1674-1748, 영국, 작시/H. Wilson, 1766-1824, 영국, 작곡)의 4절이다.

> 나 십자가(His dear cross, 주님의 그 소중한 십자가)
> 대할 때에 그 일이 고마워
> 내 얼굴 감히 못 들고 눈물만 흘리도다.

십자가는 우리 성도에게 이렇다. 십자가는 바라만 보아도 감동이 오는 것이다. 이런 십자가 없이 하나님을 예배한다는 것은 불가능하다. 교회는 십자가를 살려야 한다. 우리의 초점을 십자가에 모으고 십자가를 중심으로 예배를 드려야 하며 십자가가 말씀의 중심이 되어야 한다. 고난이 없는 축복은 사기다. 희생이 없이 뭔가를 바란다는 것은 기독교의 본질이 아니다. 현대인은 고난이 없는 축복을 원한다. 그래서 교회는 십자가를 넌지시 옆으로 밀어놓고 지금처럼 계속하다가 결국은 아예 없앨지도 모른다. 사순절을 지키지 않고, 고난을 묵상하지 않고 부활절 예배를 드리려는 어리석고 세속적인 이 현실에서, 교회는 돌아서서 다시금 십자가로, 성경으로 돌아가야 한다(*Sola scriptura*). 아래 찬송가 144장 "예수 나를 위하여"(김인식, 1885-1962, 작시/W. H. Doane, 1832-1915, 미국, 작곡)의 후렴 가사는 "예수님 예수님 나의 죄 위하여" 이지만 예전의 찬송가에 실린 가사는 "십자가 십자가"이다.

십자가, 십자가, 무한 영광일세
In the cross, in the cross, Be my glory ever.
작시: F. Crosby(1820-1915, 미국)

이 가사를 직역하면 "나의 영광은 영원히 십자가 안에서 있네"이다. 기독교의 핵심은 십자가이다. 십자가가 없는 교회는 무엇인가? 그리고 십자가가 없는 교회에서 성도는 무엇을 한단 말인가?

20. 예배당은 기독교 예술의 종합 작품

예배당은 매우 중요하다. 예배당은 성도가 하나님께 예배하는 장소로서 특히 예배당 안의 실내 환경은 성도가 예배하는 동안 영적으로 많은 영향을 준다. 그래서 앞의 글에서 특히 예배당 안의 십자가는 중요하다고 하였다. 성도가 일단 예배당에 들어오면 예배당은 세상과 분리되는 것이라야 한다. 이것이 거룩(holy)의 의미이다. 교회와 관련된 것은 하나님의 성품인 거룩을 지녀야 하는 것이 성경의 말씀이다. 하나님께서는 "내가 거룩하니 너희도 거룩하여라"라고 말씀하셨다.

나는 여호와 너희 하나님이라
내가 거룩하니 너희도 몸을 구별하여 거룩하게 하고…(레위기 11:44).
For I am the LORD your God: ye shall therefore sanctify yourselves,
and ye shall be holy; for I am holy.

하나님의 거룩함의 극치는 이스라엘의 성막(Tabernacle)과 솔로몬의 성전(Temple)에서 나타난다. 솔로몬의 성전은 거룩함과 아름다움의 집합체였다. 솔로몬 성전의 전신은 모세 시대의 성막으로서 하나님께서는 이 성막을 어떻게 지을 것을 구체적으로 세세하게 모세에게 말씀하셨다. 그리고 예술적인 디자인과 건축을 위하여 건축 예술가인 브살렐과 오홀리압 두 사람을 임명하셨다.[1] 다음의 말씀을 보면 하나님의 전이 어떻게 인간이 만들어 낼 수 있는 최고의 작품이 되는지를 알 수 있다.

---

1 출애굽기 31:1-11.

> 하나님의 영을 그에게 충만하게 하여 지혜와 총명과 지식과 여러 가지 재주로
> 정교한 일을 연구하며…(출애굽기 31:3-4).

　이 성막의 정신은 솔로몬의 성전으로 연결되어 있다. 이 성전은 다윗이 하나님을 위하여 건축하기를 원하였으나 하나님께서 허락하시지 않으셨다. 이에 다윗은 죽기 전에 성전을 위한 모든 준비를 다 하였으며 그의 아들 솔로몬이 7년에 걸쳐 아름답게 성전을 건축하였다. 성전 안의 기물들은 금으로 만든 예술 작품들이었으며, 특히 제사장의 의복은 거룩함이 어떻게 아름답게 나타나는지를 보여주는 한 예이다. 하나님께서는 이 성전을 흡족하게 생각하셨으며 이에 하나님의 영광이 그곳에 가득하였다고 하였다(열왕기상 8:8-11). 이어 솔로몬의 헌당 기도(열왕기상 8:23-53)를 통하여 하나님의 축복의 약속은 대대로 이어졌으며, 이것은 이후 모든 교회당의 정신이 되었다. 하나님은 성전 건축에서 하나님의 거룩함을 아름답게 담아내는 정신과 외형 모두를 다 지키셨다. 기독교의 하나님은 중심을 보시는 분인 동시에 그 정신을 담아내는 과정과 방법 또한 중요하게 생각하시는 분이시라는 것은 성경 곳곳에 나타나 있다.

　기독교의 탄생 이후 사도행전 교회를 지나 교회가 핍박을 받았던 초기 기독교의 교회당은 비밀스러운 장소였다. 아직도 남아 있는 로마 지역 카타콤(Catacomb)[2]의 경우, 좁은 동굴로서 어둡고 열악한 환경이지만 그 곳에도 당시의 기독교를 알 수 있는 아름다운 벽화들이 존재한다. 교회가 로마에서 공인을 받고 점차 안정기에 접어들기 시작하는 중

---

2 카타콤(Catacomb): 죽은 사람을 매장하는 좁은 지하 동굴로서 기독교가 박해를 받던 시절, 기독교인의 모임 장소로 많이 사용되었다.

세로 들어오면서 교회당이 건축되기 시작하였다. 이 교회당들은 서서히 최고의 건축물로서 당시 예술의 총집합체가 되었다. 물론 이 예술의 총집합체라는 것은 기독교 예술이다. 예배당 안의 예술 작품들은 이 세상의 것이 아니라 하늘의 것을 다양한 예술 작품으로 나타내 보이고 있었다.

예전 것들이 많이 보존되어 있는 유럽의 교회당을 방문하면 이 모든 것을 눈으로 알 수 있다. 교회당이라는 건물 자체는 단순한 건축물이 아니다. 교회 건물의 전체 모형은 교회가 예수 그리스도의 몸[3]이라는 것을 상징하여 예수님의 십자가 모형을 하고 있다. 그리고 예수님의 머리가 놓이신 십자가 윗부분이 바로 성단(Altar)이다. 그래서 이 성단이 있는 예배당의 앞부분은 더욱 의미 있고 중요하다. 여기는 감히 세상적인 것이 자리할 곳이 아니라는 뜻이다. 그리고 예배당 안은 십자가를 비롯하여 성경의 말씀들로 둘러싸여 있다.

성전 안의 오색찬란한 색유리창(stained glasses)은 성부, 성자, 성령의 삼위일체를 상징하는 그림들과 예수님의 모습 그리고 성경의 인물들과 사건들을 아름답게 그리고 있다. 이것은 성경의 말씀을 그림으로 그려놓음으로써 성경을 가지고 있지 않던 당시의 성도를 위한 교육의 도구도 되었다. 예술 작품으로서 색유리창의 또 다른 역할은 세상의 것이 교회 안으로 그대로 들어오지 못하게 하는 것이다. 투명 유리창은 세상의 것들이 여과 없이 그대로 교회 안으로 들어온다. 인간의 자랑과 욕심은 색유리창의 하나님의 말씀과 성령의 빛을 통과하면서 사라지게 된다. 그리고 예배당 안은 천국의 신비하고도 찬란한 빛이 나타난다. 이 빛은 예배당 안의 다른 예술 작품들과 함께 성도로 하여금 세상을

---

[3] 골로새서 1:24 "… 그리스도의 남은 고난을 그의 몸 된 교회를 위하여…."

잊고 예배에 몰두하게 해준다.

성전의 많은 성화들도 성경 말씀을 가르치고 있으며, 성단에는 성경이 펼쳐져 있으며 촛불 또한 있다. 이 촛불은 예수님께서 십자가에서 돌아가신 일을 기념하는 수난금요일(Good Friday) 예배 이후부터 부활 예배까지를 제외하고 일 년 내내 꺼지지 않는다. 하나님을 모르는 사람도 이런 예배당 안에 들어가면 세상과 다른 것은 물론, 신비한 종교적 세계를 경험하게 될 것이다. 하물며 하나님을 믿고 말씀을 아는 성도들은 이런 예배당 안에 들어오기만 해도 저절로 예배 상태가 된다. 아무것도 하지 않아도 앞을 바라보며 옆을 바라보면서 하나님을 생각하고 하나님을 묵상할 수 있게 되는 것이 이 예배당이다. 왜냐하면 눈에 보이는 것은 세상이 아니라 오직 하나님 나라뿐이기 때문이다.

이 예배당은 성도의 기독교교육을 위하여 이렇게 만들어진 것은 아니다. 예배당과 그 안의 모든 것들은 단순한 예술품을 뛰어넘어 그 자체로 하나님을 찬양하고 있는 것이다. 성도들은 이런 예술품을 보면서 하나님의 영광을 느끼게 되며, 세상과 다른, 세상 것과 비교할 수 없는 아름다움과 신성한 것을 묵상하게 된다. 이렇게 함으로써 성도들의 영성이 길러지게 되며 세상과 다른 거룩한(holy) 삶에 대한 이해와 갈망이 평생 이어질 수 있게 되는 것이다.

그런데 현재 우리나라 교회당의 모습은 어떠한가? 교회당은 점차 교회의 전통적인 건축 형태보다 현대적인 건물로 바뀌고 있다. 최근에는 교회당 외부 모습이 교회라고 보기 힘들 그런 건축물도 종종 있다. 건물 어느 곳에 교회라는 이름이 쓰여 있지 않다면 교회라고 알아보기 힘든 경우도 종종 있다. 더 심각한 것은 예배하는 장소인 예배당 안의 내부이다. 지금 많은 경우 예배당 안은 하나님을 생각나게 하는 것들이 아니라 세상을 생각나게 하는 것들로 잔뜩 채워져 있다. 인간을 드러내고 온갖 인간의 자랑으로 교회당 안을 장식하고 있다.

그 대표적인 것이 영상 스크린과 악기, 화려한 전등, 성단 장식물 등이다. 이런 교회당의 기물들은 그 교회의 재력에 따라 질과 규모가 확실하게 차이가 난다. 교회는 커가면서 계속해서 비싸고 화려한 것들로 바꾼다. 그래서 큰 교회와 작은 교회의 기물들의 차이는 대단하다. 좋은 악기, 좋은 영상 기기, 좋은 성단 장식은 어떤 점에서 보면 하나님을 사랑하는 마음의 표현일 수도 있으나 작은 교회들을 생각하면 큰 교회들이 이러한 것들을 자랑하듯이 들여올 것이 아니라 작은 교회에서 사용하는 것으로 통일할 필요가 있다고 느낀다. 미국이나 유럽 교회의 강단을 보면 그 모습은 거의 다 비슷하며 소박하고 경건해 보인다. 단순한 목재로 만든 성경 봉독대와 설교대는 그 크기에서도 어디나 비슷하다. 하지만 우리나라 교회의 경우는 교회에 따라 자재의 차이뿐만 아니라 크기까지도 다양하여 큰 교회로 갈수록 더 크고 더 비싼 자재로 만든다. 교회는 경쟁이나 하듯이 서로 좋은 것을 교회 안에 넣는다. 이것이 하나님을 사랑하는 방법이라고 착각하면서 말이다. 이 얼마나 비성서적인 것인가?

성경은 무엇이라고 말씀하는가? 이스라엘 백성의 성전은 하나뿐인 유일한 성전이었기 때문에 최고로 건축할 수 있었다. 하지만 이제 교회는 세계 곳곳에 있으며 우리나라에도 많은 교회가 있다. 교회는 여러 개이지만 하나님의 교회는 하나이다. 이 세상의 모든 교회가 예수 그리스도의 하나의 교회로서, 즉 사도신경에서 우리가 늘 고백하는 하나의 공교회(Universal Church)로서, 우리 모두는 하나님의 한 식구이며 한 교회의 교인이라는 의식이 있어야 한다. 그런데 개교회가 이렇게 각기 다른 실내장식을 가지면서 재력을 자랑하듯이 들여온 교회 기물들은 한 교회라는 개념을 깨트린다. 실제로 큰 교회는 스스로 자신들은 작은 교회보다 다르고 싶어 한다는 것이 바로 문제의 심각성이다. 이 모든 것은 인간의 교만과 욕심에서 나온 것으로 전혀 예수님의 마음이 아니며 성경적이지 않다.

예술 작품으로 건축된 예전의 예배당들과 달리, 현대의 우리나라 교회는 재력에 따라 이렇게 큰 차이를 나타내면서도, 예술 작품에는 거의 관심이 없어 보인다. 교회당 내부가 예술성보다는 실용성을 더 강조하는 것이다. 건물은 거의 영구적인 것으로 유럽의 많은 교회당들이 아직까지 예술 작품으로 보존되고 있다. 그런데 우리나라 교회는 건물에 대한 생각이 유럽 교회와 많이 다른 듯하다. 오래 보존되는 예술적인 건축물이 아니라 사용하기 편한 것을 위주로 생각하며 건축한다. 그래서 교회당 전체의 디자인에서부터 세세한 부분까지 실용성을 강조하며 예술적인 부분에는 거의 투자하지 못한다. 교회가 그런 데까지 돈을 쓴다는 것을 용납하지 않는 성도들도 많다.

교회는 성도를 위하여 그리고 이 세상에서 할 일이 많다. 교회 재정을 교회당 건축에 많이 사용하는 것은 낮은데 거하셨던 예수님을 생각하면 맞지 않는 일이기도 하다. 지금은 교회당을 예술 작품들로 만들었던 당시와는 다른 시대이다. 그 당시는 교회당이 최고의 예술 작품과 최고의 음악을 감상하는 곳이었으며, 교회 외에는 일반 성도들이 이런 예술 작품을 대할 기회가 거의 없었던 시대였다. 하지만 지금은 예술 작품을 만날 곳은 교회당만이 아니라 미술관과 박물관 그리고 연주회장이 있다. 그래서 교회가 이 역할을 감당할 필요가 예전에 비해 적어진 것은 사실이다. 하지만 지금의 미술관이나 연주회장에서 기독교 예술품과 기독교 음악이 많이 전시되고 연주되고 있는 것도 또한 아니다. 그래서 지금의 기독교 예술은 예전의 자리를 잃어버렸다. 이것은 교회 스스로가 거부한 것으로, 교회가 아닌 다른 곳에서 인정을 받고 제대로 빛을 발하기를 기대하는 것은 이치에 맞지 않다.

기독교 예술의 중심은 교회당이어야 한다. 그래서 교회당 건물은 예술적인 미를 갖추고 있어야 하며 그 안에서 연주되는 음악도 예술성이 뛰어난 음악이라야 한다. 하나님께서는 뛰어난 예술가이시며, 아름다운 것을 좋아하신다. 아름다운 건축물 안에서 아름다운 예배는 더 빛이 날 것이다. 교회가 하나님은 중심을 보신다는 말씀만 강조하면서 형식을 외면하는 것은 성경을 편협하게 해석하는 것이다.

장로교회는 특히 이 예술적인 면에서 소극적이다. 칼빈의 개혁 초창기에는 예술에 대한 부정적인 견해가 있었으나, 이제는 칼빈의 개혁 정신조차 지키지 못하고 있는 현대 교회이다. 이런 상황에서 교회는 칼빈의 영향 때문이 아니라 스스로 예술적으로 후퇴하고 있다. 교회가 예술적인 것과 기술적인 것에 편견을 가지는 것은 성경적이지 않다. 가톨릭 교회 예배당의 경우는 개신교회에 비해 훨씬 아름다운 경우가 많다. 그들은 대대로 내려오는 좋은 전통들을 잘 유지하는 편이며, 전통이 짧은 개신교회는 더 많이 노력해야 하는 상황이다.

하나님은 세상을 아름답게 창조하셨다. 하나님을 예배하는 솔로몬의 성전도 아름다운 건축물이었다. 특히 성전 앞의 두 기둥 '야긴'과 '보아스'[4]는 건축 구조상 필요했던 것이 아니라 아름다움을 위해서 세워졌던 것으로 알려져 있으며, 하나님께서 얼마나 예술에 탁월한 감각을 지

---

4 역대하 3:17 "그 두 기둥을 성전 앞에 세웠으니 왼쪽에 하나요 오른쪽에 하나라 오른쪽 것은 야긴이라 부르고 왼쪽 것은 보아스라 불렀더라"

니셨는지 우리는 성경 곳곳에서 알 수 있다.5 예배당 건축에서 실용성만을 강조하고 예술성을 무시하는 것은 성경적이지 않다. 예배를 담는 예배당은 예배만큼 소중하며 거룩한 곳으로 아름다운 건축물이어야 한다. 이것은 화려한 치장을 말하는 것이 아니라 하나님의 말씀과 그 정신으로 아름답게 단장하는 것을 말한다.

---

5 김춘해, "기독교와 예술", 오우성 외 지음, 『정신문화와 기독교』 (계명대학교출판부, 2000), 166(재인용).

21. 영상, 세상에 눈을 감아야 하나님을 볼 수 있다

심령이 가난한 자는 복이 있나니 천국이 그들의 것임이요(마태복음 5:3).
Blessed are the poor in spirit; for theirs is the kingdom of heaven.

예배당에 왜 영상 스크린이 있는가? 영상은 예배를 위한 것인가, 즉 하나님을 위한 것인가 아니면 사람을 위한 것인가? 우리나라 교회의 경우 교회의 재정만 허락하면 대부분 영상을 설치한다. 그런데 교회가 시작된 서양의 교회 대부분은 재정이 허락되더라도 영상을 설치하지 않는다. 그들이 설치하지 않는 영상을 우리는 왜 설치하는가?

서양 교회를 비교할 필요도 없이 성경으로 돌아가서 이 영상은 성경적인가? 물론 성경에 영상이라는 단어는 없지만 눈으로 예배의 모든 실제를 성도들이 확인하도록 해야 한다는 혹은 하면 좋다는 그런 근거가 되는 말씀이 있는가 하는 것이다. 예배는 하는(do) 것이며 보는(watch) 것이 아니다. 예배는 세상을 바라보던 것에서 하나님을 바라보는 것이다. 예수님께서 예배는 신령(spirit)과 진정(truth)으로 하라고 하셨다. 영상은 신령하지도 않으며, 영상 스크린에 진리이신 예수님 대신 사람을 주인으로 앉혀 놓는다. 영상은 여러 면에서 예배의 정신에 위배된다.

개신교의 예배당은 구약성서 시대의 성전도, 중세 시대의 예배당도 아니다. 하지만 성도들이 앉아서 바라보는 강대상 앞쪽은 인간적인 것과 세속적인 것이 없어야 함이 예배의 정신이다. 이것은 단지 예배당 앞쪽만이 아니라 전체에도 해당된다. 예배당은 예배하도록 디자인되고 만들어져야 한다. 그러면 예배는 무엇인가? 예배는 사람은 없어지고 오직 하나님만 계시는 시간이다. 그런데 강대상 위 혹은 중앙과 옆에, 즉 예배당의 제일 좋은 자리에 영상 스크린이 앉아 있다. 그래서 안방에서 TV를 보듯이 성도는 영상을 본다. 다시 말하지만 예배는 '드리는'(serve) 것이며, '하는'(act) 것으로, '보는'(watch) 혹은 '구경하는'(view) 것이 아니다. TV를 보고 있는 동안 사람의 뇌의 활동은 거의 정지한다고 한다. 보는 사람으로 하여금 아무 생각 없이 받아들이도록 만드는 것이 영상의 힘이다. 성도들은 이 영상의 힘 앞에 무력하게 모든 것을 내어놓고, 하나님과의 영적인 교감이 없이 영상을 따라가기만 할 가능성이 매우 높다.

더구나 영상을 통하여 사람의 모든 것이 실제보다 더 크게 부각되면서 사람이 예배의 주인공이 되는 현실이 되고 있다. 사람을 더 잘 보여 주기 위하여 스크린의 성능은 더 좋아지고 더 커지고 있다. 인간의 자랑과 부끄러움이 여과 없이 영상으로 다 노출되면서 예배가 인간의 모임이 되는 것이 지금 교회 예배의 상황이다. 영상으로 인하여 사람은 옷과 외모에 더 신경을 쓴다. 목회자나 예배 인도자들은 예배복 혹은 예배 가운(robe)을 입는 것보다 사람의 눈을 더 끄는 개인 옷을 선호하기도 한다. 이것은 예배와 멀어도 아주 멀리 온 것이다.

먼저 영상이 하는 일을 보자. 영상은 예배의 모든 순서를 화면에 비추어 준다. 설교자, 기도자, 찬양 혹은 음악 연주자 그리고 성도들의 예배하는 모습 이 모두를 영상은 보여준다. 다른 말로는 생중계를 한다. 그런데 이 생중계가 여기서 왜 필요한가 하는 것이다. 생중계는 현장에 없는 사람이 다른 곳에서 볼 수 있도록 하는 것이다. 그런데 성도들이 한 장소에 다 모여 있는 경우에도 왜 생중계를 하는가?

예배당 안에서 설교자나 예배 인도자들의 얼굴이 잘 보이지 않기 때문에 영상에 사람을 더 크게 보여주는 것이 좋다고 한다면, 예배에서 사람을 더 크게 보여주어야 할 이유가 있는가? 설교 시간에 설교자가 잘 보이면 말씀이 성도에게 더 감화력이 있는가? 유럽에서 개혁을 이룬 루터교회의 오래 전 설교단은 성도들이 오래 동안 쳐다보기 불편할 정도로 높게 있었던 적이 있었다. 예배당 회중석의 앞 1/3 정도 선에서 위로 치솟아 있는 설교단은 성도가 설교자를 쳐다보기에는 목이 아플 정도이다. 그들은 천정 위에서 울려 퍼지는 설교자의 말씀을 하나님의 말씀으로 고개를 숙이고 경청하였을 것이다. 이 모습은 어느 정도 성경적이라 할 수 있을지 모르나 설교자를 신성시할 수 있는 위험이 있는 반면 성도들에게는 하나님의 말씀이 영적인 권위가 아니라 세상적인 권위로 다가올 수 있기 때문에 하나님과의 예배에서 온전한 교통이 힘들 수도 있다.

집례자와 대표기도자 그리고 음악인은 또 어떠한가? 성도가 이 사람들의 얼굴을 자세히 봐야 하는 이유가 있는가? 특히 기도는 모두가 기도할 것으로 영상이 당연히 필요하지 않다. 그리고 성경을 봉독할 때도 모두가 성경을 읽을 것이므로 더욱 사람을 볼 이유가 없다. 물론 성경 봉독에서는 성경 구절을 영상에 올린다면 이때는 영상이 도움이 되는 측면도 있기는 하다. 그런데 성도들의 행동(action)이 필요하지 않는 성가대 찬양에서는 성도는 사람을 본다. 그렇다면 찬양(음악 연주)에서 성도가 연주자를 자세히 볼 이유가 있는가? 클래식 음악 연주회장은 앞에서 연주자가 연주를 한다. 하지만 연주회장은 연주자를 크게 보여주는 영상이 없다. 좌석의 위치에 따라 잘 보이든 잘 보이지 않든 청중은 그냥 앉아서 가끔은 연주자를 보며, 눈을 감기도 하면서 음악을 들으며 감상한다. 사람을 위한 클래식 연주회장도 연주자를 보여주는 영상이 없다면 하나님께 예배하는 예배당에서 찬양은 영상이 더더욱 필요 없는 것이 아닌가?

    사람을 비추는 것 외에 영상이 하는 역할 중 나름 좋아 보이는 일도 있다. 찬송가를 화면에 띄우고 성경 본문을 화면에 띄우는 일이다. 그리고 성가대가 찬양하는 곡의 가사를 화면에 띄우기도 한다. 이것은 나름 의미가 있어 보인다. 하지만 이것은 장점보다는 단점이 더 많다. 그리고 그 장점이라는 것은 꼭은 없어도 되는 그런 장점이다. 화면에 찬송가 가사나 성경 본문을 크게 띄우면 시력이 약한 사람은 편리할 수 있다. 그리고 찬송가나 성경을 찾는 속도가 성도마다 조금씩 다르기 때문에 모든 성도가 함께 다 같이 영상에 나타나는 성경 본문과 찬송가를 볼 수 있다는 장점이 있다. 하지만 시력이 약해 잘 보이지 않으면 귀로 들으면 되는 것이며 찾는 속도가 느리다고 하더라도 크게 문제되지 않는다. 하지만 영상에 이 모든 것을 띄울 때는 다른 문제가 생길 수도 있다는 것이다.

    영상은 교육용으로는 유용하여 학교에서 많이 사용된다. 교회에서 교육용으로 영상을 사용한다면 이것은 가능하다. 그리고 설교 시간에 영상(video) 자료가 있을 때 이것을 보여줄 수 있는 장점이 있다. 하지만 예배는 성도를 교육하는 시간이 아니다. 그리고 눈으로 봐야만 교육이 되는 것은 아니다. 오히려 보지 않음으로써 상상력을 통해 주고자 하는 메시지를 더 강력하게 전달할 수도 있다. 예전의 교육에는 영상 도구가 없었다. 그렇다고 그때의 교육이 좋지 않았다고 생각하지 않는다. 무엇이든지 장점이 있으면 단점이 있는 것이다.

    영상은 사람으로 하여금 생각하는 여유를 주지 않는다. 영상은 사람에게 편리함과 큰 눈을 선사하는 대신에 하나님께 향하는 영과 혼과 마음을 빼앗아 갈 수 있는 기기이다. 예배 시간에 집례자와 설교자, 찬양하는 사람의 얼굴을 크게 보아야 할 이유가 왜 있다는 말인가? 찬송가를 부를 때 자신이 가지고 있는 찬송가의 가사와 음표를 유심히 보며, 성경을 찾으면서 전도서, 아모스 등등에 나타나는 구절들이 성경 어디에 있는지 성도는 직접 찾아야 한다. 아무 것도 하지 않고 남이 대신 다 해주는 것을 좋아하는 것은 어리석은 일이다. 스스로 하는 것이 적은 사람은 몸으로나 정신으로나 나약한 사람이 될 가능성이 높다. 이것이 사탄의 속임수인지 생각해 보아야 한다. 기독교가 시작되고 발전되어 온 전통적인 유럽 교회에 영상이 없는 것은 그들이 영상의 편리함을 몰라서 그런 것일까?

영상에 대해 여러 논란이 있을 수 있으나 결국 이것은 사람 중심에서 나온 결과물이라는 것이다. 영상 스크린은 사람을, 특히 설교자를 더 잘 보이게 하려는 의도에서 나왔으며 실제로 그렇게 사용되고 있다. 이것은 하나님을 바라보기보다 사람을 바라보게 하며, 결국은 사람에게 모든 것이 돌아가는 "from man(사람에게서 와서), through man(사람을 통하여 이루며), and to man(사람에게 돌아가는)"이 되어 사람 중심의 예배로 만들 우려가 많다. 하나님께서 천지를 창조하시고 그 지으신 것을 보시면서 보시기에 좋았더라고 성경은 말한다. 그런데 영상은 하나님 보시기에 좋기 위해 있는 것이 아니라 사람 보기에 좋기 위해 있는 것이다.

영상의 피해는 영상이 주는 편리함에 비해 더 심각하다. 첫째로 앞에서 언급한 사람 중심의 예배가 된다는 것이다. 사람이 없어져야 하는 예배에서 사람을 드러내고 사람을 우상화하고 사람을 칭찬하는 예배가 되는 것이다. 이것은 예배의 본질을 심각하게 훼손하는 것으로 이것 하나만으로도 영상은 예배당에서 사라져야 하는 것이다. 둘째는 사람이 그 기기를 작동시킴으로 오작동 내지 사람의 실수가 전체 예배에 큰 지장을 주는 것이다. 한 주일예배에서 영상의 실수는 없을 수 없다. 영상이 있기 때문에 최근 성도들은 찬송가나 교독문 그리고 성경은 직접 찾지 않고 영상만을 의지하는 경우가 많다. 그래서 찬송 가사가 늦게 나오면 그때 회중찬송은 거의 중단될 상황까지 간다.

성경 봉독도 그렇다. 교회에 따라 성경 봉독은 성도가 성경을 찾는 경우도 있으며, 찾지 않고 영상의 성경 구절을 보기만 하는 경우도 있다. 그런데 영상을 사용할 경우, 성경 본문이나 시편 교독에서 교독할 구절이 제때에 나타나지 않으면 교독이 잘 이루어지지 않는다. 이런 경우는 종종 있는 경우이다. 늦게 성경 구절이 나타나는 것은 어떻게 보면 작은 일이다. 가끔은 완전히 다른 성경 구절이 올라올 때도 있다. 이쯤 되면 예배는 혼란스럽기 시작한다. 사람에게 편리함을 주기 위해 시작된 영상일 수는 있으나 실제로 편리함과 불편함이 함께 있으면서, 이 불편함은 예배를 혼란스럽게 하며 그때 그 순간은 예배가 되지 못하고 하나의 실수 내지 해프닝으로 지나가버리는 안타까운 일들이 예배에 종종 있다.

영상에 가사나 성경이 늦게 나오는 일보다 더 심각한 일도 있다. 영상이 아예 고장이 나서 정지하는 경우이다. 이것은 처음부터 영상이 없는 예배와는 다른 것으로 영상이 멈추면 성도들은 당황하기 시작한다. 영상을 고치느라 화면이 들어왔다 나갔다를 반복하는 동안 예배당을 감돌았던 예배의 기운(spirit)과 성령의 역사는 심하게 타격을 받는다. 사람이 영상을 조정하는 것이 아니라 영상이 사람을 조정하는 상황이 되는 것이다. 사람이 영상의 주인이 아니라 영상이 사람의 주인이 되고 사람은 영상에 의해 끌려가는 신세가 되는 것이다. 그리고 예배가 영상에 의해 조정 당하는 위험한 순간이 된다.

성도는 예배에서 행위로 예배를 드리는 것이다. 그냥 보고만 있는 것이 아니다. 영상을 보게 되면 찬송가도 덜 부르게 되며 성경도 덜 크게 읽는다. 영상으로 인해 스스로 하는 의지가 약해지기 때문이다. 찬송가도 직접 찾지 않기 때문에 평소에 찬송가를 펼쳐서 부르는 시간도 줄어들 것이다. 더구나 성경은 찾지를 않기 때문에, 룻기나 오바댜 같은 성경은 어디쯤 있는지도 모르게 될 것이다.

모든 성도는 개인 찬송가와 성경을 지니고 있는 것이 좋다. 그래서 교회 예배에서 자신의 성경과 찬송가를 사용하는 것은 예배자의 좋은 모습이다. 그리고 예배에서 스스로 찾고 펼치는 노력을 해야 한다. 아무 노력이 없는 예배는 무의미하다. 예배한다는 것은 노동이다. 예배의 어원에는 일하다, 노동하다(labor)라는 뜻이 있다. 눈으로 보기만 하는 것은 예배가 아니다. 현대로 올수록 교회는 성도들의 애쓰는 일을 줄이고 편함을 주려고 노력하는 것 같다. 하지만 예배는 이런 것이 아니다. 예배는 열심히 성도가 몸으로 그리고 마음으로 하나님께 무언가를 하는 것이다. *Worship is a Verb*라는 책에는 예배의 의미가 성도의 행위(action)로써 구체적으로 표현되는 것이라고 말하고 있다.6 영상이 지금처럼 예배당의 중앙에 자리 잡고 성도의 마음과 몸을 예배에서 뺏어간다면 "Worship is a Watching(or Viewing)"라는 말이 나올 법도 하다.

영상은 사람을 또한 게으르게 만든다. 예배에서 성도들이 영상만 보고 따라가는 습관이 들면 앞으로는 찬송가 찾는 것도, 성경 구절을 찾는 것도 귀찮아 할 것이다. 모든 것을 다른 사람이 해주기를 바랄 것

---

6 Robert E. Webber, *Worship is a Verb* (Word Books Publisher, 1985).

이며, 아예 스스로 무엇을 하려고 하지 않을 것이다. 손가락 하나 까딱 하지 않고 예배를 드린다는 것은 예배가 무엇인지 모르는 것이다. 예배는 편한 시간이 아니다. 영상을 따라 보고 있는 성도는 찬송도 서서히 하지 않을 수 있다. 가사를 눈으로만 보고 입으로는 부르지 않을 수 있다. 성가대나 집례자가 대신 다 불러주기를 기대하고 그 사람들의 부르는 모습을 영상으로 보면서 소리를 듣고만 있을 수 있다. 성경도 눈으로만 보고 읽지 않게 될 것이다. 성도는 교회에서나 이 세상에서 섬기는 사람이다. 그런데 점점 하는 일이 줄어들면서, 섬기는 일을 할 줄도 모르는 성도가 되기 십상이다. 이렇게 무기력한 성도로 만들 수 있는 것이 영상이다.

영상의 가장 위험한 점은 눈을 통하여 사람에게 세상의 자랑과 욕심의 유혹이 들어온다는 점이다. 성경에는 이브가 사탄이 유혹하는 말을 들은 후 선악과를 다시 볼 때의 상황을, 즉 유혹을 받은 인간의 마음을 잘 표현하고 있다.

> 여자가 그 나무를 "본즉" 먹음직도 하고 "보암직도" 하고
> 지혜롭게 할 만큼 "탐스럽기도" 한 나무인지라…(창세기 3:6).
> When the woman "saw" that the tree was good for food,
> and that it was pleasant to "the eyes",
> and a tree to be "desired" to make one wise.…

이 성경 구절에서 의미 있게 등장하는 단어는 "보다"(본즉), "눈에 즐거운"(보암직도)이다. 사람은 눈에 약하다. 보는 것에 가장 많은 영향을 받는 것이 인간이다. 그래서 현대에 외모지상주의라는 말이 등장하지 않

앉는가. 에덴동산에서 이브를 유혹한 뱀은 지금도 성도를 유혹하고 있다. 그리고 하나님과 우리 성도 사이를 이간시키고 있다.

다시 말하지만 이 세상에 눈을 감아야 하나님을 볼 수 있다. 많은 것으로 눈을 채우려고 하지 말고 오히려 비움으로 하나님께서 우리를 채우시도록 해야 할 것이다. 우리의 눈이 가득 찬다는 것은 우리의 마음이 가득 찬다는 것이다. 우리는 예배당에 들어오면 우리를 비워야 하지 않을까? 예배당에 들어와서 눈을 비움으로 마음을 비우게 될 것이며, 마음을 비움으로써, 가난한 심령(poor in spirit)이 되면 천국이 임하게 되지 않을까?

> 심령이 가난한(poor in spirit) 자는 복이 있나니
> 천국이 그들의 것임이요(마태복음 5:3).

22. 예배당 강대상 정면의 파이프 오르간은 어떠한가?

파이프 오르간은 기독교 역사에서 내려온 교회의 전통적인 악기이다. 그런데 이 전통은 현대에 와서, 특히 서양의 교회가 아닌 경우에는 조금씩 다르게 나타난다. 전통은 항상 시대와 지역의 무언의 요청에 따라 조금씩 변형되면서 내려왔다. 그리고 당시의 상황과 맞지 않을 때 더 이상 이어지지 않는 것도 있다. 그래서 사람의 전통은 바뀔 수 있다. 하지만 하나님은 영원불변하시는 분으로 그분의 속성과 본체는 변하시지 않는다. 그렇기 때문에 교회와 예배 그리고 예배음악은 변하지 않으시는 하나님을 섬기기 때문에 방법은 달라질지 모르지만 그 본질은 변하지 않는 것이다.

예배당은 예배하는 곳이다. 앞서 십자가 주제에서 예배당에 대하여 자세히 논의가 되었다. 강대상 중앙에 있어야 할 십자가 대신에, 파이프 오르간이나 사람을 보여주는 영상 스크린이 자리 잡고 있는 것은 예배당으로서 좋은 것이 아니다. 악기는 하나님을 예배할 때 필요한 것이기는 하지만 영상은 예배의 정신에 어긋날 뿐만 아니라 사탄의 유혹의 길잡이가 될 수 있다는 것을 앞에서 설명하였다. 그러면 파이프 오르간은 하나님을 섬기는 악기로서 예배당 어느 곳에 위치하는 것이 좋을까?

전통적으로 파이프 오르간은 예배당의 뒤편에 설치되어 있다. 유럽의 교회를 방문하면 교회당의 주(main) 파이프 오르간은 대부분 뒤편에 위치해 있다. 주 파이프 오르간이라고 한 것은 유럽의 교회에는 많은 경우 파이프 오르간이 한 대 이상 있기 때문에 교회의 주요 예배 때 사용되는 제일 큰 파이프 오르간을 주(main) 오르간이라고 한다. 바흐 교회인 라이프치히의 토마스 교회에는 두 개의 큰 파이프 오르간이 뒤쪽과 옆쪽에 있다.

오르간이 예배당의 뒤쪽 2층 발코니에 위치하는 것은 예배 악기로서는 이상적인 위치이다. 그래서 거의 천 년에 이르는 오르간의 역사 속에서 유럽의 교회는 아직도 이 위치를 유지한다. 이것은 새로운 악기가 들어오더라도 마찬가지이다. 오르간은 예배의 중심에 있는 것이 아니라 보이지 않는 곳에서 예배를 만들어 가며 돕는 악기이다. 더 엄밀히 말하면 오르간도 회중의 위치에서 하나님께 예배하는 것이다. 예배에서 모든 악기는 연주(play)하는 것이기는 하지만 자신도 하나님을 예배하는 것이라는 것은 매우 중요하다. 그래서 모든 성도가 바라보고 있는 정면에 감히 악기가 서지 않으며 회중과 함께 예배하고, 회중이 보이지 않는 곳에서 회중의 예배를 뒤에서 돕는, 그러면서 또한 가끔은 이끄는 것이다.

예배당의 앞쪽은 예배할 때 모든 사람이 집중하는 곳으로 사람의 눈을 가장 많이 받는 곳이다. 성도는 예배당에 들어오면 앞을 본다. 물론 옆을 볼 수도 있지만 뒤를 보는 경우는 거의 없다. 예배당 앞쪽의 의미는 성도들이 주시한다는 중요성도 있지만 예배당 앞쪽 자체의 상징적인 의미가 더 있다. 앞에서 설명하였듯이, 전통적으로 십자가 모형을 한 예배당의 앞부분은 교회의 머리되신 그리스도께서 십자가에 달리셨을 때 머리를 놓으신 곳으로,[7] 교회에서는 신성한 곳이기도 하다. 전례를 행하는 교회에서는 이곳에 예수님의 몸과 피를 상징하는 성물, 즉 빵과 포도주를 보관하며 성경을 펼쳐 놓는다. 그래서 이들 교회 예배 설교자와 집례자들은 강대상 중앙에 앉지 않고, 강대상 왼쪽 옆면의 벽쪽에 앉는다. 그리고 필요할 때 중앙이 아니라 왼쪽 성경 봉독대 혹은

---

[7] 골로새서 1:18 "그는 몸인 교회의 머리시라…."

설교대에서 예배를 이끈다. 그리고 성찬을 할 때만 강대상 중앙에서 집례한다. 그들은 예배를 이끄는 사람이기는 하지만 동시에 예배하는 사람이라는 것을 잊지 않고 예배당에서 그들의 위치에 주의한다.

모든 예배는 다 같다. 전례를 행하는 교회가 아니라 하더라도 예배당은 예배하는 장소이며 성도들이 집중해서 바라보고 있는 곳이 강대상 정면이라는 것은 변함이 없다. 모든 성도는 예배 내내 기도하는 마음으로 앞쪽을 향하여 집중한다. 그래서 전통적으로 교회당의 앞쪽은 아름다운 예술 작품으로 예수님과 천국을 떠오르게 디자인하고 건축한다. 세상의 것은 잊고 오직 하나님만 생각나게 하고, 하나님을 경배할 수 있도록 하는 공간이 바로 예배당이며, 특히 예배당 앞쪽이다. 그리고 이것은 천국 문으로 연결되는 것이다.

현대 교회당은 많이 다르다. 예배의 개념 또한 달라진 것도 사실이지만 예배가 아니라 집회의 성격이라 하더라도 그 중심은 하나님을 모시는 것이다. 그런데 예배당이 하나님을 중심으로 하나님을 바라보게 하는 것이 아니라 세상을 바라보게 하는 교회당들이 늘어나고 있다. 그러고는 하나님 자리에 인간을 앉히는 경우가 허다하다. 이것은 예배가 아니며, 인간의 모임일 뿐이다. 그런데 사람들은 이렇게 말한다. 하나님은 어디나 계시며(무소부재), 더구나 마음에 계시며, 하나님은 예배당 한가운데 계신다고 하는 것이다. 그래서 하나님을 위한 특정한 장소는 큰 의미가 없는 것이라 말하기도 한다. 이것이 진정 그들의 이유라면 그래도 50%는 이해할 만하다. 그런데 이것이 강대상 중앙에 다른 것을 두는 진정한 이유일까?

교회당 앞쪽에 십자가와 성경 외에 다른 어떤 것이 있다면 이것은 인간의 자랑을 위함일 가능성이 매우 높다. 예전에 필자가 어떤 교회를 방문하였을 때 그 교회의 전자 오르간은 강대상 오른쪽에 있었으며, 오르가니스트가 성도를 등지고 앉은 형태로 연주하고 있었다. 필자는 오르간 위치를 그렇게 한 이유를 교회 성가대 지휘자에게 물었다. 그 답은 오르간이 모든 성도들에게 다 잘 보이게 하기 위하여 그렇게 한 것이라고 답하였다.

이 대답이 무슨 뜻인가? 성도들이 예배 시간에 오르간을 잘 봐야할 이유가 있는 것인가? 예배 시간에 하나님을 바라보아야 할 사람이 왜 물건과 사람에게 관심을 두는 것인가? 회중을 등지고 앉아 오르간을 연주하는 위치는 오르가니스트에게도 좋지 않다. 그 오르가니스트는 강대상 앞쪽만 바라볼 수밖에 없기 때문에 성도와 함께 예배한다는 상황이 되기 힘들 뿐만 아니라 성가대 찬양에서 지휘자도 볼 수 없다. 오르가니스트는 예배에서 성도를 눈으로 볼 필요성은 거의 없다. 전통적으로 오르가니스트가 성도를 볼 수 없는 2층 발코니에 있는 것도 이와 맥락을 같이 한다. 하지만 오르가니스트가 성가대와 지휘자를 볼 수 없다는 것은 중요한 문제이다. 오르간이 2층 발코니에 있다는 것은 성가대도 함께 있다는 의미이다. 그런데 오르간이 강대상을 바라보도록 되어 있는 그 교회에서는 오르간 위에 거울을 두어서 지휘자와 성가대를 바라보게 하였다. 오르간을 자랑하기 위하여 이렇게 하였다는 것은 사실 현재 교회들의 세상 자랑하는 방법 중 작은 하나일 것이다.

파이프 오르간을 예배당 중앙 정면에 설치할 때 좋지 않은 이유는 또 있다. 오르간이 강대상 중앙에 설치될 때 예배당의 길이가 긴 경우에는 조금은 나으나 예배당 길이가 길지 않은 경우에, 강대상 중앙 양옆으로 배열되어 있는 많은 파이프들을 보게 되면 시각적으로도 답답함을 느낀다. 이것은 건축 실내 디자인의 측면에서도 별로 좋은 배치가 아니다. 그리고 그 많은 파이프들은 가끔 사람에게 위압감을 줄 때도 있다. 계명대학교 아담스 채플은 예배당의 길이가 적절하게 긴 편임에도 불구하고, 필자에게 파이프들이 위압감을 준다는 말을 한 사람이 실제로 있다.

눈에 보이는 것은 바로 사람의 사고로 들어오게 되어 있다. 사람마다 차이가 있다 하더라도 사람의 감각 중에서 감정적으로 가장 영향을 많이 받는 것은 눈이다. 앞에서 영상을 논할 때, 인간이 사탄에게 유혹을 받았을 때도 바로 눈으로부터 욕심이 들어왔다고 하였다. 성경은 우리에게 경고한다. 하지만 사탄은 끊임없이 우리를 이렇게 보는 것으로 유혹한다. 우리가 알든 모르든 우리는 일상생활 속에서 많은 유혹을 받으면서 살고 있다. 그 중의 하나가 바로 이 눈으로의 유혹이다. 사람은 보는 것을 좋아한다. "같은 값이면 다홍치마"라는 우리나라 말이 있듯이 눈으로 즐기는 인간의 욕구는 아마도 인간의 기본 성정일 것이다. 하지만 이것이 사탄이 우리를 유혹하는 통로가 되어서는 안 된다는 것이다. 예배 시간은 더욱 그렇다. 우리가 이 세상의 것을 예배당 강대상 앞에 두고 눈으로 보면서 이 세상을 자랑하고 있을 때 제일 좋아하는 사람은 누구겠는가? 사탄이다. 왜냐하면 그는 우리가 하나님께 드리는 예배를 방해하는데 성공하였기 때문이다. 사탄은 교활한 말로 성도를 유혹한다. 하나님의 성전을 세상에서 귀한 것으로 장식하는 것은 하나님도 좋아하실 것이라는 것이다. 이것은 모두 거짓이다. 하나님께서는 아름다운 것을 좋아하시지만 세상의 것으로 그리고 세상적인 명예와 욕심으로 치장하는 것은 좋아하시지 않으신다. 더구나 하나님을 예배하는 예배당은 더욱 그렇다.

파이프 오르간은 예배에 쓰이는 악기이며, 세상 악기가 아니다. 악기는 사람이 아니지만 예배에 쓰이면 예배자가 될 수 있다. 그래서 예배자는 자신을 드러내면 안 된다. 섬긴다는 것은 드러내는 것과는 반대의 개념이다. 그래서 예배 악기는 성도의 시선을 아예 받지 않든지, 덜 받는 곳에 있는 것이 좋다. 그런데 현대로 갈수록 많은 교회들이 예배당 앞쪽을 사람과 세상 물건으로 화려하게 장식한다. 이것의 목적이 무엇이겠는가? 당연히 이생의 자랑이며, 교만이다. 이것은 인간이 자신의 부를 자랑하는 것으로서 하나님 앞에서는 교만이다. 그러고는 자기보다 규모나 재정이 약한 교회 앞에서 으쓱하며, 반대로 약한 교회는 이것을 부러워하면서 스스로 부족하게 여긴다. 이 얼마나 세속적이며 야비한 생각인가? 교회는 세상적인 가치로 서로를 비교해서는 안 된다. 그런데 하나님 교회 안에서 성도들은 이렇게 예수님의 생각과 반대되는 행동을 서슴없이 행한다. 이런 의미에서 세상의 모든 교회는 지역적 문화의 차이에 의한 건축물 이외에는 안과 밖이 모두 비슷한 모습의 건축물이면 제일 좋겠다고 필자는 생각한다. 교회의 세속적인 경쟁은 하나님의 생각과는 정반대이다.

> 화 있을진저 외식하는 서기관들과 바리새인들이여
> 회칠한 무덤 같으니 겉으로는 아름답게 보이나
> 그 안에는 죽은 사람의 뼈와 모든 더러운 것이 가득하도다(마태복음 23:27).

위의 예수님의 말씀은 무서운 말씀이다. 겉으로 아름답다고 다 아름다운 것은 아니며 오히려 인간의 더러운 마음과 욕심이 그 아름다움에 의해 감춰져 있을 수 있다는 것이다. 사실 우리 인간은 세상에서 이렇게 살 때가 많다. 하지만 하나님의 집에 들어오면 이것을 내려놓아야 하는 것이다. 하나님을 예배(봉헌, Offering)할 때는 겸손하게 정결한 것으로 드려야 한다고 성경 곳곳에 말씀하고 있으며, 이것은 하나님의 명령이며, 이렇게 할 때 하나님은 우리의 예배를 받으실 수 있다.

파이프 오르간이라는 악기의 위치가 전통적으로 강대상 정면이 아니라 2층 발코니인 것은 예배당에서 악기가 중앙 위치를 피하는 의미이다. 2층 뒤편 발코니에서 나는 오르간 소리가 결과적으로 종교적인 신비감을 더 줄 수 있게 된 것도 이 전통적인 위치가 더 확고하게 된 이유도 있을 것이다. 파이프 오르간이 2층 발코니가 아니라 강대상 앞쪽에 설치되는 것은 악기에게 좋을 수 있다. 2층 발코니는 일반적으로 장소가 협소하여 여러 제한이 있으며 창문과의 거리 등 조정해야 할 일들도 많다. 2층 발코니에 오르간을 두면 파이프가 높은 곳에 위치함으로써 여름과 겨울 냉·난방을 할 때에 실내 온도 차이가 많이 나서 악기의 피치에도 좋지 않다. 이러함에도 불구하고 악기를 불편한 곳에 배치하는 것은 결국은 예배의 본질을 위해서이다. 예배의 대상은 하나님 한 분이시며, 예배당에서는 그 누구도, 그 어떤 것도 주목받아서는 안 되는 것이기 때문이다.

오르간이 앞쪽 중앙에 위치하는 경우는 대부분 연주회장이다. 우리나라의 롯데콘서트홀을 비롯하여 미국의 보스턴심포니홀, 오스트리아의 비엔나심포니홀 등은 오르간이 앞쪽 정면에 설치되어 있는 대표적인 연주회장이다. 오르간이 무대 정면의 옆쪽에 설치되어 있는 예는 우리나라 세종문화회관과 독일의 베를린심포니홀이다. 이와 같이 연주회장이라면 당연히 오르간이 청중에게 완전히 다 보이는 앞쪽에 설치되는 것이 좋을 것이다. 하지만 예배당은 예배당의 성격에 맞게 악기의 위치가 정해져야 한다.

여기서 오르간의 전통적인 위치에 관하여 더 설명하면, 오르간은 오 랫동안 예배 악기로 발달하면서 그 위치는 항상 보이지 않는 곳이었다. 성단(Altar)과 회중석 사이 2층에 오르간이 위치하는 영국의 대성전의 경우 이외에, 오르간은 뒤쪽 2층 발코니에 수 백 년 동안 위치하였는데 이것이 오르간의 정체성이 되었다고 할 수 있다. 그래서 연주자와 악기를 볼 수 없는 환경에서, 즉 눈은 감고 귀만 열린 상태에서 감상하는 것이 오르간 음악이라는 점이다. 그리하여 이 음악은 사람으로 하여금 예배당 안에서 음악을 그리고 하나님을 묵상하게 하는 음악이다. 사람은 자연스럽게 사라지고 소리만이 남는 음악, 이것이 오르간 음악이다. 그렇기 때문에 오르간이 교회 예배당 앞쪽 정면에 설치될 때, 이때는 오르간의 정체성(identity)을 바꾸는 의미가 될 수도 있다. 그 의미 중 하나가 바로 예배용 악기가 아니라 연주회용 악기라는 것이다.

현대 교회의 강대상은 구약성서의 성전 지성소는 아니다. 하지만 하나님을 예배하는 성전과 예배당이라는 점에서 성전의 모습과 기물들을 생각해볼 필요가 있다. 예배당의 기물들은 인간의 자랑이 아니라, 하나님, 예수님, 하늘나라를 생각나게 하는 것이어야 한다. 우리나라 교회에서 예전에는 강대상에 올라갈 때 신발을 벗었었다. 모세가 하나님을 만날 때 하나님께서 신발을 벗으라고 명령하신 것[8]을 생각하면 예배자 모두는 하나님을 만날 때 신발을 벗어야 할 것이다. 이것은 이 세상에 발을 딛게 해주는 신발을 벗는다는 의미에서 성도는 예배에서 세상적인 것과는 분리되어야 함을 뜻한다. 이것이 거룩(holy)이며 하나님의 속성이자, 우리 성도의 속성이 되어야 한다. 이에 예배당 앞쪽은 어떠

---

8 출애굽기 3:5 "하나님이 말씀하셨다. 이리로 가까이 오지 말아라. 네가 서 있는 땅은 거룩한 땅이니, 너는 신을 벗어라"(표준새번역 개정판).

해야 하겠는가?

미국의 개신교회 경우에는 오르간 위치가 각기 다르다. 장로교회, 감리교회, 침례교회의 경우 오르간이 강대상 앞쪽 정면에 있는 경우도 있지만 중앙을 비켜서 옆쪽에 있는 경우도 있으며, 양쪽 옆으로 파이프가 나뉘어 있는 경우도 있다. 그리고 예배당 뒤 쪽에 있는 경우도 종종 있다. 예배당은 예배하는 곳이며 기도하는 곳이다.

내가 곧 그들을 나의 성산으로 인도하여
기도하는 내 집에서 그들을 기쁘게 할 것이며
그들의 번제와 희생을 나의 제단에서 기꺼이 받게 되리니
이는 내 집은 만민이 기도하는 집이라 일컬음이 될 것임이라 (이사야 56:7).

파이프 오르간은 하나님을 찬양하는 악기이다. 이 악기가 예배당 정면 중앙에 설치됨으로써 악기와 성도들이 하나님을 찬양하는 것이 아니라, 성도들이 악기를 찬양하는 상황이 되어서는 안 된다. 왜 교회는 수 백 년 동안 이 악기를 앞쪽이 아니라 뒤쪽, 즉 성도의 눈이 직접적으로 닿지 않는 곳에 설치하였는지 우리는 생각해 보아야 한다. 예배당은 예배하는 곳이며 연주하는 곳이 아니다. 모든 건물은 그 건물의 용도에 맞게 디자인하며, 특히 예배는 교회당의 핵심이다. 악기를 앞에 설치하는 것이 진정 예배를 위한 마음인지 아니면 비싸고 멋있는 악기라는 인간의 자랑인지를 스스로 솔직하게 물어야 한다. 그리고 그 악기가 예수님의 십자가 자리에 대신 앉아도 되는 것인지 돌이켜 봐야 할 것이다.

23. 예배당의 잔향이 길면 좋은 이유

예배를 드리는 공간에는 긴 잔향(殘響)이 좋다. 이 잔향이라는 것은 예배의 내용에 필요하고 적합한 잔향을 의미한다. 복음서에서 나타난 예수님의 산상 설교에서, 당시 예수님의 말씀을 듣기 위하여 모인 사람들은 모두가 예수님의 말씀을 들을 수 있었다. 예수님께서는 큰 무리를 대상으로 밖에서 말씀하실 때는 예수님의 육성이 모인 무리들에게 다 전달될 수 있는 위치에서 말씀을 전하신 것으로 알려져 있다. 성도가 함께 예배할 때에 모든 사람이 편하게 들을 수 있고, 또 그 가운데서 묵상하며 예배할 수 있는 환경을 만들어 주는 것은 예배당으로서 매우 중요하다. 주일예배는 모든 성도가 '함께' 드리는 것이 가장 중요한 의미이다. 그래서 찬양도, 기도도, 말씀 선포도 함께 모인 모든 성도가 들을 수 있고 그래서 함께 예배할 수 있도록 하는 것은 중요하다.

예배당의 잔향은 매우 중요한 것으로 우선 예배당은 외부의 소리에 방해를 받지 않아야 한다. 예배 시간에 세상의 소리가 들려온다는 것은 세상에서 분리되어야 가능할 수 있는 예배에 장애가 생기는 것이다. 외부 소리를 차단하기 위하여 건축 예산이 더 들어가더라도 이 일은 필요하다. 이것은 또한 예배당의 소리가 밖으로 나가는 것을 막아주기 때문에 예배자들이 편안하게 예배할 수 있다. 성도가 예배당에 들어오면 물리적으로는 이 세상에 있지만 천국의 느낌을 가질 수 있도록 하는 것은 중요하다. 예배 한가운데에 하나님께서 계시며 성도는 세상을 잊고 하나님과 교제하는 천국의 모습이 재현되는 곳이 예배당이다.

교회당의 예술적인 디자인과 함께 어우러지는 것이 바로 예배당의 잔향이다. 잔향이 긴 공간의 소리와 잔향이 짧은 공간의 소리는 매우 다르다. 중세에 들어오면서 건축되기 시작한 서구의 전통적인 예배당 중에는 현재까지 건장하게 보존되어 있는 건물들이 있다. 그곳에서 예배를 드리면 우리나라의 예배당에서 드리는 예배와 많이 다름을 알게 되며, 가장 드러나는 것이 바로 이 잔향의 차이이다. 당시 예배당이 건축되었을 때는 전기의 도움이 없던 때였기 때문에 예배는 육성으로 진행되었다. 기도도, 설교도, 찬양도 모두 사람의 소리는 자연 그대로 성도에게 전달되었으며, 악기의 소리 역시 당연히 기계의 도움이 없이 악기의 가진 순수 그대로의 소리였다. 예배당 안은 인위적인 건축 음향 설계를 하지 않더라도 자연스럽게 긴 잔향을 가질 수밖에 없는, 높은 천정으로 돌과 가장 기본적인 건축 자재들만으로 지어졌다.

　결과적으로 이런 환경에서의 잔향은 대체로 7초 이상이 대부분이다. 이 정도의 잔향에서는 사람이 기계를 통하여 소리를 확성시키지 않더라도 예배 시간에 집례자가 말하는 내용은 청중에게 잘 전달된다. 특히 이런 울림의 상황에서 집례자의 말은 빠르지 않고 약간 느린 어조로서, 현대에 들어와서는 같은 예배당이지만 마이크를 사용할 경우에도 여전히 말을 천천히 한다. 오랜 전통을 통하여 이런 예배당에서 예배하는 사람은 어떻게 소리를 내야하는지를 경험적으로 터득하게 되는 것이다. 목소리는 작은 볼륨으로, 목소리의 톤(tone) 또한 높지 않다. 거기다 집례자의 기도나 예배를 이끄는 말들은 많은 부분을 음송(in tone, 예배에서 기도나 성경 봉독 등 집례자가 하는 내용을 한 음을 중심으로 말하듯이 노래 형태로 하는 것)하기 때문에 긴 잔향은 이 모든 것을 더 아름답게 만들어 준다.

　장로교회는 설교 중심의 예배로서 음악은 상대적으로 많지 않는 편이지만, 루터교회와 성공회교회의 예배는 성찬 중심의 예배로 집례자가 말을 하는(speech) 부분보다 찬송이나 집례자의 tone(음송) 그리고 무반주 합창음악이 많기 때문에 이런 긴 잔향이 필수적이다. 그렇지 않으면 많은 음악들은 제대로 소리가 나지 않아 그 예배는 아주 건조한 (dry) 음악으로 딱딱한 분위기가 될 것이다. 중세 교회부터 예배 악기였던 파이프 오르간은 이러한 잔향 속에서 태어나고 발달한 악기이며, 그레고리안 챤트의 무반주 제창 역시 이 긴 잔향에서 본래의 소리를 낼 수 있다.

역사적으로 보면, 음악과 그 음악이 연주되는 홀은 늘 함께 서로 연관이 있다. 교회음악 등, 긴 잔향이 필요한 음악은 이런 장소에서 작곡되고 여기서 연주되었다. 반면 교회보다는 짧은 잔향이 더 나은 실내악 등의 궁정 음악들은 거기서 작곡되고 거기서 연주된 곡이라는 것이다. 파이프 오르간 음악이 7초를 능가하는 잔향의 교회당에서 지금까지 작곡되어 왔다는 것은 연주자가 생각해야 할 중요한 요건이다.

이와 같이, 하나의 건축물은 그 건축물 안에 있는 것과 자연스럽게 공생하는 것은 당연한 이치이다. 그런 잔향에서 사람의 말하는 법과 악기 연주 그리고 노래와 합창이 함께하는 이 모든 것은 하나의 세트처럼 서로 연결되어 있다. 긴 잔향의 성전에서 나는 사람의 소리와 음악이 성경에서 묘사되는 천국의 소리와 천사들의 소리 그리고 하나님의 목소리와도 같은 느낌을 주는 것은 우연의 일치라고 보기는 힘들다.

발은 풀무불에 달구어 낸 놋쇠와 같고,
음성은 큰 물소리와 같았습니다(요한계시록 1:15, 새번역).
또 나는 큰 무리의 음성과 같기도 하고, 큰 물소리와 같기도 하고,
우렁찬 천둥소리와도 같기도 한, …(요한계시록 19:6, 새번역).

> 그들이 움직일 때에는, 나는, 그들이 날개치는 소리를 들었다.
> 그 소리는 마치 힘찬 물소리와도 같고, …(에스겔 1:24, 새번역).

잔향이 긴 예배당 안에서 사람의 목소리는 위의 성경에서 나오는 맑은 "물소리"처럼 들린다. 왜냐하면 긴 잔향 속에서 소리의 여운이 지속되면서 공간 안에서 흐르는 현상이 생기기 때문이다. 위의 성경에서 말하는 큰 물소리는 자연의 소리인 동시에 신비로운 소리이다. 여운이 있으면서 살아서 움직이는 듯한 그런 소리인 것이다.

이런 예배당의 긴 잔향 안에서 자연스럽게 만들어지는 소리의 흐름은 성직자의 기도와 말씀이 성도들에게 더 묵상적으로 다가온다. 긴 잔향에서 성직자의 말의 톤과 빠르기는 명료하면서 천천히 묵상하듯이 한다. 긴 잔향에서 말의 속도가 빠르면 그 말들은 잔향 안에서 엉켜 명료함이 떨어진다. 반면, 느린 속도의 말은 예배당을 더욱 묵상적인 공간으로 만들어 준다. 목소리의 톤(tone, 음높이)은 높지 않지만 낮지도 않는 적절한 음 높이에서 한다. 유럽의 예배당에서 예배드릴 때 느끼는 큰 차이가 바로 이것이다.

우리나라 교회의 잔향 상태는 어떤가? 우리나라 예배당의 잔향은 서양의 전통적인 예배당의 7-8초 이상의 잔향에 비하면 1초 안팎으로 턱없이 짧다. 이런 공간에서 사람의 목소리는 스피커에 전적으로 의지하게 되고, 그 스피커의 소리는 직접적이며 강할 때는 사람의 심장에 바로 충격을 준다. 그리고 말의 속도는 빠르며 목소리의 높이(피치, pitch)는 목회자에 따라 높은 경우도 많으며, 설교는 사람이 웅변하는 것처럼 들린다. 말하는 사람도 애를 쓰는 것을 느낄 수 있다. 그래서 그들의 말이나 설교를 듣고 있으면 생각하고 묵상할 여백이 없으며 정신적으로 더 답답함을 느낄 때가 있다. 우리나라 교회에서 이런 스피커 소리를 한 시간 정도 듣고 있으면 귀가 빨리 피곤해지지만 유럽의 교회에서는 몇 시간 듣고 있어도 전혀 부담이 없다. 이런 딱딱하고 분답한 소리에서는 영적인 묵상도, 감동도 느끼기가 쉽지 않다. 잔향이 긴 교회에서 예배를 드리면 모든 것이 여유 있고 편안한 느낌으로, 하나님 안에서 내어놓고 비워진 것을 느낀다. 긴 잔향은 이렇게 예배에서 중요하다.

짧은 잔향의 더 큰 문제는 예배음악이다. 좋은 연주를 위해서는 연주홀의 잔향은 최소한 2초 이상이 기본이다. 하지만 우리나라 교회당은 설교자의 마이크 소리에 맞춰 음향을 하기 때문에 실내 잔향은 턱없이 짧아 스피커로 나오는 설교 소리의 문제점에 비해 스피커를 사용하지 않아야 하는 음악은 더욱 심각하다. 성가대의 찬양은 각 파트의 소리가 잘 배합(blending)이 되지 않아 각기 서로 떨어져 나는 소리가 될 뿐만 아니라 아무리 많은 성가대원이 부르더라도 소리는 여전히 딱딱하고 경직되어 있다. 특히 다이내믹(dynamic)이 작은 소리(p)의 곡인 경우에는 감동이 거의 없는 엉성한 소리가 되기 때문에 지휘자는 다이내믹에 관계없이 의도적으로 성가대 소리를 더 크게 내도록 하며, 곡 선정에 있어서도 큰 소리가 나는 곡을 선호할 수밖에 없는 현실이 된다.

잔향이 좋은 예배당에서는 성가대를 비롯한 음악인들이 인간적인 욕심을 낼 필요가 없어진다. 그들은 음악에 따른 적절한 표현만 하더라도 잔향이 알아서 크게도 작게도 만들어 준다. 잔향이 좋은 예배당에서 늘 노래를 부른 성악가들의 연주법을 보면 참으로 편안하다는 것을 느낄 수 있다. 그들은 우리나라 성악가들이 애쓰는 것처럼 보이는 일이 거의 없다. ff는 적절한 호흡만 실어주면 예배당이 알아서 큰 소리로 만들어 주며, 특히 미세한 *pp*는 마음 놓고 연주자가 아주 작은 소리로 연주한다. 하지만 그 작은 소리는 예배당 안을 신비롭게 감싸고 떠 있는 것을 느낀다. 이에 비해 우리나라 예배당에서는 *ff*라면 거의 소리를 외치는(shouting) 수준까지 내어야 하며, *pp*인 경우는 오히려 *pp*로 소리를 낼 수 없다. *pp*는 너무 엉성하게 소리날 뿐만 아니라 너무 작은 소리는 안 들릴 수 있기 때문에 제대로 된 *pp*도 할 수 없는 것이다.

예배당의 긴 잔향에서 가장 어울리는 것이 바로 무반주 합창음악과 오르간 음악이다. 이 두 음악은 이렇게 7-8초 이상 되는 긴 잔향에서 태어났으며, 여기서 연주되었던 곡들이다. 우리나라 교회 성가대가 무반주 합창을 거의 하지 못하는 것도 짧은 잔향이 한 이유가 되기도 한다. 그리고 짧은 잔향은 파이프 오르간이 설치되는 것에도 많은 어려움을 준다. 음향 설계를 다시 해야 하는 번거로움과 이런 예산 때문에 파이프 오르간을 설치하는 데 어려움이 따르며, 파이프 오르간을 설치하였다 하더라도 충분히 좋은 잔향이 있는 교회당은 몇 교회가 안 된다. 그래서 파이프 오르간이 본래의 제 소리를 내지 못하는 경우가 많기 때문에 좋은 악기이지만 소리를 제대로 들을 수 없어, 악기의 발달과 보급에 장애를 가지고 있는 것이 우리나라 현실이다.

성가대의 경우는 독창자를 생각하면 오히려 덜 힘들 수 있다. 한 사람의 목소리로 연주하는 것은 더 부담이며, 자신이 소리를 내었을 때 돌아오는 반향이 거의 없기 때문에, 성악가의 경우 그들은 이런 곳에서 노래할 때 완전히 벽을 보고 부르는 느낌이라고 말한다. 그리고 이런 상황에서는 소리를 크게 낼 수밖에 없어 이들은 과하게 성대를 사용하여 일찍 목소리가 노화되기도 한다. 이것은 우리나라 성악가들의 슬픈 현실이다. 그래서 독창자들은 가끔 설교자처럼 마이크를 사용하고 싶은 유혹을 받는다. 실제로 최근에 많은 성악가들이 예배당에서 마이크를 사용하기도 한다. 이것을 꼭 욕심이라고 말하기가 힘든 것이, 바로 그들의 열악한 상황에서 어쩔 수 없는 선택일 수도 있기 때문이다. 그럼에도 불구하고 클래식 음악은 마이크를 사용하지 않는 것이 원칙으로, 마이크를 사용할 경우 원래의 소리가 변질되기 때문에 자연의 소리를 지키는 성악가들도 있다.

우리나라 교회에는 긴 잔향을 두려워하는 설교자들이 종종 있다. 자신의 설교가 성도들에게 잘 전달되지 않을 것을 우려해 더 짧은 잔향을 원하는 목회자들이 많이 있다. 하지만 이것은 잔향이 많은 교회의 경험이 없거나 적어서 그렇다. 잔향이 긴 교회당의 설교라고 해서 그 소리가 너무 울려 설교가 알아듣기 힘든 경우는 드물다. 서양의 대성당을 방문하면 긴 울림에서 오는 마이크 소리는 우리나라 같은 울림이 없는 마이크 소리보다 귀에 덜 충격으로 들어오기 때문에 그 소리는 훨씬 더 편안한 것을 느낄 것이다. 그들은 스피커로 나오는 말의 울림을 알고 이에 따라 말을 하며, 스피커 또한 여러 개의 작은 스피커로 분산하여 설치한다. 이렇게 여러 개의 작은 스피커를 두게 되면 우리나라 대부분의 교회에서 하는, 전체 두서너 개의 스피커로 큰 소리를 내는 것보다, 사람의 말하는 것을 훨씬 더 깨끗하게 들을 수 있으며, 음악은 음악대로 긴 잔향 속에서 아름다운 음악으로 태어난다. 그들은 기둥마다 스피커를 한두 개씩 다 달아놓는다. 이 정도면 한 예배당 안에 거의 열 개 이상의 작은 스피커가 있는 셈이며, 음량은 크게 하지 않고 작게 해 놓는다. 그래서 설교를 듣고 있으면 사람의 목소리가 깨끗하게 공기 속에서 잘 타고 흐르는 것을 느끼며, 이것이 성경에서 말씀하시는 "물소리"와 흡사한 것인가 하고 생각하게 된다.

교회음악은 이런 긴 잔향 안에서 그리고 이것을 전제로 태어난 음악이다. 교회 기악 음악이 그러하고 교회 합창 또한 그렇다. 그런데 이렇지 못한 예배당에서 연주될 수 있는 교회음악은 결국 이런 환경에서 태어나지 않은, 즉 짧은 잔향에서 태어난 음악들로서, 특히 마이크와 스피커를 사용하는 대중적 기독교 음악(CCM, Contemporary Christian Music)이 대표적이다. 이것이 우리나라의 현재 상황으로, 대부분 목회자나 음악인들, 더 나아가 성도들이 이런 현실에서 문제점을 느끼지 못하고 있어 걱정스러운 현실이다.

설교자의 욕심으로 예배당의 잔향을 가능한 한 짧게 하는 것은 지양되어야 한다. 잔향이 길어도 설교는 깨끗하게 잘 들릴 수 있으며 유럽의 교회에서는 지금도 이렇게 예배를 드린다. 그리고 설령 목소리가 울림이 생기더라도 그것은 나쁜 것이 아니며 오히려 성도들에게 편안함과 묵상을 주는 공간이 되는 것을 알 필요가 있다. 배우고 알면 발전할 수 있다. 현재의 모습을 당연하게 생각하고 배우지 않으면 교회는 성장하기 힘들다.

필자는 유럽의 교회에서 예배를 드릴 때마다 감동을 받는다. 언어가 달라 무슨 내용으로 설교하는지 잘 몰라도 상관이 없다. 찬송의 가사도 정확한 뜻을 몰라도 오르간에서 주는 평안한 하늘의 소리와 목사님의 묵상적인 말씀의 어투(말하는 스타일, speech style) 등은 긴 잔향에서 오는 공기의 흐름과 여운 안에서 성령께서 운행하시고 계시는[9] 느낌을 받는다. 물론 이것은 주관적인 견해일 수 있으나 우리나라 교회에서 느껴보지 못하는 소리의 자연스러움과 편안함 그리고 여유로움 등은 누구나 부인할 수 없을 것이다.

---

9 창세기 1:2 "… 하나님의 영은 수면 위에 운행하시니라."

긴 잔향의 예배당은 성도로 하여금 묵상하게 하며 기도하게 한다. 이런 공간에서 사람의 목소리는 바로 답이 오는 즉각적인 반향이 아니라 기다리고 묵상하는 여백과 쉼을 준다. 현대 사회에서 쉴 틈 없고, 쫓기듯이 살아가는 사람들에게 교회당은 안식처가 되어야 하며 피난처가 되어야 한다. 세상과 똑같이, 가끔은 세상보다 더 사람을 몰고 가는 예배는 성도에게 생각할 틈을 주지 않으며 예배가 무엇인지도 잊게 만든다.

필자의 여행 경험 중, 수도원 기도실에 들어가 본 적이 있다. 그 기도실은 거의 동굴 같은 곳이었으며, 울림이 필자가 가본 곳[10] 중에서 가장 긴 울림이었다. 이곳에서 필자가 찬송 선율을 아주 작게 소리 내어 불러 보았는데, 그 소리는 실제 낸 소리보다 크면서, 신비하고 영적인 소리로 되돌아 왔었다. 오래 전의 믿음의 사람들이 이런 기도실에서 기도하면서 찬양하였던 것을 상상하니 참으로 신령하고 귀한 시간이었을 것이 분명하며, 현대에도 이런 기도실과 예배당이 필요함을 더욱 느꼈다.

교회는 모든 것에서 세상과 달라야 한다("holy"). 이 세상은 우리로 하여금 정신을 차리지 못하게 한다. 그래서 우리는 교회에 들어오면 정신을 차려야 한다. 제 정신으로 돌아가서 하나님을 바라보아야 한다. 이렇게 하도록 도와줄 수 있는 것들은 많다. 그중에 하나가 예배당의 긴 잔향이다. 이 울림 안에서 하나님께서는 우리에게 말씀하실 것이다. 그리고 우리는 묵상한다. 그리고 성령의 운행하심을 느끼게 될 것이다.

---

[10] 필자가 방문한 교회 중에서 가장 긴 잔향을 가진 교회는 영국의 St. Paul 성전으로 11초 이상의 긴 잔향으로 유명하다.

24. 예배당의 성도들 의자는 어떤 것이 좋은가?
— 긴 의자(pew) 혹은 개인 의자?

최근에 들어와 우리나라 교회당의 의자가 바뀌고 있다. 예전의 딱딱한 긴 나무 의자(pew)에 여러 성도가 바로 옆에 나란히 앉는 것이 아니라 개인적으로 각각 나누어진 푹신한 의자에 편안하게 앉는 교회 성도들이 늘어나고 있다. 교회당의 의자는 여러 면에서 중요하다. 의자는 사람의 자세를 만들어 주기 때문에 의자는 사람을 예배자가 되도록 도와줄 수 있는 반면 영화관이나 오페라 극장처럼 관객이 되게도 할 수 있다.

의자는 그 실내 공간의 목적에 따라 다양하다. 예를 들면 학교의 의자는 학생이 책상에 앉아 정신적으로 깨어 있을 수 있도록 딱딱한 의자이다. 그런데 학교의 의자가 푹신한 안락의자라고 한다면 학생은 공부시간에 공부를 하는 것이 아니라 쉬는 것이 될 것이다. 그 실내의 목적에 따른 적합한 의자는 필수적이다. 그래서 의자는 그 디자인과 재료에서 각각 사용의 목적이 드러난다.

의자의 목적과 그 의미를 악기의 의자를 예로 들어 설명한다면, 교회당에 있는 두 예배 악기, 피아노와 오르간의 의자를 비교하면 알 수 있다. 피아노는 한 건반과 발 아래에 세 개의 페달[11]이 있어 연주자가 손으로 건반을 연주하는 동안 발은 음악의 상황에 따라 세 페달 중 하나 혹은 두 개를 밟아준다. 이 일을 원만하게 하기 위하여 피아노 의자는 연주자의 앉은키에 따라 조정이 되는 중간 높이의 부드러운 의자이다.

---

[11] 피아노 페달에는 왼쪽에 soft pedal, 중앙에 sostenuto pedal 그리고 오른쪽에 sustain pedal이 있다. 제일 많이 사용하는 페달은 sustain pedal이다.

예전에는 딱딱한 의자도 있었으나 현대에는 대체로 쿠션이 조금 들어 있는 부드러운 그리고 미끄러지지 않도록 되어 있는 의자이다.

이에 비해 오르간은 한 손건반(manual)이 아니라 여러 손건반이 있으며 발로 연주해야 하는 발건반(pedal)이 있다. 이 발건반은 피아노 세 페달과 비교가 되지 않는 것으로, 서른 두 개의 음들이 있기 때문에 두 다리로 이 발건반을 연주한다. 그래서 발은 공중에 떠 있어 발건반을 누를 정도의 높이로 의자를 각자 조정하여 앉는다. 이에, 손건반과 발건반의 원활한 연주를 위하여 오르간 의자(organ bench)는 피아노 의자에 비해 높으며 길이 또한 피아노 의자의 거의 배 정도로 길다. 그리고 이 의자는 딱딱하고 약간 미끄러질 수 있도록 매끈한 나무 의자이다. 왜냐하면 오르가니스트는 이 의자에 앉아서 발건반의 음역에 따라 몸의 각도를 다양하게 바꾸어야 하는데 이를 위해서는 의자는 길어야 하며, 또한 미끄럽고 딱딱해야 아래 낮은 음이나 위의 높은 음을 누르기 위해 몸의 회전(pivot)이 잘 될 수 있기 때문이다. 이렇게 의자는 중요하다. 오르간 의자는 피아노에서는 너무 높아 연주가 거의 불가능하며, 피아노 의자는 오르간의 발건반 위에 걸쳐 놓을 수 없는 낮고 작은 의자이다. 이렇듯 의자는 각기 목적에 따라 만들어지며, 이렇게 해야만 그 목적을 제대로 달성하게 한다.

그럼 교회당의 의자는 어떤 것이 좋은가? 이것은 당연히 교회당의 목적이 무엇인가에 따라 의자가 결정된다. 교회당은 예배하는 장소이다. 사람이 예배할 때는 어떤 상태로 있는 것이 예배자의 모습 혹은 자세일까? 예배자는 어떤 사람인가? 예배자는 하나님께 자신을 내려놓고 겸손하게, 그러나 감사와 기쁨으로 하나님께 예배하는 사람이다. 이 사람은 푹신한 의자에 뒤로 기대어 다리를 꼬고 앉아 연극이나 음악을 감상하는 자세를 가질 수 없다. 음악 연주회장의 푹신한 의자에서도 가끔은 그 감상자가 음악의 어떤 순간에 온 몸이 집중되면서 똑바르게 앉아지는 때가 있다. 이때는 그 음악과 감상자가 하나로 통하면서 섬광이 비치는 것처럼 영감을 받을 때이다. 연주회에서도 이렇게 사람을 바르게 앉게 하는 순간이 있는 반면, 예배자는 하나님을 간절히 바라고 기다리는 사람이다. 그렇다면 당연히 예배자는 똑바로 앉아 하나님을 바라보고 예배의 모든 순간에 적극적으로 몸과 마음과, 영으로 동참하면서 예배의 행위(action)를 하는 사람이 아닐까?

이런 예배자의 목적과 자세에 가장 어울리는 의자가 바로 교회의 전통적인 긴 의자(long bench, pew)이다. 이 긴 의자는 13세기경 영국 교회에 들어오기 시작한 것으로 처음에는 벽을 따라 돌 의자를 길게 놓은 것이었으며, 점차 교회당 지금의 회중석으로 옮겨오게 되면서 등받이 모양을 함께 갖추게 되었다. 돌 의자에서 나무 의자로 교체되기 시작한 것은 14세기경으로 보이며, 15세기경에는 대부분의 의자는 나무 의자가 되었다.

하지만 이 의자가 좀 더 보편화 되는 시기는 종교개혁 이후부터이다. 종교개혁 이전의 가톨릭교회 예배에서는 성도들이 의자에 앉아 있는 시간이 길지가 않았으며, 미사 중에 성도는 주로 서 있는 경우가 많았다. 물론 당시 일반 성도가 앉는 의자도 거의 없었다. 미사의 중심은 성찬이었으며 설교가 길지 않았기 때문에 개신교회처럼 긴 설교를 듣기 위해 앉을 필요가 없었을 수도 있다. 이들의 예배를 보면 지금도 미사의 대부분은 서서 진행하는 편이다. 예를 들면 대부분의 기도와 성경봉독은 일어서서 참여하며, 찬송 역시 일어서서 찬양한다. 그리고 성찬을 받기 위해서는 성단 앞으로 이동한다. 그렇기 때문에 유럽의 가톨릭교회 미사를 가면 예배 시간 동안 서있는 시간이 예배 전체 시간의 많은 부분을 차지한다.

그런데 종교개혁 이후 개혁교회에서는 성찬보다 하나님의 말씀을 강조하면서 설교를 예배의 중심으로 가져왔으며 설교 시간은 길어지기 시작하였다. 그러면서 이 긴 의자(pew)는 성도로 하여금 똑바로 앉아서 하나님 말씀을 경청하도록 도와주었다. 이후에 이 긴 의자는 서서히 앉는 자리를 좀 더 부드러운 재료를 쓰기도 하며 의자 모양을 편안하게 디자인하기도 하였으나 전통적이고 보수적인 교회들은 대부분 등(back) 부분이 90도로 된 딱딱한 나무 의자를 유지해 왔었다. 참고로 전례를 행하는 가톨릭교회 등의 의자는 기도할 때 무릎을 꿇을 수 있도록 접이식 무릎대를 만들면서 현재까지 대체로 이런 의자를 성당에 배치하는 경우가 많다. 최근에는 모든 의자에 이것을 만들지 않고 첫째 줄 의자에만 만드는 경우도 있었다. 하지만 필자가 미국에서 5년 동안 오르가니스트로 있었던 성공회교회 예배당은 모든 의자가 이렇게 무릎을 꿇을 수 있도록 만들어져 있었다. 그들은 예배 중에 시시때때로 일어섰다 앉았다 하며 그리고 무릎을 꿇는다. 그래서 예배하는 사람은 바쁘다. 등을 의자에 대고 앉아 있을 수 있는 시간이 많지 않다. 이것이 예배이다. 기도의 대부분과, 성경 봉독, 회중찬송, 신앙고백, 봉헌에서 성도는 늘 일어선다. 그리고 성찬 시간에는 앞으로 나가며, 기도에 무릎을 꿇기도 하며, 본인이 성찬을 한 후 모든 사람의 성찬이 끝날 때까지 무릎을 꿇는다. 그러니 의자에 등을 대고 앉을 수 있는 시간은 10여분의 짧은 설교 시간과 성가대의 찬양 시간뿐이라 해도 과언이 아니다.

하나님께 예배를 드릴 때 어떤 의자가 적합한 것인가는 이미 이해가 되었을 것이다. 예배는 성도의 적극적인 동참(행위, action)을 통하여 하나님께 드리는 것이다. 즉 기도하고, 성경 읽고, 찬양하고 그리고 하나님의 말씀을 듣는다. 하나님의 말씀 선포를 포함하는 모든 예배 행위에는 당연히 예의가 필요하다. 우리는 드리는 사람이고 하나님은 받으시는 분이시다. 드리는 사람의 자세와 그 모습은 어떠해야 할까? 겸손하고 예의를 지키는 것이다. 예를 갖추어야 하는 대상 앞에서는 의자에 등을 편하게 기대고 느슨하고 편안한 자세로 앉지 않는다. 다리 역시 반듯하게 정자로 내리고 허리를 반듯이 세워서 똑바로 앉는다.

이런 자세를 도와주는 것이 바로 이 긴 의자이다. 긴 의자는 물론 등받이도 90도로 되어 있는 것이다. 뒤로 기대어서 편하게 앉게 하는, 등받이가 뒤로 젖혀진 의자는 좋지 않다. 이것은 우리가 예배에서 긴장을 하라는 의미가 아니라, 창조주이시며 구원자이신 하나님 앞에 우리가 피조물로서, 구원받은 성도로서 서 있는 자세일 때 가장 좋은 예배자의 모습이기 때문이다. 등이 90도로 된 딱딱한 나무 의자는 사람으로 하여금 정신을 집중하게 하고 맑게 해준다. 불교에서도 좌선을 할 때 90도로 정좌해서 하게 한다. 허리를 펴고 눈을 앞으로 향하고, 눈을 감든지 눈을 뜨든지 하나님을 바라볼 수 있는 몸의 자세로, 바른 마음과 영의 자세를 만들어 주는 것이 90도의 의자이다. 사람의 마음은 그 몸의 자세로 알 수 있듯이, 반듯한 자세에서 마음 또한 바르게 될 것이다. 우리의 흐트러진 모습에서는 올바른 예배가 나오기가 힘들다. 올바른 의자에서부터 사람의 마음과 정신은 바로 세워질 수 있다.

이에 비해 현재 새로 건축하는 교회가 종종 들여오는 극장용 푹신한 개인 의자는 어떤가? 이것은 예배당의 의자로는 적절하지 않다. 첫째는 이 의자는 공동 예배의 개념에서 많이 미흡한 의자이다. 개인 의자는 옆의 사람과 불편한 일이 적도록 해줄 수 있을지는 몰라도 공동 예배 혹은 성도의 연합이라는 의미는 많이 약화시키는 의자이다. 옆 성도의 따뜻한 체온을 느끼기 힘들며 오히려 이것을 피하고자 하는 의도가 들어 있는 것이 개인 의자이다. 이것은 교회에서 가장 경계해야 할 부분이다. 초대교회의 모습을 상상해보라. 그들은 한 집에서 자신들의 물건을 서로 통용하였으며 공동생활을 하기도 하였다. 우리나라 예전의 교회당 또한 의자가 없을 때 우리는 각기 옆 사람과 몸이 닿을 정도로 앉았었다. 현대에는 수련회나 특별한 기간 이외에는 공동생활이 힘들다고 하더라도 모든 성도가 함께 모여 예배하는 주일예배에서는 모든 것이 하나로 트인 상태로 예배하는 것이 이상적이다. 그런데 교회당에 와서 개인 의자에 앉아 개인적으로만 하나님께 예배하고 돌아가는 사람이 있다면 이 사람은 굳이 교회에 나오지 않고도 얼마든지 혼자 예배할 수 있는데 왜 교회 나오는지를 알 수 없는 사람이다. 단지 전체 분위기가 좋아 그 분위기를 즐기면서도, 자신은 하나님께도 그리고 옆 성도에게도 내어 놓지 않는 현대인의 차가운 인간성을 교회가 더 조장해서는 안된다. 주일예배는 한 교회의 성도가 모두 함께 연합하여 드리는 귀한 예배이다. 우리는 먼저 예수님과 연합하게 됨으로써 모든 성도와 또한 연합하는 사람이다.

> 만일 우리가 그의 죽으심과 같은 모양으로 연합한 자가 되었으면
> 또한 그의 부활과 같은 모양으로 연합한 자도 되리라(로마서 6:5).
> 보라 형제가 연합하여 동거함이 어찌 그리 선하고 아름다운고(시편 133:1).

예배 의자가 푹신하고 안락한 의자가 되어서는 안 되는 이유는 또 있다. 당연히 이 의자에 앉는 것은 예배자의 자세가 아니기 때문이며

이런 의자에 앉아서는 예배하는 마음이 결여될 수밖에 없다. 그리고 이 안락하고 푹신한 의자에 등을 기대고 앉아 있으면 예배자가 되는 것이 아니라 관람객이 될 가능성이 매우 높다. 강단 혹은 앞에서 예배 순서를 맡은 사람은 관람객을 위하여 기도를 해주고, 찬양을 해주고, 말씀을 해주는 서비스업계 사람으로 전락하게 될 수 있다. 예배자는 푹신한 의자를 기대하면 안 된다. 예배는 안락한 시간이 아니라 어느 정도 불편한 시간이 되는 것이 예배에 더 도움이 된다. 이것은 예전에 수도사들이 고행을 찾아서 했던 것과는 다른 것이다. 몸을 괴롭게 함으로써 예수님의 고난에 동참하고자 하는 것이 아니라 예배하는 자가 자신의 희생이 없이, 수고하는 바가 없이 하나님께 예배한다는 것이 가능한 것인지를 다시 한 번 생각해 보자는 것이다. 모든 가치 있는 일에는 수고가 따른다. 예배는 우리가 몸으로, 정신으로, 영으로 수고하는 시간이다. 그래서 예배의 어원에는 labor(노동하다, 수고하다)라는 뜻이 들어있다고 앞서 설명하였다. 그런데 역으로 노동이 안식이라는 교회의 오랜 말씀이 있다. 예배는 노동이지만 진정한 안식이기도 하다. 이것이 예배의 신비함이다. 예수님께서 안식일에 일하시면서 "아버지께서 일하시니 나도 일한다"(요한복음 5:17)고 하셨으며, 하나님의 뜻을 행하는 것이 안식일을 지키는 것이라고 말씀하신 것은 예배는 일이며 안식이기도 한 것이다.

이 안락한 개인 의자의 또 다른 단점은 이것은 사람의 정신을 풀어놓게 한다. 안락하고 푹신한 의자는 본래 사람을 쉬게 하기 위한 의자이다. 그래서 이런 의자는 성도가 예배에 집중하기 힘들게 만들며 결국은 세상의 여러 유혹의 생각 그리고 잠의 유혹을 받을 수 있다. 예배는 영으로 깨어 있는 가운데 드리는 것이다. 영이 깨려면 당연히 몸은 깨어 있어야 한다.

딱딱한 나무의 90도로 된 의자는 유럽의 많은 교회당에 아직도 자리하고 있다. 여기서 성도는 예의를 갖추고 앉아 하나님께 예배를 드린다. 기독교가 쇠퇴하였다고 하는 유럽의 교회이지만 아직도 그들의 자세는 진지하다. 적어도 교회 예배에 와서 편하게 앉았다가 가려는 그런 분위기는 아닌 것이다.

우리나라 대부분의 교회 의자는 푹신한 개인 의자는 아니지만 긴 의자로서, 대신 90도 등받이는 아닌, 등을 편하게 뒤로 기댈 수 있도록 뒤로 약간 각도가 있다. 그리고 의자 바닥은 딱딱한 것이 아니라 쿠션이 들어가 있는 의자가 많다. 이 의자는 푹신한 개인 의자에 비해 조금은 나은 편이지만 90도로 된 딱딱한 나무 의자에 비하면 안락한 편이다.

딱딱한 나무 의자는 결과적으로 교회당의 잔향을 좋게 만드는 요인도 된다. 푹신한 의자라는 것은 모두 소리를 흡수하는 재료로서 아무것도 없는 의자보다는 잔향에 좋지 않다. 가끔은 그 쿠션의 겉이 비닐로 되어 소리 흡수를 최소화하는 노력을 볼 수는 있다. 쿠션이 없는 나무 의자는 여름에는 시원하지만 겨울에는 차가울 수도 있다. 예전에는 동절기를 위하여 교회에서 작은 방석들을 준비하곤 하였으나, 최근에는 관리의 불편함을 이유로 모든 의자에 쿠션을 내장하는 것이다.

이 의자에 무릎을 꿇을 수 있는 무릎받침대를 설치하는 것을 고려해 볼 일이다. 가톨릭교회에서 이것이 서서히 줄어들고 있어 아쉬움을 준다. 개신교회는 성찬을 매주일 하지 않기 때문에 무릎을 꿇는 일이 거의 없다. 하지만 예배 가운데 기도와 묵상의 시간에, 특히 헌신의 기도 시간에는 무릎을 꿇는 일은 예배자로서 중요하고 의미 있는 순간이다. 이것을 위해 모든 의자는 아니더라도 부분적으로 이런 의자를 두는 것은 예배에 많은 도움이 될 것이다. 이런 의자가 예배당 안에 있다면, 성도들은 결국 이 의자의 위치를 알게 될 것이며 성도의 개인적인 상황에 따라 주일예배에서 원하는 사람은 그 의자에 앉게 될 것이다.

 푹신하고 안락한 개인 의자는 예배당의 의자가 아니다. 그 의자는 연주회장이나 뮤지컬 극장 혹은 영화관으로 보내야 한다. 우리는 예배에 와서 하나님 앞에 겸손하게 무릎을 모으고 똑바로 앉아 하나님께 예배할 것이다. 마음에서 자세가 나오고 그 자세에서 또 마음이 나온다. 그 자세는 바로 예배이다.

25. 예배당에서 성가대(찬양대) 좌석의 위치

예배당의 실내 디자인과 기물의 모든 배치는 하나의 목적, 즉 예배라는 목적에 따라 이루어진다. 이와 관련하여 앞의 글에서 악기의 배치에 대하여 논하였다. 그럼 성가대(찬양대)는 어떤 위치가 좋은가? 성가대의 목적과 의미가 무엇인가에 따라 당연히 성가대의 위치가 정해질 것이다.

성가대는 보다 예술적인 모습으로 하나님을 찬양하는 사람들이다. 모든 성도가 함께하는 회중찬송가는 구약성서의 성전 예배에서는 거의 없었다. 때에 따라 단순한 화답송 정도를 할 수 있었던 것이 당시 이스라엘 백성들의 역할이었다. 하지만 레위인으로 구성된 성가대는 성전 안에서 하나님의 명령으로 이루어진 것으로, 이것은 크나큰 특권이었다. 그들은 기술적으로 뛰어난 찬양을 하나님께 드린 것으로 성경은 말씀한다.

> **다윗은 또 레위 사람의 지도자들에게
> 노래하는 자들을 모아 성가대를 조직하고…**(역대상 15:16, **현대인의 성경**).

이들은 전문적인 예배음악인들로서 하나님께 아침, 저녁으로 찬양을 올렸던 사람들이다.[12] 이들은 성전 안에서 세마포[13]를 입음으로[14]

---

12 역대상 23:30 "또 아침 저녁으로 주님께 감사와 찬송을 드리며"(새번역).
13 세마포: 아마(모시, linen)로 만든 천을 말하며 이것은 제사장의 옷을 만드는 주요 재료였으며 성가대도 이 천으로 된 옷을 입었다. 신약성서에 나타나듯이, 예수님께서 돌아가시고 무덤에 묻히셨을 때 두르신 것도 이 세마포로 된 천이었다. "구푸려 세마포 놓인 것을 보았으나 들어가지는 아니하였더니"(요한복음 20:5, 개역한글).

일반 백성들과 구별됨이 나타난다. 이들은 제사장과 같은 레위인들로서 제사장들이 들어갈 수 있는 성전에 함께 들어갔었다. 하나님께서는 성전에서 섬기는 모든 사람을 같은 반열에 올려주셨다.

그럼 지금의 교회 성가대는 어떤가? 성전의 제사장과 나머지 이스라엘 백성이라는 개념은 개신교회에서는 만인제사장설로 바뀌었다. 모든 성도는 다 제사장으로서, 대제사장이신 예수 그리스도를 모시고 하나님을 섬기는 사람들이다. 하지만 예배에서 말씀을 전하고 찬양을 하는 역할은 나뉘어 있다. 그리고 지금의 성가대는 성전의 레위인 성가대처럼 전임 교회음악인이 아니며 하나님께서 혈통적으로 선택하신 족속 또한 아니다. 중세 교회나 바로크 시기 동안 성가대가 전임 음악인인 경우가 있었으나 하나님께서 선택하신 레위인은 아니었다. 물론 그들은 하나님의 부르심(소명)에 응답한 사람일 수는 있지만 레위인과는 다른, 즉 성전의 음악인들과는 다른 사람들이다.

성가대는 하나님의 명령으로 생긴 것이지만 현대에 와서는 성가대가 없는 교회도 있다. 하지만 이것을 하나님의 명령을 어기는 것으로 보기도 어렵다. 구약 성전의 예배 혹은 제사와 기독교의 예배를 함께 생각해 보면, 성전 예배의 핵심인 희생제사가 예수 그리스도의 죽음으로 완성되었기 때문에, 예배의 본질은 그대로이지만 방법면에서 기독교의 예배는 성전의 예배보다 이스라엘 회당 예배의 성격이 짙다. 회당 예배는 말씀 선포가 중요하였으며 성가대 없이 회중의 무반주 제창이 있었다.

어떤 과정을 거쳐 왔든지 성가대는 하나님을 찬양하는 사람들로, 구별되고 선택된 사람임에는 틀림이 없다. 그럼 이 성가대가 예배에서 하

---

14 역대상 15:27.

는 일은 무엇인가? 이들은 찬양을 통하여 하나님을 예배하는 사람들이다. 성가대는 묵도송, 기도송, 축도송으로 예배를 돕고 이끌며, 성가대 찬양곡으로 성도를 대표하여 하나님을 찬양하고 그리고 회중찬송가를 인도한다. 그렇다면 이 성가대는 예배당의 어떤 곳에서 찬양을 하는 것이 예배의 본질에서 볼 때 제일 좋을까?

성가대의 위치는 시대적으로 또한 교회적으로 몇 가지의 모습이 있다. 성가대는 예배당의 앞쪽 혹은 앞쪽 양옆 위 그리고 강대상과 회중석 사이 중간의 위쪽에 위치하는 경우가 있다. 이 경우는 모두 예배를 인도하는 측면이 강하다. 하지만 교회는 이 경우에 대부분 성가대가 잘 보이지 않도록 하였으며, 칸막이로서 스크린(screen)[15]이 중세 교회부터 여러 곳에서 사용되기도 하였다.

또한 성가대의 위치로 많이 알려진 곳이 choir loft라는 곳이다. 이곳은 2층 작은 발코니로서, 지금은 대체로 2층 뒤편에 성가대가 위치하고 있다. 이곳은 앞에서 설명한 choir screen이 있는 곳과는 음향적으로 다른 위치로서 유럽의 많은 교회는 여기에 오르간이 주로 설치되어 있다. 독일의 루터교회는 대체로 이곳에 성가대도 함께 둠으로써 오르간과 합창음악이 같이 연주되기 용이하도록 하였다.

앞에서 본 성가대의 다양한 위치는 각각 중요한 이유와 근거가 있다. 성가대의 주목적은 찬양으로 하나님을 예배하는 것이다. 예배자는 어떠해야 하는가? 자신을 내려놓고 하나님을 온전히 칭송하는 것이다. 이런 점에서 본다면 성가대 위치는 성도들에게 보이지 않는 것이 좋다.

---

15 성가대 스크린(choir screen): rood(십자가, 예수님의 십자가의 죽으심) screen이라고도 말하는 것으로 중세 교회부터 볼 수 있으며 예수님이 십자가에 달리신 모습의 십자가를 경계로 하여 그 뒤편에 성가대가 있었던 적이 있다.

성도의 눈에 사람이 들어오는 것은 예배 시간에 좋지 않다. 예배당에서 오직 하나님만을 바라보게 해줄 수 있다면 그 예배당은 최고의 예배당이다.

성가대의 찬양은 성도를 대표해서 하는 것이지만 동시에 성도와 함께 찬양하는 것이다. 그래서 찬양하는 모습이 보이지는 않을 수는 있어도 찬양 소리는 잘 들려야 한다. 그래서 회중찬송가의 경우 성도가 성가대의 인도하는 소리를 들으며 함께 용기를 가지고 찬양할 수 있으며, 성가대 찬양곡은 성도가 같이 부르지는 않지만 귀를 기울이며 함께 마음으로 찬양할 수 있다. 이런 경우는 성가대가 성도에게 직접적으로 보이지는 않더라도 앞쪽에 위치하는 것이 나을 것이다.

성가대가 부르는 예배 시작을 알리는 묵도송 그리고 기도송과 축도송의 경우는 성가대의 또 다른 역할이다. 이때 성가대는 회중과 함께 하면서 인도하는 것이 아니라 회중을 대신하여 혹은 집례자의 입장에서 예배의 순간을 더 영적으로 만드는 역할이다. 특히 축도송은 목회자의 축도를 더 강화시켜 주는 음악으로 제사장의 역할까지 감당한다. 이 경우 성가대의 위치는 예배당 앞쪽보다는 뒤쪽이 더 낫다는 생각이다. 성도들을 뒤에서 감싸면서 예배를 도와주고 성도를 축복하는 때이기 때문이다.

그리고 성가대의 위치에 중요한 요건이 되는 것은 성가대원의 예배 참여에 관한 것이다. 성가대원은 예배에서 주어진 역할과 함께 각자 스스로 예배자가 되어야 한다. 이것은 예배에서 순서를 맡은 모든 사람에게 해당되는 것으로 자신이 예배자가 되지 않으면서 하나님을 찬양하고 예배를 돕고 이끄는 것은 불가능하다. 그렇기 때문에 이 요건은 어떤 면에서는 성가대의 위치를 결정하는 제일 중요한 요건이 될 수도 있다.

성가대가 성도들에게 보이지 않는 위치는 예배에서 장단점이 모두 있다. 성도들에게 보이기 때문에 의식적으로 예배에 더 참여할 수도 있으나 오히려 성도들의 시선이 부담이 되어 하나님께 예배하는 데 방해를 받을 가능성도 있다. 성가대가 성도들에게 보이지 않는 경우도 마찬가지로, 보이지 않기 때문에 더욱 편한 마음으로 모든 것을 내려놓고 온전히 하나님을 예배할 수 있는 반면, 사람의 시선이 없으므로 예배 중에 완전히 딴 일을 하고 있을 가능성도 있다.

성가대의 위치는 성가대원 자신들만이 아니라 성도들에게도 중요하다. 사람은 인도자가 있으면 확실하게 안정감을 가진다. 왜냐하면 따라가기만 하면 되기 때문이다. 그리고 앞에서 모범을 보이는 성가대가 있다면 성도들도 좋은 본을 따를 수 있다. 그리고 함께 찬양할 때는 찬양이 더욱 힘과 활기를 얻을 수 있다. 이것은 예배를 인도하는 성가대의 역할이 성도에게 주는 영향이 크다는 것을 의미한다.

마지막으로 성가대의 위치를 결정할 때 중요한 것은 어떤 위치가 음향적으로 제일 좋으냐는 것이다. 소리는 그 공간에서 다양하게 직진과 반사를 하면서 최종적인 음향을 만들어낸다. 그래서 성가대의 위치가 예배당에서 어디일 때 가장 좋은 소리가 나느냐 하는 것이다. 물론 이것은 예배라는 것을 전제로 한 것이다. 성가대가 앞쪽에서 소리가 나면 직진적인 소리로 회중을 인도하는 일과 회중과 함께 한다는 의미에서 좋을 것이다. 성가대를 예배당의 중간 어느 곳에 두는 것은 성도와 함께, 성도 가운데서 성도를 대표하고 성도를 대신하는 중간자 역할이라는 의미에서 좋을 것으로, 소리도 또한 좋을 것이다. 예배당 뒤편 2층의 경우 소리는 바로 들리는 직접적인 감은 떨어지지만 2층과 뒤편이라는 위치로 인하여 소리가 위에서 내려오는 것으로 하늘의 소리 개념과 특히 성가대 송영의 경우 하늘의 천사들의 찬양과 같은 신령한 느낌을 가질 수도 있다. 하지만 회중과 같이 하는 음악인 경우 위쪽 뒤에서 나는 소리는 회중의 찬양에 비해 소리가 늦게 들릴 수 있다.

그럼 현재 교회 성가대의 위치는 어떠한가? 그야말로 다양하다. 중세 교회 건물을 많이 보존하고 있는 유럽의 가톨릭교회 대부분의 경우 보이지 않는 곳에 있다. 2층 발코니는 주로 오르간만 있는 경우가 많으며, 성가대는 특별한 경우 외에는 주일예배에는 많이 하지 않는 편이다. 영국 대성전의 경우는 성단과 회중석 사이를 연결하는 지점에 성가대석이 중간자처럼 있다. 하지만 독일 루터교회의 대부분은 2층 발코니에 오르간과 함께 자리하고 있다.

필자가 유학 시절 오르가니스트 혹은 성가대원으로 섬긴 미국 교회의 성가대 위치는 컬럼버스의 감리교회(North United Methodist Church, Columbus, Ohio)의 경우 강대상 위의 안쪽 양옆으로 있었으며, 성가대가 앉아 있을 때에는 회중석의 성도들에게는 거의 보이지 않으며, 일어서서 찬양할 때 약간 옆모습이 보이는 정도였다. 그리고 달라스의 감리교회(First United Methodist Church of Dallas, Texas)는 강대상 앞쪽 정면 전체를 차지하고 있었다. 그리고 장로교회(Highland Park Presbyterian Church, Dallas, Texas)의 경우는 강대상 위의 안쪽에서 디귿(ㄷ)자 형태로 성가대가 앉았으며, 이 위치 또한 성가대가 앉아있을 때는 회중석에서는 거의 보이지 않는다. 서서 찬양할 때는 옆모습이 조금 보이며 회중을 마주 대하고 있는 성가대원들 또한 강대상의 계단이 있어 회중석에서 성가대원이 그리 많이 보이는 편이 아니었다. 하지만 임시 오르가니스트로 반주한 장로교회(Park City Presbyterian Church, Dallas, Texas)의 성가대는 예배당 뒤쪽 2층 발코니, 즉 choir loft에 오르간과 성가대가 있었다. 그리고 5년 동안, 제일 오래 섬겼던 성공회교회(St. Andrew's Episcopal Church, Dallas, Texas) 성가대는 2층 choir loft에 오르간과 함께 성가대가 있었다. 그런데 필자가 교회를 정하기 전에 예배하러 몇 번 방문하였던 달라스의 침례교회(Park City Baptist Church, Dallas, Texas) 성가대는 예배당 앞쪽 정면 전체가 성가대원들이 회중을 마주보며 앉아 있다. 이것을 종합하면 미국 교회의 성가대 위치는 대체로 세 가지 유형으로, 첫째는 강대상 앞쪽이지만 성도들에게 직접적으로 보이지 않는 위치, 둘째는 성도들과 서로 마주보는 위치, 셋째는 예배당의 2층 뒤쪽으로 성도들이 보이지 않는 곳이다.

이 세 가지 위치의 장단점은 앞에서 설명한 내용들이 다 드러난다. 앞쪽은 당연히 성도와 함께 찬양하고 또 인도한다는 장점과 성가대 소리가 바로 성도들에게 직접적으로 전달되는 것이었다. 대신 성도들과 마주보게 되는 경우, 개인차가 있을 수 있겠지만, 필자는 예배드리는데 어려움이 조금 있었다. 성가대원으로서 성도들과 마주보며 앉아 있는 것은 불편함을 준다. 성도들은 성가대원을 쳐다보지 않는다고 하더라도 성가대원은 시선을 어디에 둘 지 힘들다. 예배당 제일 뒤편 먼 곳을 주시할 수도 있지만 여전히 성도들이 눈에 들어오기 때문에, 하나님 앞에서 내려놓고 편안한 마음으로 하나님만을 바라보며 예배하는 것이 쉽지 않았다. 그리고 성가대원들의 사소한 움직임이 성도들의 예배를 방해할 수 있기 때문에 이 또한 성가대가 정면에 위치하는 것은 어려움이 많이 따른다. 그런데 2층 발코니의 경우는 이와 극단적인 반대로 너무 편안하여 오히려 적절한 긴장으로 집중해야 하는 예배가 다소 느슨해지는 느낌이 있었다. 성가대원들도 마찬가지였다. 성도들과 따로 분리된 장소라서 그런지 여유 있고 자연스러운 음악이 되는 것은 좋았으나 예배에 깨어 있으면서 집중하는 것이 오히려 힘들 때가 종종 있었다.

성가대의 소리라는 측면에서 위치를 살펴보면, 앞쪽은 바로 직접적인 소리라는 점에서는 장점이 있으나, 2층 뒤편에서 울리는 소리는 더 교회적이고 신령한 점이 있었다. 성가대가 앞에 있을 경우 특히 찬양할 때의 모습을 성도가 보는 것은 함께 찬양한다는 의미와 또 그들의 찬양하는 모습을 보면서 은혜와 감동을 받기도 한다. 가끔 그런 광경을 통하여 천국에서 만백성들이 천군천사와 함께 하나님께 찬양을 하는 모습을 그릴 수 있어서 성도들에게는 감동의 순간을 선사할 수도 있다. 그럼에도 불구하고 성가대가 보이지 않는 가운데 가사를 생각하고 귀를 기울이는 것은 음악이라는 본질에서 볼 때 더 나을 때가 많다. 그리고 예배는 보는 것이 아니라 드리는 것이라는 것을 생각할 때, 찬양하는 사람을 직접 볼 때 생길 수 있는 인간적인 생각을 차단시키는 것은 성가대가 보이지 않는 위치의 제일 큰 장점이다.

위의 세 가지 위치 외에 또 하나의 위치가 있다. 그것은 회중석 맨 앞자리에 성가대가 앉는 것이다. 묵도송이나 송영의 경우 그 자리에 앉아서 혹은 일어서서 하며, 찬양할 때는 회중석 앞으로 나와서 성도를 향해 서서 찬양하는 것이다. 이 위치는 나름 위의 세 가지의 단점을 적게 하고 장점을 드러내는 것이기는 하지만 찬양을 위하여 성가대원이 앞으로 나와 줄을 서는 시간이 소요되며, 교회 본당 앞쪽이 성가대가 설 수 있는 계단으로 되어 있지 않다면 성가대 모습이 어수선할 수 있는 단점도 있다. 필자의 유학 시절에 달라스 한인침례교회의 성가대가 이렇게 찬양하였다. 그렇게 한 이유는 성가대원이 적어 미국 교회당의 큰 성가대석에 앉기에 어울리지 않았던 연유에서였다. 그리고 현재 필자의 계명대학교 대학교회에서 성가대가 이렇게 찬양한다. 계명대학교

대학교회는 성가대석이 회중석의 오른쪽 날개 부분에 있다. 하지만 그곳에서는 성가대의 소리가 잘 퍼져나가지 않았다. 그래서 성가대 위치를 회중석 앞 옆쪽에 회중석과 90도 각도의 위치에 의자를 놓아 찬양을 한 적이 있었으며, 지금은 회중석 앞줄에 앉아서 회중찬송가를 인도하고, 송영은 모두 서서 찬양하며, 성가대 찬양곡은 앞으로 나와 성도를 마주 보고 서서 찬양한다. 계명대학교 대학교회 성가대는 인원이 적어 앞으로 나와 준비하는 시간이 적게 들기는 한다.

지금까지 살펴본 결과 성가대의 위치는 한 가지만을 고집하기가 힘들다. 각 교회의 전통이 있을 것이며, 이에 따른 담임 목회자의 예배와 예배음악에 대한 철학도 중요할 것이다. 성가대의 역할에 따라서 함께 하는 것을 더 강조하게 되면 성가대는 앞쪽에 위치할 것이다. 하지만 예배자로서 서로를 방해하지 않으면서 온전히 하나님만을 바라볼 수 있는 예배를 원한다면, 성가대 위치는 예배당의 뒤쪽이나 옆쪽 등, 보이지 않는 곳이 좋을 것이다. 성가대는 예배를 인도하는 역할도 있지만 성가대원 자신은 바로 예배자라는 점에서 두 가지 요소는 함께 고려되어야 한다.

예배당 앞쪽 전면의 성가대를 좋아하는 성도들의 의견 대부분은 성가대가 천사들의 찬양으로 하나님 나라를 연상시키는 점을 가장 좋아한다. 이 땅에서의 예배가 천국의 예배와 연결된다면 더 이상의 모습은 없을 것이다. 그러나 동시에 지금까지 믿음의 선배들이 어떻게 찬양하였는가를 배우는 것도 중요할 것이다. 몇 백 년이라는 오랜 기간을 통해 교회에서 만들어진 전통은 교회에 가장 적합한 것들이었음이 체험적으로 증명된 것이다. 우리는 그들의 지혜를 배우며, 또 더 중요한 것은 성경에서 예배는 무엇이라고 말씀하시는가에 귀를 기울여야 할 것이다.

… 성가대원인 레위 사람 아삽과 헤만과 여두둔과
그리고 그들의 아들들과 친척들이
고운 모시 옷을 입고 제단 동쪽에 서서
제금과 비파와 수금을 타고 또 제사장 120명이 나팔을 불었다
(역대하 5:11, 현대인의 성경).

제2부
한국교회 예배음악

Ⅲ. 예배음악
Ⅳ. CCM(Contemporary Christian Music, 대중적 기독교 음악)
Ⅴ. 교회음악인

III
예배음악

26. 성스러운(sacred) 혹은 세속적인(secular)?*

음악 역사에서 음악을 교회음악(Sacred Music) 즉 교회 스타일(church style)과 세속음악(Secular Music) 즉 세속 스타일(secular style)이라는 두 가지 음악으로 나눈 적이 있다. 이 시대는 대체로 중세부터 바로크 시기까지이다. 이것은 기독교인이 이렇게 구분한 것이 아니라 음악 학자들이 구분했다는 것이 중요한 의미를 준다. 이렇게 음악을 구분하였다는 것은 이 시대는 교회음악과 세속음악의 구별이 가능했기 때문이라는 것을 증명하는 것이다.

교회가 세상의 중심이었던 당시, 교회음악이 작곡될 때는 교황이나 주교 등의 칙령, 즉 교회의 법에 따라 작곡이 제한을 받았으며 지켜야

---

* 이 제목은 Routley의 저서 *Music Leadership in the Church*의 35쪽에서 사용한 소제목으로, 현대의 교회음악에서 이 두 가지 성격이 첨예하게 도전을 많이 받는 것으로 필자도 이 제목으로 논제로 삼았다.

할 많은 원칙들 안에서 이루어졌다. 교회의 절대적인 경제적 그리고 음악적 후원을 받고 있던 이들은 교회의 생각에 배치되는 행동을 하지 않기 위하여 이러한 원칙들을 숙지하고 있어야 했다. 이것은 음악인의 자유로운 창작 정신을 훼손하는 의미라기보다 교회음악은 세속음악과 다를 수밖에 없으며 또 달라야 했음을 모두가 인정하는 의미로 볼 수 있다.

그 시대의 교회음악과 세속음악의 경계선은 수도원의 담(wall)이라는 말이 있을 정도로 당시의 교회와 세상의 음악은 그 스타일이나 모양에서 크게 달랐다.[1] 이런 다름과 차이는 선율과 가사에서 뿐만 아니라 음악적 스타일이나 작곡법 등에서 교회음악은 세속음악으로부터 구별되는("holy", separated) 것이었다. 한동안 가사는 성경과 예배책에서만 가져왔으며, 선율은 교회에서 부르는 성가(chant) 선율만으로 작곡할 수 있었다. 그리고 교회 안은 대체로 무반주 음악이었다. 이에 비해 교회 밖에서는 악기가 자유롭게 사용되었었다. 음악적 스타일 또한 교회음악은 단순하며 유연하고 서정적인 선율과 화성 중심인 반면, 교회 밖의 음악은 직접적이며 극적이고 리듬적인 성격을 더 선호하기도 하였다. 그래서 당시 세속음악에는 교회음악에 없는 춤곡이 많으며 이 춤곡에는 타악기들도 함께 사용되기도 하였다.

그러나 이런 제한도 시간이 흐르면서 서서히 무너지기 시작한다. 중세의 교회 합창음악 중에서 미사곡의 경우 세속곡의 선율을 인용하는 미사곡이 조금씩 등장하기 시작하는 것이다. 이것은 교회의 세속화와 무관하지 않다. 교회의 예배는 예배의 정신보다도 형식적으로 변하기 시작하였으며 교회음악인 역시 작곡할 때 교회음악에 대한 확고한 신

---

1 Erik Routley, *Music Leadership in the Church* (Abingdon Press, 1978), 14. "The boundary between the sacred and the secular was the monastery wall."

념보다는 세상에서 즐기는 것들과 적절히 섞기 시작하면서, 교회음악은 서서히 세속화의 길을 걷기 시작한다. 교회가 이런 틈을 열어 준 것은 역사적으로 보면 필연으로 볼 수도 있으나, 교회가 세상에 대하여 준비되지 못한 상황에서 세속 물결의 유입은 교회로 하여금 큰 변화를 직면할 수밖에 없게 만들었다.

이렇게 교회음악과 세속음악이라는 두 음악의 뚜렷한 구별은 가톨릭교회의 부패와 함께, 종교개혁 시기에 들어오면서 조금씩 무디어지기 시작한다. 급격한 개혁자인 칼빈(John Calvin, 1509-1564, 스위스)은 가톨릭교회의 모든 것을 반대하면서 예배에서 음악을 금지시켰다. 그러나 루터(Martin Luther, 1483-1546, 독일)는 가톨릭교회가 평신도들이 하나님께 직접 다가가는 권리를 그동안 제한한 것에 반대하여, 평신도 개인의 표현으로 예배를 드릴 수 있도록 많은 노력을 하였다. 그 중 하나가 루터의 코랄(Chorale)로서 성도가 예배에서 부를 수 있도록, 지금까지의 라틴어 가사를 독일어 가사로 하여 만든 회중찬송가이다. 이 코랄의 영향으로 예배에서 음악을 반대했던 칼빈 또한 그의 개혁교회를 위하여 운율 시편 찬송가(Metric Psalmody)를 만들었다.

개혁자들의 처음 의도와는 다르게 이 회중찬송가는 세속음악이 교회음악으로 유입되는 또 하나의 계기를 마련해 주었다. 그것은 그 동안 예배에서 찬송을 부르지 못하던 성도들이, 갑자기 찬송가를 부르게 됨에 따라 그들이 좀 더 쉽게 부를 수 있도록, 어떻게 보면 좋은 의도로, 교회 밖의 세상에서 부르는 선율을 교회 찬송 선율로 가져온 것이다. 이것을 음악적 용어로서 콘트라팍타(contrafacta)라 부르며, 이것은 이미 있던 선율에 새로운 다른 가사를 입히는 것이다. 이 일은 세속곡이 교회 안으로 공식적인 허가를 받고 들어오게 된 계기가 된 것으로, 이것이 교회음악의 세속화와 쇠퇴 그리고 혼란을 야기했다고 한다면 지금 그 개혁자들이 무엇이라 답할지 궁금하다. 물론 가톨릭교회에서도 세속 선율을 가져와 예배음악을 작곡하는 일들이 이미 생기기 시작한 것이 사실이지만, 교회를 개혁하고자 했던 개혁자들이 교회음악에서는 이와 역행되는 일을 한 것은 의외로 볼 수 있다.

이러함에도 불구하고 교회음악은 바로크 시기까지는 뛰어난 클래식 작곡가들에 의해 대체로 교회 스타일을 꾸준히 유지하면서 작곡되었다. 당시의 대표적 교회음악은 합창음악과 오르간 음악으로서 제일 발달된 지역은 독일이었다. 바로크 시기의 영국 교회의 음악은 어느 정도 안정은 찾았으나 독일에 비하면 크게 발달하지는 못하였으며, 프랑스의 가톨릭교회는 세속음악이 많이 발달하여 교회음악은 작곡가들에 의해 상대적으로 많이 외면당한 편이었다. 그러나 루터의 영향으로[2] 독일의 교회음악은 바로크 시기 최고의 전성기를 이루었다. 이 모든 것은 신앙심을 바탕으로 한 독일의 뛰어난 교회음악인들과 오르가니스트들의 노력으로, 특히 바흐(J. S. Bach, 1685-1750)는 음악사 전체를 통틀어 교회음악의 최고 진수를 보여준다.

음악의 모든 영역 중에서 현재까지 가장 교회적인 스타일을 유지하고 있는 음악은 오르간 음악과 합창음악이다. 합창음악은 교회에서 크게 발달한 것이었으나 서서히 세상 밖에서도 발달하기 시작하였다. 교회에는 항상 성가대가 있었기 때문에 합창음악이 발달하기 쉬웠으며 그 전통은 지금까지 이어진다. 그럼에도 불구하고 르네상스 시기로 들

---

[2] 루터는 음악을 신학 다음으로 중요하게 생각한 사람으로 루터교회는 일찍부터 뛰어난 작곡가들이 교회에서 활발하게 작곡 활동을 하였다. 바흐 이전의 대표적인 교회음악 작곡가는 M. Praetorius(1571-1621), H. Schütz(1585-1672)와 D. Buxtehude (1637-1707) 등이다.

어오면서 세속 합창음악이 크게 발달하면서 합창음악은 그 성격에서 서서히 나뉘기 시작한다.

이에 비하여 오르간 음악은, 약 10세기 경 교회로 오르간이 들어온 후부터 낭만 시기인 19세기 중반기까지 약 800년 이상을, 거의 교회에서만 연주되었다고 해도 과언이 아니다. 이렇게 오르간은 대부분 교회에서 연주되면서 예배 악기로서 정체성과 대표성을 가지며 발달해 온 악기이다. 오르간은 현대에 와서 연주회용으로도 사용되고 있지만, 여전히 교회의 스타일을 유지하는 것은 거의 천 년을 교회 악기로서 교회와 서로 동화되면서 가장 교회적인 악기가 되었기 때문에, 이것은 당연한 결과라고 할 수 있다. 그래서 합창음악은 소위 교회 합창음악(Sacred Choral Music)과 세속 합창음악(Secular Choral Music)으로 나뉠 수 있으나, 오르간 음악에서는 연주회용 오르간 음악이라고 하더라도 이렇게 두 가지로 분류하지는 않는다. 설령 연주회용과 예배용으로 분류를 한다고 하더라도 연주회용 오르간 곡은 오르간 전체 레퍼토리에서 차지하는 비중이 많지 않을 뿐만 아니라, 이 곡 또한 예배용 오르간 음악 성격이 함께 들어있는 경우가 많기 때문에 오르간 음악에서는 성(sacred)과 속(secular)을 구분하는 것은, 얼마 되지 않는 예외적인 곡들[3]을 제외하면, 거의 불가능하다고 할 수 있다.

교회음악에서 성악곡에는 합창음악과 회중들이 부르는 교회 노래(회중찬송가)가 있다. 루터교회에서부터 시작한 회중찬송가는 20세기까지 각 나라에서 다양한 변화와 발전이 있었다. 특히 20세기에 발달한

---

[3] 대표적인 곡이 헨델(G. F. Handel, 1685-1757)을 비롯한 몇 작곡가들의 오르간 협주곡과 춤곡 등이다. 이 곡들은 쳄발로(Cembalo)의 연주도 가능한 곡들이 많다. 그리고 오르간 곡의 제목이 교회와 전혀 무관한 곡들이 있다. 예를 들면 전쟁을 묘사하는 battala, march 그리고 세속 선율에 의한 곡들이 대표적이다.

젊은 층에서 부르는 기독교 노래는 교회 합창음악에까지 영향을 주게 되었다. 역사적으로 보면 교회 합창음악은 종종 세속적인 영향을 받았으며, 특히 낭만 시기의 교회 합창은 오페라의 영향을 많이 받으면서 교회 자체적으로 이것을 자제하려는 노력이 일어난 것도 볼 수 있다.[4] 19세기부터 20세기로 들어오면서 교회음악은 예배음악을 비롯하여 연주회용 교회음악, 전도집회와 기타 옥외 집회용 음악, 기독교교육 음악, 대중적 기독교 음악(CCM) 등 다양한 쟝르로 발전하면서 교회의 고유 성격이 세상의 것과 혼합되면서 교회음악의 정체성에 혼란이 오게 되었다.

그러면 현대에 와서 성스러운(sacred) 음악과 세속적인(secular) 음악을 어떻게 구분할 수 있으며 교회음악에서는 어떻게 적용해야 할까? 성경에는 하나님께서 이스라엘 백성에게 말씀하시기를 하나님을 예배할 때 너희들이 살고 있는 그 곳의 사람들이 자기들의 신을 섬길 때 하는 방식으로 그렇게 하나님을 예배하지 말 것을 말씀하셨다.[5] 이것은 무엇을 말하는가? 하나님께서는 우리의 예배는 세상의 것을 가져와서는 안 되며 세상 사람들처럼 하면 안 된다고 하시는 것이다. 이것을 현대의 우리는 어떻게 해석해야 할까? 교회의 것은 무엇이며 세상의 것은 무엇인지, 어떻게 이 세상에서 두 가지를 분리하는 것인가? 이것이 가능한 것인가?

---

4 시실리언 운동(Cecilian Movement): 이것은 가톨릭교회의 교회음악 개혁을 주도했던 것으로 19세기 후반 독일 Franz Xaber Haberl(1840-1910)이 협회의 회장이 됨으로써 운동의 중심 역할을 하였다. 계몽주의 운동에서 유래한 인간의 자유적인 해석과 과다한 표현으로부터 교회음악의 순수성을 회복하려고 하는 운동이다.
5 신명기 12:4, 31 "… 주 당신들의 하나님을 섬길 때에 이방 민족들이 그들의 신들을 섬기는 방식으로 섬겨서는 안됩니다. … 주님께서는 그들이 신들을 섬길 때 사용하는 모든 의식을 싫어하시고 역겨워 하십니다"(표준새번역 개정판).

이것은 참으로 어려운 질문이다. 전통이 오래된 서양의 교회에서는 그나마 전통이라는 것이 있어 교회음악의 스타일을 유지하고 있는 편이라 할 수 있지만, 그 전통이라는 것이 꼭 거룩한 교회의 모습이라고만 할 수 있는지 이것 또한 우리는 고민해야 한다. 그럼에도 불구하고 몇백 년을 지나오면서 믿음의 신앙인들에 의해 검증된 것들이 전통으로 내려오는 것을 생각한다면, 교회의 전통이라는 것은 의미 있고, 가치 있는 것으로 가장 교회적인 것으로 인정할 수 있다. 구약성서의 레위인들의 음악은 엄격한 규율과 하나님 말씀의 직접적인 간섭으로 이루어진 것으로 구별되고(holy), 성스러운 음악이 되었으며, 중세 교회 또한 엄격한 교회의 율령과 교회 중심의 사회라는 점을 생각할 때 그 당시의 교회음악은 좋은 교회의 전통이 될 수 있다. 그리고 당시 교회음악은 세상의 음악보다 뛰어났기 때문에 교회만의 성스러운 특징을 유지하는 것이 가능하였으며, 이에 세상은 자연스럽게 교회의 영향을 받게 되는 결과가 되었다.

하지만 지금의 사회는 어떤가? 지금의 세상은 하나님께서 이스라엘 백성을 다스리던 시대가 아니며 중세처럼 교회가 세상에 영향을 주던 교회 중심의 사회도 아니다. 그리고 지금 교회는 이 세상에 있으면서 오히려 세상의 위협에 거의 무방비 상태로 노출되어 있다고 해도 과언이 아니다. 교회는 예전처럼 세상에 좋은 영향을 주지 못하고,[6] 세상의 질타를 받는 경우도 종종 있다. 교회음악 또한 예전의 영광을 잃은 지 오래 되었으며 정체성을 상실해 가고 있다. 특히 우리나라 교회음악은 전통과 기본(foundation)이 없는, 즉 뿌리가 없는 나무 같아서 세상의 풍조에 따라 흘러가고 있으며, 균형과 절제함이 결여되어 기울어진 배

---

6 마태복음 5:13 "너희는 세상의 소금이니…."

가 표류하는 모습 같다. 교회음악에서 무엇이 교회적이고, 즉 무엇이 성스러운 것이고 무엇이 세속적인 것인지 구별하는 능력도 잃은 것 같다.

성(sacred)과 속(secular)을 현대 사회에서 구분하는 일은 힘들 뿐만 아니라 어리석은 일일 수 있다. 많은 사람들은 뭐 하러 그렇게 구분하며 사느냐고 반문한다. 하지만 하나님께서는 우리가 이 세상과 다르기를 원하시며 이 세상과 구별되어서 살기를 원하신다. 그렇다면 우리의 교회음악은 이 세상의 음악과 달라야 하지 않겠는가? 하나님께서 원하시는 거룩하고 성스러운 것은 무엇인가?

> 너희는 이 세대를 본받지 말고 오직 마음을 새롭게 함으로 변화를 받아
> 하나님의 선하시고 기뻐하시고 온전하신 뜻이 무엇인지
> 분별하도록 하라(로마서 12:2).

하나님은 이 세대를 본받지 말라고 하신다. 성스러운 것은 우선 세상과 다른 것이라야 한다. 이 세대의 특징이 무엇인가? 성경은 이 세대의 특징을 다음과 같이 말씀한다.

> 사람들이 자기를 사랑하며 돈을 사랑하며 교만하며 비방하며
> 부모를 거역하며 감사하지 아니하며 거룩하지 아니하며(디모데후서 3:2).

이 말씀으로 현재 교회와 교회음악을 진단할 수 있다. 지금의 교회음악은 하나님이 좋아하시는 음악에 관심이 없고 사람이 좋아하는 음악에 관심이 많은 것 같다. 그래서 사람이 좋아하는 음악을 교회에서 연주한다. 필자가 자주 드는 예가 있다. 예배에서 하나님께 드리는 음악을 자녀가 부모님께 드리는 음식으로 비유한다면 이런 경우 자녀들

만 음식을 즐기고 진작 음식을 드셔야 하는 분은 즐길 수 없는 경우라고 하면 너무 심한 말일까? 그리고 그 음식이 어른이 좋아하는 음식인지 관심을 가지는 사람이 얼마나 있는지 의문스럽다. 부모님 생신 상을 차리는 자녀는 먼저 알아보아야 할 것이 있다. 부모님이 좋아하는 음식과 식성을 알아야 할 것이다. 무엇을 좋아하시는지, 치아는 괜찮으신지, 어떤 음식에 알레르기가 있는지 등. 이것은 물론 부모와 늘 친한 관계를 유지한 자녀라면 평소에 다 파악하고 있을 것이다. 그러면 거기에 맞게 상을 차린다. 치아가 안 좋다면 딱딱하고 질긴 음식은 피할 것이 당연하다. 만약 그 자녀가 자신이 좋아하는 갈비구이 등 딱딱한 음식을 치아가 좋지 않은 부모님 생신 상에 차린다면 그 상차림이 부모님을 위한 상차림이 될 수 있을까? 부모님의 상태는 안중에 없고 자녀들 자신이 좋아하는 음식만 잔뜩 차린 부모님의 생일 밥상을 상상해보라. 지금 우리의 예배가 그렇지 않다고 장담할 수 있겠는가?

　이런 음악은 로마서 12장 2절에 따르면, 하나님을 기쁘시게 하는 것은 고사하고 근심하시게 한다. 그리고 사람은 이미 돈을 너무 사랑하지 않는가? 교회도 마찬가지이다. 교회는 돈이 많은 사람을 좋아하며, 또한 많은 일을 돈으로 하려고 한다. 믿음과 헌신보다는 돈으로 사람을 사와서 하는 일이 이제는 거의 세상처럼 되어버렸다. 또한 사람은 교만하다. 하나님의 말씀에 순종하지 않고 교회에서 세상적인 계산을 하며 인간의 의견을 하나님 말씀보다 앞세운다. 교만은 인간의 자랑을 동반한다. 그리고 우리는 예배를 평가하며, 또 음악을 평가하고 서로 비방한다. 부모를 거역하는 이 세상 풍조는 만연하며, 하늘의 아버지께도 우리는 거역한다. 그리고 감사하는 사람이 줄어들고 있다. 감사하는 사람은 욕심을 내지 않는다. 하지만 현대는 탐욕이 가득한 세상이다. 감사하지 않고 끊임없이 더 바라기만 하는 이 세상의 가치는 이미 교회 안에 다 들어와 있다.

마지막으로 가장 중요한 것이 바로 거룩하지 않는 것이다. 우리 성도는 이 세상에서 거룩한가? 이 세상과 분리되고 떨어져 사는가 하는 것이다. 우리는 세상을 사랑하여 세상을 즐기지 않는가? 음악에서 거룩함이란 무엇인가? 세상 음악과 다른 음악이라는 의미이다. 세상 음악과 똑같이 생겼으면서도 거룩한 음악이라고 주장하는 사람들이 너무 많다. 이제는 거룩도 하나님이 말씀하시는 거룩이 아니라 인간이 만든 거룩이 되어버렸다. 겉이 중요한 것이 아니라 안이 중요하다고 부르짖으면서 겉은 세상의 것을 가져왔다. 이것이 가능한 논리인가? 성전은 겉과 안이 다 거룩한 것이었다.

이 모든 것은 예배음악과 직접 관계가 있다. 자기를 사랑한다는 것은 하나님 중심의 예배음악이 아니라 사람 중심의 음악이라는 것이다. 대중적 기독교 음악, 즉 CCM(Contemporary Christian Music)이 바로 그 대표적인 음악으로 사람이 좋아하는 음악이다. 그래서 세상에서부터 교회에 들어왔다. 사람이 좋아하지 않는다면 이런 대중음악 스타일의 노래가 교회 들어올 이유가 없지 않는가? 이 CCM에 대해서는 다시 구체적으로 논의할 것이다. 그리고 교회는 돈을 사랑한다. 그래서 가능한 한 세상 것들로 교회를 치장하려고 한다. 비싼 영상, 비싼 악기, 비싼 강대상 등등 재정만 허락한다면 이렇게 치장한다. 돈으로 사는 것은 물건뿐만 아니라 음악인들도 그렇다. 교회는 종종 돈으로 음악인을 사기도 하며, 돈 때문에 교회에서 연주하는 사람들도 있다.

그리고 교회에는 교만한 음악인들이 많이 있다. 자신의 음악적 기교를 드러내는 연주는 물론, 화려하게 음악을 치장하여 자신의 교회음악을 자랑하며 내보인다. 악기는 가능한 한 많은 악기를 동원한다. 이들이 전문적으로 연습이 덜 되었더라도 큰 것을 자랑하고 많은 것을 자랑한다. 악기도 가능하면 대형으로 구입하며 이것을 자랑하기 위하여 강대상 중앙이나 사람들에게 가장 잘 보이는 곳에 위치하게 한다. 이 얼마나 하나님께 교만인가? 어느 합창지휘 교수의 얘기로서, 그는 교회에서 예배음악은 암보(暗譜)보다는 악보를 들고 하는 것이 낫다고 하였다고 한다. 그 이유는 암보하면서 고개를 들고 자랑스럽게 노래하는 것보다는 겸손하게 손에 악보를 들고 부족한 모습에서 찬양하는 것이 찬양하는 사람의 자세에는 더 좋다는 것이었다. 이것은 암보 여부의 차원을 떠나서 음악하는 자(찬양하는 자)는 하나님 앞에서 겸손한 자세가 가장 중요하다는 의미로 이해할 수 있다.

그리고 우리는 서로의 음악을 평가한다. 하나님께 좋은 음악을 드리기 위함에서가 아니라 서로의 인간적인 기술을 평하며, 혹 실수가 있을 때는 심하게 비평하는 경우도 있다. 하나님께 드린 음악을 인간이 이래라 저래라 하면서 평을 하는 것은 단순한 비방을 넘어서 하나님께는 죄다. 그리고 감사하지 않는 것은 현대인의 특기이다. 우리가 드리는 찬송은 참으로 귀한 것이다. 그런데 성도는 이 찬송을 별로 감사하지 않는 것 같다. 회중찬송가는 평신도가 부르기 시작한지 이제 겨우 500년이 된다. 물론 초기 기독교회에서 성도들이 함께 불렀으나 많이 발달하지는 못했었다. 그러므로 이 회중찬송은 성도의 특권이며 축복이다. 우리는 찬송할 수 있다는 것을 늘 감사해야 한다. 그리고 언제든지 마음 놓고 하나님께 찬양할 수 있는 이 시대, 이 나라 또한 감사해야 한다. 우리가 드리는 회중찬송가와 성가대 찬양은 참으로 귀한 것이다. 우리는 매주일 감사함으로 찬송을 부를 것이며 또한 성가대와 함께 같은 마음으로 찬양할 것이다.

거룩하지 않다고 한 말씀에서 우리의 교회음악은 어떤가? 우리의 교회음악은 거룩한가? 거룩(holy)이라는 것은 이 세상과 분리되고 떨어졌다는 의미이다. 그리고 순수하고 깨끗한 것이라는 의미이다. 그럼 우리의 교회음악은 이렇게 거룩한가? 세상 음악과 분리되고 떨어졌는가? 그리고 순수하고 깨끗한 음악인가? 지금의 교회음악은 세상 음악과 거의 똑같이 생겼다. 그래서 이 음악을 반주하는 대중음악 악기가 교회 안에 들어온 것이다. 교회음악은 하나님의 말씀으로 돌아가야 한다. 성경으로 돌아가서 거룩하게 되어야 한다. 이 세상 음악을 닮은 것이 아니라 하나님을 닮아야 한다. 하나님을 닮은 음악은 지금도 작곡될 수 있다. 사람이 좋아하는 것을 잠시 멈추고 하나님께서 무엇을 좋아하시며, 하나님의 성품에 어울리는 음악이 어떤 음악인지 고민하고 연구해야 한다.

교회음악은 교회만이 가지는 특성이 있어야 교회음악이라 할 수 있다. 세상 음악과 섞여서 구분이 되지 않는 음악이라면 교회의 고유 특성을 잃은 것이며 거룩한 것이 아니다. 세상과 달라야 하는 것은 하나님의 명령이며, 놀랍게도 그리고 다행으로 이 세상도 교회라고 하면 다른 것을 기대한다. 그런데 우리는 스스로 세상과 같아지려고 하는 것이 웬일인가? 클래식 음악인들로부터 교회음악은 거룩한 음악이라는 인정을 받을 수 있어야 한다. 이 세상의 음악을 두 가지로 나누는 것은 현 시대에 맞지 않을 수도 있다. 하지만 성경 말씀에 비추어 보면 우리가 세상과 달라야 하듯이 교회음악은 세상의 음악과 달라야 하는 것은 필연이다. 세상 음악의 특징은 이어서 계속 논의될 것이다.

27. 소음을 그치라! 대신 정의를 하수같이!

한국교회의 교회음악을 향해 하나님께서 이런 말씀을 하실까 두렵다. 아모스 5장 23절 말씀이다.

> Take thou away from me the noise of thy songs;
> for I will not hear the melody of thy viols.
>
> 네 노래 소리를 내 앞에서 그칠찌어다
> 네 비파 소리도 내가 듣지 아니하리라(개역한글).
>
> 시끄러운 너의 노랫소리를 나의 앞에서 집어치워라!
> 너의 거문고 소리도 나는 듣지 않겠다(표준새번역 개정판).

이 말씀은 드고아의 목자 아모스 선지자가 이스라엘 백성을 향해 선포한 하나님의 말씀이다. 이것은 범죄한 이스라엘과 유다에게 하나님의 심판을 경고하면서 이스라엘의 회개를 촉구하는 말씀으로 교회음악을 하는 사람은 이 말씀을 항상 가슴 한가운데 심어 놓고 늘 기억해야 할 말씀이다. 우리가 하는 찬양이 하나님께 '소음'일 수 있다는 것은 참으로 경고 중의 경고이다.

한국교회의 음악은 외형적으로는 커졌다. 아주 작은 교회를 제외하면 대부분의 교회에 성가대가 있으며, 큰 교회인 경우는 백 명이 넘는 성가대원이 있으며 예배 횟수를 감안하면 수 백 명에 이르는 교회도 있다. 교회 악기로는 기본적으로 피아노가 있으며, 오르간도 많은 교회에 있다. 최근에는 파이프 오르간도 서서히 들어오고 있어 교회음악이 발전하고 있다는 느낌도 가질 수 있다. 이 외에도 교회는 가능하기만 하면 다른 악기도 예배에서 사용하는 것을 좋아한다. 즉 교인 중에 악기를 연주하는 사람이 있다면 예배에서 함께 연주하기를 원한다. 그리고 그것이 불가능하면, 교회는 재정이 허락하는 대로 연주료를 주면서도 악기 연주자들을 고용한다.

그래서 한국교회는 교회의 크기와 재정에 따라 음악의 규모는 천차만별이라 할 수 있다. 이에 비해 서양의 교회는 교회의 규모와 관계없이 교회 악기는 거의 동일한 것으로 오르간이 주로 예배를 담당한다. 교회가 크다고 해서 더 많은 악기를 들이지 않는다. 물론 교회당의 크기에 따라 오르간의 크기가 달라지는 것은 자연스러운 일이다. 그런데 문제는 우리나라는 교회의 재정에 따라 악기 연주자들이 달라진다는 것이다. 교회간의 빈부 격차라는 말은 있을 수 없는 일이지만, 이것으로 교회 악기의 규모가 크게 차이가 나는 것은 교회가 세상과 똑같다는 점에서 바람직한 것만은 아니다.

그런데 우리가 이렇게 많은 인원과 악기를 동원하여 아름답게(?) 하나님을 찬양하였다 하더라도 하나님의 관심은 아름다운 음악에만 있지 않다는 것이 아모스서의 말씀이다. 소리만 아름다운 것은 하나님을 기쁘시게 할 수 없다는 것이다. 교회음악인의 목표는 하나님을 영화롭게 하는 것이다. 그런데 하나님께서 좋아하시지 않는다면 그것은 헛수고이다. 뭐 하러 그런 수고를 하느냐는 것이다. 이 세상에서 불쌍한 사람들을 구제하고 공의와 정의를 실천하지 않으면서 음악에 많은 것을 투자한다면 그 시간과 물질은 허공에 날려 버리는 것과 같다고 하나님은 말씀하신다.

하나님께서는 천지를 창조하시고 보시기에 좋았더라고 하셨다.[7] 하

---

[7] 창세기 1장 4절(첫째 날, 빛), 10절(셋째 날, 육지와 바다), 12절(셋째 날, 땅의 풀과 채소

나님께서 창조하신 이 세상은 참으로 아름다운 것이었으며 하나님은 흡족하신 것이다. '좋았더라'고 한 말씀은 영어 성경에는 'good'이라고 기록되어 있다. 이것은 그냥 좋은 것만이 아니라 '선한' 것이었다는 사실이 중요하다. 하나님께서는 선한 것을 좋아하시며 모든 것을 선하게 만드시기를 원하신다. 기독교 예술 작품은 예술가의 눈이나 귀에 좋은 것이 아니라, 그리고 사람에게 좋은 것이 아니라 하나님께서 보실 때, 하나님께서 들으실 때 선한 것, 좋은 것을 목표로 하는 것이다. 그런데 교회에서는 '성도들이 보기에, 성도들이 듣기에 좋았더라'에 관심이 많은 것 같다. 이것은 위험한 것으로서, 성도들이 그 음악이 좋아서(good) 좋아하는(like) 것인지가 불분명하다.[8] 왜냐하면 사람은 선한 것을 구분하는 것에 약하기 때문이다. 그리고 사람은 선한 것만 좋아하는 것이 아니라 선하지 않은 것도 좋아한다. 그렇기 때문에 '성도들에게 좋았더라'는 것이 하나님의 뜻에 적합한 것인지 우리는 다시금 점검해야 한다. 사람만이 좋아하는 음악이라면 이 음악의 정체는 무엇이겠는가?

하나님께서 소음을 그치고 공의(judgement)와 정의(righteousness)를 베풀라고 하신 말씀을 음악인들은 어떻게 적용할 수 있을까? 그리고 하나님께서 인정하시는 음악은 어떤 음악일까? 이것은 첫째로 음악인의 공의롭고 정의로운 삶을 생각할 수 있다. 야고보서 3장 10절에 "한 입에서 찬송과 저주가 나오는도다 내 형제들아 이것이 마땅하지 아니하니라"라고 말씀하셨다. 그리고 이어서 11절에서 "샘이 같은 곳

와 나무), 18절(넷째 날, 두 큰 빛과 별들), 21절(다섯째 날, 물속의 생물과 공중의 생물), 25절(여섯째 날, 땅의 짐승), 31절(여섯째 날, 사람, 모든 창조물을 보시고 "매우 좋았더라" 하심).

8 김춘해, "기독교와 예술", 오우성 외 지음, 『정신문화와 기독교』 (계명대학교출판부, 2000), 181.

에서 단물과 쓴물을 낼 수 없다"라고 하신다. 야고보서 3장은 사람의 혀(말)에 대하여 경고하고 있는 곳이다. 이것은 노래를 하는 사람에게만 해당되는 것이 아니다. 하나님의 공의와 정의의 삶이라는 것은 하나님의 말씀을 순종하는 삶이다. 하나님은 언제나 정의로우시며, 이 정의를 약자를 위하여 사용하시는 분이시다. 모든 인간은 근본적으로 약자이다. 자신이 약자인 것을 모르는 사람들은 자기 눈에 약자로 보이는 사람들만이 약자인줄 안다. 이것은 매우 어리석은 것이다. 아담이 선악과로 죄를 범한 후 인간은 지금까지 모두 약자이며, 약한 사람이다.

그러나 하나님께서는 인간이 약하지만 이 세상에서 우리의 것을 선택하면서 살 수 있도록 해주셨다. 그래서 우리는 늘 선택한다. 칭찬할 수도 있고 비난할 수도 있는 것은 사람의 특권이기도 하다. 성도는 교회에 오면 하나님을 칭찬, 즉 찬양하는 선택을 한다. 이것이 바로 찬양이며, 찬양은 축복하는 것이다. 축복하는 마음은 사랑하는 마음이다. 그런데 하나님께 찬양하는 사람들이 형제를 비난하기도 한다. 그래서 위의 말씀에서 한 입에서 축복과 저주가 나온다고 한 것이다. 사람은 이렇게 약하다. 그리고 눈에 보이는 형제를 사랑하지 못하면서 보이지 않는 하나님을 사랑한다는 것은 거짓이라고 성경은 말씀하신다. 사랑하는 것은 하나님의 정의를 이루는 것이다. 십자가가 바로 하나님께서 정의를 이루시는 방법이셨기 때문이다.

> 누구든지 하나님을 사랑하노라 하고 그 형제를 미워하면 이는 거짓말하는 자니 보는 바 그 형제를 사랑하지 아니하는 자는 보지 못하는 바 하나님을 사랑할 수 없느니라(요한1서 4:20).

교회음악에는 사랑에 대한 주제가 많다. 우리는 늘 사랑의 노래를 부른다. 하나님 사랑을 비롯하여, 십자가의 사랑, 이웃에 대한 사랑, 믿지 않는 자들에 대한 선교사적 사명의 사랑 등 예배에서 우리는 늘 사랑을 노래한다. 그런데 입으로만 노래하고 그 마음에 진정한 사랑이 없으며 또한 그 사랑을 실천하지 못하고 산다면 하나님께서 "이제 그만 부르거라. 듣고 싶지 않다"라고 말씀하실 수도 있다는 것이다. 하나님께서는 우리에게 약자와의 관계에서 정의를 더 찾으실 것이다. 우리가 이웃을 사랑하지 않음으로 우리의 음악을 통해 거짓말하게 되는 일은 늘 있을 수 있다.

두 번째로 하나님의 정의와 공의가 음악에서 주는 영적인 의미를 찾아보면 음악인의 전문적인 양심이다. 교회음악인이 하는 음악은 바르고 의로우며 선한 음악이어야 하는 것으로 곡의 선정이나 곡의 연주에서 바른 판단(judgement)과 의로움, 즉 선함이 필요하다. 여기서의 공의는 선함이나 정직으로도 해석될 수 있다. 교회음악인들은 성도 앞에서가 아니라 하나님 앞에서 바르고 정직해야 한다. 이 바르고 정직하게 연주하는 것은 최선을 다할 때만 가능하다. 잘 준비되지 않았을 때는 정직하기가 힘들다. 그래서 준비가 되지 않았을 때는 대충(?) 하는 더 큰 잘못을 하는 것이다. 교회의 음악인들은 늘 유혹을 받을 수 있다. 그것은 성도들은 음악을 잘 모른다는 것이다. 연주회장에 돈을 내고 티켓을 사서 들어오는 청중은 대체로 음악에 대한 지식이 있는 사람들이다. 그리고 그들은 혹독하게 평을 할 수도 있으며, 할 권리도 있다. 그리고 다른 연주자와 비교하기도 한다. 그래서 이런 연주회장에서의 연주는 연주자들에게 큰 시험과 같은 것으로서 최선을 다하여 열심히 준비한다.

교회에서 연주하는 음악인이 실제로 "성도들 중에는 우리가 틀린 것을 아무도 몰라요"라고 하는 말을 들은 적이 있다. 이 얼마나 무서운 말인가? 첫째 이 사람은 예배 중의 연주는 하나님께 드리는 찬양이라는 것을 모르든지, 아니면 잊은 사람이다. 하나님께서 다 아시는데 이런 말이 가능하겠는가? 이것은 그 음악은 하나님께 드린 음악이 아니라 사람을 위하여 한 연주라는 말 밖에 되지 않는다. 그리고 둘째는 설령 그 사람이 하나님을 잊고 사람을 생각했다고 하더라도 그런 연주는 음악 전문가의 양심에 어긋나는 일이다. 연주자에게는 청중이 한 사람이 더라도 혹은 어린 아이라 하더라도 그 연주는 진지하고 신중한 것이다. 이것이 연주자의 전문적 양심이고 또한 사람으로서도 기본 양심이다. 그런데 이렇게 사람의 양심과 연주자의 전문적 양심을 떠난 연주는 사람에게도 '소음'일 뿐이다. 그것을 사람이 알든 모르든 그 음악은 이미 '소음'인 것이다. 연주자 자신에게 이미 소음이며 듣는 사람에게는 소음이 전달될 뿐이다.

교회의 성도는 음악에 식견이 있는 사람도 있지만 더 많은 사람들은 음악을 잘 모른다. 그리고 식견이 있는 사람이라고 하더라도 예배 시간의 음악은 연주가 아니라는 것은 적어도 안다. 그래서 교회음악에 대하여 성도들이 가지는 기대는 '은혜로운 음악'이라는 점이다. 이 은혜로운 음악이라는 것은 성경 어디에도 없다. 은혜라는 것은 기독교에서 가장 귀한 말 중 하나이다. 은혜가 없으면 기독교는 존재할 수 없을 만큼 은혜는 기독교의 핵심이다. 구원은 십자가의 은혜로 이루어진 것으로 성도는 이 단어에서는 특별히 유의해야 한다. 그런데 '은혜로운'이라는 단어는 교회 안에서 긍정적인 면과 부정적인 면 두 가지로 쓰인다. 즉, 그 찬양이 정말 영적이고 감동적이어서 은혜롭다고 표현할 때도 있지만, 연습할 때 주로 나오는 이 단어는 연습을 적게 해도 실제 찬양에서 '대충' 잘 넘어가면서 하는 것을 은혜롭게 찬양했다고 할 때도 있다. 그래서 '부족하지만 은혜롭게'라고 말하면서 이 귀중한 말을 값싸게 사용하는 오류를 범한다. 은혜라는 말을 이렇게 사용할 때 하나님의 마음은 얼마나 아프실까 생각해 본 적이 있는지 모르겠다. 은혜는 생명을 내어 놓았을 때 쓸 수 있는 단어이다.

하지만 성경에는 '은혜로운 음악' 대신에 기교적이고 기술(skill)적인 음악9이라는 것은 있다. 교회에서 연주되는 음악은 기술적으로 연주되어야 한다. 이것은 하나님께서 원하시는 것이다. 시편 33편 3절에 "새 노래로 그를 노래하며 즐거운 소리로 아름답게(skilfully) 연주할지어다"라고 말씀하신다. 이렇게 되기 위해서는 준비가 된 연주만이 가능하며 이때 정직한 연주가 될 것이다. 정직하고 선한 연주는 그냥 되는 것이 아니다. 연주자의 고된 훈련과 정성만이 이 일을 이룰 것이다. 그리고 하나님께 대한 사랑이 삶에서 나타날 때 가능한 것이다.

하나님의 공의와 정의에서 마지막으로 생각할 수 있는 것은 희생이다. 하나님의 정의는 누구를 혹은 어떤 것을 무너뜨리면서 세우시는 것이 아니다. 하나님은 이 세상에서 정의를 이루시기 위하여 결국 독생자 예수 그리스도의 십자가라는 희생을 선택하셨다. 인간을 사랑하셔서 용서하시되 대가를 치루시지 않고는 하나님의 공의와 정의를 세울 수가 없기 때문에 예수님의 십자가가 그 희생제사가 된 것이다.

그러면 이것은 예배음악에서 무엇을 의미하는가? 정의와 공의를 이루는 것은 결국 음악인의 희생이 전제되어야 한다. 정직한 연주를 위하여 고된 훈련과 준비의 시간이 필요한 것과 동시에 이것은 결국 음악인

---

9 역대하 34:12 "그 사람들이 성실하게 그 일을 하니라… 또 악기에 익숙한(skill) 레위 사람들이 함께 하였으며."

의 희생으로 나타나는 것이다. 좋은 것은 희생을 통하여 얻어지는 것이다. 아무것도 포기하지 않고, 희생하지 않고 좋은 것을 얻는다는 것은 사기(속이는 일) 외에는 없지 않겠는가? 하나님께서는 불로 소득, 일하지 않으면서 이익을 취하는 것을 싫어하신다. 일주일 동안 땀 흘리며 수고한 것으로 하나님께 바치고, 일요일을 개인적인 오락을 위하여 보내는 것이 아니라 하나님 전에 나와서 예배하는 그 마음, 이런 것들은 모두 희생을 통한 예배이다.

한국의 교회음악인은 무엇을 희생하면서 하나님께 찬양을 올리는가? 우리나라 교회에서 음악을 하는 사람들은 희생을 하는 것보다는 명예와 물질을 얻는 경우가 더 많지는 않은가? 하는 일에 비해서 교회의 대우는 대체로 후한 것이 한국교회의 실정이다. 시간의 희생을 해야 하지만 개인적인 연구와 준비에 시간을 내는지, 예배 준비를 위해 다른 일을 희생하면서까지 마음을 쓰는지 자신을 돌아봐야 할 것이다. 예배를 준비하는 일로 다른 무엇을 희생한 것이 없다면 예배에서 하나님께서 공의와 정의를 말씀하실 때 어떤 답을 드릴 수 있을까. 이것은 뭔가를 제대로 해서 우리가 당당해지라는 것이 아니다. 엄밀히 말하면 희생이라는 말도 우리 성도에게는 적절하지 않다. 예수님께서 십자가에서 죽으신 것은 전 인류를 위한 희생이지만, 우리가 예배에서 좋은 찬양을 올리기 위하여 하는 희생은 희생이 아니다. 왜냐하면 그 결과로 우리는 은혜와 축복을 받기 때문이다. 하지만 예수님은 십자가를 지신 후 예수님 자신에게 이익이 돌아오는 것이 무엇이 있었다는 말인가? 희생이라는 것은, 어떤 일을 하고 그 사람에게 돌아오는 것이 없을 때 그것을 희생이라 할 수 있다.

하나님께서 오늘 주일예배에서 음악인들이 연주한 것을 '소음'이라고 평가하시지 않으셨을지 우리 모두는 점검해야 한다. 우리의 삶이 하나님의 정의와 공의를 이루는 삶이었는지 그리고 음악을 선정하고 준비함에 있어 소홀함이 없이 최선을 다하였기에 예배 시간에 정직하게, 바르게 연주할 수 있었는지 우리를 살펴볼 일이다. 그리고 예배를 위한 희생 아닌 희생이 있었는지 돌아보는 시간이 필요하다. 성가대 연습에서, 악기 연습에서 최선을 다하고, 모든 준비에서 소홀함이 없으면 우리의 예배음악은 공의와 정의를 행하는 음악이 될 것이다. 그리고 '소음'이 되지 않고 하나님께서 기뻐하시는 산 제사(living sacrifice)[10]가 될 것이다.

마지막으로 예수님께서 우리에게 하신 말씀을 본다. 예수님께서는 우리의 하는 일이 하나님과 아무런 관계가 없는 일일 수 있다는 경고를 하셨다. 아래 말씀을 통해 예수님의 경고를 들으면서 우리의 위치를 다시 확인하여야 한다.

> 그 날에 많은 사람들이 나더러 이르되
> 주여 우리가 주의 이름으로 선지자 노릇 하며
> 주의 이름으로 귀신을 쫓아 내며
> 주의 이름으로 많은 권능을 행하지 아니하였나이까 하리니
> 그 때에 내가 그들에게 밝히 말하되
> 내가 너희를 도무지 알지 못하니 불법을 행하는 자들아
> 내게서 떠나가라 하리라(마태복음 7:22-23).

---

[10] 로마서 12:1 "그러므로 형제들아 내가 하나님의 모든 자비하심으로 너희를 권하노니 너희 몸을 하나님이 기뻐하시는 산 제물(living sacrifice)로 드리라 이는 너희가 드릴 영적 예배니라."

우리가 드렸다고 생각하는 많은 찬양을 예수님께서 도무지 알지 못한다고 하신다면 어떡할 것인가? 하나님의 말씀대로 행하지 않은 것은 아무리 노력을 하였다고 하더라도 하나님 앞에서는 무의미하다. 우리는 이미 하나님의 음악을 하는 것이 아니라 자신의 음악 그리고 사람의 음악을 하고 있는 것은 아닌지 늘 되돌아 볼 일이다.

28. 교회음악과 예배음악에서
   기술(기교, technique)의 의미

교회음악은 아마추어(amateur) 음악이 아니다. 교회음악은 전문적인 훈련과 기술이 필요한 음악이다. 교회음악에서 기교(기술)가 필요한 것인지 의문을 가지는 성도들이 가끔 있다. "은혜로 하면 된다", "하나님은 기술(기교)을 보시는 분이 아니시다"라는 말로 교회음악에서 기술적인 면을 오히려 인간의 교만으로 비판하는 사람도 있다. 이것이 사실이라면 교회음악에는 무반주 회중찬송가만 있으면 된다. 성가대도 필요 없으며 악기도 필요하지 않다. 예배를 위하여 준비할 필요도 없으며 연습할 의미가 없어진다. 주일예배에서 모든 성도가 무반주로 찬송가를 부르면서 예배를 드리면 된다.

기독교 역사에는 이런 예배가 있었다. 이것은 악기와 성가대가 없이 모두가 함께하는 회중찬송만 있는 예배로 실제로 어떤 의미에서는 이 회중찬양만으로도 신령하고 거룩한 예배가 될 수 있다. 사람이 어떤 마음으로 하나님께 찬양을 드리는 것인지가 중요하기 때문이다. 초대교회를 비롯하여 313년 콘스탄티누스 황제의 밀라노 칙령11 이후 기독교인이 자유롭게 예배를 드릴 수 있게 되기까지, 예배는 비공식적인 모임을 통하여 조용히 드린 것으로 예외적으로 수금 등의 현악기(psaltery) 반주가 있을 정도로 대부분 무반주 찬송이었다. 그리고 칼빈의 개혁교회 예배도 무반주 회중찬송가가 유일한 예배음악이었다. 이 예배 또한

---

11 밀라노 칙령(The Edict of Milan): 313년 콘스탄티누스 황제(Constantinus, 306-337, 로마 황제로 재위)와 리키니우스(Licinius, 308-324 로마 황제로 재위)가 함께 공포한 것으로 그때까지 박해를 받으면서 금지되었던 기독교인의 예배가 벌을 받지 않는(discriminalizing) 것으로 된 역사적인 칙령이다.

예수님께서 말씀하신 신령(in spirit)과 진리(in truth)의 예배일 수 있다. 중요한 것은 왜 이런 예배음악을 하는가 하는 것이다. 초기 교회는 상황적으로 이런 예배음악만이 가능하였을 것이며, 또한 당시 기악이 이방신의 제사와 유흥에 사용되면서 세속적인 혐오감을 주었기 때문에 기악을 멀리한 것이기도 하다.

그러나 칼빈은 좀 다르다. 앞에서 언급한 바와 같이 기악이나 성악의 예술적인 음악은 세속적인 영향과 인간의 교만에서 오는 것이라는 개념이 그에게 있었다. 그는 가톨릭교회의 오르간을 인간의 자랑으로 보았으며, 기악 음악이 하나님을 찬양하는 가사가 없다는 이유에서도 기악을 반대하였다. 성가대의 합창 또한 인간적인 기교로 보았으며 당시 음악의 특징인 다성음악(polyphony)은 음악의 수직적인 성부 관계에서 보면 각 성부가 서로 다른 가사를 노래하는 경우가 많았기 때문에, 하나님의 말씀을 중언부언하면서 잘 들리지 않는다는 오해도 있었다. 이것은 가톨릭교회의 트렌토 회의에서 크게 논쟁이 되었던 주제이기도 하다. 하지만 가톨릭교회는 다성음악 합창으로 전통이 이어졌으며 팔레스트리나와 같은 대작곡가들의 뛰어난 예술 작품이 나오게 된다. 이에 비하면 칼빈의 경우는 인간의 죄성을 크게 강조한 나머지 예배음악에서는 너무 소극적인 태도를 보인 것으로 평가받는다.

하나님은 아름다운 것을 좋아하신다. 앞의 글에서 예배당은 종합예술작품이라고 설명하였듯이 이스라엘 성전과 성전 안의 기물들은 하나하나 모두가 아름다운 물건들이었다. 또한 아름다운 색실과 보석들로 꾸며진 아론 제사장의 옷 에봇(Ephod)은 상징적인 의미도 있지만 그 자체는 아름답고 기술이 뛰어난 옷(the work of skilled craftsman, 출애굽기 39:3)이었다. 성전 건축에서 자주 나오는 단어는 "artistic design" 혹은 "artistic craftsmanship"이라는 단어이다. 시편에서 하나님을 예배하는데 아름다움과 거룩함으로 예배하라는 시는 우리를 다시금 예배에서 아름다움이라는 의미를 깨우쳐 준다.12 이 "아름다운, 예술적인"이라는 의미는 기교와 기술을 통한 결과물을 의미한다.

하나님의 성전에서 시작된 레위인 아삽과 헤만 등 음악인들의 음악은 전문적인 음악이었다. 이 음악은 아무나 할 수 있는 음악이 아니었으며, 선택되어 평생 이 일만 전적으로 하는, 음악적으로 뛰어난 성전음악인들만이 할 수 있었다. 이 음악인들은 이스라엘 백성들이 그들의 지파들 가운데에서 뽑아 일을 맡긴 사람들이 아니다. 이들은 하나님께서 선택하신 사람들이며 가계 대대로 내려오는, 이 일에서는 전문인 중의 전문인이었다. 전문인이라는 것은 무엇인가? 그리고 일주일 내내 성전에 있는 음악인이라면 그 기술이 어떠했을까? 음악에서, 특히 연주에서 전문인이라는 것은 전문 연주자라는 뜻이며, 기교적으로 뛰어나다는 뜻이다. 평생을 연주하는 사람이라면 가히 짐작이 가지 않는가? 이것이 바로 하나님께서 하신 일이다.

그렇다면 지금의 하나님 교회는 어떠해야 할까? 하나님의 뜻은 시간이 흘러도, 시대의 풍조가 바뀌어도 동일하시다는 것은 성도라면 모두가 아는 사실이다. 하나님의 속성과 성품은 변하는 것이 아니며, 우리를 향한 하나님의 뜻은 항상 똑같으시다. 하나님은 천지를 창조하신 뛰어난 예술가이시다. 하나님의 형상을 닮은 인간은, 더구나 하나님의 자녀인 우리는, 모두가 예술가이다. 우리 안에 있는 이런 능력은 우리가 계발할 때 빛을 발한다. 이것은 하나님의 뜻이며 하나님의 명령이다.

---

12 시편 96:9 "O worship the LORD in the beauty of holiness: fear before him, all the earth."

기술적이고 예술성이 뛰어난 음악은 역사적으로 늘 우리와 함께 있어왔다. 물론 이것만으로 충분한 것은 아니다. 여기서 영성이 전제되어야 하는 것으로 이 두 가지는 교회음악에서 늘 함께 가야하는 것이다. 하나님을 사랑하여 하나님의 일을 제대로 하는 사람은 어떤 일을 하여도 기술적으로 될 것이다. 마음이 있으면 몸이 가는 것이기 때문이다. 좋은 것을 올리고 싶은 마음은 연구와 연습으로 이어질 것이며, 이것은 결국 기술적인 음악으로 연결된다. 기술적인 음악이 하나님께서 명령하신 일이 아니라고 가정한다고 하더라도, 결국은 사랑하는 사람을 위해 좋은 것을 드리는 것은 지극히 자연스러운 일이다.

귀한 것은 그 담는 그릇도 귀한 것으로 한다. 기술 혹은 기교는 인간의 자랑이 될 수도 있지만 귀한 것을 담는 좋은 그릇이 될 수도 있다. 이 기술은 어떻게 사용하느냐에 따라 하나님께 큰 영광이 될 수 있다. 기술(기교)을 두려워할 필요는 없다. 기술은 하나님께서 주신 것이며 하나님의 것이다. 그래서 이 기술로 하나님을 영화롭게 하는 것은 받은 것을 다시 돌려드리는 일이다.

기술적인 교회음악이 없다면 교회에는 전문 음악인이 필요하지 않으며, 아무나 할 수 있는 평범한 음악이 되어, 결국은 교회음악 자체가 없어질 수도 있다. 이것은 교회와 성도의 성숙을 저해하는 큰 요인으로서 교회의 쇠퇴와 연결될 수 있다. 교회의 쇠퇴에는 여러 원인이 있다. 교회 쇠퇴의 가장 근본적인 원인으로는 교회가 교회의 본질에서 멀리 갈 때 즉 교회가 하나님의 말씀으로 행하지 않을 때 교회는 쇠퇴한다. 교회가 하나님께서 명령하신 '거룩'(holy)을 잃어버릴 때 교회는 쇠퇴한다. 왜냐하면 이것은 교회의 정체성이기 때문이다.

교회음악은 자체의 정체성이 있다. 교회음악 고유의 스타일이 있으며 대대로 내려오는 뛰어난 예술적인 음악이 있다. 이 음악들은 모두 기술적으로 뛰어난 음악들이다. 그런데 교회음악이 여기서 멀어지기 시작하면서 교회음악은 쇠퇴하였다. 18세기 교회음악의 쇠퇴는 교회의 쇠퇴가 그 주요 원인이었으나, 이제 현대 교회의 쇠퇴는, 특히 우리나라 교회의 쇠퇴는 교회음악의 쇠퇴가 그 원인들 중의 하나가 될 수 있다. 현대에 들어와 교회가 재정적으로 좋을 때 중세 교회나 르네상스 혹은 바로크 시기의 교회처럼 뛰어난 음악인들을 후원하고 또한 그들을 전임 교회음악인으로 고용하여 교회음악을 발전시켜야 했었다. 하지만 우리나라 교회는 그 기회를 오래 동안 잃고 있었으며 지금도 같은 상황이다. 그리고 이제는 교회가 쇠퇴하고 있다.

지금이라도 교회가 재정비를 하고 잘못된 부분을 고치고 다시 하나님 말씀으로 돌아가면(Sola scriptura) 교회가 다시 살아날 수 있으며, 교회음악도 함께, 지금 가는 길의 궤도를 수정하여 올바른 교회음악으로 돌아갈 수 있다. 기술적인 교회음악은 하나님께서 원하시는 것이며 또한 이 세상에도 필요한 음악이다. 믿는 성도뿐만 아니라 이 세상의 사람들에게 그들이 즐기는 음악이 아닌 다른 음악으로 우리는 그들을 감동시키고 하나님 나라를 알려야 한다. 세상의 음악으로는 이 세상 사람들을 감동시킬 수 없다. 왜냐하면 그들의 음악은 그들이 기술적으로 더 잘 하며 그들이 전문가들이기 때문이다. 그러므로 교회는 교회음악으로 하나님의 나라를 이루어야 한다.

… 아버지의 이름이 거룩히 여김을 받으시오며 나라가 임하시오며 뜻이 하늘에서 이루어진 것 같이 땅에서도 이루어지이다(주님의 기도).

지금 우리나라 교회음악은 세상에 영향을 주지 못하고 있다. 이것은 음악적인 우수함이 결여된 것이 제일 큰 요인이다. 오히려 교회음악은 약할 대로 약해져서 세상의 영향을 받고 있다. 그래서 온갖 세상 음악들이 교회 안에 들어와 있다. 교회음악이 예술적으로 뛰어날 때는 이 음악으로 세상에 봉사하며 사람들을 교회로 오도록 부를 수 있다. 하지만 지금의 상황은 세상에 내어놓을 만한 교회음악이 별로 없다. 클래식 음악과는 경쟁이 되지 않으며 세상 음악을 닮은 CCM은 실제 세상에 가면 자기 위치를 가지지 못한다.

한국교회의 교회음악은 아마추어 음악으로 변질했다. 거의 모든 교회 피아니스트는 주일예배를 위하여 주 중에 연습을 하지 않는다. 이것은 곡이 쉬워 연습하지 않아도 되기 때문이다. 오르가니스트는 교회 오르간이 평소 연습 오르간과 다르기 때문에 그리고 찬송가와 성가대 찬양곡 그리고 전주곡 등 음색을 만들어야 하기 때문에 연습을 필수적으로 한다. 하지만 이것은 연습하지 않는 피아니스트에 비하여 오르가니스트는 연습을 한다는 정도로서 창의적인 찬송가 연주나, 성가대 곡 반주 그리고 전주곡 등에서 오르간 전문 연주곡을 연주하는 경우가 평균적으로 많지 않기 때문에 연습 시간은 여전히 적은 편이다. 더구나 성가대 찬양곡은 예전에 비하여 더 쉬워졌다. 한국교회는 외적으로 성장할 만큼 성장한 교회로서 교회음악을 비롯한 내적인 성장이 언제 이루어질지 아득하기만 하다. 하나님께서 심히 우려하시면서 우리를 지켜보시고 계시지 않을까?

교회음악은 전문적인 음악이다. 연습을 해야 하는 음악이며, 연습을 하지 않으면 연주하기 힘든 음악이어야 한다. 무엇이든지 성장하고 발전하는 것은 전문적인 영역이 있을 때이다. 평범한 교회음악이라는 것은 결국은 없어질 교회음악이라는 말과 같다. 모든 것이 전문화된 이 사회에서 교회음악은 뒤로 물러나 어떻게 돌아올지를 모르는 길을 잃은 양 같다. 그런데 돌아오기를 갈망하는 마음이 있으면 결국은 돌아올 것이다. 사람은 희망이 없으나 하나님께는 희망이 있다.

29. 예배음악은 음악의 요소를 고루 갖춘 균형이 있는 음악

음악에는 세 가지 요소가 있다. 이것은 선율, 리듬, 화성으로 이 세 가지 요소가 고르게 균형을 이룬 음악을 좋은 음악이라고 한다. 이것의 대표적인 것이 클래식 음악이다. 교회음악은 클래식 중에서도 가장 순수하고 순한 음악이며, 이런 특징 때문에 이 음악이 바로 영적인 음악이 될 수 있다.

선율은 무엇인가? 선율은 두 음 이상의 음이 나열되면서 하나의 선을 만들어내는 것이다. 여기에는 기본적으로 리듬도 함께 존재한다. 이것은 생명체와 같아서, 정도의 차이는 있으나, 시작, 발전, 종지(cadence)가 있으며 이것을 연주할 때 호흡(실제 호흡 혹은 프레이징, phrasing)을 통하여 만들어 낸다. 선율은 귀로 가장 잘 알아들으며 아름다운 선율은 사람의 마음을 감동시킨다. 특히 악기의 반주가 없이 한 선율로만 된 성악 음악은 그의 단순함과 맑음에 사람의 영(spirit)에게 호소하는 능력이 있다.

선율 하나만으로도 훌륭한 음악이 될 수 있다. 이것은 기악곡에서도 마찬가지이다. 잘 알려진 바흐의 무반주 첼로 조곡[13]은 사람이 느낄 수 있는 가장 순수하고 영감이 있는 음악 중의 하나이다. 한 선율에서 오는 단순함의 미는 오히려 여러 성부와 많은 악기가 주는 음향보다 사람에게 더 깊은 감동을 준다. 특히 영의 영역은 복잡한 인간의 심리나 지식

---

[13] 바흐의 무반주 첼로 조곡은 그의 대표적 걸작으로 총 6곡(BWV 1007-1012)이며 바흐가 쾨텐 궁정 음악인으로 있을 때 작곡한 곡이다. 바흐 사후 잊혀진 곡이었으나 140여 년이 지난 후 파블로 카잘스(Pablo Casals, 1876-1973)가 13세 때 작은 음악 서점에서 이 악보를 발견하여 세상에서 다시 빛을 보게 되었다.

에 있는 것이 아니라 단순함에 있다. 그래서 아무것에도 의존하지 않고 선율 하나와 인위적인 리듬이 아닌 말하는 듯한 리듬의 흐름을 타고 불리는 단선율 성가(plain chant, 혹은 그레고리안 챤트)는 모든 음악 중에서 가장 영적인 음악이다. 왜냐하면 영은 사람의 가장 내면에 있는 것으로 어떤 장식이나 포장이 불가능한 영역이기 때문에 이런 음악이 영과 가장 잘 통하는 것이다.

챤트 이외에 아름다운 선율로 뛰어난 작곡가로 대표적인 사람은 모차르트(Wolfgang Amadeus Mozart, 1756-1791)와 슈베르트(Franz Schubert, 1797-1828)이다. 이들의 선율은 깨끗하고 담백하며 군더더기가 없다. 이들의 선율은 인위적이지 않으며 자연스럽게 흘러나온다. 곡을 들으면 아무 얽매임이 없는 하늘에서 내려오는 선율이라는 것을 느낄 수 있다.

리듬은 무엇인가? 리듬은 음 길이(박자)가 어떤 일정한 규칙을 통하여 하나의 의미를 가지고 반복되는 흐름을 가지는 것이다. 리듬은 음악의 요소 중에서 사람에게 가장 직접적인 반응을 일으키는 것으로 사람의 몸(body)에 호소하는 바가 가장 크다. 리듬은 선율의 아름다움이라는 미적 개념보다는 음악을 움직이게 하는 동력에 해당된다. 리듬은 음악에 에너지를 주면서 음악을 흐르게 한다. 리듬은 동력이라는 점에서 사람의 심장에 영향을 주며 결국은 사람의 몸을 조정(control)한다. 리듬은 지적인 것이 아니며 사람의 본능적인 신체 감각과 관련 있다. 그래서 리듬은 사람이 이해하지 못하더라도 리듬이 가는대로 몸을 움직일 수 있다. 예를 들면, 알지 못하는 음악이지만 리듬이 사람을 인도하여 사람은 춤(dance)출 수 있으며 행진(march)할 수 있다.

연주에서 연주자가 실수할 경우 선율의 실수일 때는 청중이 거의 알아차리지 못한다. 하지만 리듬의 실수로 정규 리듬에서 이상해졌을 때는 음악을 모르는 사람도 몸이 덜커덩 한다. 이것은 규칙적인 진행에서 변화가 생긴 것이기 때문이다. 물론 현대 음악으로 오면서 정규적인 리듬은 많이 없어지는 경향이 있으나 현대 음악도 집중하여 듣고 있으면 그 안에 일정한 조직적이고 논리적인 리듬 혹은 흐름을 느낄 수 있다. 현대 음악이라고 리듬이나 화성이 질서가 없는 혼돈, 즉 chaos 상태는 아니라는 것이다. 창조에는 질서라는 기본 원칙이 내재해 있다. 단지 그 질서가 각기 다른 원리로 적용된다는 것뿐이다.

리듬은 음악의 발달에서 보면 선율과 화성보다 더 일찍 생긴 것이다. 더 정확히 말하면 리듬은 이미 사람의 몸에 있다. 사람의 심장 박동은 사람의 생명과 연결된 리듬이다. 타악기는 이런 의미에서 가장 일찍 발달된 악기이다. 선율 악기가 없어도 사람의 목소리와 타악기가 만나면 훌륭한 음악이 된다. 물론 사람의 목소리와 타악기는 각기 단독으로도 연주된다.

리듬은 음악에서 선율과 화성과는 다른 면들을 가지고 있다. 인위적인 음의 나열을 사용하는 현대 기법의 곡들을 제외하면, 선율은 자연현상처럼 자연스러운 음의 나열이 그 특징이며, 화성은 사람의 지적인 감각과 의도적인 계획이 들어간다. 그래서 화성은 시간이 흐르면서 발달한다. 이것이 바로 화성의 개념이 현대로 오면서 더 다양하고 넓어지면서, 한 시대의 화성 개념이 무너지기도 하며, 점차 규칙이라는 개념이 없어지면서 모든 것이 트인 상황으로 오게 된 것이다.

하지만 리듬은 현대로 오면서 발달한 것이 아니다. 리듬은 어떤 의미에서는 작곡이라는 창조의 영역에서보다 실제 생활과 자연 속에 더 많이 있다. 많은 작곡가들이 미개발 지역의 원시 시대의 리듬을 연구하는 이유가 이것이다. 원시주의(Primitivism)14 음악의 특징 중 하나는 리듬이 음악에서 주요한 요소가 되는 점이다. 한편 규칙적인 리듬을 기본으로 하는 음악은 춤곡과 행진곡으로 강박의 느낌은 필수적이다.

그러면 화성은 무엇인가? 화성은 음들의 수직적인 관계에서 그 음정들이 만들어내는 현상으로 대체로 두 음 이상의 음들이 필요하다. 이 화성은 수직적인 한 순간에서만이 아니라 음악의 흐름을 통하여 선율의 현상처럼 하나의 생명체와 같이 시작하고 발전하면서 또한 종결하는 구조로 음악 안에서 늘 만들어진다. 화성은 음악에서 선율과 리듬의 세 요소 중에서 가장 지적인 부분이다. 선율은 지식이 없어도 감성적으로 혹은 때로는 영으로 아름다움을 느낄 수 있으며 리듬 또한 지식이 없어도 몸으로 느낄 수 있는 것이다. 하지만 화성은 듣는 사람의 음악의 이해 능력 혹은 음악적 수준에 따라 이해(감상)의 정도가 다르다. 즉, 화성에 대한 감각(앎) 수준에 따라 더 이해하거나 더 느낄 수 있는 사람과 전혀 아무것도 느낄 수 없는(모르는) 사람으로 나타날 수 있다. 단순하지만 내면적으로 느낌을 구분하는 음악적 수준—특히 현대 음악을 이해할 수 있는 화성의 넓이를 가진 사람—은 당연히 음악적으로 지적인 사람이라 할 수 있다. 이것은 '음악을 지식적으로 많이 안다'라기보다 '음악의 현상과 본질을 아는 사람'이라는 뜻이다. 그리고 이것은 본능적으로 아는 것보다는 연구와 실제적인 체험을 통해서 얻어지는 예

---

14 원시주의(Primitivism): 20세기 음악의 한 사조로서 세련되고 정련된 음악을 탈피하여 민속 음악(Folk Music)같은 보다 단순하면서도 직접적인 표현을 리듬과 화성에서 구사하는 특징이 있다. 종종 ostinato 리듬(어떤 특정한 리듬형, 혹은 리듬 주제를 계속하여 반복하는 것)을 사용하기도 하며 강한 리듬으로 타악기적인 면을 강조하면서 화성의 중심을 계속 맴도는 듯한 느낌을 주기도 한다. 대표적인 곡이 Bartók의 〈Allegro barbaro〉와 Stravinsky의 〈봄의 제전〉이 있다.

술적 음악의 가치와 의미 그리고 화성적인 지식이다. 이 화성은 사람의 지성을 통해 정신에 호소하는 바가 가장 크다. 한 음악회에서 바로 옆 사람이 알지 못하는 감동을 다른 사람은 받을 수 있는 것이, 많은 경우 이 화성의 영역이다.

그러면 이 음악의 세 요소가 음악에서는 어떤 상관관계와 역학관계로 나타나는가가 중요하다. 그리고 교회음악은 어떤 배율로 이 요소들의 조합이 이루어질 때 좋은 교회음악이 되는가 하는 것이다. 이런 조합을 알기 전에 우선적으로 알아야 할 것은 어떤 음악이 교회음악으로 좋은 음악인가 하는 것이다. 하나님은 어떤 분이시며, 교회는 어떤 사람들의 모임이며, 그래서 이런 특성에 맞는 음악은 어떤 음악인가가 중요한 것이다. 하나님은 거룩하신 하나님이시다. 글의 앞부분 예배의 글에서 하나님에 대한 설명이 있었다. 하나님은 세상의 그 어떤 사람이나 현상과 같지 않으며 비교될 수 없는 분이시다. 이 개념이 바로 거룩(holy)이라는 단어로 '떨어진, 분리된, 구별된'이라는 단어 자체의 의미이다. 그리고 이에 따른 구체적인 성품으로는 '의로우심, 선하심, 깨끗함(순수함), 완전하심' 등이 있다.

이런 특성을 가장 잘 드러냈던 음악이 대표적으로 그레고리안 챤트와 교회음악의 대가 팔레스트리나의 음악 그리고 바흐의 음악이다. 그레고리안 챤트는 이 글에서 자주 언급된 음악으로 순수 음악의 최고의 미를 보여준다. 이 음악은 선율 하나만으로 된 음악으로 사람이 인위적으로 만든 리듬이 아니라, 가사 즉 라틴어의 발음과 악센트에서 나오는 자연스러운 억양을 따른 것이다. 그래서 음악적으로는 선율이 거의 모든 것이라 할 수 있다. 물론 이 챤트가 잔향이 긴 유럽의 교회에서 불릴 때에는 소리의 울림을 통하여 자연스러운 화성감이 생기기는 하지만 이것 또한 인위적인 화성이 아니라 하나의 자연 현상 같은 것으로, 가장 자유스럽고 자연스러운 음악으로 영적인 음악이 되기에 충분하다.

그리고 팔레스트리나의 교회 합창음악 또한 무반주 음악으로 사람의 목소리만으로 하는 순수 음악이다. 그의 음악의 특징은 선율에서 반음이 적으며 전음계(diatonic)15 안에서 음정의 큰 도약을 피하면서 순차 진행이 많은, 자연스럽고 유연한 선율의 흐름을 가지고 있다. 특히 리듬 면에서는 급하지 않고 완만하게 움직이면서, 다성(polyphony) 작곡법을 통하여 성부(voice) 간의 모방과 짜임(texture)이 뛰어나다. 그의 음악은 음악사를 통틀어 가장 순수한 음악으로 평가받는다.

이에 비하여, 교회음악의 아버지라고 불리는 바흐의 음악은 위의 두 음악이 무반주인 것과 달리 관현악기를 동반한다. 바흐의 무반주 모테트 합창곡이 있지만 그의 대표 교회 합창곡인 칸타타와 수난곡, 미사곡 그리고 크리스마스 오라토리오는 관현악 반주가 있다. 그리고 바흐는 오르간 연주자로서 교회 오르간 음악을 많이 작곡하였다. 그의 음악적 특징은 무엇이기에 교회음악의 모델이 되는 것인가? 그것은 그의 음악에 있어서 진지함이다. 그의 음악은 대체로 기술적으로 어려운 곡임에도 불구하고 외향적인 화려함이나 치장에 관심이 없다. 이것은 바흐의 심성과 신앙에서 나온 결과이다. 그는 작곡할 때 항상 *Soli Deo gloria*(오직 하나님의 영광을 위하여)를 실현하는 사람이었으며 이것은 후대의 교회음악인들의 이상이다.

---

15 전음계(diatonic): 미(E)와 파(F) 사이 그리고 라(A)와 시 플렛(Bb) 사이의 반음과, 그 외는 온음으로만 구성된 음계로, 즉 Bb 이외에는 피아노의 흰 건반의 음들로만 구성된 음계이다(도-레-미-파-솔-라-시b-도). 이 음계는 중세의 교회 선법(Church Mode)에서 사용된 스케일(scale)의 음들이다. 최근에는 전음계라는 용어와 온음계라는 용어를 함께 사용하는 편이다.

그의 음악은 당시 궁정에서 유행하는 음악(Court Music)에 관심이 없었던 그의 모습을 나타낸다. 당시 유행하던 음악이란 가볍고 장식적이며 화려한, 즉 고상한 취미 활동 같은 것을 위한, 사람의 즐거움을 위한 음악이었다. 하지만 바흐 음악은 이와 다른 성격을 가지고 있다. 즉 진중하고 덜 장식적이며, 온건한 스타일이라는 것이다. 이것은 선율, 리듬, 화성에서 모두 그렇다. 그래서 바흐 음악을 잘 모르는 사람들은 바흐의 음악은 무겁다고 말한다. 하지만 이것은 무거운 것이 아니라 진중함과 진실함의 특징이다. 그리고 진지함이다. 바흐의 음악에는 이런 성격만 있는 것이 아니다. 그의 음악에는 모차르트의 곡과 같은 아름다운 선율과 화성들이 넘쳐난다. 그의 음악 중 잘 알려진 "G 선상의 아리아"[16]는 그 아름다움이 모차르트의 "Ave verum corpus"[17]와 버금가는 곡이다.

이처럼 바흐 음악의 선율은 모차르트나 슈베르트 선율처럼 순수하고 아름다우며 이에 비하여 리듬은 그의 춤곡을 비롯한 세속곡(실내악곡)을 제외하면 대체로 온건하며 근엄하다. 화성적으로는 뛰어난 화성 구조를 가지고 있으나 당시 감정을 표현하기 위하여 자주 사용하던 과격한 화성은 예외적으로만 사용하고 있다. 바흐의 음악에는 이 음악의 요소가 균형 있게 잘 조합되어 사용되고 있다.

그런데 음악의 이 세 가지 요소 외에 팔레스트리나와 바흐 음악의 가장 뛰어난 점으로 평가할 수 있는 한 가지 요소로서, 이것은 성부 구조

---

16 바흐의 오케스트라 조곡 3번 BWV 1068의 2악장.
17 "Hail, true body"의 뜻으로 예수님은 하나님으로서, 인간의 실제 몸(진실된 몸)으로 오심을 찬양하는 모차르트의 모테트이다. 모차르트 생애 마지막 해에 작곡된 곡(K. 618)으로 선율과 화성에서 모차르트 음악의 순수함과 아름다움의 극치를 보여주는 그의 최고의 작품 중 하나이다.

(texture)이다. 이들은 음악에서 누구보다 뛰어난 성부 구조를 가지고 있는 작곡가이다. 이것은 다성 구조를 통하여 주로 표현되지만 단성부적인 부분에서도 성부는 서로 모방하면서 대화를 한다. 특히 바흐가 많이 작곡한 푸가(fugue)는 음악사에서 가장 우수한 푸가들이다. 바흐 당시는 이 다성 작곡법은 한 물이 간 구식(old style)으로 생각되어 대부분의 작곡가들은 새로운 음악 조류에 관심을 더 많이 가지는 편이었다. 하지만 바흐는 그의 성정(인품, character) 상의 이유도 있겠지만 새로운 것보다는 전통적인 다성 작곡에 전념하면서 바로크 최고의 다성음악을 만들어 내었다.

다성 작곡은 작곡가로서는 가장 어려운 단계의 작곡법이다. 이 음악은 거의 컴퓨터와 같은 두뇌를 필요로 하는 음악으로 단성부(homophony) 음악, 예를 들면 찬송가와는 완전히 다른 복잡한 성부 구조를 가진다. 다성 작곡의 대표적인 곡인 푸가는 주제가 계속 다른 성부들에 의해 모방되는 것으로, 한 주제를 가장 다이내믹하게 표현해 낼 수 있는 장점이 있다. 이 음악은 다양한 반복을 통한 논리적이며 이성적인 음악이며, 반복적인 표현으로 한 사상 혹은 주제를 강조할 수 있다. 푸가의 이러한 장점 때문에 바흐를 비롯한 바로크 작곡가들은 물론, 이후 현대에 이르기까지 많은 작곡가들이 대규모 곡에서 중요한 악장이나 마지막 악장에서 푸가를 종종 선택한다. 바흐의 후배인 모차르트가 그러하며[18] 베토벤(Ludwig van Beethoven, 1770-1827)도 그의 후기 피아노 소나타 중 대규모 소나타로 알려진 〈Hammerklavier〉(No. 29 in Bb Major, Op. 106) 소나타에서 마지막 악장에 장대한 푸가를 두었다.

지금까지 음악의 세 가지 요소들에서 좋은 균형을 갖춘 클래식 음악

---

18 모차르트의 레퀴엠과 많은 미사곡에서 푸가가 등장한다.

가 중에서 대표적인 교회 작곡가의 음악을 소개하였다. 이에 비해 좋지 않은 균형을 가지고 있는, 그래서 교회음악으로 적절하지 않은 교회음악이 우리나라 교회 안에 많이 있다. 현재 교회에서 많이 부르는 곡들은 대부분 CCM 스타일의 곡으로서 화성이 단순하며 선율과 리듬은 대중음악의 것들을 사용한다. 이 음악에는 세 요소의 균형 문제도 있지만 이 요소들이 한 곡 안에서 단순한 형태를 계속 반복한다는 것도 문제이다. 그리고 이것을 더 악화시키는 것은 연주법이다. 그 중에 한 예를 들면, 우리나라 대부분의 교회에 있는 악기인 드럼이 곡의 성격과 상관없이 너무 많이 사용되는 것이다. 선율적인 음악도 이 드럼이 들어가면 리듬적인 음악으로 바뀌는 것이 드럼의 역할이며 가능성이다. 이 주제는 뒤의 글에서 자세히 논의될 것이다.

결론적으로 리듬이 강조되는 음악은 예외적인 곡의 경우를 제외하면 예배음악에서는 자제하는 것이 좋다. 리듬이 강조되면, 사람은 리듬에 의해 먼저 영향을 받아 사람의 지(이해)와 영은 상대적으로 멀어지게 된다. 리듬이 강한 음악은 결과적으로 격한 음악이 되기 쉬우며 사람을 감정적으로 그리고 몸으로 흥분시킨다. 우리 주위에 있는 많은 대중음악이 이렇게 리듬을 강조하면서 청중을 사로잡는 경우가 많다.

리듬이 가장 강조되는 음악의 대표적인 것이 메탈(Metal) 음악과 랩(Rap) 음악이다. 음악의 세 요소에서 본다면 랩 음악은 리듬이 거의 모두인 셈이다. 선율은 몇 음정을 반복하며, 노래가 아닌 말하는(speak) 혹은 외치는(shout) 창법으로 한다. 그런데 이 음악은 화성이 없으며, 리듬만 있기 때문에 가사를 제일 잘 드러낼 수 있어서 교회음악으로 적합하다고 하는 주장은 음악을 잘 모르는 사람의 논리이다. 심지어 랩을 챤트와 닮은 음악이라고 하는 주장은 터무니없는 억측이다. 챤트와 랩을 들어보고 비교해보면 그 스타일은 완전히 극과 극이라는 것을 누구나 알게 된다. 음악은 스타일이다. 그 스타일이라는 것이 음악의 성격을 결정짓는다. 교회음악과 대중음악의 가장 쉬운 구분은 바로 이 스타일이다. 스타일(style)은 음악적으로 아주 복잡한 단어이다. 스타일은 한 가지로 설명할 수 없는 것이다. 스타일을 만드는 것은 크게는 시대적, 지역적, 사회적, 종교적, 문화적, 집단적 그리고 개인적인 요소와 성격의 총집합이다. 이 모든 것이 아주 다양한 조합(combination)으로 나타나는 것이 스타일이다.

그레고리안 챤트와 랩은 누가 들어도 극과 극으로 다른 음악이다. 챤트는 우선 선율적인 음악이며 랩은 리듬적인 음악[19]이다. 챤트는 음의 움직임이 자유로운 것으로 선율이 아름답다. 하지만 랩에서 음의 움직임은 몇 음뿐으로 가사를 내뱉는 식의 소리치는 창법으로 아름다운 음악이 아니다. 챤트는 작은 시냇물이 흐르는 듯한 혹은 연한 바람이 부는 듯한 순하고 자연스러운 흐름으로 한 단어에 한 음만이 아니라 여러 음이 있을 때도 있으며 곡의 템포는 대체로 보통이거나 느린 템포이다. 그래서 이 음악 안에는 여백과 공간이 있어 묵상하게 하는 음악이다.

이에 비하여 랩은 격하고 돌출적인 리듬들을 사용하며 모든 단어에 리듬이 들어있는 빠른 리듬으로 가사 역시 빨리 지나가면서 곡의 템포는 빠르다. 그래서 이 음악은 순한 음악이 아니며 쉴 공간이 없는, 묵상할 수 있는 음악이 아니다. 결론적으로 챤트와 랩은 화성이 없는 단선율이라는 것과 가사가 잘 들리는 것은 공통일 수 있으나 창법을 비롯하여

---

19 랩(Rap) 음악의 리듬이 서양 음악의 전통적인 리듬과 다르다는 이유로 좋지 않은 리듬이라고만은 할 수 없다. 흑인들은 이 리듬이 오히려 편안하고 자연스러운 리듬일 수도 있는 것은 이 리듬이 그들에게서 나왔기 때문이다. 하지만 우리나라의 전통 음악이나 우리가 익숙한 서양 음악의 리듬과는 다르다.

선율의 모양뿐만 아니라 리듬이 완전히 다르기 때문에 이 두 음악은 전혀 서로 다른 음악이다.

리듬은 이렇게 음악의 성격을 결정짓는데 가장 중요한 요인이 된다. 서양음악의 입장에서 보면, 랩 음악은 기독교의 영성과는 가장 먼 곳에 있는 음악이다. 영적인 음악은 선율과 화성에서 순수한 아름다움뿐만 아니라 리듬적으로 건강한 리듬일 때이다. 최고의 교회음악으로 인정받는 그레고리안 찬트와 팔레스트리나 음악은 리듬이 온순하며, 선율과 화성이 뛰어나다.

음악은 사람의 마음과 정신에 영향을 준다. 순하고 선한 음악은 사람을 순하게 해주며 고르고 좋은 인성을 길러준다. 반대로 격한 음악은 모난 성격과 인내심이 적은 과격한 성격 형성에 영향을 준다. 지금 세상에는 격한 음악들이 너무 많다. 세상에서 이런 음악들로 둘러싸여 살고 있는 성도들이 교회에 오면, 교회는 그들을 순하고 선한 음악으로 치유해야 하지 않겠는가? 그런데 세상과 똑같은 음악으로 교회가 함께 걸어간다고 하면 이 교회가 하나님의 교회라 할 수 있을까?

선율과 화성, 리듬 이 세 가지 요소가 균형을 이룬 좋은 교회음악은 많이 있다. 교회음악인은 이 음악으로 하나님을 예배하고 그리고 성도들도 함께 예배할 수 있도록 더 많은 연구가 필요하다. 그리고 이 음악을 들고 이 세상에 나아가 하나님 나라를 이 땅에 이루어야 하지 않겠는가?

30. 회중찬송가의 균형

우리나라 성도들은 찬송가에 대한 이해가 많이 부족한 듯하다. 이것은 목회자와 교회음악을 담당한 사람들의 책임이다. 이는 찬송가에 실린 편중된 찬송가 레퍼토리의 문제도 있지만 찬송곡을 선택하는 사람들의 책임이 또한 크다. 현재 우리나라 찬송가는 미국의 복음 찬송이 많이 실리면서, 좋고 다양한 찬송가들이 실리지 못하게 한 결과를 초래하였다. 하지만 이런 찬송가에도 불구하고 예배에서 좋은 찬송가를 선정한다면 그나마 현재보다는 훨씬 나은 회중찬송이 될 수도 있다.

한국 찬송가에는 좋은 찬송가가 여전히 많이 실려 있다. 하지만 늘 부르는 찬송가만 부르며 다른 좋은 찬송가들이 잘 불리지 않는다는 것은 많이 아쉬움이 있다. 늘 익숙한 찬송가만을 고집하면서 부르는 것은 성도를 잘못 인도하는 것이나 다름없다. 즉 이것은 성도의 성숙을 막는 결과로 이어진다. 예배는 예배이지만 예배의 결과로 교육적인 부분도 있다. 하나님 말씀을 들음으로 심령이 새로워지고 영적으로 성장하는 것 그리고 좋은 교회음악을 듣고 찬양함으로써 예술적 소양이 길러지는 것은 예배의 결과로서 중요한 것이다. 하나님 말씀의 씨가, 즉 생명이 성도에게 들어가면 성도는 자란다. 자라지 않는다는 것은 생명이 그 안에 없다는 것과 같다. 그래서 하나님을 믿는 우리는 자라는 것이 당연하다.

성도는 좋은 찬송가―즉 가사와 음악에서 뛰어난, 역사적인 다양하고도 좋은 찬송가―를 부를 자격이 있다. 중세 시대의 교회에서는 성도들이 직접 찬송가를 부를 수 없었다. 훈련받은 음악인들이 대신하여 성가를 불렀으며 회중은 간단한 응답송 정도만 가능하였다. 이것에 반기를 든 사람이 루터이다. 성직자만이 아니라 모든 성도는 스스로 하나님께 나아가는 특권을 가졌다는 것이다. 그래서 성도가 성경을 직접 읽고 찬송도 직접 부르도록 독일어로 성경을 번역하였으며 회중찬송가도 만든 것이다. 그러나 이 찬송가를 부르는 것은 쉬운 일이 아니었다. 당시 평생 제대로 된 찬송가를 불러본 적이 없는 성도들이 이 찬송가의 도입으로 찬송을 배우기 시작한 것이다.

영국의 회중찬송가(hymn)는 좀 더 다른 형태로 발전한다. 찬송가 악보의 오른쪽 맨 위에 있는 Nicaea(8장, 거룩 거룩 거룩 전능하신 주님), Olivet(385장, 못 박혀 죽으신) 등의 표기는 선율의 이름(곡조명, tune name)으로 영국에서 발달한 것이다. 당시 성도들은 선율 이름으로 찬송곡을 기억하고 가사를 보면서 찬송을 하였다. 이런 관습과 전통은 현대에 와서도 ―악보를 읽을 수 있는 능력의 유무와 관계없이― 이어지고 있으며, 현재 유럽 찬송가 악보는 대부분 찬송가의 소프라노 선율만 있고 옆에 가사를 따로 두거나, 아니면 선율은 아예 없고 가사만 있는 경우가 많다.

현대 성도는 예전보다 음악적으로 많이 우수하다. 악보를 읽고 못 읽고 상관없이, 특히 찬송가는 쉽게 익히고 잘 부른다. 그런데 성도가 새로운 찬송가를 힘들어 할지도 모른다는 배려 아닌 배려로 대부분의 교회에서 불리는 찬송가의 레퍼토리는 오랫동안 그대로이다. 오히려 젊은이들이 부르는 CCM은 늘 바뀌고 있다. 하지만 새로운 찬송가를 부르지 않는 것이 성도를 위한 배려인지 곡을 선정하는 사람의 개인적인 이유인지는 사실 불분명하다. 필자가 추측하기는 많은 경우는 찬송가를 정하는 목회자의 찬송가에 대한 지식의 결여와 음악적 소견의 부족이 큰 원인이라 생각한다. 새로운 찬송가를 늘 연구하고 배우는 목회자는 교회 예배에서 다양한 찬송가를 이미 많이 부르고 있는 반면 음악에 자신이 없거나 관심이 없는 경우는 새로운 찬송가에 전혀 손을 대지 않는다. 그리고 더 좋지 않은 경우는 목회자 자신이 좋아하는 찬송가만 부르는 교회도 있다는 것이다. 이것이 바로 목회자와 음악을 맡은 사람에 따라 찬송가의 레퍼토리가 각 교회마다 많은 차이를 보이는 이유이다.

우선 찬송가의 선정에 있어서 원칙을 찾아본다. 첫째는 교회력이다. 교회력을 따르지 않는 교회라 하더라도 절기에 연관된 찬송가는 하나님을 예배하는 좋은 찬송가일 뿐만 아니라 성도에게도 좋다. 왜냐하면 교회력은 예수님의 생애를 절기로 나눈 것이기 때문에 절기에 따른 찬송가를 부르는 것은 결국 예수님의 생애에 대한 묵상을 심어주는 기회가 된다. 즉 대강절(Advent) 찬송, 성탄절 찬송, 현현절(Epiphany) 찬송, 사순절(Lent) 찬송, 부활절 찬송 이 모두는 예수님께 일어난 일들을 주제로 한 찬송이다. 그래서 이런 찬송가를 부르면서 예수님을 더욱 묵상하고 예수님의 삶을 돌아보는 기회가 된다. 부활절 이후, 성령 강림 찬송가는 성령의 역사에 대한 찬송으로 우리가 많이 부르는 찬송들이다. 결국 교회력은 단순히 교회 예식에만 필요한 것이 아니라 성도의 삶과도 직접적인 연결이 되는 것이 중요하다. 일 년을 이렇게 교회력에 따라 찬송하면서 살아가는 성도는 일 년을 예수님의 생애와 함께 걸어가는 성도가 될 가능성이 매우 높다.

두 번째로는 계획을 세워 시대별로 그리고 나라별로 다양한 찬송가를 찬양하는 것이다. 우리나라 현행 찬송가는 외국의 찬송가에 비하여 다양하고 좋은 찬송가가 부족한 면이 있기는 하지만 독일의 코랄과 영국의 좋은 찬송가들이 실려 있다. 하지만 대부분의 교회는 미국 찬송가를, 특히 미국의 복음성가에서 온 복음 찬송가를 주로 부른다. 이것이 문제라는 것이다. 좋고 다양한 찬송가를 부른다는 것은 막연히 노력한 다고 해서 될 일이 아니다. 이것은 구체적인 계획을 세워 찬송가 레퍼토리의 비율(%)을 정하고, 찬송가를 계획에 따라 의도적으로 선정하지 않으면 실현될 가능성이 매우 낮다.

실제로 필자는 1990년도에 8개월 정도 음악목회로 있었던 교회에서 찬송가 표를 만들어 다양한 찬송가를 부르도록 계획을 세워서 시행한 적이 있다. 이렇게 회중찬송가 계획표를 만들지 않으면 일 년 동안 찬송가를 어떻게 불렀는지 알 수 없다. 우리 찬송가에 실린 영국 찬송가와 독일 찬송가는 대체로 뛰어난 곡들이다. 특히 찬송가 79장(섭리)까지의 곡에서 경배, 찬양, 주일, 창조주, 섭리 주제의 찬송들은 대부분 일 년 52주 동안 한 번은 꼭 찬양할 것을 권한다. 우리 찬송가에서 몇 년을 지나도 한 번도 불러보지 못한 좋은 찬송가가 있다는 것은 성도들에게 미안한 일이다.

찬송가를 다양하게 부르는 세 번째 방법은 소극적인 접근으로서, 지금까지 많이 부르는 찬송가의 횟수를 줄이는 일이다. 횟수를 줄이지 않고는 새로운 것을 추가할 수 없기 때문이다. 물론 지금까지 많이 부르는 찬송가는 대체로 뛰어난 찬송가들이기는 하다. 그리고 이 중에는 참으로 훌륭하고 좋은 찬송가가 많다. 하지만 이들만 좋은 찬송가가 아니라는 것이다. 그리고 그 곡들은 대체로 스타일에서 서로 비슷한 것이 특징으로, 미국의 복음 찬송가로서, 부르는 사람은 너무 익숙한 나머지 습관적으로 부르게 될 수도 있다는 점은 우리가 유의해야 할 것이다. 훌륭하고 좋은 찬송가가 많음에도 불구하고 이것을 마다하고 지금까지 부르는 찬송가들만 부른다는 것은 우리의 찬송에서 변화가 필요하다는 것을 말해준다.

　음악은 다양할수록 좋다. 특히 시대적으로 다양한 찬송가는 성도들에게 새로운 영적 체험을 줄 것이며 그 시대의 믿음의 선조들이 이렇게 찬양하였다는 것을 생각하면 감동이 밀려온다. 천국에 가면 온 시대, 온 지역의 신앙의 선조들을 다 만날 터인데 이 세상에 살면서 이렇게 준비를 해야 하지 않겠는가? 당연히 이 세상의 모든 찬송가를 부를 수는 없다. 하지만 조금씩이라도 역사적으로 의미가 있는 좋은 찬송가는 성도가 부를 권리가 있으며 또한 특권이기도 하다. 성도들의 이런 특권과 권리에 무감각한 목회자나 교회음악인은 지금의 회중찬송에서 큰 장애가 될 것이다.

　여기서 찬송가의 다양성이란 점에서 가사를 논의해본다. 우선 찬송가는 하나님을 찬양하는 것이기 때문에 하나님 찬양 이외의 내용이 들어가는 것은 적절하지 않다. 하나님을 찬양하는 것에는 직접적인 찬양이 있으며 간접적인 찬양도 있을 수 있다. 이 간접적인 찬양이라는 것의 대표적인 형태가 복음 찬송이다. 찬송가 413장(〈내 평생에 가는 길〉, H. G. Spafford, 1828-1888, 가사/P. P. Bliss, 1838-1876, 작곡)에서 "내 영혼 평안해"는 엄밀히 말하면 하나님을 찬양하는 것이 아니다. 내 마음이 편하다는 것이 왜 하나님을 찬양하는 것이냐고 반문하면 할 말이 없을 것이다. 하지만 한 번 더 생각하면 이 시는 하나님을 찬양하고 있다. 가사를 읽고 또 찬송을 해보면 이 찬송이 자기가 행복해서 좋다는 것인지 하나님이 감사하다는 것인지 느낌이 온다. 이 가사는 자신의 어려운 상황에서도 하나님을 기억하고 영혼의 평안함을 주신 하나님께 감사하다는 표현의 또 다른 방법이다. 어떤 대상에게 감사한다는 것은 직접적인 말로서 하는 방법도 있지만 그 사람의 표정이나 행동을 통하여 감사함을 알 수 있는 경우는 많다. 오히려 감사하다고 말은 하면서 그 표정과 행동이 따르지 않을 때는 오히려 그것이 거짓이라는 것을 마음으로 느낀다. 이것은 사람의 표현 방법에는 진심이 따르는 여러 가지가 있다는 뜻이다. 그래서 찬송은 하나님께 드리는 직접적인 감사와 경배의 가사가 필수적이면서도 이렇게 간접적인 표현으로도 하나님께 감사하고 하나님을 경배할 수 있다. 이런 다양한 표현은 의미를 더 보완해주고 강화시켜주는 것이 되기도 한다.

찬송가의 가사는 성도들에게 성경 말씀 못지않게 중요하다. 왜냐하면 성도들이 성경 말씀을 외우는 이상으로 찬송가 가사를 외우기 때문이다. 외운다는 것은 사람의 마음속 깊이까지 들어가 있다는 의미이다. 그리고 찬송은 성경 말씀보다는 성도들이 더 자주 입으로 고백하는 것이기 때문에 더 중요할 수 있다. 이렇게 찬송가의 가사는 성도의 신앙생활에 많은 영향을 준다.

찬송가 역사를 보면 초기 교회에서는 이단들이 찬송가를 통하여 교리를 퍼뜨리는 상황이 일어남으로 해서 찬송가 가사를 평신도가, 즉 아무나, 쓸 수 없도록 제재를 하게 되었다. 이런 조치는 중세 교회 내내 유효하였다. 물론 중세 교회는 성도들이 찬송가를 부를 수도 없었지만 가사를 쓸 수도 없었다. 이것으로 인하여 교회 밖에서 불리는 기독교적 노래(religious song)들이 발전하게 되는 요인이 되었으나 정작 교회 안에서 자유로운 신앙의 고백이 담긴 찬송가는 금지되었다는 것은 아쉬운 점이 있다.

교회의 중요한 회의를 보면 찬송가와 관련된 사안들이 종종 있었다. 기독교 역사에서 중요한 위치를 차지하는 첫 번째 회의인 니케아회의[20]

---

[20] 니케아회의(Council of Nicaea, AD 325): 콘스탄티누스 대제에 의해 Nicaea(지금의

이후 라오디게아회의21에서는 예배 중에 회중찬송과 악기 사용을 금하였으며, 찬송가의 가사는 개인적인 경건 시는 허용되지 않고 성경의 말씀으로만, 즉 성경의 찬양시인 송가(canticle)와 시편만이 가사가 되도록 하였다.22 하지만 성도들은 신앙고백의 찬양시들을 교회 밖에서 꾸준히 써왔으며, 서서히 이 노래들이 교회 안으로 들어오게 되었다. 그리고 교회에 들어온 자유로운 찬양시가 교회에서 문제가 생기게 될 때면 이것으로 교회는 다시 회의를 하는 등 찬송에 민감하게 반응해 왔다.23 이것은 교회로서는 당연한 일이다. 찬송가의 가사는 성도에게 성경 못지않게 영향을 주는 것으로, 찬송가 가사는 늘 교회에서 엄격하게 통제하고 있었던 것을 알 수 있다.

자유로운 신앙 고백시의 찬송이 예배에서 불가능했던 중세 시대 교회를 지나 16세기 개혁교회로 들어오면서 루터는 성경의 가사와 함께 창작시도 찬송가의 가사로 사용하기 시작하였다. 반면 칼빈은 가사를 성경 중 오직 시편만으로 제한하였다. 하지만 칼빈 교회도 신앙생활과 관련된 식사 찬송 등 작은 기도 찬송을 허락하면서 서서히 창작시에 의한 찬송가가 도입되었다. 그럼에도 불구하고 19세기까지 대부분의 영

터키의 Iznik)에서 열린 주교 등 교회 지도자들의 회의로서 당시 교회의 주요 논제를 심의하여 공포함. 논제 중에서 대표적인 것이 아리우스파를 이단으로 규정하고 삼위일체설을 받아들임.

21 라오디게아회의(Council of Loadicea, AD 363-364): 라오디게아(요한계시록의 일곱 교회 중 한 교회로 에베소와 안디옥 교회 중간 지점)에서 소아시아의 약 30명 성직자들이 모인 지역 회의로 성도들의 행실에 대한 규정들이 많이 정해짐.

22 William J. Reynolds and Milburn Price, *A Joyful Sound, Christian Hymnody*(New York: Holt, Rinehard and Winston, 1978), 5.

23 이 일의 대표적인 회의로 16세기 트렌토회의(Council of Trent)에서는 교회 찬송으로 창작시로 가사가 되어 있는 부속가(sequence)가 남발하고 있어 4개의 부속가만 공식적으로 남기고 다른 곡들은 금지시켰다.

국과 독일의 찬송 가사는 성직자들에 의해 작시되는 것이 일반적이었다. 우리 찬송가의 린카르트(M. Rinkart, 1586-1649), 왓츠(I. Watts, 1674-1748), 웨슬리(C. Wesley, 1707-1788), 히버(R. Heber, 1783-1826) 등은 독일과 영국 찬송가의 대표적인 작시자로서 당대의 뛰어난 목회자들이었다.

이에 비해 미국 찬송가는 다양한 성격을 보인다. 유럽의 기독교 신앙의 이민자들로 시작된 미국 교회는 처음에는 유럽의 전통을 이어갔으나 곧 미국의 독특한 정서에 맞는 찬송가들이 나오게 된다. 미국의 민속 찬송가(Folk Hymn)와 영가(Spiritual) 등은 미국 찬송가의 독특한 면이다. 그리고 또 하나의 큰 변화는 복음 전도자 무디(Dwight L. Moody, 1837-1899)의 음악 사역자들의 찬송이다. 무디와 그의 동역 음악인들[24]은 당시 교회 예배에서 불리던 경건하며 느리고 진중한 찬송가는 그의 전도 부흥집회에 적절하지 않다고 판단하였다. 그리하여 당시 익숙한 선율 스타일로서 미국의 민요[25]와 비슷한, 일반인들이 쉽고 간편하게 부를 수 있는 찬송을 만들었다. 이것이 복음성가(Gospel Song)의 시작으로 가사 또한 자유롭게 쓰이면서 평신도가 작시하는 문이 크게 열리게 되었다. 이 시기에 개인의 신앙적인 헌신 시로서 많은 찬송시를 썼던 사람이 크로스비(Fanny J. Crosby, 1820-1915)이다. 크로스비는 시각 장애를 가지고 있으면서도 평생 약 8천 찬송시를 쓴 사

---

24 대표적으로 생키(Ira D. Sankey, 1840-1908, 복음성가 찬양가, 작곡가)로서 이 사람은 현대의 그레이엄(Billy Graham, 1918-2018) 전도자와 그의 음악인 쉬어(George Beverly Shea, 1909-2013)와 비교될 정도로 무디의 뛰어난 음악 동역자이다.

25 Stephen C. Foster(1826-1864): "미국 음악의 아버지"라고 불리는 그는 200곡 이상의 노래를 작곡하였으며 그의 노래는 어린이 동요나 민요 성격의 노래로 교육용으로도 많이 사용되었다. 대표적인 노래는 〈오 수잔나〉, 〈캔터키 옛 집〉 등이다.

람으로 그의 시는 당대의 대표적인 복음성가 작곡가들의 찬송곡 가사로 쓰였다. 이 작곡가들은 대부분 우리 찬송가에 실려 있는 사람들로서 브래드베리(William B. Bradbury, 1816-1868), 루트(George F. Root, 1820-1895), 라우리(Robert Lowry, 1826-1899), 돈(William H. Doane, 1832-1915), 스위니(John R. Sweney, 1837-1899), 커크패트릭(William J. Kirkpatrick, 1838- 1921), 생키(Ira D. Sankey, 1840-1908) 등이다. 이 찬송시들의 특징은 대체로 개인의 신앙고백으로 그리스도인의 삶과 연관된 것들이 대부분이다. 즉 하나님을 직접적으로 찬양하는 가사가 아니라 성도의 삶에서 나오는 고백들로서 간구, 은혜와 사랑, 동행하심과 평안, 제자로서의 삶과 헌신 등으로 성도가 삶에서 하나님을 만나는 체험적이고도 실제적인 내용들이 기도로 쓰여 있다.

찬송시를 평신도가 쓸 수 있다는 것은 축복이다. 교회를 보호하기 위하여 평신도가 찬송 창작시를 쓰지 못하도록 금한 것은 오히려 비성서적이라고 생각할 수 있다. 시편의 저자인 다윗, 솔로몬, 모세는 지도자이기는 하였으나 제사장이 아닌 지금의 평신도였으며, 아삽과 고라 자손이 쓴 시편의 경우 그들은 레위인이기는 하지만 제사장은 아닌 음악인이었다. 이들이 찬양시를 썼다는 것은 이 시편이 단지 시만이 아니라 찬양, 즉 노래였다는 것을 더 뒷받침한다. 시편 이외에도 성경에는 찬양시가 많이 등장한다. 이것들도 대부분 평신도들의 찬양시로, 특히 구약성서에서 사무엘의 어머니 한나의 찬양시[26]와 신약성서에서 예수님의 어머니 마리아의 찬양시[27]는, 이들이 여자라는 점에서, 당시의 시

---

26 사무엘상 2장 1-10절은 한나가 어린 사무엘을 성전에서 하나님을 섬기도록 남겨두고, 하나님께 찬양하는 노래로 Hannah's Song of Thanksgiving으로 알려진 유명한 찬양시이다.
27 누가복음 1장 46-55절은 마리아가 예수님을 잉태할 것이라는 천사의 말을 듣고 이후

대적 상황을 생각하면 더욱 특별하다. 성경에 제사장이 아닌, 다윗을 비롯한 평신도들이 하나님을 찬양하는 시가 들어있다는 것은 현대를 살아가는 성도도 찬송시를 쓸 수 있다는 의미가 된다. 그럼에도 불구하고 성경 이외의 가사를 금한다거나 평신도들의 창작 찬송시를 금한 당시 상황을 보면, 그것은 당시 교회 지도자들로서는 교회를 보호하기 위한 한시적인 조치였다. 왜 이러한 조치가 있었는가에 대해서 우리는 그 의미를 생각해야 한다.

그러면 우리나라 찬송가에 실린 찬송가에서 성직자들의 찬송시와 평신도의 찬송시는 서로 차이가 있는가? 여기서 하나하나를 비교하지는 않겠지만, 전체적인 비교를 하면 차이가 있다는 결론이다. 신학자들이나 목회자들의 시는 대체로 성경에 근거한 시들이다. 그리고 말씀과 신학적인 깊이에서 통찰력이 뛰어나다. 예를 들면 스톤(Samuel J. Stone, 1839-1900, 영국의 시인, 목사)의 유명한 찬송가 〈교회의 참된 터는〉(600장)의 가사는 하나님의 교회를 신학적으로 잘 해석한 가사로 뛰어난 찬송시이다. 특히 2절 가사는 완벽에 가까울 정도이다.

> 온 세계 모든 교회 한 몸을 이루어 한 주님 섬기면서 한 믿음 가지네
> 한 이름 찬송하고 한 성경 읽으며 다 같은 소망 품고 늘 은혜 받도다

> She is from every nation, Yet one o'er all the earth;
> Her charter of salvation, One Lord, one faith, one birth;

엘리사벳을 방문하여 하나님을 찬양하는 노래이다. 이 노래는 마리아 송가라고 불리는 Magnificat로서 기독교 예배의 대표적인 찬양시이다. 이 찬양시는 구약의 한나의 찬송시와 대비되는 시이다.

One holy Name she blesses, Partakes one Holy Food,
And to one hope she presses, With every grace endued
(1866년 Stone의 원문 가사).

우리 찬송가에 실린 찬송가의 한글 번역은 운율상의 제한됨 때문에 영어 원문의 모든 단어들이 다 들어가지 못한 것이 아쉽지만 이것은 어쩔 수 없는 번역 찬송가의 한계성이다. 영어 가사를 살펴보면 스톤 목사는 '여러' 혹은 '모두'라는 단어와 '하나'라는 단어를 대비하면서 가사를 쓰고 있다. 그래서 이 시는 찬송 내용뿐만 아니라 대비적 단어와 운율 등의 문학적 미도 함께 가진 것으로 좋은 찬송시의 요건을 고루 갖추고 있는 뛰어난 시이다.

이에 비해 평신도들에 의한 찬양시는 앞에서 말한 바와 같이 대체로 개인적인 고백의 시로서 주관적이며, 신학적인 깊이에서는 약한 경우가 많다. 개인적 헌신의 시 경우는 그 사람만의 신앙의 고백이기 때문에 회중찬송가의 중요한 요건인 모든 사람이 공유하는 공통의 신앙적 표현에는 한계가 있을 때도 있다. 그리고 감상적인 표현도 많아 성경 말씀의 깊이가 약한 점도 있으며 가끔은 비성경적인 표현이 나오기도 한다. 그리고 강한 주관성 때문에 시의 단어들이 과격할 때가 있으며 직설적인 경우도 종종 나타난다. 더 심각한 것은 하나님을 찬양하는 시가 아니라 국가, 자연, 사람, 특히 어버이, 어린이, 청년 등을 주제로 한 기독교적인 노래임에도 불구하고 예배를 위한 우리나라 찬송가에 실린 경우도 있다.

다양한 시대의 찬송을 한다는 것은 예전의 신앙을 이어받으며, 또 시대를 초월하여 우리가 한 신앙 안에서, 한 교회라는 것을 배우게 된다.

다양한 찬송가라는 점에서 음악적인 부분을 알아본다. 찬송에서 가사를 전달하는 것은 음악이다. 음악이 좋을 때는 가사가 살아나며 그렇지 않을 때는 가사를 그냥 흘려버릴 수도 있다. 클래식 음악의 경우 가사는 음악과 직접적인 연관이 있다. 특히 바로크 시기의 음악은 감성론(Affection Theory)[28]의 영향으로 가사그리기(Word Painting)[29]가 음악에서 바로 나타났다. 예를 들면 '하나님'이라는 단어에서는 음악적으로 무게가 실리면서 장엄하게 표현한다. 이것은 당시만이 아니라 지금도 대부분의 작곡가들이 작곡할 때 음악에 실린 메시지를 중요하게 생각하여 가사 혹은 메시지를 음악적으로 표현해낸다. 그래서 하나님을 찬송할 때 전통적인 찬송가는 무겁게 느낄 수 있다. 그러나 이것은 현대 사람에게는 무겁게 느껴질지 모르지만 작곡가의 입장에서 본다면 장엄하고 경건하게 표현한 것이라 할 수 있다. 그런데 이 '하나님'이라는 단어가 현대 찬송가에서는 —특히 CCM의 경우에는— 대체로 가볍고 경쾌한 것이 특징이다. 이것은 하나님의 성품과 위대함과는 거리가 먼, 가벼우며, 심할 경우는 경박하다.

　찬송가는 모든 성도가 함께 부른다는 점에서 너무 어렵게 작곡되는 것은 좋지 않지만, 너무 쉬운 것도 역시 좋지 않다. 오히려 평생 부른다고 생각하면 어려운 쪽이 더 낫다. 성도는 서서히 곡을 익힐 것이며 먼

---

[28] 감성론(Affection Theory): 바로크 시기 작곡가들과 이론가들에 의해 주창이 된 것으로 음악은 듣는 이에게 어떤 특정한 감정을 일으킬 수 있다는 이론.
[29] 가사그리기(Word Painting): 이것은 일반적으로 가사를 가진 음악의 작곡 기법의 하나로서 가사의 단어를 음으로 표현하는 작곡법이다. 예를 들면 "올라간다"라는 가사에서는 음들이 실제로 올라가는 음형으로 나온다. 이런 기법은 가사가 있는 성악곡뿐만 아니라 기악곡에서도 가사가 있는 선율을 따왔을 경우 이 원리를 적용하며, 더 나아가서 가사가 없는 기악곡인 경우에도 특정한 음형을 사용하여 곡에서 주고자 하는 메시지를 상징적으로 표현하기도 한다.

저 익힌 성도를 따라서 함께 부를 것이다. 영국이나 독일 교회를 방문하면 그들의 찬송가는 우리나라 찬송가보다 난해한 것들이 대부분이다. 찬송가의 길이도 대부분 우리나라 찬송가보다 길며 선율의 구조 또한 다양하여 우리나라의 단순한 구조의 찬송가와는 다르다. 그럼에도 불구하고 그들은 아주 다양한 찬송가를 부른다.

성도가 다양한 음악과 가사로 찬양을 하는 것은 신앙의 성장에도 도움이 된다. 늘 비슷한 음악과 가사로 된 찬양은 성도를 어린 상태로 머무르게 할 수도 있다. 사람은 익숙한 것에서 새로운 것을 받아들이는 것이 쉽지 않다. 비슷한 스타일의 찬송가만 고집하지 말고 새롭고 다양하고 좋은 여러 찬송가들을 부르는, 회중찬송의 변화가 필요하다.

다양한 찬송가를 부르고 시도하는 방법의 몇 가지 예를 소개하면 '이 달의 찬송가'가 있다. 한 달에 새로운 찬송가를 한 곡 소개하는 것으로, 한 달 동안 예배 때 부르며 이 찬송가의 가사 혹은 악보 전체를 주보에 실을 수도 있다. 그리고 성가대가 새로운 찬송가를 찬양곡으로 부르면서 소개할 수 있으며 독창자가 예배에서 독창으로 찬양하는 등, 새로운 찬송가를 회중들에게 소개하는 방법은 여러 가지가 있다.

그리고 우리나라 예배의 찬송가에서 유의할 점은 예배 순서에 따른 적합하고 다양한 찬송가를 부르는 것이다. 물론 많은 교회가 이렇게 하고 있지만, 예배 찬송가 세 곡을 모두 찬송가 뒤 쪽에 실린 복음 찬송가로 부르는 교회도 종종 있다. 이것은 특히 조심해야 할 부분이다. 교회력에 따른 절기 찬송을 기본으로 하고 찬양과 경배, 신앙의 고백과 헌신 등의 찬송가를 고루 선정하는 것이 중요하다.

결론적으로, 우리나라 교회의 회중찬송가는 레퍼토리 면에서 다양함이 필요하다. 시대적으로, 국가적으로 다양하고도 뛰어난 찬송가들은 많이 있다. 현재 너무 편중되어 있는 미국 복음 찬송가는 점차 그 비율을 줄이면서 다른 좋은 찬송가들을 조금씩 새롭게 도입하는 것이 중요하다. 우리가 늘 똑같은 찬송만 부르고 있으면서 하나님께 우리와 늘 함께 해달라고 기도하는 것은 욕심이다. 우리는 편한 그대로 있기를 원하면서 하나님께서 불편하신 것을 외면하고 있는 것은 성도가 할 일이 아니지 않는가? 모든 성도는 새로운 찬송가에 적극적이어야 하며 목회자와 교회음악인들은 새로운 찬송가 보급을 위하여 끊임없는 연구와 노력이 필요한 시점이다.

31. 어머니 찬송? 나라 사랑 찬송?

한국교회 예배에서는 예배와 무관한 찬송가들이 종종 불린다. 예배 찬송은 하나님을 찬양하고 드높이는 노래이다. 기독교 노래에는 다양한 노래가 있다. 예배용 찬송가 이외에 기독교 예술의 한 분야로서 기독교적인 노래, 주일학교에서 어린이들이 부르는 기독교교육을 위한 노래, 집회나 기독교 캠프에서 부를 수 있는 노래(부흥성가, 복음성가 등등)가 있다. 하지만 예배 중에 부르는 노래는 찬양이며, 찬송가이다. 이것은 하나님만을 경배하는 노래이다. 그런데 우리나라 찬송가에는 어머니를 기리는 노래, 가정을 감사하는 노래, 국가를 위해 기도하는 노래 등이 실려 있으며 그리고 이것들이 실제로 예배에서 불린다. 이 노래들은 기독교인의 다른 모임에는 가능할 수 있으나 주일예배에서 불릴 찬송가는 결코 아니다. 이런 성격의 노래들은 외국의 찬송가에는 들어있지도 않는, 아주 특이한 우리나라만의 찬송가이다. 그래서 이 모든 노래는 한국 작곡가에 의해 쓰인 것으로, 찬송가가 아닌 기독교적인 노래이다. 그 가사를 자세히 보자.

> 어머니의 넓은 사랑 귀하고도 귀하다…(1절)
>
> …
>
> 어머니의 뜻 받들어 보람 있게 살리라…(4절)
>
> (찬송가 579장, 〈어머니의 넓은 사랑〉,
>
> 주요한, 1900-1979, 작시 / 구두회, 1921- , 작곡).

위의 곡은 지금도 어버이주일이면 자주 불리는 노래로서, 현행 찬송가 576-579장 네 곡 모두 한국인 작시자와 작곡가에 의해 쓰인 어버이주일(?) 노래이다. 어버이주일이라는 것도 이상한 타이틀이듯, 이 노래 또한 하나같이 어머니 혹은 어버이에게 감사하는 노래로서 하나님을 찬양하는 찬송이 아니다.

가정을 주제로 한 찬송가도 한국 곡으로 다섯 곡(555-559장)이 실려 있으며 이 모두 예배에서 찬송가로 부르기는 많이 미흡하다. 우리가 많이 부르는 559장 〈사철에 봄바람 불어 잇고〉(전영택, 1894-1968, 작시 / 구두회 작곡)의 가사도 하나님을 찬양하는 것이 아니다. 하나님께 감사를 드리고 있기는 하지만 노래의 주제는 가정으로 "우리 집"이라는 가정을 칭찬(좋다고)하는 노래이다. 특히 후렴에 들어가면 가사는 "우리집"을 더욱 강조하고 찬양한다.

믿음의 반석도 든든하다 우리 집 즐거운 동산이라…(1절)
…
고마워라 임마누엘 예수만 섬기는 우리 집…(후렴).

위에서 보듯이 이 찬송가는 구구절절이 자신의 가정("우리 집")을 찬양하고 있는 노래이다. 예배에서 하나님을 칭송하고 자랑해야 할 성도가 자신의 가정을 자랑하고 칭송하고 있는 것이다. 이 노래는 행복한 가정을 노래하면서 하나님을 옆에 조금 세운 그런 느낌의 노래이다. 하나님께서는 이 '찬송가 아닌 찬송가'가 하나님을 예배하는 예배에서 불릴 때 어떤 느낌이실까?

젊은이를 주제로 한 찬송가는 다섯 곡(571-575장)으로 이 중에서 우리가 많이 부르는 두 곡을 비교하면 우리나라 곡과 외국 곡의 가사에서 찬송가라는 개념의 차이가 확연하게 드러난다.

> 가슴마다 파도친다 우리들의 젊은이…(1절)
> 하늘 같이 높푸르자 우리들의 젊은이…(2절)
> (574장, 반병섭, 1924-2017, 작시 / 이동훈, 1922-1974, 작곡).

> 주님께 귀한 것 드려 젊을 때 힘 다하라…(1절)
> 우리의 귀한 것 모두 주님께 바치어도…(3절)
> (575장, H. B. Grose, 1851-1939, 작시 /
> C. A. Barnard, 1830- 1869, 작곡).

두 찬송가의 전체 가사를 비교하면 한국 찬송가 574장은 가사에서 젊은이를 너무 많이 칭송하고 있다. 매절의 마지막 프레이즈는 주를 위해 살겠다는 내용으로 결론을 짓고 있지만 가사의 반 이상은 젊은이의 기상과 특징을 자세하게 묘사하면서 청춘예찬[30]과 같은 시의 인상이 아주 짙다. 청춘을 찬양하면서 앞의 찬송가 예와 똑같이 하나님을 약간 넣은 느낌을 지울 수 없다. 이에 비하여 575장은 한국 찬송가와는 완전히 다른 찬송가임을 알 수 있다. 여기에는 젊은이에 대한 특징을 전혀 묘사하고 있지 않다. 하나님을 찬양하는 찬송가에서 사람에 대한 구체적인 설명이 들어갈 필요는 없다. 이 찬송가는 젊은이로서 하나님을 어떻게 섬기고 어떻게 살아가야 할 것을 권고하고 있다.

나라 사랑 주제의 찬송가는 현재 다섯 곡(580-584장)이 있다. 이 중

---

30 청춘예찬: 소설가 민태원(1894-1935)이 지은, 1930년대 젊은이들의 정열과 이상 그리고 건강한 신체에 대하여 박력 있고 화려한 필체로 청춘을 찬미하는 수필.

네 곡은 우리나라 작시자와 작곡가의 곡이며, 한 곡(580장)은 외국 오페라의 합창곡에 한국인이 가사를 붙인 곡으로 필자도 유학 가기 전까지는 종종 이 찬송을 교회에서 불렀었다. 580장 〈삼천리 반도 금수강산〉, 이 찬송가는 남궁억(1863-1939)[31]의 가사로 당시 시대적으로 애국심을 불러일으키는 노래였으나 예배 찬송가는 아니다. 특히 후렴의 "일하러 가세 일하러 가 삼천리 강산 위해…" 부분은 애국지사의 결연한 의지가 엿보이는 전형적인 나라 사랑 노래이다. 또한 현재 교회에서 자주 불리는 582장 〈어둔 밤 마음에 잠겨〉(김재준, 1901-1987, 작시 / 이동훈, 1922-1975, 작곡) 이 곡 또한 찬송가가 아니며 예배에서 불릴 곡이 아니다. 이 노래들이 교회 예배에서 불릴 때마다 반주를 해야 하는 필자의 심경은 정말 복잡하다. 하나님께서 이 상황을 어떻게 보실지….

현행 찬송가의 어린이 찬송가는 11곡(560-570장)으로 외국 곡과 한국 곡이 함께 들어 있으며 이 곡들은 모두 훌륭한 찬송가들이다. 가사와 곡 모두 우수하며 특히 시편 23편을 기초로 가사를 한 찬송가 568장(석진영, 1926-2002, 작시 / 이일래, 1903-1979, 작곡)은 한국교회의 전통적인 어린이 찬송가로서, 최근에는 교회 어린이 주일학교에서 많이 불리지 못하는 것이 참으로 안타깝다. 여기의 11곡의 찬송가는 모두 주일학교에서 아이들에게 필수로 가르치기를 권하는 뛰어난 찬송가들이다.

예배 찬송가는 하나님만을 찬양하는 찬송가이다. 이것은 일반적인 기독교 노래와는 구별되어야 하는 찬송이다. 기독교적인 노래라고 하여 모든 노래가 예배에서 불릴 수 있는 것은 아니다. 위에서 예로 든

---

31 남궁억(1863-1939): 독립운동가이며 교육자 및 언론인으로 배재학당 교사로 있으면서 교과서를 편찬하고 교회와 학교를 세운 애국지사.

찬송가들은 기독교적 노래로는 뛰어난 노래일 수 있다. 우리 성도는 부모님께 이 세상 사람들이 하는 것보다 더 잘해야 한다. 이것은 하나님의 명령이기도 하며(십계명의 5계명), 눈에 보이는 이웃을 사랑하지 않으면서 하나님을 사랑한다고 하는 것은 거짓이라고 성경은 말씀한다(266쪽 참조). 신앙 안에서 어버이께 감사하는 노래, 젊은이를 격려하는 노래, 나라를 사랑하는 노래 이 모두는 기독교인이 실천해야 할 덕목을 노래하는 것이다. 하지만 이것과 하나님께 예배드리는 일은 구분해야 한다.

독일 찬송가에는 독일 국가가 실려 있지 않다. 미국 찬송가에 미국 국가가 실려 있는 경우는 찬송가 맨 뒤편에 있으며, 대부분의 찬송가는 국가를 싣고 있지 않다. 우리나라 찬송가에는 애국가가 예전에 맨 뒤에 있었을 때도 있었으나 현재는 없다. 기독교인의 사회적 책임, 즉 이 세상의 빛과 소금의 책임으로 예수님의 말씀을 따르는 것은 중요하다. 그래서 국가적으로 중요한 날인 경우 기독교인의 모임에서 나라 사랑하는 애국가 혹은 그에 준하는 노래를 부를 수 있다. 하지만 이것은 엄격히 예배와 구별되어 절도 있게 행해야 할 일이다. 가끔 예배를 마치고 애국가를 부르기도 하지만, 이것도 조심스러운 일이다. 이런 경우 예배를 마치고 교회당을 나가는 성도는 하나님의 말씀보다 애국가가 더 생각이 날 수 있으며, 애국가가 예배의 결론이 되어서는 안 되기 때문이다. 예배의 전후를 포함하는 모든 시간은 하나님으로 채워져야 한다.

요즈음 사람들은 장소와 때를 잘 분별할 줄 모르는 특별한 은사를 가진 것 같다. 개인적 편의와 유익을 위한다면, 언제든 어디서든 하고 싶은 일을 하는 것이 현대인의 특징이 되어가고 있다. 이것은 인간을 버릇없게 만드는 아주 좋지 못한 것들이다. 모든 사안에서 사람의 실리와 편리함만을 추구하는 사회는 결코 좋은 사회가 아니다. 힘들어도, 불편해도 지켜야 할 것은 지키는 교육과 훈련이 필요하며 교회는 이런 일에서 세상보다 더 높은 기준을 가져야 할 것이다.

예배에서 회중찬송가는 온전히 하나님만을 찬양하는 찬송가라야 한다. 이 일을 위하여 예배의 본질을 잊지 않고 예배의 중심에 늘 서 있는 목회자와 교회음악인이 필요하다. 예배 찬송가를 선정하는 사람은 늘 영으로 깨어 있어야 하며 지금까지 행하여졌던 것이라고 해서 그대로 받아들이는 것은 옳지 않다. 성경으로 돌아가서(Sola scriptura) 늘 점검해야 할 것이다. 이 세상에서 우리 성도는 두 주인을 섬기지 말라고 예수님은 말씀하셨다. 이것이 세상에서라면 하나님께 드리는 예배는 더더욱 그러해야 하지 않겠는가?

32. 화답송을 회중찬송으로

현재 우리나라 개신교회 예배음악에서 회중의 역할은 회중찬송가가 전부이다. 하지만 예전의 교회 예배음악에서는 회중의 역할이 많았다. 그들은 예배에서 기도문을 같이 노래할 뿐만 아니라 회중찬송가와 여러 화답송을 찬양하였다. 예를 들면 성경 말씀을 읽고 나면 〈하나님께 감사합니다〉(Thanks be to God)를 화답송으로 노래하였으며 집례자의 기도문 후에는 〈아멘〉(Amen)으로 화답송을 하며, 성찬 예식에서 집례자와 주고받으며 노래하는 기도문을 비롯하여 〈알렐루야〉(Alleluia)를 부르면서 서로 화답하였다.

회중의 화답송(Congregational Response)은 교회의 오랜 전통이다. 구약성서의 성전 예배에서 이스라엘 백성이 화답송으로 찬양한 구절이 많이 등장한다. 그 대표적인 것이 아멘(Amen)이다. 아멘은 "그렇게 하십시오(So be it), 진실로 그렇습니다(truly)"의 뜻으로 개신교회의 기도 끝에 성도들이 함께 한다. 이것은 신·구약성서에 나오는 것으로 현재 유태교와 기독교 그리고 이슬람교의 예배에서 기도의 화답 어귀로, 또한 말씀의 마지막 부분에서 '말씀을 잘 들었으며 그렇게 살겠습니다'라는 뜻으로 성도들이 확인하는 선포로 쓰인다.

전형적인 예로서, 하나님의 말씀을 선포하면 이스라엘 백성이 다함께 아멘으로 화답하는 것이 신명기 27장에 나온다. 이 구절은 모세가 이스라엘 백성을 40년간 광야에서 인도한 후 가나안 땅에 들어가기 직전 하나님께서 내리시는 축복과 벌(저주)의 서약이 들어있는 곳이다. 특히 에발산에서 저주의 서약 부분(11-26절)에는 법을 선포한 후 백성들이 다 잘 들었으며 그 율법을 지킬 것이라는 약속으로 하나의 율법이 선포될 때마다 아멘으로 답하고 있는데 아홉 가지 율법 모두 끝에 백성들의 아멘이 있다. 이때의 아멘은 백성들의 신중하고도 엄숙한 각오와 약속이 들어있는 부분으로 하나님과의 언약의 순간이었다.

그리고 다윗이 성막으로 궤를 옮긴 후 성전음악인들과 감사의 찬양을 올렸을 때 그 마지막에 이스라엘 백성들이 함께 아멘으로 찬양하는 장면이 있다.

> 여호와 이스라엘의 하나님을 영원부터 영원까지 송축할지로다 하매
> 모든 백성이 '아멘' 하고 여호와를 찬양하였더라(역대상 16:36).

〈아멘〉 찬양은 예배에서 하나님을 찬양하는 이스라엘 백성의 몇 안되는 화답송 중의 하나였다. 당시 이스라엘 백성은 성전에 들어갈 수 없었을 뿐만 아니라 예배에서 찬송은 레위인들에 의해 이루어졌기 때문에 이스라엘 백성들은 제대로 된 찬송은 할 수 없었다. 그렇기 때문에 비록 제사장이 백성을 위하여 대신 제사를 드리는 것이기는 하지만, 이 화답송은 이스라엘 백성들에게 중요한 의미가 있었을 것이다.

아래의 느헤미야서에서 아멘은 예배의 본질로서 예배 그 자체가 되고 있음을 또한 볼 수 있다.

> 에스라가 위대하신 하나님 여호와를 송축하매
> 모든 백성이 손을 들고 '아멘' '아멘' 하고 응답하고
> 몸을 굽혀 얼굴을 땅에 대고 여호와께 경배하니라(느헤미야 8:6).

이 상황은 느헤미야가 바벨론 포로 이후에 예루살렘으로 돌아와 성벽

을 재건한 후 에스라가 하나님의 율법을 낭독하는 장면이다. 예루살렘 성전은 훼파되고 거기서 예배를 드릴 수 없었던 당시 이스라엘 백성들이 하나님의 율법을 듣는 것은 성전 예배에서 하나님의 임재를 보는 것만큼 중요하고도 귀한 일이었다. 그래서 에스라가 하나님의 율법을 낭독하였을 때 그들은 하나님을 다시 보는 것과 같은 감사와 감동으로 하나님을 찬송하면서 아멘이라고 화답하였던 것이다. 여기서 아멘은 바로 예배와 직접적으로 연결된다. 위의 구절에서 나오는 "몸을 굽히고", "얼굴을 땅에 대고", "경배하느니라" 하는 모든 것은 바로 예배라는 동사의 어원에서 나타나는 뜻으로서 예배의 본질이다.

아멘은 시편 찬송에서도 자주 등장한다. 시편 41편, 72편, 89편, 106편에서의 마지막 구절에 아멘은 송영(영광송, doxology)으로 나온다.

> 여호와 이스라엘의 하나님을 영원부터 영원까지 찬양할지어다
> 모든 백성들아 '아멘' 할지어다 할렐루야(시편 106:48).

아멘이 신약성서에 나타나는 경우는 예수님께서 가르쳐 주신 기도(주님의 기도)의 끝이다. 마태복음 6장 13절의 주님의 기도 끝에 하나님의 영광을 찬양하는 송영이 있으며 아멘으로 종결하고 있다. 우리가 매번하는 "대개 나라와 권세와 영광이 아버지께 영원히 있사옵나이다 아멘" 이것이다. 물론 이 구절은 예수님께서 하신 것이 아니라 성경을 쓸 때 추가된 것으로 알려져 있으나 아멘의 뜻이나 역할을 생각하면 당연히 이 기도에도 들어가는 것이다. 아멘은 마태복음의 마지막 장의 마지막 절(28장 20절)에서 다시 나타남으로써 하나님의 말씀에 믿음의 아멘으로 확인하고 고백함으로 결론을 내린다(King James Version). 복음

서를 이렇게 아멘으로 종결하는 것은 마가복음을 제외하고(히브리어 성경에는 있음) 이후 모든 복음서에 나타나는 것으로 누가복음 24장 53절과 요한복음 21장 25절이다(King James Version).

아멘은 이후 성경의 각 부분 종결에서 의례히 등장하는 종결귀이다. 바울 서신을 비롯하여 대부분의 사도서신(Epistle)의 마지막 구절은 아멘으로 끝난다. 성경은 늘 아멘으로 하나님의 말씀에 영광과 감사를 돌린다. 그리고 신·구약성서의 마지막 요한계시록의 종결 부분에 아멘이 있다.

> 이것들을 증언하신 이가 이르시되 내가 진실로 속히 오리라 하시거늘
> '아멘' 주 예수여 오시옵소서
> 주 예수의 은혜가 모든 자들에게 있을지어다 '아멘'
> (요한계시록 22:20-21).

아멘은 이와 같이 성도 모두가 하는 찬양이다. 이것은 성가대만이 부르는 송영이 아니라는 것이다. 현행 찬송가에는 아멘송이 6곡(640-645장)이 있다. 이 곡들은 모두 4성부 화성으로 채워져 있으나 성도들은 이들을 소프라노 선율로 제창할 수 있다. 아멘송은 모든 기도 후의 기도송, 말씀 후의 화답송, 목회자의 축복 기도 후의 화답송으로 모두 가능하다.

이 아멘송은 회중의 찬송이지만 합창곡에서 작품의 마지막 곡으로 많이 등장한다. 그 대표적인 것이 우리가 잘 아는 헨델(George F. Handel, 1685-1757)의 오라토리오 〈메시아〉의 마지막 곡인 〈아멘〉 합창이다. 아멘은 그 뜻에 걸맞게 장엄하고 단호하다. 이 아멘은 아름답게 작곡되

는 경우도 있으며,32 아멘의 의미와 같이 성도의 믿음의 고백으로서 진지함과 진실함이 담겨 있는 것이 특징이다.

성경에 나타나는 또 다른 화답송으로 〈할렐루야〉(Hallelujah) 혹은 〈알렐루야〉(Alleluia, 라틴어)가 있다. '할렐루야'는 성도들이 예배에서 자유롭게 많이 사용하는 것으로 하나님을 찬양하라는 뜻으로 일종의 환호 같은 것이다. 할렐루야는 시편에 특히 많이 나오는 구절로 "할렐루야" 혹은, "하나님을 찬양하라"라고 풀어서 쓴 경우도 있다. 할렐루야는 시편의 시작과 끝에 자주 등장하면서, 회중의 찬양 시작에도 쓰이며 아멘처럼 앞에 중요한 것이 있은 후에 이에 환호 성격의 화답송으로도 사용되는 교회의 오랜 전통이다.

할렐루야 혹은 라틴 성가 알렐루야는, 가톨릭교회와 성공회교회 그리고 루터교회 등 전례를 행하는 교회의 화답송으로 지금도 많이 불리는 찬송이다. 이것은 회중들의 짧은 화답 성가에서부터 성가대의 장식적인 긴 노래까지 다양하다. 라틴 성가(챤트, chant)로서 알렐루야는 가장 화려하고 장식적인 성가이다. 이것은 회중의 노래에서 성가대의 노래로 발전하게 되었다. 알렐루야는 교회의 축제 절기인 크리스마스 절기와 예수님의 부활 찬양 성가로 많이 쓰인다. 단선율 성가 알렐루야는 다성음악이 발달하면서 교회 합창음악으로도 작곡된다. 그 대표적인 곡이 바흐의 〈칸타타 142번〉33의 마지막 악장 〈알렐루야〉이며, 모차르트의 소프라노 독창곡 〈알렐루야〉34 또한 뛰어난 작품들이다.

---

32 그 대표적인 곡이 영국의 교회음악 작곡가 John Rutter(1945-)의 Aaronic Blessing 의 마지막 부분 "아멘"이다. 이 부분은 하나님의 축복이 하늘에서 사람에게 내려오는 느낌의 아름답고 부드러운 종결이다.
33 "한 아기가 나셨도다"라는 크리스마스 칸타타이다.
34 모차르트의 작품 Exsultate, jubilate, K. 165(기뻐하고 외치거라)의 마지막 악장으로

라틴 성가를 거의 부르지 않는 개신교회의 대표적 교단인 장로교회, 감리교회 그리고 침례교회는 알렐루야 대신에 할렐루야로 주로 발음한다. 그리고 예배에서 찬양 이후나 성도들의 인사 그리고 기도와 말씀봉독, 설교 등 예배의 거의 모든 순서에서 성도들은 할렐루야를 종종 사용한다. 이 경우는 환호도 있지만 조용한 고백의 성격도 있다. 음악 작품 중에서 성도가 가장 많이 아는 할렐루야는 헨델의 오라토리오 〈메시아〉의 합창 〈할렐루야〉일 것이다. 음악으로서 개신교회의 할렐루야는 가톨릭교회에 비해 덜 사용되는 편으로 특히 전통적인 교회의 화답송이었던 것이 현재 사용되고 있지 않아, 성도의 찬송으로 다시 회복시켜야 할 찬송이다.

또 다른 회중의 화답송으로 〈하나님께 감사합니다〉(Thanks be to God)가 있다. 이것은 전례를 행하는 교회에서 성경 봉독 후와 설교 끝에 "이것은 하나님의 말씀입니다"라고 선포하면 회중이 이에 대해 감사의 화답으로 하는 찬송이다. 이 화답송 또한 대체로 챤트 형식으로 노래하는 것으로, 이 화답송을 통하여 하나님 말씀이 더욱 존귀하게 되고 위엄을 갖추게 된다. 이것 또한 교회의 좋은 전통 중의 하나로 장로교회에서도 실천할 수 있는 것이다.

지금까지 살펴본 회중의 화답송은 현재 Low Church라고 불리는 장로교회, 감리교회, 침례교회에서보다 전례를 행하는 High Church[35]

알렐루야가 아름답게 장식되어 멜리스마로 화려하게 나타난다. 소프라노의 고음인 high C음이 나오는 곡으로 많은 스케일과 고음으로 기교적이며 난이도가 높은 곡이다.

[35] Low Church & High Church: 이 용어는 현대에 들어와 반감을 살 수 있는 것으로서, 이 용어가 생긴 의미는 예배라는 의식과 그의 핵심인 성례전(개신교회의 세례와 성찬)을 크게(high) 강조하는지 혹은 작게(low) 강조하는지에 따라 교회를 분류한 것이다. 현재 High Church에서 세례는 매주일 예배에서 행해지지 않고 있으나 성찬을 매주일 예배에서 행하면서 예배의 중심을 설교가 아니라 성찬에 두며 가톨릭교회, 성공회교회,

에서 더 많이 쓰이는 것을 알 수 있다. 화답송이 예배에서 더 많이 쓰인다는 것은 성도들의 예배 참여가 많다는 것으로 성도가 예배를 보는 (watching, 최근에는 viewing, "구경하는") 것이 아니라 하는(doing) 혹은 드리는 것이라는 의미에서 성도의 노래로 다시 가져올 교회의 좋은 전통이다.

우리나라 교회에서는 이 화답송이 거의 사라진 것이 많이 아쉬운 점이다. 성도는 예배에서 가능한 한 참여가 많은 것이 좋다. 예배는 성도의 적극적인 행동으로 이루어지는 것이다. 예배의 어원에는 'labor'(노동하다), 'serve'(섬기다, 봉사하다) 등이 있다. 예배에서 말씀, 기도, 찬양 등 모든 것을 목회자나 집례자 그리고 음악인들이 성도들을 대신하여 해주며, 성도는 그저 앉아만 있으면서 가끔 고개를 끄덕이고, 눈으로 예배를 보고 예배당을 나가는 것이 아니다. 성도들의 직접적인 예배 참여를 적게 혹은 최소로 하는 것은 우리가 성전 예배나 중세 시대의 가톨릭교회 예배로 돌아가는 것이며, 만인제사장설을 부르짖으며 하나님께 성도 개인이 직접 기도하고, 찬양하고, 말씀을 읽도록 한 개혁 정신과는 정면으로 대치되는 것이다.

그래서 교회는 또다시 개혁하여야 하며 또다시 성경으로 돌아가야 한다. 예수님의 말씀으로 돌아가야 한다. 예수님을 따르는 것은 자신의 십자가를 지는 것이다.36 이것은 그 어느 누구도 대신 질 수 없는 것이

루터교회 등이 여기에 포함된다. Low Church에는 대표적으로 장로교회, 감리교회, 침례교회 등이 있다.

36 마태복음 10:38 "또 자기 십자가를 지고 나를 따르지 않는 자도…"; 마태복음 16:24 "이에 예수께서 제자들에게 이르시되…자기를 부인하고 자기 십자가를 지고…"; 마가복음 8:34 "… 누구든지 나를 따라오려거든 자기를 부인하고 자기 십자가를 지고…"; 누가복음 14:27 "누구든지 자기 십자가를 지고 나를 따르지 않는 자도…."

다. 예배에서 하나님의 말씀, 하나님께 드리는 기도 그리고 하나님께 드리는 찬양에는 성도 개인이 하나님께 각자 반응해야 한다. 그러면서 성도가 함께 하나님께 반응한다. 이것이 함께 화답송을 부르며 함께 예배하면서, 동시에 각자 예배하는 것이다.

이 화답송들은 현재 교회에서 시도할 수 있는 것들이다. 우선 대표기도의 기도송을 성가대가 하는 것이 아니라 모든 성도가 함께하는 것으로 시작할 수 있다. 현행 찬송가에 기도송으로 가능한 것은 631장과 632장이 있으며 631장 〈우리 기도를 들어주시고〉(가사 무명 / G. Whelpton, 1847-1930, 작곡)는 성도들이 익히 아는 찬송으로 얼마든지 함께 기도송으로 할 수 있다. 헌금봉헌 기도 이후에도 성도들은 짧게 고백의 찬양을 함께 올리는 것도 좋다. 찬송가 633장과 634장 그리고 회중찬송가로 많이 부르는 찬송가 50장 〈내게 있는 모든 것을〉(J. W. van Deventer, 1855-1939, 작시 / W. S. Weeden, 1847-1908, 작곡)의 후렴은 헌금 봉헌송 혹은 헌금 기도송으로 모두가 부를 수 있다. 특히 찬송가 634장 〈모든 것이 주께로부터 왔으니〉(역대상 29:14/L. van Beethoven 선율 출처)는 가사에서 고백과 헌신이 담겨 있으며 성도들이 익숙한 찬송가로서 역시 좋은 헌금 기도송이다. 헌금 기도송은 지금도 가끔 성도가 함께 찬양하는 교회가 있으며, 필자의 예전 교회에서는 헌금 기도송으로 〈감사하라 내 영혼아〉를 찬양하였었다.

화답송을 또 시도할 수 있는 곳은 성경 봉독 후이다. 성경 마지막 구절 후에 모든 성도가 일어나서 〈하나님께 감사드립니다〉라는 화답송을 하면서 하나님 말씀에 감사와 예의를 표하는 것은 사실 자연스러운 일이다. 예전의 믿음의 선배들은 이렇게 하였다. 그런데 지금 대부분의 성도들은 그냥 앉아서 듣기만 하며, 심지어 팔짱을 끼는 사람, 다리를 꼬고 앉아 듣는 사람 등으로 다양하다. 이것은 하나님의 말씀 봉독에서만 아니라 하나님께 대하는 예배자의 태도에서 볼 때에도 고쳐야 하는 행동이다.

목회자의 설교 이후와 목회자의 축복 기도 이후에는 모든 성도가 〈아멘〉으로 화답송 또한 가능하다. 이런 화답송은 성도의 예배 참여를 높이게 될 뿐만 아니라, 화답송을 통하여 성도는 예배에 늘 깨어 있을 수 있다. 물론 이것도 습관적으로 될 수 있지만 기도를 함께 하며, 말씀을 귀담아 들으며(경청), 찬양을 함께 한다는 의미에서 성도는 예배 동안 진행되는 모든 과정을 좀 더 의식적으로 집중할 가능성은 높아진다.

화답송은 성가대만 하는 것이 아니다. 성전 예배와 중세 예배에서는 이 화답송이 성도들의 유일한 찬양이었다. 지금은 성도 모두가 함께 부르는 회중찬송가가 있다고 하여 이런 화답송을 하지 않은 것은 예배를 수동적으로 퇴보시킬 수 있다. 예배는 더 능동적이어야 하며 성도의 참여가 더 있을수록 좋다. 성도들이 예배 시간에 조용히 쉬다가 가기를 원한다면 그것은 잘못된 예배 개념이다. 예배는 부지런히 하나님께 무언가를 하는 것이다. 예전처럼 무릎을 꿇거나, 땅에 엎드리는 일은 하지 못하더라도, 일어서고, 앉고, 회중석에 무릎 꿇는 받침대가 있다면 무릎을 꿇고, 예배 시간에 우리는 늘 몸으로 움직이는 것이 예배 개념에 맞다. 그동안 마음으로 화답하였다면 이제는 찬양으로, 입으로 화답송을 하는 것이 어떤가?

33. 성가대(찬양대) 찬양곡 레퍼토리의 균형

우리나라 교회의 성가대(찬양대) 찬양곡은 현재 많은 교회가 하나의 음악적 스타일로 편중되어 있는 편이다. 이 곡들은 대부분 현대의 대중적 기독교 음악(CCM) 스타일로 쓰인 곡으로 현재 미국 교회에서 활동하는 작곡가 혹은 한국 작곡가의 곡이 대부분이다. 물론 예외적으로 다양하고 좋은 교회 합창곡으로 찬양하는 교회가 있을 수 있으나, 이것은 귀감이 될 만한 일로서 예전에 비하면 소수이다. 일 년 내내 한 가지 스타일 그리고 이런 대중음악을 닮은 곡을 찬양하는 성가대는, 듣고 있는 교회의 성도만큼이나 딱하다는 생각이다. 우리나라의 성가대 찬양곡은 왜 이렇게 되었을까?

이렇게 된 이유는 여러 가지가 있다. 우선 성가대 지휘자들이 교회음악 전공자가 아니기 때문이다. 그래서 이들은 교회음악이 무엇이며, 예배음악을 어떻게 해야 하며, 교회음악 레퍼토리로서 어떤 음악이 있는지 대체로 잘 모르는 것 같다. 그렇지 않고서는 이런 곡들을 일 년 내내 하는 것은 불가능하기 때문이다. 그리고 두 번째로는 성가대 지휘자들이 전임 교회음악인이 아닌 이유이다. 이들이 전임 교회음악인이 아니다 보니 일주일 동안 다른 일을 하면서 교회 성가대를 위한 시간을 낼 여유가 많지 않은 것 같다. 이런 상황에서도 시간을 내어 좋은 성가대 곡을 연구하는 지휘가가 있으나 그 영향력은 미비한 편이다. 그리고 또 다른 이유는 성가대 지휘자의 경우 합창지휘 전공자가 많지 않다는 것이다. 그리고 합창지휘를 전공한 지휘자라고 하더라도 우리나라 교회 성가대의 전체적인 흐름과는 다르게, 자신의 소신대로 하는 지휘자들이 적은 이유도 있다. 이 모든 이유들의 근본적인 원인은 교회음악에 대한 헌신의 부족일 가능성이 높다.

그렇다면 지금의 현실에서 좋은 성가대 음악, 다양하고 좋은 교회 합창음악을 교회 예배에서 찬양으로 드리는 것이 불가능한 일인가? 이것은 불가능하지 않다. 그런데 지금의 상황을 더 어렵게 하는 또 다른 이유가 있다. 그것은 위에서 언급하였듯이, 이것이 한국교회 합창음악의 전반적인 현실이라는 것이다. 예전에는 성가대 지휘자에 따라 각 교회의 성가대의 특징과 전통을 살리는 다양한 합창음악을 교회에서 들을 수 있었다. 필자의 대학 시절에는 팔레스트리나의 미사곡과 모차르트의 교회 합창곡들을 교회에서 어렵지 않게 들을 수 있었다. 하지만 현재의 한국교회 성가대는 질적으로 하향 평준화한 상태라 해도 과언이 아니다. 큰 교회나 작은 교회나 다 같은 성가대 곡을 찬양한다. 이들은 소리가 조금 더 낫고 덜하고, 성가대원 수가 많고 적음의 차이 밖에 되지 않는 정도에 가깝다.

이런 현실의 가장 중앙에 있는 것이 전국의 교회 성가대 지휘자들을 위한 세미나이다. 일 년에 한두 번씩 열리는 이 세미나 혹은 워크숍에는 전국적으로 많은 성가대 지휘자들이 참석한다. 그리고 여기서 성가대 악보집을 소개받고 여기에 실린 곡들을 지휘자는 배우며, 가끔은 연주 CD도 함께 소개받는다. 그리고 그들은 각기 자신의 교회로 내려가 일 년의 대부분, 그 악보집에 있는 곡으로 성가대 찬양을 한다. 그래서 한국의 교회들이 주일예배에서 찬양하는 곡은 많은 교회가 같은 레퍼토리일 가능성이 높다는 것이다. 이것을 좋지 않다고만 말하는 것이 아니다. 이것이 좋지 않은 것이 아니라 여기에 실린 곡들이 다 같은 스타일의 곡으로 이 똑같은 스타일의 곡들을 일 년 내내 부른다는 것이 문제이다. 만약 이 악보집에 뛰어나고도 다양한 교회 합창곡들이 실려 있어서 이것이 성가대 지휘자를 위한 교재(manual)처럼 되어서, 많은 교회들이 매주일 같은 곡을 찬양한다고 하면 이것은 오히려 좋은 일일 수 있다.

많은 목회자들은 목회자를 위한 매주일 예배 성경 구절과 설교의 주제가 나와 있는 예배 책 혹은 목회자를 위한 매뉴얼(manual)을 참고하여 예배를 준비한다. 이것은 오랫동안 많은 목회자들과 신학자들이 성경과 신학, 교회력 그리고 목회 경험을 살려 만든 것으로 매우 귀한 자료이다. 이것은 세계의 교회가 한 교회라는 의미에서, 주일예배를 준비하는 목회자에게는 이 매뉴얼이 예배 준비에서 무엇보다도 중요한 지침이 된다.

미국에서 필자가 교회음악을 공부할 때 들었던 과목 중 〈음악목회의 실제〉라는 과목이 있었다. 그 과목의 부교재로 사용하였던 책들 중에 한 책에는 성가대 지휘자가 일 년 52주일 동안 성가대 찬양곡으로 가능한 곡들을 주별로 소개해 놓았었다. 여기에는 교회의 절기에 맞추어 매주일 한 곡이 아니라 4-6곡의 성가대곡을 추천해 놓은 것이었다. 물론 이것은 악보가 아니라 작곡가 이름이 있는 곡 제목이다. 그 곡들은 쉬운 곡과 어려운 곡 등 시대적으로도 다양한 레퍼토리를 갖추고 있었다. 이 교재에는 성가대 곡뿐만 아니라 오르가니스트를 위한 곡들도 실려 있었다. 예배 전주곡(Prelude), 봉헌곡(Offertory), 후주곡(Postlude) 등 매주일 예배에 필요한 오르간 곡을 역시 4-6곡을 소개해 놓았었다. 연주자의 기량에 따라 쉬운 곡부터 어려운 곡까지 그리고 바로크 초기 곡부터 현대 클래식 오르간 곡과, 교회 작곡가들의 찬송가 선율에 의한 곡까지 다양한 레퍼토리가 소개되어 있었다. 이런 상황에서 성가대 지휘자와 오르가니스트는 선택의 폭이 넓어지면서 연구와 노력할 수 있는 동기와 용기를 가지게 된다.

현재 한국의 교회 성가대는 지휘자가 개인적으로 많은 연구를 하지 않는다면 찬양곡 선택의 폭은 매우 좁다고 할 수 있다. 다양한 성가대 찬양곡은 성가대 지휘자 스스로의 책임이기도 하며 이런 큰 모임을 주최하는 사람들의 책임이기도 하다. 예전에는 자신의 음악적 주관이나 철학에 따라 하는 지휘자들도 있었지만 현대에는 이런 용기 있는 사람들이 점점 사라지고 있는 현실이다. 성가대 지휘자들을 위한 세미나와 연구 모임에서는 모두 똑같은 곡들을 반복하여 소개하며 한 가지 스타일로, 즉 한 방향으로만 일관하는 느낌이다. 이것은 모두가 큰 길을 다 같이 걷고 있는 상황과 같다. 예외적으로 좁은 길을 걷는 지휘자가 있을 수 있으나 그 수는 미약하여 잘 드러나지 않는다. 여기에서 책임 있는 교회음악인이 없다는 것이 바로 큰 문제이다. 이런 현실에서 아무도 책임을 지지 않으며 질 수도 없다. 전임 교회 성가대 지휘자가 아니라면 사실 여기에 책임을 요구한다는 것은 무리이다. 그래서 한국교회의 많은 성가대 지휘자는 함께, 같은 쇠퇴의 길을 걷고 있는지도 모른다.

교회에서 교회음악 전공자가 적은 문제 못지않게 합창지휘 전공자들 또한 교회 수에 비하면 턱없이 부족한 것이 큰 문제이다. 합창지휘 전공은 지휘만 배우는 전공이 아니다. 더구나 가끔은 손만 흔드는 것을 지휘라고 생각하는 사람을 볼 때면 아찔한 생각이 든다. 필자의 경험으로, 어느 음대 교수의 작은 모임에서 합창지휘 교수와 다른 전공 교수의 논쟁이 있었다. 다른 전공의 교수가 합창지휘 전공 교수에게 한 말을 생생하게 기억한다.

"나도 애국가 지휘할 수 있습니다!!"

이 말은 필자에게 충격이었다. 이 얼마나 무지한 발언인가? 음악대학의 교수가 합창지휘에 대하여 이런 말을 할 정도이면 일반인들이라면 더 말할 필요가 없지 않겠는가. 이것이 우리나라 교회가 성가대 지휘자에게 기대하는 수준이라면 이 어찌하겠는가?

필자는 2015년부터 교회 성가대 지휘자의 공석 중 1년 2개월 동안 성가대를 지휘하였었다. 필자는 36년 동안 교회 오르가니스트로서, 또한 오르간 연주자로서 교회 반주와 많은 합창 연주를 한 사람이다. 헨델의 〈메시아〉 반주는 거의 10회가 넘으며 하이든의 〈천지창조〉는 5회, 그 외에 많은 미사곡과 레퀴엠 등 뛰어난 지휘자들과 오르간으로 협연하였다. 그래서 가까이에서 본 합창지휘의 영역을 나름 조금은 알고 있다고 스스로 생각했었다. 필자가 미국에서 교회음악 전공으로 공부하면서 오르간연주 전공으로 옮길 때 교회음악 교과목 중에서 유일하게 듣지 못했던 과목이 합창지휘였다. 그래서 교회음악목회 공부를 위해 추가로 다니던 미국 교회 성가대 지휘자에게 개인적으로 합창지휘 레슨을 받은 적이 있다. 하지만 실제로 성가대 지휘를 하면서, 공부할 것이 참으로 많았다. 필자는 곡을 분석하고 준비하고 암보하는 등 최선을 다하였지만 음악을 지휘한다는 것은 참으로 어려운 것이라는 것을 체험했다. 지금도 생각하는 지휘의 영역은 엄청난 공부를 해야 하는 영역임이 틀림없다고 생각한다. 음악에서 자세하고도 전체적인 것을 꿰뚫어 보는 눈이 필요한 것이 지휘였다.

그런데 이런 지휘를 손만 흔드는 영역이라고, 전공을 하지 않아도 지휘가 가능하다는 말은 무지의 소치일 뿐이며, 이에 대하여 그 이상 어떤 반응도 불가능하다. 성가대 지휘자는 손을 흔드는 것(beating)만 아니라 음악을 많이 공부해야 한다. 실제로 그들이 손만 흔드는 것으로 보이는 사람은 음악을 잘 모르는 사람이다. 그는 손만 흔들고 있는 것이 아니라 훨씬 더 많은 것으로 성가대원과 소통(communication)하고 있는 것이다. 지휘를 위하여 음악의 구조, 화성, 성부 구조(texture) 등을 공부하는 것은 음악을 해석하는데 가장 필수적인 요소이다. 이런 것을 시작으로 그는 많은 음악을 듣고 배우는 것으로 넓혀가야 한다. 그리고 가장 중요한 합창문헌(Choral Literature)은 필히 공부해야 한다. 오르간 전공자에게 오르간문헌(Organ Literature) 공부는 필수적이다. 필자는 오르간문헌 과목을 석사과정에서 한 학기, 박사과정에서 두 학기를 공부하였다. 이렇게 자신의 영역의 문헌을 공부하게 되면 그가 하는 연주곡의 레퍼토리는 당연히 여기에 준하여 다양한 시대와 다양한 작곡가들의 곡으로 넓혀질 것이다.

교회 성가대를 지휘하기 위해서는 합창지휘 전공 내지 이에 준하는 자격을 갖추어야 한다. 음악 전공을 하였다고 다 지휘를 할 수 있는 것이 아니다. 음악 전공을 한 것을 바탕으로 지휘를 다시 배워야 한다. 지휘자가 되기 위해 성악 발성과 음악 분석 등 작곡에 관한 공부도 하여야 한다. 그리고 앞에서 언급한 바와 같이 또한 합창문헌을 집중적으로 공부하여야 한다. 이것을 잘 배워서 교회 성가대에서 실제로 이 곡들을 다루어야 한다. 합창문헌의 많은 부분이 교회 합창이다. 교회 합창은 중세부터 현대까지 뛰어난 작곡가들에 의해 일찍부터 발달된 분야이다.

그런데 합창지휘 전공자들이 합창문헌을 배운다고 하더라도, 우리나라 교회의 현실적인 문제는, 이들이 교회에서 그 합창곡들을 거의 대부분 시도하지 않는다는 것이다. 교육과 현장이 연결되지 않는 것이다. 오르가니스트는 학교에서 배운 레퍼토리를 가능하면 교회에서 연주하려고 한다. 오르간은 워낙 악기마다 규모와 소리가 다름으로 인해 —

특히 곡이 작곡된 것은 유럽 교회의 큰 파이프 오르간이 대부분이지만 한국의 교회에는 전자 오르간이 더 많다 — 현실적으로 어려움이 많기 때문에 자신의 교회 오르간에 맞는 곡을 선택할 수밖에 없을 때도 있다. 하지만 합창곡은 오르간과 다르다. 물론 성가대의 수준과 교회당의 잔향이 중요한 변수가 되는 것은 사실이나 역사적으로 우수한 교회 합창곡들이라고 해서 모두가 어려운 곡들만은 아니다. 난이도가 중간 정도의 곡들도 있으며, 장기적인 계획을 세우면 일 년 52주 동안 두세 번은 어려운 레퍼토리로도 하나님을 찬양할 수 있다. 그런데 배운 것을 행하지 않는 지휘자들의 모습은, 성도들이 교회에서 성경공부를 하고 예배를 드리고 말씀은 듣지만, 이 세상에 나가면 하나님 말씀과는 전혀 다르게 세상 사람들처럼 사는 것과 똑같은 현상이다. 말씀이 없고, 성장이 없고, 전문성이 없는 이런 음악을 언제까지 계속해야 하는지 우려된다.

필자는 교회 성가대 지휘자는 아니지만 교회음악을 공부한 사람으로 교회 합창음악의 레퍼토리에 대하여 공부하였다. 하지만 필자는 현재 지휘자가 아니기 때문에 레퍼토리에 대한 어떠한 구체적인 가이드를 주는 일은 하지 않겠다. 하지만 큰 틀에서 제안은 하고 싶다. 왜냐하면 현재 한국교회 성가대 곡은 현대 스타일의 그리고 그것도 쉽고 편안하며 대중적인 스타일로 거의 90% 이상 편중되어 있기 때문에 역사적으로, 또한 스타일적으로 다양한 곡들로 조정이 되어야 한다고 생각하기 때문이다. 90% 이상 편중이라는 것은 그것이 아무리 예술적으로 좋고 뛰어난 곡이라 하더라도 좋은 배율이 아니다. 이것은 속히 시정되어야 할 것으로 지휘자들의 용기가 절대적으로 필요하다. 오르가니스트의 경우에도 바흐가 아무리 뛰어난 작곡가이지만 특별한 기획이나 의도가 아닌 다음에는 일 년 내내 바흐곡만 연주하는 것은 사실 별로 바람직하지 않다. 그래서 필자의 『예배와 오르간』에는 교회 오르가니스트를 위하여 오르간 예배 전주곡의 일 년 레퍼토리 계획표가 실려 있다.37 여기에는 시대적으로, 국가적으로, 또한 작곡가 별로 다양하게 르네상스 시대부터 현대에 이르기까지 그리고 난이도에서는 찬송가 선율에 의한 쉬운 편곡부터 20세기 대표적인 작곡가 메시앙(Olivier Messiaen, 1908-1992)의 곡까지 다양하다.

오르가니스트 중에는 교회에서 너무 푸가만 연주한다고 교회의 불평을 듣기도 한 사람이 있었다.38 이 정도의 교회라면 그래도 희망이 있는 교회이다. 그런데 우리나라 교회는 희망이 없는 것인지, 관심이 없는 것인지 똑같은 스타일의 곡을 일 년 내내 연주하여도 아무 말을 하지 않는다. 그래서 성가대가 발전하기는 더 막막하다. 어디서부터 개혁을 시작해야 하는지, 어떻게 한 발자국씩 변화를 시도할지 참고할 만한 것도, 모델로 삼을 만한 교회도 잘 보이지 않는 것이 현실이다.

교회 성가대 레퍼토리는 곡의 스타일, 즉 곡의 시대적 및 지역적 스타일과 작곡가의 스타일에서 균형이 필요하다. 올바른 식단(diet)은 건강한 사람에게 필수적이다. 성도의 영적, 지적, 예술적 성장에는 다양한 음악이 고루 있을수록 좋다. 사람은 그리고 성도는 성장 혹은 성숙해 가는 과정이 필수적이다. 하나님 나라에 갈 때까지 하나님과 닮아가야 하며 예수님 수준까지는 당연히 못 미치지만 하나님의 자녀로 그 모습

---

37 김춘해, 『예배와 오르간』 (계명대학교출판부, 2017), 275-276("표 8. 예배 전주곡의 일 년 레퍼토리 비율").
38 Marilou Kratzenstein, *Survey of Organ Literature and Editions* (The Iowa State University Press, 1980), 88. 이 오르가니스트는 프랑스의 Alexandre Boëly (1785-1858)이다. 그는 프랑스 혁명 이후 급격하게 쇠퇴한 오르간 음악의 부흥에 선구적인 역할을 한 오르가니스트이다.

을 닮아가야 하지 않겠는가? 최근에는 많은 목회자들이 '성장'이라는 단어의 한계점을 인식하고 이 단어를 잘 쓰지 않는 것 같다. 대신 그들은 '성숙' 혹은 '성화'라는 단어를 더 자주 사용하는 듯하다. 한국교회가 늦었지만 이제는 이럴 때가 되지 않았는가? 교회음악에서도 성숙한 음악이 필요하다. 그리고 성도를 성숙하게 하는 다양한 좋은 교회 합창곡이 필요하다. 이것을 사람 중심의 접근으로 오해할 필요는 없다. 이미 하나님께서는 이런 대중음악을 닮은 쉽고도 감성적인 찬양곡을 매주 들으시면서 식상하시지 않으셨을까?

성가대 합창곡의 시대적 영역은 적어도 중세와 르네상스까지 거슬러 올라갈 수 있다. 여기서는 너무 구체적인 것을 피하기 위하여 각 시대마다 대표적인 작곡가와 교회음악으로서 그 특징을 언급한다. 르네상스 시기의 팔레스트리나의 미사곡(mass)과 모테트(motet)는 예배의 이상적인 곡이다. 이 곡들은 다성적인 것 이외에는 많이 어렵지 않으며 계획하에 일 년에 한두 번 찬양은 가능하다. 또한 이 곡들은 무반주 합창곡으로서 잔향이 짧은 우리나라 교회당에서 찬양하는 것이 쉽지는 않겠지만, 교회음악의 클래식 중의 클래식인 이 곡들은 현대의 요란한 음악과는 비교할 수 없는 순수하고 깨끗한 감동과 여운을 줄 것이며 그리고 이 여운은 오래 갈 것이다. 이 시기의 교회 합창곡은 팔레스트리나 곡 외에도 많이 있다. 영국의 작곡가들도 있으며 독일의 교회 합창음악도 뛰어나다.

바로크 시기 합창음악의 대표적인 곡은 바흐의 곡이다. 바흐 합창곡 또한 필자의 젊은 시절에는 가끔 교회에서 칸타타의 일부를 연주했었다. 작은 성가대라면 바흐의 간단한 코랄도 가능하며 칸타타 중에서 난이도가 덜 높은 합창 악장이나 모테트 악장을 선택할 수도 있다. 교회음악의 대가인 바흐의 음악을, 그 귀한 음악을 하나님께 찬양하며 성도들에게 들려주는 것은 교회음악인의 책임이 아니겠는가? 오르가니스트는 일 년 동안 바흐의 곡을 자주 연주한다. 그렇다면 왜 성가대는 안 된다는 말인가? 바흐 이외에 독일 바로크 시기의 훌륭한 교회 합창곡은 많이 있다. 그리고 영국으로 귀화한 헨델을 비롯한 영국 작곡가들의 앤텀(Anthem)39이 있으며 이탈리아의 작곡가 비발디(Antonio Vivaldi, 1678-1741) 등의 합창곡들도 있다.

고전 시기의 교회 합창음악은 교회 찬양으로 더 수월하다. 현재 교회 성가대 지휘자들은 곡을 선정할 때 성도들이 이해하고 듣기 좋은 곡을 고려한다. 이것이 지금의 성가대 곡들이 쉽고 듣기 좋으며 편안한 이유이다. 르네상스 시기의 팔레스트리나 곡이나 바흐의 합창곡은 음악적 스타일에서 이런 곡과 다르기 때문에 성도들에게는 종교적 신비감(Religious Mysticism)을 준다. 그럼에도 불구하고 처음 들을 때는 성도가 이해하기 힘들 수도 있다. 그렇기 때문에, 성가대 찬양은 성도가 공감하면서 함께 마음으로 찬양한다는 점에서, 성가대 곡에 변화를 줄 때는 처음에는 나름 적응하는 시간이 필요할 수 있다. 지휘자들은 이러한 기다림과 적응의 시간을 걱정하여 아예 처음부터 시도하지 못할 수도 있다. 그래서 믿음의 용기가 필요하다는 것이다.

그런데 고전 시기의 음악은 성도들 대부분이 이해하는 음악이다. 우리가 부르는 찬송가에는 고전 시기의 곡들이 들어있다. 그리고 고전 시기의 음악은 초등학교와 중·고등학교 음악 수업에서 종종 들었던 음악

---

39 앤텀(Anthem): 이 용어는 영국의 성공회교회의 성가대를 위한 합창곡에서 시작된 것이다. 이후 이것은 교단에 상관없이 교회 성가대 합창곡이라는 뜻으로 사용되기도 하며, 가끔은 특정한 그룹이나 단체의 상징으로서 축하하는 노래에도 이 단어는 사용된다. 예를 들면 애국가를 영어로 "National Anthem"이라고 부르는 경우이다.

이며, 현재 많이 연주되는 모차르트와 베토벤 곡의 영향으로 이 음악은 오히려 명곡이라 생각하고 좋아할 가능성이 높다. 이에 하이든(Joseph Haydn, 1732-1809)과 모차르트의 미사 악장과 단 악장의 짧은 교회 합창곡들은 얼마든지 예배에서 찬양이 가능하다.

낭만 시기로 들어오면 교회 합창곡은 독일 교회와 영국 성공회교회 음악이 뛰어나다. 독일과 영국의 오래된 교회합창 전통은 지금까지 내려오면서 뛰어난 합창곡들이 많이 작곡되었다. 낭만 시기에는 연주회용 교회음악이 발달하면서 규모면에서 커지는 경향으로 더욱 장엄하게 되는 경향이 있다. 그리고 성도들에게는 익숙한 화성과 선율로서 하나님의 위엄을 드러내는 곡이 많다. 이런 스타일의 음악은 현행 찬송가에도 많이 있다. 찬송가 8장 "거룩 거룩 거룩"을 위시하여 많은 영국 찬송가의 작곡가는 교회 합창곡의 작곡가이기도 하였다. 낭만 시기 영국의 대표적 교회 합창음악 작곡가는 찬송가에서 볼 수 있는 다익스(John B. Dykes, 1823-1876)와 설리반(Arthur S. Sullivan, 1842- 1900) 등이다. 독일에는 루터교가 전반적으로 우세하지만 낭만 시기의 대표적인 작곡가들은 가톨릭 신앙인이 많았으며, 그중에서 멘델스존(Felix Mendelssohn, 1809-1847)은 루터교인으로 하나님을 찬양하는 시로 많은 합창곡을 남겼다. 그는 오라토리오 〈엘리아〉 이외 한 편의 미완성 오라토리오와 〈성 바울〉을 작곡하였으며 여러 편의 칸타타 및 시편 가사로 많은 합창곡을 남겼다. 낭만 시기 프랑스 작곡가들의 곡 또한 가톨릭교회의 음악이지만 미사곡과 테 데움(Te Deum)[40] 등 개신교회 예배

---

40 테 데움(Te Deum): 이 곡은 "Te Deum laudamus"(하나님, 우리가 찬양합니다)로 시작하는 긴 찬양시로 초기 기독교 찬송이다. 현재 이 찬송은 단선율 성가를 비롯하여 운율이 있는 찬송가 그리고 합창곡 등 많은 작품이 있다. 대표적인 합창곡으로 Marc-Antoine Charpentier와 Anton Bruckner의 〈테 데움〉이 유명하다. 이 단선율 성가를

음악으로 가능한 곡들이 많이 있다.

앞에서 자주 언급된 미사곡의 경우 개신교회 예배에서 사용하는 것이 불가하다고 생각하는 성도들이 있을 수 있다. 하지만 이것은 미사곡을 잘 모르는데서 기인한 편견이다. 미사곡의 가사는 대부분 성경에서 온 것이며 오랜 시기 동안 교회에서 교리적으로나 신학적으로 다듬어지면서 최종 완성된 가사이다. 이것은 개신교회나 가톨릭교회의 교리와는 무관한 가사들이다. 가장 많이 불리는 보통 미사 혹은 일반 미사(Ordinary Mass)의 경우 1악장 Kyrie eleison(주여 자비를 베푸소서, 그리스도여 자비를 베푸소서, 주여 자비를 베푸소서를 각각 세 번 반복), 2악장 Gloria(대영광송, 누가복음 2장 14절을 시작으로 하나님을 찬양하는 시), 3악장 Credo(신앙고백으로 사도신경이 아닌 니케아신경[41]), 4악장 Sanctus-Benedictus(거룩하시다-복 있도다, 이사야 6장 3절의 "거룩하시다" 세 번이 반복되는 시부터 시작. "축복 있도다"는 마태복음 21장 9절의 말씀), 5악장 Agnus Dei(하나님의 어린양, 요한복음 1장 29절 말씀)으로 구성되어 있으며 가사들은 명료하며 핵심적인 단어를 반복하면서 작곡되어 있다. 이 가사들은 개신교회에서 우려하는 마리아를 찬양하는 가사 내지 성자들을 찬양하는 가사는 전혀 없는 하나님을 찬양하는 가사이다.

20세기로 들어오면 교회 합창음악은 여러 스타일로 다양해진다. 20세기 현대 작곡기법으로 쓰인 합창곡을 비롯하여, 낭만 혹은 후기 낭만 화성의 범위 안에서 온건하게 쓰인 작품들도 있다. 그리고 현재 우리나라 교회에서 많이 불리는 대중적 스타일의 성가대 곡은 음악적으로

사용한 오르간 곡도 여러 작품이 있다.

41 Credo(신앙고백): 라틴어 "credo"(믿습니다)라고 시작하는 신앙고백으로 가톨릭 예배에서는 니케아신경(Nicene Creed)을 사용한다. 니케아신경은 325년 제1니케아공의회에서 채택된 신앙고백이다.

는 단순하고 쉬우면서 듣는 사람이 좋아하는 스타일의 합창곡이다. 클래식 곡으로 20세기 현대 작곡기법으로 쓰인 교회 합창곡은 연주회용이 많으나 교회의 특별한 의미가 있는 예배에서는 시도해 볼 수 있다. 그리고 20세기 작곡가 중에서 클래식 작곡가의 그룹에는 들지 않지만 교회 작곡가[42]인 경우에는 대체로 음악적으로 덜 난해하게 작곡하는 경향이 있다. 이것은 교회 성도들의 평균적인 음악 수준에 어느 정도 맞추기 위함이다. 그렇기 때문에 그들의 곡들은 충분히 예배에서 가능하다.

20세기이지만 특히 전통적인 기법으로 많이 작곡하는 영국 작곡가들의 작품은 접근하기 더 용이하다. 대표적인 작곡가인 본 윌리암즈(Ralph Vaughan Williams, 1872-1958)와 브리튼(Benjamin Britten, 1913-1976)의 교회 합창곡들은 그들의 생애 당시 교회 예배를 위하여 작곡되고 실제 연주되었던 곡들이 대부분이다. 그들의 교회는 대표적으로 Wesminster 대성전과 St. Paul 성전 등으로 긴 잔향에서 뛰어난 전문가들로 구성된 교회 합창단으로 연주된 곡이기는 하지만 단악장의 곡이나, 큰 규모의 곡인 경우 부분 악장은 교회에서 찬양이 가능하다.

이제 마지막으로 논의할 합창곡은 우리나라 교회 성가대가 거의 매주일 찬양하는 곡이다. 이 곡들은 다음 장에서 다룰 CCM(Contemporary Christian Music, 대중적 기독교 음악)과 비슷한 스타일의 음악으로

---

42 클래식 작곡가가 아닌 교회 작곡가라는 말은 용어상 적용하는데 어려움이 있으나 이 사람이 어떤 음악을 위주로 작곡하는지에 따라 구분이 가능하다. 예를 들면 윤이상(1917-1995)은 20세기 클래식 작곡가이며 김두완(1926-2008)은 20세기 교회 작곡가이다. 이런 구분이 어려운 작곡가의 예는 프랑스의 20세기 대표적 작곡가 메시앙이다. 그는 20세기의 최고의 작곡가인 동시에 교회음악 작곡가이기도 하였다. 메시앙의 경우, 그의 음악은 교회 예배음악으로서 예술성에서 뛰어나고 난이도가 높으며 연주회용으로도 가능한 전형적인 클래식 음악이다.

현대 대중음악 스타일에 교회음악 스타일이 약간 가미된, 어떻게 보면 대중음악을 기본틀로 하고 교회음악의 모양을 낸 음악이라 할 수도 있다. 그래서 대중음악도 교회음악도 아닌 묘한 성격을 가진 단순하면서 쉽고, 감상적인 음악이다. 이 음악은 선율과 화성 및 리듬에서 듣는 사람을 쉽게 감동을 주도록 작곡되며, 단순한 구조 안에서 반복적인 음악으로 사람의 마음을 움직이도록 작곡된다는 것이 이 음악의 한계이다. 그런데 이 음악이 현재 우리나라 교회 성가대 레퍼토리의 90% 이상을 차지한다는 것은 더 심각한 문제이다. 이 음악의 뿌리와 종착지는 대중음악이며 이런 음악으로 성가대가 오래 지속되면 결국 성가대는 없어질 수도 있다. 발전이 없으면 도태하여 사라지는 것이 역사적으로 증명된 사실이다.

지금까지 예배 합창곡들을 시대적으로 살펴보았다. 성가대 합창곡의 역사는 적어도 500년 이상이다. 이 오랜 시기 동안 작곡된 우수한 교회 합창곡들은 매우 많다. 그런데 교회에서 이 많은 곡들을 외면하고 음악적으로 한 스타일의 곡이 전체 레퍼토리의 90% 이상 차지하고 있다는 것은 전문적인 평가를 떠나서도, 상식적으로도 이해가 잘 되지 않는 현상이다.

여기서 필자가 미국 유학 중 수업에서 교수가 언급한 말을 소개한다. 이 과목은 필자의 박사 과정에서 필수 과목인 음악이론 수업으로 강의교수는 중국인 교수로서 영어는 서툴렀지만 강의가 뛰어나 모두가 열심히 들었던 과목이었다. 학문적인 용어로 예전적인(liturgical) 교회 즉 루터교회와 가톨릭교회, 성공회교회를 고교회(High Church)라고 부르며 비예전적인 교회 즉 장로교회, 감리교회 그리고 침례교회 등을 저교회(Low Church)라고 부른다고 앞서 설명하였다. 그런데 그 교수는 수업에서 그 'Low'라는 것이 음악까지 그렇다고 말하면서 특히 침례교회의 복음성가(필자가 이 수업을 받던 당시는 1985년경이다) 등의 음악을 "low music!"이라고 말하면서 음악적으로 형편없는 음악이라고 혹평하는 것이었다. 그 평을 들으면서 필자는 화도 나면서, 마음이 복잡했었다. 그 말은 음악학자로서 보면 사실이기 때문이다. 단순한 화성과 리듬의 무한 반복 같은 음악에, 감정에 호소하는 대중음악 스타일의 곡이 학자의 눈에는 'low'로 보이는 충분한 근거가 있기 때문이었다. 그런데 당시의 복음성가는 지금의 CCM에 비하면 음악적으로나 품격적으로 나은 편이다. 그때는 지금의 전기 기타나 신시사이저, 드럼은 사용하지 않았다. 그렇다면 지금의 CCM을 음악학자들은 어떻게 평할까? 그들은 이 음악을 대중음악(pop music)이라고 말할 것 같다. 그리고 음악의 질은 말하지 않을 것 같다. 왜냐하면 음악학자들은 클래식 음악을 논하기 때문이다. 그래서 30여 년 전 복음성가는 그래도 그 음악이론 교수의 눈에는 부족하지만 클래식 음악의 한 부류에는 들어있었던 느낌이다.

우리 교회의 음악은 음악학자들에게 왜 이런 평을 들어야 하는가? 우리는 스스로 묻고 반성해야 한다. 왜 교회음악은 클래식 음악보다 수준이 떨어지는가? 한때는 클래식 중의 클래식으로 최고의 클래식 음악이었던 교회음악이, 이제는 특히 우리나라 교회는 이렇게 대중음악과 같은 음악을 하고 있으면서 왜 아무렇지 않게 생각하는 것인가. 대중음악은 영적인 음악이 아니다. 음악 중에서 교회음악과 가장 먼 거리에 있는 음악이 대중음악이다. 그런데 왜 이런 음악이, 감성적으로 자극하는 음악이 영적인 음악으로 둔갑(?)하여 있는지 이해가 되지 않는다.

음악의 종류는 많다. 그리고 교회음악에도 많은 종류가 있다. 대중음악 스타일이 아니라면 성가대 음악에는 감성적인 음악이 있을 수 있다. 그런데 이런 감성적인 성가대 음악의 문제보다 더 위험한 것은 성가대 곡의 불균형이라는 것이다. 일 년 동안 교회 성가대는 각 시대의 대표적인 곡들을 한 번 이상씩은 찬양할 수 있다. 이것은 지휘자에게 달린 일이다. 교회음악학자 라우틀리(Routley)는 좋은 찬송을 위해서는 "잘 작곡되고(written), 잘 선택되고(chosen), 잘 불려질(sung) 때"[43] 좋은 찬송가가 된다고 하였다. 이 말은 찬송가에만 적용되는 것이 아니라 모든 교회음악에서 적용되는 말이다. 지휘자는 뛰어난 클래식 작곡가들에 의한 좋은 교회 합창곡을 잘 선택할 책임이 있다. 다 함께 가는 길이니 그냥 모두가 가는 길로 가면 된다고 생각하는 것은 위험하다. 우선은 지휘자가 연구를 해야 하며 그 가운데에서 다양하고 좋은 곡들을 선택하여 일 년의 전체적인 계획을 하고, 성가대 연습 시간을 늘려가면서 조금씩 변화를 시도하는 일이 필요하다. 레퍼토리에서 처음부터 큰 변화는 성가대뿐만 아니라 성도들에게도 힘들 수 있다. 그렇기 때문에 지금의 찬양곡들이 90% 이상 되는 비율에서 서서히 낮게 조정하면서 다른 시대와 다른 스타일의 합창음악을 늘리는 것이다. 이렇게 시도하는 교회는 몇 년이 흐르면서 어느 듯 좋은 합창음악으로 전통이 만들어질 것이다.

『예배와 오르간』에서 필자가 한 말이 있다. 하나님께서는 시시각각 세계 교회의 찬양을 들으신다. 그래서 우리 교회에서 늘 똑같은 찬양을 하더라도 다른 나라의 교회에서 더 좋은 찬양을 들으실 수 있다. 상황이 이러하다면 우리가 하나님께서 다른 교회로 가시도록 하는 불손을 중

---

[43] Austin C. Lovelace and William C. Rice, *Music and Worship in the Church* (Abingdon Press, 1981), 156(재인용).

단해야 하지 않겠는가? 그리고 우리가 좋은 찬양을, 좋은 음악을 하나님께 올리는 것은 결국 우리에게 좋은 일이다. 왜냐하면 이것은 우리를 성숙하게 하는 것이며, 하나님께서 우리에게 바라시는 일이기 때문이다. 지금의 현실에 안주하지 않고 외롭더라도 바른 길을 가는 사람들은, 잘 보이지 않지만 있을 것이다. 광야 같은 이 세상에서 외로이 외치는 사람들은 있다.

> 좁은 문으로 들어가라 멸망으로 인도하는 문은 크고 그 길이 넓어 그리로 들어가는 자가 많고(마태복음 7:13).

> 광야에 외치는 자의 소리가 있어 이르되…(마가복음 1:3).

34. 성가대(찬양대)는 있어도 좋고 없어도 좋은가?

현대 교회에서 성가대의 역할이 축소되는 교회가 늘어나면서 성가대 존재 여부에 대하여 부정적인 견해를 보이다 결국은 성가대를 없애려고 하는 교회들이 있다는 얘기를 듣고 있다. 성가대는 하나님의 명령이다. 물론 이것은 성전 예배의 경우였으나 성가대는 하나님께서 모든 시대에서 원하시는 예배음악일 것이 분명하다. 하나님은 살아계신 하나님이시며 영원하신 하나님이시다. 이스라엘의 하나님은 예수님의 하나님이시며 우리의 하나님이시다. 하나님께서는 자신을 아브라함의 하나님, 이삭의 하나님, 야곱의 하나님[44]이라고 말씀하셨다. 하나님은 어제와 오늘 그리고 내일, 영원히 동일하신 하나님이시다.

성가대는 예배음악의 한가운데에 있는 찬양이다. 예배음악에서 기악이 배제된 적은 종종 있다. 초기 교회가 그러하였으며, 중세 교회와 칼빈의 교회 또한 이러했다. 특히 정교 교회(Orthodox Church)에서는 전통적으로 기악이 없다. 현대에도 기악이 없는 교회가 있으며 그 대표적인 교회가 Church of Christ이다. 이에 비해 성가대는 교회가 핍박을 받았거나 교회가 미약했던 때 그리고 가톨릭적인 것을 거부한 칼빈의 교회 이외에는 예배와 늘 함께 있었다.

같은 하나님을 섬기는 성가대는 시대마다 그 모습은 다르지만 한 가지 목적을 가지고 있다. 그것은 하나님을 찬양하고 예배를 돕는 것이다. 성전 예배에서 레위인의 성가대는 예루살렘 성전이 훼파되면서 그 전통이 중단되었다. 바벨론 포로 기간 동안 성전의 예배를 대신한 회당의 예배에는 성가대가 없었다. 회당의 예배음악은 회중들의 무반주 제창

---

[44] 출애굽기 3:6.

으로 주로 시편 등을 찬양하였다. 성전 예배에서 회중이 찬양을 하지 못했던 것에 비하여 회당에서는 성가대 대신에 회중 전체가 찬양을 하게 된 것이다.

기독교 예배는 성전 예배와 회당 예배의 모습을 함께 계승한 예배이다. 사도들의 교회부터 초기 기독교회에는 성가대가 없었다. 하지만 기독교가 공인을 받고 로마의 국교가 되면서 급속한 발전을 이루게 되는 중세 교회에 성가대가 생기기 시작하였다. 이들은 남자 사제들로 이루어진 성가대에서부터 점차 남자 전문 성악인들도 성가대에 합류하게 되었으며 이어 어린 소년들이 교회 성가대에서 소프라노 성부를 부르기 시작하였다.

유럽 교회 성가대 찬양은 바로크 시기까지는 대체로 전문 음악인들에 의해 이루어졌다고 볼 수 있다. 계몽주의 사상과 과학적 사고 및 궁정 음악의 발달로 바로크 시기 이후 교회는 급속도로 쇠퇴하였으며, 교회의 재정 악화로 교회음악 역시 전문가들이 아닌 비전문가들의 손으로 넘어가기 시작하였다. 성가대는 서서히 큰 규모 교회의 경우를 제외하고는 대체로 비전문가들의 자원봉사자들로 교체되기 시작하였다. 유럽의 이민자들로 시작된 미국 교회의 성가대 또한 자원봉사자들로 시작될 수밖에 없었다.

자원봉사자들로 구성된 성가대는 장단점이 있다. 교회의 전적인 후원을 받는 전문 음악인이나 성직자들로 구성된 성가대는 음악적인 면에서 뛰어난 합창음악을 할 수 있다. 바로크 시기까지 우수한 교회 합창음악이 발달하였던 것은 이 때문이다. 예를 들면 바흐가 매주 칸타타를 작곡하여 예배에 연주하고 싶어도 이것을 연주할 만한 전문 연주자가 없었다면 바흐의 칸타타 작곡은 그의 다른 작곡 활동으로 밀려났을 것이다. 물론 매주 바흐의 칸타타 연주는 그가 만족할 정도는 아니었던 것으로 알려지나 매주 칸타타를 연주하였다는 그 사실만으로도 그들의 음악적 소양은 대단하다고 말할 수 있다. 팔레스트리나의 합창곡을 비롯한 뛰어난 많은 교회 합창곡들도 마찬가지이다. 연주회용 교회음악이 아니라 예배에서 연주되어 지금까지 전해지는 예술적인 합창곡은 이 전문인들에 의한 성가대가 중요한 역할을 하였다.

이에 비해 자원봉사하는 사람들로 구성된 성가대인 경우는 합창곡의 예술성과 난이도가 낮은 곡을 선정할 수밖에 없는 것이 현실이다. 자원하는 사람들이란 일주일 동안 다른 직을 가지고 있는 사람이라는 뜻이다. 이들은 성악 기술면에서 전문가들에 비해 떨어질 뿐만 아니라, 아무리 신앙이 좋다고 하더라도 이들에게 전문가들의 준비와 연습 시간을 기대하는 것은 무리이다. 이런 상황에서 성가대의 합창곡 수준은 전문인에 비하면 어쩔 수 없이 낮아질 수밖에 없으며, 성가대원과 지휘자의 헌신이 없는 한 우수한 합창곡을 예배에서 연주하는 것에는 어려움이 많을 것이다.

하지만 전문인으로 구성된 성가대의 단점은, 이들의 찬양은 기술적으로 뛰어날 수 있으나 소수의 인원으로서 성도 전체를 대표하는 성격이 약하다는 것이다. 성가대는 성도를 대신하는 것이 아니라 대표하는 것이며, 이때 모든 성도는 한 마음으로 성가대와 함께 찬양하는 것이 성가대의 본질이다. 그런데 성가대가 소수의 인원으로, 또한 전문가들로만 구성된다면 성도들과의 소통이나 교류 그리고 나아가 하나님과 성도간의 중간자 역할이 많이 약화된다. 그래서 이들이 찬양할 때는 그들만의 찬양이 되고 전체 회중의 찬양으로 다가오기 힘들 가능성도 있다. 이 경우 성도는 그 찬양을 함께 하는 것이 아니라 연주를 감상하는 상태가 될 수 있다.

성가대 찬양은 성가대원들만의 연주 혹은 찬양이 아니다. 그리고 성도는 이들의 찬양을 듣고 감상하고 감사하는 사람이 아니다. 최근 성가대 찬양이 끝나면 감사의 의미로 박수하는 경우가 많은 것은 함께 하는 찬양이라는 개념의 부족 때문이다. 전문가들의 성가대는 수준면에서 뛰어나기 때문에 전문적인 찬양을 하며, 성도를 대표하는 역할을 음악적인 면에서는 확실하게 해낼 수 있다. 하지만 전체 성도들이라는 회중의 대표성에서는 약하다.

반면 현재 대부분 자원하는 사람들로 구성된 성가대 찬양의 경우는 성도들과 함께하는 찬양이 될 가능성이 높다. 이들의 음악적인 수준은 전문가들보다는 낮지만 평신도라는 점에서 일반 성도들과 공감할 수 있는 영역이 훨씬 넓다. 그래서 찬양의 소리 자체는 좀 부족하게 들리더라도 같은 성도라는 점에서 함께 감동하고 그 은혜는 더할 수 있다.

전문인들 성가대의 다른 장점은 이 사람들에 대한 구별된 의식이다. 성도들은 그들의 사적인 것에 대해서 잘 알 수도 없지만 자기들과 다른 사람이라는 의식으로 그들의 삶과 음악을 결부시키지 않을 가능성이 많다. 그래서 음악은 음악 그대로 들려질 수 있다. 이것은 연주회장에서 연주자들과 청중의 관계와 흡사하다. 하지만 자원 성가대인 경우는 일반 성도들과 늘 교류하는 사람들로 구성되기 때문에 그들과의 관계가 좋지 않을 때는 그 찬양이 함께 드리는 온전한 찬양이 되기가 힘들 수 있다. 그래서 성가대원들은 평소 삶에서 신앙적인 모범이 되는 것이 찬양을 잘 하는 것보다 때로는 더 중요할 수도 있다.

그런데 여기서 자원 성가대의 경우 최대의 위기가 있다. 성가대가 없어지는 것이다. 예배에서 자원 성가대의 역할은 전문인 성가대보다는 적으며 또한 음악적으로 크게 우수하지 않아도 별로 문제되지 않는다. 이것이 이 성가대의 함정이 될 수도 있다. 이들의 역할이 미비하고 전문성이 떨어질 때는 그 역할을 없앨 수도 있는 것이다. 성가대를 없애고, 모든 성도가 다 함께 모든 찬송을 같이 하면서 회중찬송으로만 예배를 드리는 것이다. 더욱이 성가대 운영에 예산이 많이 소요되거나, 성가대가 좋은 본을 보이는 것이 아니라 좋지 않는 일들이 성가대 안에 일어날 경우에는 성가대가 없어질 가능성이 더 높다. 또한 우리나라 많은 교회에서는 CCM 찬양을 전담하는 선교 찬양단이라는 팀이 있어 적게는 서너 명부터 많게는 십여 명까지 활동하고 있다. 그래서 성가대가 효율적(?)이라는 느낌이 들지 않으면 성가대를 없애고 노래 인도하는 사람 몇 명을 앞에 두고 예배의 찬송을 인도하도록 할 수도 있다는 것이다. 실제로 필자는 이런 예를 들어본 적이 있다.

현대 사회는 효율성을 최대의 가치로 생각한다. 교회는 이 가치를 교회 안에 가져와 교회 운영에 적용한다. 이 세상의 효율성은 하나님께서 일하시는 방법과는 반대된다. 하나님은 우리가 알고 있는 가장 비효율적인 분이시다. 길 잃은 한 마리의 양을 위하여 아흔아홉 마리의 양을 들판에 내버려 두시는 분이시다.[45] 예배에서 성가대의 효율성을 운운한다는 것은 하나님께 예배하는 자체를 귀하게 여기는 것이 아니라, 가능하면 최소의 형식만 갖추고 간편하고 쉽게, 결국은 희생 없이 예배하고자 하는 계산적인 마음이 깔려있는 것이 아닌가? 그런데도 이 예배를 예배라 할 수 있겠는가!

성가대는 하나님의 명령이다. 회중의 찬송이 중요하듯이 성가대의

---

45 마태복음 18:12 "… 만일 어떤 사람이 양 백 마리가 있는데 그 중의 하나가 길을 잃었으면 그 아흔아홉 마리를 산에 두고 가서 길 잃은 양을 찾지 않겠느냐."

찬양 또한 중요하다. 자원 성가대는 전문 음악인들로 이루어진 성가대는 아니더라도 일반 성도들이 하기 힘든 곡을, 음악에 재능이 있는 자원자들이 시간을 내어 따로 연습해서 하나님께 드리는, 보다 기술적인 찬양이다. 하나님께서는 내용을, 즉 중심을 보시는 분이지만 동시에 형식과 기술도 보신다. 그리고 기술은 오랜 시간이 걸리며 많은 부분 헌신에서 이루어지는 것이다. 하나님은 창조의 하나님으로 예술적인 미는 하나님께로부터 온 것이다. 그렇기 때문에 아름다운 찬양을 하나님께 올리는 것은 마땅하다. 성가대를 없애고 회중이 다 함께, 선교 찬양팀 리더 몇 명으로 예배의 모든 찬양을 제창(유니슨, unison)으로 한다는 것은 예배음악을 쉽게 만들어 버리는 오류를 범하는 것이다. 예배의 모든 음악을 성도가 다함께 하는 것이 얼마나 좋으냐고 하면서 성가대를 없애는 것은 예배음악의 의미와 성가대의 역할을 무시한 짧은 생각이다. 기술적이고 아름다운 찬양의 의미는 앞의 글(논제 28)에서 논의되었으며 뒤의 글에서 다시 논의될 것이다.

교회음악은 전문적인 분야이다. 성가대는 교회음악의 전문성을 강화시키는 것으로 예배를 더욱 아름답게 만든다. 이 아름다운 것이란 영적인 아름다움(beauty of holiness, 시편 96:9)도 의미하지만 예술적인 미도 포함한다.

35. 성서상의 악기와 예배와의 관계

성경에는 여러 종류의 악기들이 등장한다. 이 악기는 크게는 현악기, 관악기 그리고 타악기로 분류된다. 각 악기의 독특한 음색은 악기의 성격을 결정하는 요인이 되며, 이 성격에 따라 악기의 용도 또한 결정되면서 악기의 대표성 혹은 악기의 정체성이 만들어진다.

성경에서 악기가 처음 등장하는 것은 유발(Jubal)의 악기이다.

<blockquote>
And his brother's name is Jubal:
he was the father of all such as handle the harp and organ.
그의 아우의 이름은 유발이니
그는 수금과 퉁소를 잡는 모든 자의 조상이 되었으며(창세기 4:21).
</blockquote>

이 말씀의 전후를 살펴보면 가인의 자손인 유발의 악기는 하나님을 찬양하는 것과 직접적인 연결은 보이지 않는다. 가인의 자손이 일반적으로 하나님과는 거리가 있는 것으로 볼 때 유발의 악기는 일상적인 악기인 것으로 학자들이 추측한다. 하지만 이 수금(harp, 우리나라 성경에는 수금 혹은 거문고라고 번역됨)은 후대에 바로 이스라엘 자손들이 하나님을 찬양할 때 사용하였던 악기이기도 하다. 그리고 위의 King James Version 성경에서 나타난 오르간(organ)이라는 단어는 한국 성경에서 퉁소 혹은 피리라고 번역하고 있다. 퉁소나 피리의 경우에는 관(파이프, pipe)이 하나이지만 오르간이라고 하였을 경우에는 원시적인 모습으로 볼 때 팬 플룻(pan flute)처럼 여러 관(파이프)이 있는 악기였을 수도 있다.

이후 성서의 악기들과 그 쓰임을 살펴본다. 먼저 가장 익숙한 현악기에는 수금 종류들이 있다. 이 수금은 사람이 쉽게 들고 다니는 여덟 줄 정도 현을 가진 작은 것도 있으나 많은 경우가 열 줄 수금이 사용된 것으로 보이며 용도에 따라 현이 더 많은 것도 있다. 특히 열 줄 수금은 초기 기독교에서 유일하게 허가된 악기일 때도 있었으며 그 이유는 이것은 다윗이 사용한 악기이기도 하며 십계명의 10이라는 것에 의미를 둔 이유도 있었다. 이것은 harp 혹은 psaltery라고 나오며 시편과 함께 연주될 때는 psaltery가 많이 쓰이며 이것은 다양한 크기를 가진 harp보다 좀 더 작은 경우이다. 다윗이 사용한 수금은 성경에는 harp와 psaltery 모두 등장한다. 역대상 25장 1절에는 성전의 찬양대에 대하여 음악인과 악기의 묘사가 자세히 나와 있다.

> Moreover David and the captains of the host separated to the service of the sons of Asaph, and of Herman, and of Jeduthun, who should prophesy with harps, with psalteries, and with cymbals,
> …
> 다윗이 군대 장관들로 더불어 아삽과 헤만과 여두둔의 자손 중에서 구별하여 섬기게 하되 수금과 비파[거문고]와 제금[심벌즈]을 잡아 신령한 노래를 하게 하였으니…(개역한글, [ ]: 표준새번역 개정판).

KJV에서 악기를 언급할 때 harps, psalteries, cymbals 등으로 복수를 사용하고 있는 것을 보면 예배에서 이 악기들이 각각 여러 개가 사용된 것을 알 수 있다.

이 수금(harp)은 천국에서 하나님을 찬양하는 악기로 쓰임을 받는 것이 요한계시록 14장 2절과 15장 2절-3절에서 나타난다.

And I heard voice from heaven, as the voice of many waters,
and as the voice of a great thunder:
and I heard the voice of the harpers harping with their harps:
내가 하늘에서 나는 소리(음성)를 들으니
많은 물소리도 같고 큰 뇌성(천둥소리)도 같은데
내게 들리는 소리는 거문고 타는 자들의 그 거문고 타는 것 같더라(개역한글).

... stand on the sea of the glass, having the harps of God,
And they sing the song of Moses and the song of the Lamb...
··· 유리바다 가에 서서 하나님의 거문고를 가지고
하나님의 종 모세의 노래, 어린 양의 노래를 불러···(개역한글).

위에서와 같이 수금 혹은 거문고라고 하는 악기는 하나님을 찬양하는데 가장 많이 사용된 악기로서 하나님께서 허락하시고 사랑하신 악기임에 틀림이 없다. 하나님은 이 현악기의 어떤 점을 좋아하시며 이 악기는 하나님의 성품과 어떻게 닮아 있는 것인가?

현악기 소리의 성격은 맑고 순하고 서정적인 것이 특징이다. 특히 성경의 현악기는 지금의 바이올린처럼 현을 활로 그어 소리내는 것이 아니라 현을 튕겨서 소리내는 것으로, 그 소리는 더 여리고 가늘다. 그래서 이것은 하프에 가까운 것이다. 한꺼번에 여러 현을 손가락으로 튕겨서 낼 수 있는 이 악기는 노래 반주뿐만 아니라 독주로도 사용되었다. 서양의 악기 중에서 하프 이외에 지금의 클래식 기타나 바로크 시기의 류트(lute)[46]가 성경의 수금과 흡사하다고 할 수 있다. 이 악기들이 만드는 음악은 현을 튕겨서 내는 가느다란 소리의 특성상, 그리고 튕겨서 소리가 난 후 사라짐으로써 여운과 여백을 가지고 있는, 대체로 조용한 소리로서 섬세하고 묵상적인 음악이다. 그래서 많은 시편의 묵상이 이 현악기 반주로 찬양되었으며, 특히 사울이 심적으로 힘들었을 때 다윗의 수금 연주로 위로를 받고 낫기도 한 것[47]은 하나님의 은혜이기도 하지만 악기의 이러한 특성 때문이기도 하다. 이렇게 수금은 사람의 영을 맑게 하고 평안을 주는 하늘의 악기를 상징하기도 한다. 이와 동시에 성전에서 수금 여러 대(臺)가 함께 반주하면서 찬양하는 것을 상상한다면 이 소리는 천국의 음악을 묘사하는 것으로, 요한계시록의 표현처럼 '맑은 물소리' 같으면서도 장엄한 소리가 될 수 있을 것이다. 그래서 이 현악기는 서정적이고 순한 악기를 대표하는 악기이다.

성전 예배에 또 등장하는 악기는 제금(cymbals, 심벌즈)이라고 하는 타악기이다. 이 제금은 성전 예배를 묘사하는 부분에 수금과 함께 대체로 등장하는 악기로서 현대의 심벌즈보다는 작은 것으로 알려져 있다. 이 악기는 하나님을 찬양할 때, 두 쪽을 맞부딪히게 하면서 리듬과 환호를 만들어 내는 역할을 하였던 악기이다. 이것은 대부분 즐겁고 축제적인 찬양에서 사용된 것을 볼 수 있다. KJV 성경에는 이 제금의 예가 15번 나오며 그 대표적인 것이 시편 150편의 5절이다.

---

46 류트(lute): 류트는 16세기에서 18세기까지 유럽에서 많이 사용된 악기로서 현을 튕겨서 연주하는 악기이다. 현의 수는 6줄, 8줄, 10줄, 13줄 등 다양하다. 반주 악기 및 독주 악기로서 유용하며 특히 바로크 시기의 기악 앙상블은 물론 성악 반주 악기로서도 뛰어났다.
47 사무엘상 16:23 "… 악령이 사울에게 이를 때에 다윗이 수금을 들고 와서 손으로 탄 즉 사울이 상쾌하여 낫고 악령이 그에게서 떠나더라."

Praise him upon the loud cymbals:

praise him upon the high sounding cymbals.

큰 소리 나는 제금으로 찬양하며

높은 소리 나는 제금으로 찬양할지어다.

오묘한 소리 나는 제금을 치면서 주님을 찬양하고,

큰소리 나는 제금을 치면서 주님을 찬양하여라(표준새번역 개정판).

    이렇게 예배 악기는 하나님을 찬양하는 악기로서 하나님의 성품과도 어울려서 하나님을 기쁘시게 할 뿐만 아니라, 수금의 경우 사람의 심성과 영을 맑게 하고 평온하게 하며, 즐겁고 축제적인 찬양에서는 밝고 주위를 환기시키는 제금의 소리가 돋보였을 것이다.

    앞서 언급된 수금 종류와 제금 이외에 성경에서 하나님을 찬양할 때 쓰인 악기들이 몇 가지 더 있다. 대표적인 것이 트럼펫과 timbrel이라는 악기이다. 영어 성경에서 trumpet으로, 한글 성경에는 트럼펫이라고 번역된 이것은 지금의 트럼펫이라는 악기의 성격도 있지만 성경에서 나타나는 더 많은 예들은 제사장 등의 지도자들이 이스라엘 백성과 교통하는 수단으로서 쇼파르(양의 뿔, Shophar)라는 신호용 악기로서 더 많이 쓰였다. 트럼펫이 축제에서 함께 연주되는 예는, 언약궤가 다윗 성으로 옮겨 올 때 온 이스라엘과 다윗이 기뻐 즐거이 하나님을 찬양하는 가운데 트럼펫이 울리는 것을 볼 수 있다(사무엘하 6:15).

So David and all the house of Israel brought up the ark of the LORD

with shouting, and with the sound of the trumpets.

다윗과 온 이스라엘 족속이 즐거이 부르며 나팔을 불고

여호와의 궤를 매어 오나라(개역한글).

그리고 역대하 15장 14절에는 여호와께 제단을 재건하고 제사를 지내는 광경에서 트럼펫이 나타난다.

>And they sware unto the LORD with a loud voice,
>and with shouting, and with trumpets, and with cornets.
>무리가 큰 소리로 부르며 피리와 나팔을 불어 여호와께 맹세하매(개역한글).
>사람들은 함성과 쇠나팔 소리와 뿔나팔 소리가 울려 퍼지는 가운데,
>주님께 큰 소리로 맹세하였다(새표준번역 개정판).

또한 시편에서도 트럼펫이 하나님을 찬양하는 악기로 사용되고 있음을 보여주고 있다(시편 47:5, 98:6, 150:3).[48]

>With trumpets and sound of cornet make a joyful noise
>before the LORD, the King.
>나팔과 호각으로 왕 여호와 앞에 즐거이 소리할지어다
>왕이신 주님 앞에서 나팔과 뿔나팔 소리로 환호하여라
>(새표준번역 개정판, 시편 98:6).

이와 같이 트럼펫은 악기로서 역할도 있지만 신호 내지 축제에서 큰 환호성의 성격 또한 있다. 그리고 트럼펫을 연주한 사람들은 다른 악기와

---

[48] 시편 47:5 "… 여호와께서 나팔 소리 중에 올라 가시도다", 150:3 "나팔 소리로 찬양하며…."

달리 제사장이 포함되는 점이다.

관악기 중에서 트럼펫 이외에 cornet라고 하는 악기도 있었다. 이 악기는 트럼펫보다 쇼파르에 더 가까운 악기로 성서에는 트럼펫과 혼용으로 쓰일 때도 있다. 한글 성경에서는 호각, 뿔나팔 등으로 번역되기도 한다. 이것은 악기로서보다는 백성들에게 축제를 알리는 팡파르 (fanfare) 등의 역할을 주로 하였다.

관악기 중에서 가끔 등장하는 피리는 오르간(organ) 혹은 오르간들 (organs)로 성경에 나타나며49 이것은 현대의 피리가 아닌 것을 알 필요가 있다. 구약성서에서 피리는 대부분 organ이며 신약성서에서 피리는 pipe로 대체로 쓰여 있다. 그리고 이 피리는 하나님을 찬양하는데도 사용되며 사람의 일상생활에서도 사용되기도 하였다.

성서의 악기 중에서 마지막 유형으로 소고(timbrel)이다. 이것은 타악기로 작은 손 드럼 혹은 탬버린으로 번역한다. 이 소고는 성서에서 아홉 번 나온다. 이것은 성전 안의 예배가 아니라 성전 밖의 축제적인 큰 행사에서 하나님을 찬양할 때 주로 사용되며 일상생활에서 즐거운 음악에서도 사용되었다. 이 소고가 처음 등장하는 것은 이스라엘 백성들이 애굽에서 나와 홍해를 건넌 후 하나님의 기적 앞에서 찬양을 올리는 때이다. 이때 여인들이 소고를 들고 나와 춤추며 찬양하였으며 이 타악기는 대체로 춤과 연관되어 있다.

지금까지 성서에 나오는 하나님을 찬양할 때 쓰이는 대표적인 악기를 살펴보았다. 성전에서 하나님께 드리는 예배와 특별한 축제적인 행사에서 하나님을 찬양하는 것은 조금씩 다른 모습을 가지고 있음을 알

---

49 역대하 15:14, 사사기 5:16, 욥기 21:12, 욥기 30:31, 시편 150:4, 예레미야 48:36, 마태복음 9:23, 고린도전서 14:7 등.

수 있다. 성전 예배는 보다 정적인 스타일로 수금 위주로 연주된 것에 비하여, 외부의 축제적인 일에서는 동적인 성격이 많아지면서 악기의 수도 많으며 악기의 종류도 타악기까지 다양해지는 것을 볼 수 있다. 그리고 성전 밖에서 부르는 찬양은 레위인의 전문 성가대가 아니라 일반 백성이, 특히 춤과 여인들도 함께하는 경우가 있다. 이와 같이 성전 예배는 그 외의 예배나 집회의 찬양과는 구별되는 것이 특징이다.

성전 예배는 현대 기독교의 예배와 다르다. 하지만 여기에서 쓰인 악기들이 어떤 성격으로 사용되었으며 어떤 목적으로, 어떻게 쓰인 것인지는 중요하다. 이 악기들을 연주한 사람들은 하나님께서 선택하시고 신앙의 전통을 이어받은 레위인이었으며, 이들은 하나님의 율법에 따라 예배를 드린 전문 예배음악인들이었다. 예배에서 어떤 악기라는 것이 중요한 만큼 어떤 사람들이 어떻게 연주하는가 역시 중요한 과제로 남는다.

36. 예배 악기로서 정체성, 역사성 그리고 전통성의 의미

가사가 없는 기악곡이 하나님을 찬양하는 예배음악이 될 수 있다는 것은 악기의 순수성에 있다. 악기는 그 본래 상태로는 중성이다. 그러나 그 악기가 어떻게 쓰이느냐에 따라 하나님의 예배 악기가 될 수도 있으며 사탄의 도구가 될 수도 있다. 사탄의 도구가 될 수도 있다는 것은 예배에서 사용되는 동안에도 그럴 수 있다는 점에서 악기의 사용은 매우 신중해야 할 부분이다.

예배에서 악기의 사용은 각 시대마다 입장이 달랐다. 초기 교회에서는 당시 대부분의 악기가 이방신을 섬기는데 사용되었기 때문에 예배 중 악기 사용을 금하였으며, 중세 교회 또한 악기 사용을 제한했다. 각 시대를 보면서 공통적이고도 중요한 것은 악기의 정체성이다. 이것은 그 악기가 사람에게 주는 이미지 혹은 대표성이 중요하다는 뜻이다. 이것은 악기가 세상에서 어떻게 사용되고 있는가에 따라 하나님 예배에서 사용의 가부가 결정되기도 하였다는 의미이다. 여기서, 악기까지 세상과 교회를 구분해야 하느냐고 반문하는 사람이 있다면 그 답은 '구분해야 한다' 이다. 교회는 세상과 다르며 달라야 하는 것이 하나님의 명령이다. 즉 그 악기가 세상에서 세속적으로 사용된다면 하나님 예배에는 부적합하다는 것이다. 우리나라 교회는 이런 교회의 전통과 원칙에는 별로 관심이 없는 듯하다. 오래 전 교회가 왜 그렇게 악기를 예배에서 제한한 것인지 현대 교회는 의미심장하게 고민해야 한다.

지금의 클래식 음악의 뿌리가 교회음악인 것을 생각하면 예배에서 클래식 악기로 하는 기악 찬양은 대체로 좋다. 예배에서 악기가 허용된 루터의 개혁교회부터 바로크 시기 그리고 지금까지 많은 작곡가들이 교회음악으로 기악곡을 작곡하고 있다. 예배에서 기악곡은 준비되고 정성이 담긴 제사일 가능성이 높다. 왜냐하면 악기는 특별한 훈련이 없이는 연주가 불가능하기 때문이다. 이것은 기악 연주는 대체로 전문가에 의한 음악이라는 의미이다. 자원하는 사람들 즉 대체로 비전문가로 구성된 현대의 성가대에 비하면 악기 연주는 오히려 더 전문적인 영역일 수 있다. 물론 단지 전문적인 것이라고 좋은 찬양이 된다는 것은 아니지만 예배의 준비라는 면에서 보면 준비가 더 있어야 하는 기악 음악이 어떤 면에서는 더 진중한 예배음악일 수 있다는 것이다.

악기는 성악에 비해 훈련 기간이 오래 걸리는 편이다. 그래서 기악곡의 연주는 연주자의 오랜 정성과 마음이 담겨 있을 수 있다. 구약성서의 성전에는 수금과 트럼펫 등 전문 기악 연주자가 있었다. 이들은 공교히 연주하라는 하나님의 명령으로 자신의 기량을 높이는데 평생을 보냈을 것이다. 우리는 하나님께 언어로써 찬양드릴 수도 있지만, 가사가 없는 악기 연주의 찬양은 침묵 혹은 묵상의 기도를 통하여 하나님께 올리는 제사로서, 우리의 입을 닫음으로써 오히려 하나님의 음성을 들을 수 있는 가능성은 더 높아질 수도 있다.

구약 시대는 하나님께서 직접 이스라엘 백성을 다스리시는 친정 시대로서, 레위인들에 의하여 연주되는 성전의 악기는 백성들에게도 쓰이기도 하였다. 하나님을 찬양하는 악기는 당연히 성도들에게 쓰일 수 있는 것이다. 하지만 이와 반대로, 사람들 사이에 사용되는 악기는 하나님 찬양에 쓰일 수 있는 것도 있으나 쓰일 수 없는 것도 있다. 이것이 악기의 정체성이다.

초기 기독교 교회는 예배에서 악기 자체를 엄격히 금하였으며, 오르간50뿐만 아니라, 수금, 즉 성전에서 사용되었으며 다윗이 시편을 찬송할 때 연주했던 현악기 한두 개를 제외한 모든 악기가 교회에서 금지된 상태였다. 그러나 교회지도자들에 따라 이 수금조차도 허락되지 않았던 때도 있었다. 이렇게 교회에서 모든 악기의 사용을 금지하였던 것은 그 시대로는 성경적인 조치였다. 당시 대부분의 악기들은 세속적인 용도로 경기장에서나 이방신을 섬기는 제사에서 주로 쓰였다. 그래서 교회는 이런 악기들이 교회에 들어와 교회를 문란하게 만들 것을 우려하였다. 역사적으로 그 당시 로마와 그리스 지역은 우상과 이방신으로 가득 차 있던 시대였다. 이런 상황은 사도행전이나 사도 바울의 서신을 통해서 잘 알 수 있는 사실이다.51 교회는 세상 사람들의 문란한 생활과 그들이 즐기는 음악이 교회의 거룩성(holiness)을 침해하는 것을 막기 위하여, 세상으로부터 구별되어 교회의 순수성을 지키려고 애썼던 것을 볼 수 있다. 그렇기 때문에 당시 교회의 대표적 악기는 서정적인 (lyric) 악기인 수금이 전부라고 해도 과언이 아니다.

이런 악기의 사용은 중세에 오면 더욱 제한된다. 초기 중세 교회에는 어떤 악기도 금지되었다. 성전 예배부터 교회의 오랜 악기였던 수금까지도 중세 교회에는 허락이 되지 않았다. 이 수금은 오히려 당시 유랑 음악인들52의 악기였다. 음악적인 면에서 중세 교회는 가장 금욕적인 시대이다. 찬송에 있어서도 회중찬송가가 금지되었으며 중세 말까지 대부분의 교회 성악음악이 무반주 음악이었다. 10세기경 교회 악

---

50 당시의 오르간은 소리가 거칠고 컸으며 세속적인 용도로 사용되고 있었다.
51 사도행전 17:22-23 "…아테네 시민 여러분, 내가 보기에 여러분은 모든 면에서 종교심이 많습니다. 내가 다니면서 여러분의 예배하는 대상들을 살펴보는 가운데 '알지 못하는 신에게'라고 새긴 제단도 보았습니다…"(새번역).
52 대표적인 유랑 음악인들은 11-12세기의 trouvère 혹은 troubadour라고 하는 음악인들로 작곡과 연주를 겸하였던 사람들이다. 그들은 주로 수금 같은 악기를 가지고 다녔다.

기로 파이프 오르간이 서서히 들어오기는 하였으나 이 악기도 성악과 함께 연주된 것이 아니라 성악과 따로, 즉 성악과 교대연주(Alternatim Praxis)로 된 것이다. 교회가 세상의 중심이었던 당시, 교회에서 악기를 사용하지 않았다고 하는 것은 아쉬움으로 남는다. 예배에 적합한 악기를 적극적으로 사용함으로써 세상 음악에 좋은 영향과 전통을 만들어 줄 수 있었음에도 불구하고 이렇게 악기를 금했던 것은 당시의 예배음악인 그레고리안 성가의 음악적 성격과 밀접한 연관이 있음을 알 수 있다.

중세 교회에 들어온 파이프 오르간은 지금까지 거의 천 년을 이어 교회 악기로서 정체성과 대표성을 가지고 있다. 르네상스 시기의 교회 합창음악은 여전히 대부분은 악기가 없는 편이지만 현악기와 관악기들이 예외적으로 사용되는 경우들이 생기기 시작한다. 이탈리아의 베네치아악파가 활발하게 활동했던 베네치아의 마르코성당에서는 관현악기가 합창과 함께 연주된 적이 종종 있다.

루터의 개혁으로 가톨릭교회와 개신교회의 분리가 일어나면서 루터교회는 파이프 오르간을 중심으로 기악 음악이 발달하며 성가대 음악에서는 관현악기가 함께 자주 연주된다. 이것의 대표적인 예가 바흐의 교회 칸타타이다. 영국 성공회교회의 악기 발달은 루터교회보다는 좀 느리다. 파이프 오르간은 영국 교회에서 사용되기도 하였으나 칼빈의 청교도파들이 영국 교회에 영향을 주면서 오르간은 한때 금지되기도 하였다. 칼빈 개혁교회를 이은 장로교회와 침례교회 등 새로운 개신교단들은 초창기에는 기악을 오랫동안 반대하였으며 교회가 안정되면서 서서히 오르간이 들어오게 된다.

교회의 이런 환경에 비해 세상의 음악에서는 악기들의 발달이 활발하였다. 악기는 중세 시대부터 교회음악과 구별되는 세속음악의 특징이 되었다. 악기는 성악 반주뿐만 아니라 즉흥적인 독주로서도 다양한 연주를 보여준다. 즉흥연주를 위주로 하였던 기악 연주는 중세 후기로 들어오면서 악보로 기보되면서 보존되기 시작한다. 악기가 세상에서 발달할 수 있었던 것은 다양한 음색과 함께 화려하고 장식적인 기교를 사람들이 좋아했던 이유이다. 그리고 악기를 통해 음악은 더 다양하고 활발할 수 있으며, 감성적이면서도 또한 더 흥이 날 수 있기 때문이다. 이것은 세상 음악의 특징으로, 사람들이 좋아하는 것은 대부분 기악 반주가 함께 있는 음악이었다.

이렇게 기악은 교회 안에서와 세상에서 각기 다른 발달의 모습을 가진다. 교회 악기는 늘 예배와의 적합성에서 예배 성격의 영향을 받았다. 가사가 있는 성가를 반주하는 것은 가사 전달을 방해할 수 있다는 우려 때문에 오르간은 성가 반주를 오랫동안 하지 않았으며, 성가를 위한 짧은 전주의 형태로 음정을 잡아주는 정도의 역할만 하였다. 그러나 악기를 이렇게 제한하는 것은 인위적인 것으로서, 교회 기악 음악과 다양한 합창음악의 발달을 저해한 것이라는 점에서 아쉬운 면이 있다.

중세와 르네상스의 무반주 합창음악은 그 자체가 순수하고 뛰어난 음악이기는 하지만, 결과적으로 기악의 역할을 제한한 것이었으며, 이것은 또한 합창음악을 제한하는 결과가 되기도 하였다. 교회음악에서 기악의 발달은 독일 교회의 역할이 컸다. 교회음악이 발달한 독일 교회에서는 르네상스로 들어오면서 오르간의 역할이 커지기 시작하였다. 독일 교회음악의 뛰어난 작곡자들은 합창음악뿐만 아니라 오르간 곡을 발달시켰으며 이 전통은 바흐까지 이어진다. 바흐에 와서 오르간은 교회 악기로서 진수를 보여준다.

이후부터 교회 악기는 오르간이 위주를 이루나 교회의 축제 등 특별한 경우 관현악기가 동원되기도 하였다. 교회의 관현악기는 바흐의 교회에 가능했던 것처럼 큰 교회에서는 종종 있었던 일이다. 모차르트 경우에도 잘츠부르크(Salzburg)성당 음악인으로 있을 때 오르간과 작은 관현악 앙상블을 위한 음악(Epistle Sonata)을 작곡하기도 하였다. 그는 400여 년 전의 마쇼(Guillaume de Machaut, c. 1300- 1377)[53]에 이어 오르간을 악기의 왕이라고 칭한 작곡가로 이것은 오르간의 규모만을 이야기한 것이 아닐 것이다. 이것은 오르간은 다른 악기가 가지고 있지 않는 특별한 면모를 가지고 있음을 말하는 것이기도 하다. 왕이라고 하였을 때 세속적이거나 부정적인 면이 아닌, 격식이 있고 위엄이 있으며 고결한 성품의 악기라는 뜻이 담겨 있을 것이다. 이것이 더 나아가 세상의 왕이 아니라 하늘의 왕을 찬양하는 악기로 해석되는 것이 제일 바람직하다. 그리고 세상의 모든 악기의 왕이라는 것보다 하늘의 악기라는 의미가 담겨 있을 것이다. 이것이 교회 악기의 정체성이며 대표성이다. 그럼에도 불구하고 악기의 왕이라는 용어는 현대 사회에서는 유의하여 사용해야 할 것이다.

교회 악기의 정체성은 무엇인가? 이것은 교회의 예배를 위하여 사용되는 악기라는 것이다. 세상에는 많은 악기들이 있다. 이 악기들을 크게 두 가지로 나눈다면 클래식 악기와 대중음악 악기로 나눌 수 있다. 이렇게 나뉜 악기들은 이에 따라 자신의 정체성을 가진다. 클래식 악기가 대중음악에 쓰일 때는 '예외적'인 혹은 '특별한' 경우라는 말을 붙인다. 이것은 그 악기의 정체성은 다른 것이라는 뜻을 공개적으로 인정하는 것이다. 그러면 교회 악기는 클래식 악기에 속하는 것인가 아니면

---

53 William Leslie Sumner, *The Organ: Its Evolution, Principles of Construction and Use* (MacDonald, 1962), 39

대중음악 악기에 속하는 것인가? 이 질문은 어리석은 질문이다. 클래식 음악의 뿌리는 교회음악이다. 클래식 음악이 교회음악에서 나왔다면 교회 악기는 클래식 중에 클래식이라 할 수 있다.

파이프 오르간은 교회 안에서 자라서 지금까지 교회에 남아있는 악기이다. 물론 19세기 중반부터 연주회용 오르간이 발전하지만 지금도 대부분의 오르간은 교회 악기로 쓰인다. 오르간이 교회 악기라는 정체성은 중요하다. 이 세상에서 기독교인의 정체성이 중요하듯이 오르간이 모든 악기 중에서 대표적인 교회 악기라는 정체성은 큰 의미가 있다. 교회의 대표적인 악기는 어느 시대와 상관없이 있어야 한다. 클래식이라는 뜻이 시대를 초월하여 그 가치를 가진다는 것으로, 교회음악 또한 클래식 음악으로서 시대를 초월하여 가치를 가지는 대표적 또는 전통적인 악기가 교회에 있어야 한다. 교회는 이 세상과는 다른 그리고 구별된 고유한 영적인 그 무엇이 있어야 한다. 이것이 바로 하나님께서 명하신 거룩함이다.

르네상스 시기의 이탈리아 오르간 제작자 안테그냐티(Costanzo Antegnati, 1549-1624)는 그의 책『오르간의 예술』에서 "오르간은 하나님을 찬양하고 높이는 것에만 사용하고, 다른 세속적인 용도로는 사용하지 말 것"을 주장하였다.[54] 이 주장은 현대 사회에서는 편협한 생각으로 비추어질 수 있으나, 당시 세속적인 물결이 이탈리아 전역에 밀려오고 있었던 르네상스 시기라는 것을 생각하면 오르간이 이런 세상 풍조에 휩쓸릴 수 있을 것을 염려하여 나온 말일 수도 있다. 그가 우려한 바와 같이 이후 이탈리아는 바로크 시기로 가면서 세속음악이 크게 발달하면서 오르간은 발달하지 못하고, 독일 교회에서 오르간 음악의

---

54 Corliss R. Arnold, *Organ Literature* (The Scarecrow Press Inc., 1973), 22.

최고 전성기를 맞이하게 된다.

　클래식 악기가 아닌, 대중음악에 쓰이는 악기가 교회에서 사용될 수 있을지 그 여부는 각 악기의 정체성에서 결정되어야 한다. 교회사적으로 세속적 대표성을 가진 악기는 교회 지도자들에 의하여 엄격히 금지되어 왔다. 그리고 교회음악인들이나 목회자들은 오랫동안 이런 악기에 관심이 없었던 것으로 보인다. 왜냐하면 당시 교회음악과 세속음악은 여러 면에서 많이 다른 음악이었기 때문이다. 어떤 악기가 사용되느냐 하는 것은 어떤 음악인지와 직접적인 관련이 있다. 따라서 음악이 악기를 고용한다고 할 수 있다. 이것은 악기가 음악을 고용하는 것이 아니라는 뜻이다. 그렇다면 교회음악은 교회 악기를 고용해야 한다.

　그런데 여기서 심각한 문제는 현재 한국교회 음악이 어떤 음악이냐는 것이다. 지금 대중음악 악기를 사용하고 있다면 그 음악은 대중음악일 가능성이 높다. 대중음악 악기를 사용하면서 대중음악을 하는 것이 아니라 교회음악을 하고 있다고 말하는 것은 억지이며 우리 스스로를 속이는 일일 수 있다. 왜냐하면 교회음악은 클래식 음악이며 클래식 음악은 대중음악 악기를 사용하면서 연주할 수 없다. 이것은 불가능한 일이다. 만약 대중음악 악기가 클래식 음악을 연주한다면, 그것은 더 이상 클래식 음악이 아니다. 그 소리는 이미 다른 소리이기 때문이다. 음악은 소리이다. 경건한 찬송가가 파이프 오르간에서 연주되면 교회음악이지만 신시사이저와 드럼 그리고 전기 기타로 연주되면 그 음악은 세상 노래처럼 변한다. 이것이 악기가 하는 일이다. 피아노를 치면서 이것을 오르간 음악이라고 말할 수 없듯이 대중음악 악기로 연주하면서 이것을 교회음악이라 말하는 것은 이치적으로 맞지 않다. 물론 이것은 적어도 그 모양을 말하는 것이다. 그 안의 영적인 내용은 다른 글에서 계속 이어질 것이다.

지금의 한국교회에는 대중적 기독교 음악(CCM)이 그의 악기들과 함께 교회의 예배 자리를 차지하고 있다. 하나님을 섬기려는 목적(?)으로 교회에 들어온 세속적인 전자 악기들은 모양도 소리도, 표현(혹은 연주) 방법도 교회를 닮지 않은 것이다. 오히려 그 모습과 소리는 세상과 똑같다. 이런 것은 사람에게 친근함이라는 면에서 쉽게 공감을 줄 가능성은 있다. 하지만 이것이 바로 사탄이 성도를 은밀히 유혹하는 방법일 수도 있다는 것을 우리는 경계하고 깨어 있어야 한다. TV 설교에서 어느 목사님이 이런 말씀을 하셨다. 우리 성도들이 세상 사람들과 똑같은 모습으로 산다면 사탄이 그 성도 옆을 지나가면서 "얘! 너는 어째 나랑 똑같이 닮았네!"라고 하면서 좋아할 것이라고 하였다.

섬뜩한 말이 아닌가? 교회 안의 음악과 악기에 대해 우리는 생각해야 한다. 우리가 하는 음악과 연주하는 악기가 세상과 똑같이 닮았다면 하나님께서 좋아하실지 스스로 물어야 하지 않겠는가? 하나님께서 "너는 누구지?"라고 하시지나 않을지 생각해 봐야 한다. 성도의 정체성은 무엇이며 교회와 어울리는 악기는 어떤 악기일까? 하나님께서는 이스라엘 백성에게 말씀하시기를 하나님을 예배할 때 우리들이 살고 있는 이곳의 사람들이 자기들의 신을 섬길 때 하는 방식으로 그렇게 하나님을 예배하지 말 것을 말씀하셨다(256쪽 참고). 이것은 무엇을 말하는가? 기독교인의 예배는 그 모습에서부터 세상과 닮지 말라고 말씀하시는 것이다. 그런데 왜 교회는 세상을 닮아가며 세상이 하는 방식을 교회에 가지고 와서 하려고 하는가. 교회는 그 음악에 대해 하나님의 성품과 교회음악의 본질에서 심각한 고민을 해야 하지 않을까? 이것이 하나님의 말씀을 모르고 하는 행동인지, 아니면 알면서도 자신이 좋아하기 때문에 하나님의 생각은 관심에 두고 싶지 않은 것인지 우리의 동기와 그 결과를 점검해야 한다.

좁은 문으로 들어가는 일은 힘들다. 그래서 많은 기독교인은 쉬운 길을 택한다. 악기도 쉬운 악기를 택한다. 예를 들면 대학교에서 전공으로 오래 공부해야 하는 어려운 오르간보다는 전공이 필요하지 않고 피아노를 치면 어렵지 않게, 오르간보다는 훨씬 쉽게 배울 수 있는 소위 키보드 혹은 신시사이저를 교회에서 더 선호한다. 현재 교회는 쉽고 사람들이 좋아하기만 하면 그것이 하나님의 성품을 닮은, 교회의 전통적인 악기든 아니든 그리고 그것이 교회를 대표하는 악기인지 세상을 대표하는 악기인지 상관하지 않는 것 같다. 이것은 자기를 사랑함의 대표적인 현상이다.

TV에 나오는 대중음악 가수들의 노래와 교회에서 젊은이들이 즐겨 부르는 음악은 똑같이 생겼다. 가사가 다르다는 것은 부르는 사람이나 듣는 이에게 별로 차이가 없는 것이 현실이다. 기독교 가사가 있기 때문에 찬양해도 괜찮다고 아무리 말해도 이것은 괜찮은 것이 아니다. 왜냐하면 음악은 소리이기 때문이다. 소리는 사람에게 말보다 더 오래 기억된다. 그리고 더 큰 영향을 준다. 특히 몸에는 더 큰 반응을 일으키는 것이 음악이다.

결국 교회는 오랫동안 공부하고 연습해야 연주가 가능한 클래식 악기, 즉 클래식 음악을 밀어내고, 전공할 필요도 없고 쉽게 할 수 있는 악기, 즉 그런 음악을 택하고 있다. 게다가 이 악기는 클래식 악기에 비해 가격이 저렴할 뿐만 아니라 관리도 쉽고 이동도 간편하기 때문에 유혹을 떨쳐버리기가 쉽지 않다. 키보드 혹은 신시사이저라고 하는 악기의 정체성과 대표성은 무엇인가? 세상 음악이다. 세속적인 오락뿐만 아니라 심각하게는 적그리스도인들이 즐겨 사용하는 악기임에도 불구하고 교회는 사용한다. 하나님의 예배를 인간이 편하고 쉽게, 덜 수고하면서 결과를 얻으려고 하는 것이 진정한 예배라고 할 수 있는가? 이제는 하나님의 예배가 희생을 치를 만큼 가치가 적어졌다는 것인지 도무지 이해가 되지 않는 현실이다.

교회 안에 들어온 세상의 대표적인 악기들은 더 있다. 다음 글에서 이 악기들을 자세히 살펴볼 것이다. 현재 우리나라 교회는 악기에 대한 이런 성서적이며 신앙적인 고찰이 없다고 할 수 있다. 현대 교회는 여러 면에서 이미 세속화의 길을 걸은 지 오래 되었다. 세속화에서 악기도 그중의 하나다. 구약성서에 보면 하나님 성전에서 쓰이는 모든 기물들은 특별히 구별되어 흠 없고(without blemish)[55] 깨끗하고 거룩한 것들이었다. 그리고 성전의 기물을 만들 때 하나님은 '순수한'(pure) 금[56]을 사용할 것을 늘 말씀하신다. 하나님께 속한 물건 그리고 하나님께 드리는 것은 세상의 어떤 물건들과 같지 않았다. 이러한 물건들은 값비싼 것이라는 의미가 아니라 세상의 것들과 구별(holy)된 것이라는 것이다.

지금은 구약 시대가 아니고 성령 시대라고 부르짖으며 지금은 다르니 아무것이라도 예배에 괜찮다고 말해도 정말 괜찮은 것인가? 누가 괜찮다고 하는가? 하나님께서 괜찮다고 하시는가 아니면 세상이 괜찮

---

[55] without blemish 혹은 no defect로서 흠이 없는 혹은 오점이 없다는 뜻이다. 출애굽기 12장 5절 "너희 어린 양은 흠 없고 …"로 시작하는 이 구절은 하나님께 바치는 희생제사에 대하여 하나님께서 원칙을 말씀하시는 것으로 중요한 의미를 가진다. 이것은 이스라엘 백성이 애굽에서 해방되기 전 애굽에 내리는 하나님의 마지막 재앙을 피하는(넘어가는, 유월절) 제사를 하나님께서 가르치시는 것이었다.
[56] 출애굽기 25:11 "순금으로 그 안팎을 입히고(Overlay it with pure gold…)"(새번역).

다고 속삭이는가? 우리는 하나님께 물어 보아야 한다. 즉 성경으로 돌아가야 한다(Sola scriptura). 누구 말을 들을 것인가는 답할 필요가 없다. 우리는 누구의 자녀이며 누구의 종인지 그리고 그렇게 살고 있는지 늘 자신을, 교회를 돌아보아야 한다.

모든 악기는 중성이다. 그 악기가 어떻게 쓰이느냐에 따라 그 악기의 정체성이 정해진다. 동시에 또 중요한 것은 아무리 교회 악기라 하더라도 연주하는 사람이 하나님의 사람이 아니면 이 또한 예배음악이 되기 힘들 것이다. 하나님께 드리는 예배에서 악기는 우선 잘 선택되어야 하며 그 악기로 하나님 사람의 헌신적인 노력이 있을 때 하나님께 드리는 온전한 예배가 될 것이다.

37. 대중음악 악기, 드럼, 신시사이저, 전기 기타는 예배 악기로 괜찮은가?

앞의 글에서 예배에 적합한 악기에 대하여 알아보았다. 음악에서 악기를 결정하는 것은 그 악기가 연주되는 음악의 성격이다. 클래식 음악은 클래식 악기를 사용하며 대중음악은 대중음악 악기를 사용한다. 현재 우리나라 교회에서 많이 연주되고 있는 대표적인 대중음악 악기 몇 가지를 구체적으로 살펴보면서 예배의 본질에서 적합성을 알아본다.

먼저 신시사이저(Sythesizer)는 어떤 악기인가? 신시사이저는 우리나라에서 대체로 간편하게 신디라고 불린다. 최근에는 통칭 키보드(Keyboard)라고 불리기도 하는 이 악기는 클래식 악기가 아닌 전자 악기로서, 여러 악기의 음색을 전자적으로 합성하여 한 건반에서 음색을 다양하게 선택하여 연주할 수 있게 만든 악기이다. 이것은 이미 전자적으로 내장된 장치로 실제 악기를 사용하지 않으면서도 실제 악기와 흡사한 소리의 효과를 낼 수 있으며, 악기의 크기도 오르간이나 피아노에 비하여 작아서 이동과 휴대가 편리한 것이 최대의 장점이다. 거기에다 실내에서는 작은 소리뿐만 아니라 외장 스피커를 사용하면 엄청난 크기의 소리로 확성이 가능하여 옥외 집회에서 유용하게 쓰일 수 있다.

이 악기는 경제성, 이동성, 실용성 면에서 큰 장점이 있어 작은 교회에서는 거부하기 힘든 유혹이다. 하지만 이것은 오르간과 피아노에 비해 예술성과 전문성에서 많이 부족하다. 즉, 이 악기는 피아노와 오르간에 비하여 우선 소리가 실제 소리가 아닌 전자적 합성 소리라는 점과, 소리의 색깔과 크기를 사람의 노력으로 하는 것이 아니라 기계의 힘을 빌려 손쉽게 하는 것이 클래식 악기와 다른 점이다. 이로 인해 스피커에서 나오는 큰 소리는 클래식 악기의 자연의 소리와는 다른 것으로 오래 듣거나, 큰 음량으로 들으면 사람의 몸은 스트레스를 받는다. 그리고 이 악기는 건반의 음역이 좁으며, 반주 악기로서 전문적인 독주곡 연주는 불가능한 악기이다. 그래서 이 악기는 노래를 반주하는 혹은 배경음악을 연주하는 정도의 역할에 제한되어 있다. 결국 이 악기는 대중음악에 유용하게 쓰일 수 있는 모든 장점을 갖추고 있다고 말할 수 있다.

신시사이저는 대중음악 악기이다. 이 악기는 대중음악을 위해 태어났으며 대중음악을 위해 쓰이고 있다. 그런데 이 악기가 교회 예배에서 쓰인다는 것은 무엇을 말하는가? 대중음악 악기가 쓰인다는 것은 그 음악이 대중음악이라는 뜻이 아니겠는가? 사람의 오락을 위한 음악은 하나님을 찬양하는 음악과 본질적으로 그리고 스타일적으로 다르다. 즉 이 두 음악은 안과 겉 모두가 다 다르다는 뜻이다. 클래식 음악은 교회음악에서 나왔기 때문에 교회음악은 클래식 악기를 사용한다. 더 정확히 말하면 클래식 악기 중에는 교회의 전통적인 악기를 물려받아 발전시킨 것이 많이 있다. 이것은 무엇이 먼저였느냐를 말하는 것이다. 그런데 본질이 완전히 다른 대중음악에 쓰이는 악기를 가져와서 하나님을 찬양한다는 것이 가능하겠는가? 그 악기를 사용한다는 것은 그 악기의 음악이기 때문에 그런 것이 아닌가?

그러면 교회는 왜 신디 같은 대중음악 악기를 사용하는 것인가? 신디의 소리는 피아노와 오르간의 소리와 다른 점이 무엇인가? 신디의 소리는 다양한 소리의 합성을 통해 감성적인 표현이 쉬운 악기인 반면 소리는 가볍고 얇다. 이것은 대중음악 악기의 공통적인 특징으로, 이로 인해 이 연주자는 청중을 쉽게 그리고 빨리(fast), 즉석에서(instant), 바로 감정적으로 움직이게 할 수 있다. 이것을 좋게 말하면 청중에게 감동을 주는 것이며, 달리 말하면 청중의 감정을 조정하는 것이다.

이 악기가 대중음악 악기라는 것 이외에, 또한 중요한 것은 이것은 피아노나 오르간처럼 전문적인 훈련이 필요하지 않는 악기라는 점에서 예배 악기로 적합하지 않다. 교회음악은 전문적인 영역이다. 이것은 하나님께서 성서에서 제정하신 것이다. 오랜 기간의 훈련과 준비 기간이 없으면 할 수 없는 음악이 교회음악이어야 하며, 하나님은 이런 음악을 원하신다. 구원은 은혜로 한 순간에 이루어지는 일이지만 그리스도인으로 사는 것은 평생 경건의 훈련을 통하여 이루어진다. 그래서 하나님께 드리는 것은 쉽고 값싼 것으로 드리는 것이 아니다. 가장 고귀하고 정성과 희생이 담긴 것으로 드리는 것이 하나님께 드리는 봉헌이다. 크고 많고 화려한 것을 좋아하시는 하나님이 아니라, 작지만 정결하여 (pure) 세상 때가 묻지 않은 것을 원하시며 정성이 있는 것을 원하신다. 예를 들어 1년을 준비해서 드리는 선물과 10년을 준비하여 드리는 선물의 정성과 가치는 어느 쪽이 더 나은 것인가? 이런 질문은 무의미하다.

하나님은 인간의 기술만 보시는 분은 아니시다. 하지만 더 오래 준비한 것으로서, 더 깊이 있고 진중한 음악은 당연히 하나님의 성품에 가까운 것이다. 그리고 더 정성이 담길 것이다. 세상의 기술이 오래 준비된다고 하나님께서 기뻐하시는 것은 아니라고 하는 말과, 짧게 준비했지만 정성을 담으면 된다고 하는 말은 말 자체에서 앞뒤가 맞지 않는 말이다. 예외적으로 짧게 준비할 수는 있을 것이다. 하지만 정성이 있으면 오래 그리고 많이 준비하지 않겠는가?

전기 기타(Electric Guitar) 혹은 베이스 기타는 어떠한가? 이 악기도 대중음악 악기이다. 이것은 신시사이저보다 대중음악에서 더 과격한 음악에 많이 쓰이는 악기로 특히 저음에서 중요한 역할을 한다. 이 악기는 현을 튕겨서 소리를 내는 것은 일반 기타와 같지만 그 소리는 확성되어 스피커에서 나기 때문에 소리의 성격이나 음향적인 결과는 완전히 다르다. 이 악기는 대중음악에서 그룹으로 연주하는 악기로 저음도 담당하지만 화려한 솔로의 즉흥연주로도 쓰인다. 그러나 교회에서 쓰일 때는 대체로 노래의 베이스 부분을 주로 연주하기 때문에 덜 문제가 될 수도 있기는 하다. 하지만 이 악기 자체에서 주는 이미지는 신디보다는 훨씬 더 세속적인 것이다. 이 악기는 드럼과 같은 리듬적인 역할도 하며, 동시에 피치(음)가 있는 리듬 악기라는 점에서 사람의 감정을 자극하고 흥분시키는 것이 쉽다.

대중음악에서 전기 기타는 헤비 메탈(Heavy Metal) 연주나 록 음악(Rock Music)에서는 필수적인 것으로, 반주의 베이스뿐만 아니라 솔로 연주를 할 때면 다른 어떤 악기보다 격렬한 소리가 나온다. 이런 음악에서 전기 기타의 소리를 들으면 사람의 감정을 마음대로 조정하고 있는 악기라는 것을 느낄 수 있다. 이 악기의 연주자는 이 특징적인 소리로 자신들이 원하는 대로 사람을 사로잡으며 사람을 움직일 수 있다. 그리고 이들은 이런 파워(power, 능력)를 실제로 음악에서 사용한다. 안타깝게도 사람들은 이런 음악을 좋아한다. 누군가 강하게 자신을 끌고 가는 것을 원하는 것이다. 하나님이 없는 사람인 경우에는 당연히 그럴 수밖에 없지 않겠는가?

클래식 음악은 사람의 마음을 조정하려고 하지 않는다. 클래식 음악은 단지 청중에게 음악을 들려줄 뿐이다. 그리고 그것을 듣는 사람의 마음에 맡긴다. 청중은 듣고 싶은 대로 각자 그 음악을 듣고 감상하는 것이 클래식 음악의 특징이다. 그런데 클래식 음악에도 이렇게 사람을 조정하려는 작곡가가 있기는 하다. 그 대표적인 작곡가가 바그너(Richard

Wagner, 1813-1883)이다. 하지만 대부분의 작곡가는 사람을 자유하게 만든다. 이 음악의 전형적인 작곡가가 모차르트이다. 그의 음악은 자유롭다. 모차르트의 음악은 순수하고 자연스러운 음악의 극치를 보여준다. 그의 음악은 누구도 붙잡지 않기 때문에 그의 음악을 듣고 있으면 마음이 맑아지고 편안하면서 한없이 자유로워지는 것을 경험할 것이다.

교회 안의 대중음악 악기 중에서 마지막으로 논할 것이 드럼(Drum)이다. 이 드럼은 외형상 여러 개의 북이 모여 있는 것으로 보이지만 단순한 타악기가 아니다. 타악기에서 북의 종류에는 여러 가지가 있다. 클래식 음악에서 일반인들이 알고 있는 대표적인 타악기는 팀파니(Timpani)이며, 행진곡(march) 연주에서 사용하는 큰북과 작은북(Snare Drum)이 있다. 그런데 대중음악에서 사용되는 통칭 드럼은 대체로 중앙에 하나의 큰 북과 여러 개의 작은 북 그리고 심벌즈를 채로 칠 수 있게 눕혀 걸어놓은 형태이다. 그리고 연주자는 두 팔과 발로 여러 개의 북을 시간 차이로 다양하게 리듬적으로 치는 것이다.

이 드럼이 주는 리듬의 효과는 대단한 것이다. 선율 및 화성과 함께 리듬은 음악의 세 가지 요소 중 하나로서 음악의 뼈대와 같은 것으로 음악에서 부드러움과 강함은 이 리듬에 의해 만들어지는 경우가 많다. 앞의 글에서 리듬은 사람의 몸에 즉각적인 반응을 주는 것이라고 하였듯이, 리듬은 사람에게는 심장과 같아서 규칙적인 리듬에서는 안정감을 느끼나 불규칙적인 리듬은 심장 박동이 불규칙할 때처럼 긴장감과 스트레스를 준다.

이런 규칙적인 혹은 불규칙적인 박동을 적절하게 균형감 있게 사용하는 음악이 클래식 음악이다. 클래식 음악은 규칙적인 박동을 중심으로 하며 불규칙 박동은 예외적으로, 특별한 의미로 쓰인다. 그리고 클래식 음악에서 리듬을 드러내는 타악기의 사용은 작곡가에 의해 의도된 것이며 음악의 상황에 따라 필요할 때만 드물게 사용되는 것이 특징이다. 그렇기 때문에 타악기 악보도 작곡가에 의해 만들어진다. 이것은 모든 클래식 악기 연주자는 자신의 파트(part) 악보를 다 가지고 있기 때문이다. 그러므로 타악기 주자는 작곡가의 악보에 따라 곡에서 등장한다. 느리고 조용한 음악에서는 타악기는 거의 나오지 않으며 리듬적으로 강조하면서 음악에 힘을 실어야 할 경우 가끔씩 등장한다. 그래서 클래식 오케스트라 곡에서 타악기 연주는, 곡의 성격에 따라 다양하겠지만 일반적인 곡인 경우에는 한 시간 연주에서 실제 연주하는 시간은 얼마 되지 않은 경우가 많다. 클래식 연주회를 가면 이것을 바로 알 수 있다. 많은 오케스트라 곡들의 경우 타악기 연주자들은 연주 중에 거의 연주를 하지 않고 가만히 앉아 있다 가끔 연주하는 정도이다. 특별히 리듬적인 곡을 제외하면 늘 이렇다. 그래서 오케스트라 연주자들 중에서 타악기 연주자는 제일 일을 적게 하면서 같은 월급을 받는 사람 혹은 한 음 당 연주료가 가장 비싼 사람이라는 농담까지 있다.

그런데 클래식 악기가 아닌 이 드럼은 어떤가? 일단 이 악기는 악보가 없다. 물론 신시사이저와 전기 기타도 클래식 음악의 악보 같은 악보는 없다. 하지만 이 두 악기는 세세한 음표는 없으나 마디에서 기본적인 화성의 뼈대를 표시하는 정도의 악보는 있는 것이 보통이다. 이것에 비하면 드럼은 더욱 악보와 무관하다. 노래를 반주할 때 대부분 그들은 즉흥적으로 리듬을 넣는다. 그리고 일단 노래가 시작되면 처음부터 끝까지 늘 연주한다. 그러면서 음악의 진행에 따라 다양한 리듬으로 음악에 크레센도와 디크레센도를 만들어주며 클라이맥스 또한 만드는데 중요한 역할을 한다. 두 팔과 발로 빠르게, 짧고 다양한 리듬을 연속적으로 넣으면서 크레센도를 만들 수 있는 이 드럼은 이렇게 사람의 감정을 조정하여 격정적으로 흥분시킬 수도 있다. 이것은 드럼만이 아니라 모든 타악기의 성격이며 능력이기도 하다. 그렇기 때문에 클래식 음악에서는 타악기의 사용을 절도 있게 하면서 음악적으로 꼭 필요할 때만 부분적으로 사용하는 것이다. 그런데 대중음악의 모양을 가진 CCM의 반주에서, 이 드럼이 세상 음악에서와 같이 무차별적으로 사용된다는 것은 위험하다는 것이다.

신시사이저와 전기 기타 그리고 드럼 중에서 예배에서 가장 위험한 악기는 드럼일 것이다. 이 악기는 영적인 악기가 되기 힘든 조건을 가지고 있다. 앞의 글에서 좋은 음악은, 순한 음악은 선율과 화성 그리고 리듬이 조화롭게 균형을 이루는 음악이라고 설명하였다. 그런데 드럼이 사용되기 시작하면 그 음악은 리듬이 압도적으로 강조되는 음악이 된다. 드럼은 모든 악기의 소리를 뚫고 드러나는 것이 특징이기 때문이다. 드럼 등 타악기가 음악의 처음부터 끝까지 연주되는 음악은 클래식 음악에는 기악곡으로서 행진곡과 그 외에 특별히 작곡가의 의도가 들어있는 춤곡[57] 등으로, 성악곡, 즉 노래에서 이렇게 과다하게 사용되는 것은 대중음악이 거의 유일할 것이다.

그런데 이 악기가 더 과격해질 수밖에 없는 현실이 또 하나 있다. 이것은 박자로서, 드럼이 사용하는 박자(beat)에는 클래식 음악의 특징과는 반대되는 요소가 있다. 드럼은 대체로 클래식 리듬과 반대의 강

---

[57] Maurice Ravel(1856-1926)의 춤곡 〈볼레로〉(Bolero)는 곡의 시작부터 작은북 (snare drum)이 조용하게 볼레로의 특징적인 리듬을 연주하면서 곡을 이끌어 간다. 작은북은 곡 전체 동안 계속 연주되며 다이내믹이 커지면서 점점 격렬하게 발전한다.

약을 사용한다. 클래식 음악에서는 특별한 의미를 위하여 사용하는 것 이외는 강약의 박 개념이 전통적으로 강-약-중강-약(4/4 박자) 혹은 강-약-약(3/4 박자)의 패턴이다. 하지만 대중음악의 드럼 사용에서는 이런 박을 거의 사용하지 않는다. 왜냐하면 드럼은 체질적으로 이런 박에 어울리지 않기 때문이다. 그래서 드럼은 약-강-약-강 혹은 강-강-강-강 등으로 강이 훨씬 많을 뿐만 아니라 엉뚱한 박에 강이 오면서 심장의 맥박을 거슬리는 결과를 가져온다. 이것이 곧 록 리듬(rock rhythm)으로 대중음악의 기본 박 개념이다. 이 박의 느낌은 기존의 것을 부수며(destroy) 거스르는(confront, 대항하다) 성격이다. 그리고 사람을 뒤틀리게 한다. 왜냐하면 이 박은 심장의 박동과 어울리는 순한 박이 아니라 거슬리는 격한 박이기 때문이다.

앞의 글 중 성전의 악기에서 타악기로 소고를 설명하였다. 이 소고는 성전 안의 음악에서 쓰인 악기가 아니다. 그리고 이 악기는 한 개의 북으로 한 손으로 들 수 있는 단순한 타악기이다. 한 손으로 북을 들고 다른 한 손으로 북을 두드리거나 북을 흔드는 식의 연주였을 것이라는 것이 일반적인 설명이다. 그래서 이 소고는 타악기이지만 곡 전체에 리듬을 주어 곡을 변화시키는 성격보다는 음식에 양념을 넣는 정도의, 음악에서 색채감을 주는 것이라 할 수 있다. 그리고 실내가 아닌 실외에서 춤과 함께 사용되기도 한 것이다. 그러므로 성경의 소고는 지금 교회의 드럼과는 완전히 다른 타악기라는 것을 알 필요가 있다. 가끔 목회자나 성도들 중에는 성경에서도 타악기가 사용되었다는 사실만으로 지금의 교회에서 타악기 사용이 가능하다는 주장을 하기도 한다. 이것은 성경의 타악기가 어떤 악기였으며 어떻게 쓰였는지 등 악기의 성격을 전혀 생각해보지 않은 억측에 불과하다.

교회에서 세속적인 악기를 강하게 반대하고 혐오하여 예배에서 엄격하게 규제했던 초기 기독교 시기, 교회 지도자들은 당시 사람들이 우상을 섬기는 예식에서 사용되던 악기들이 예배에서 함께 연주되는 것을 경계한 것이다. 기록들을 보면 이들의 신전에서 벌이는 예식이라는 것은 술과 음식, 오락과 유흥으로, 사람을 제물로 하기도 하는, 윤리적인 퇴폐의 총집합체인 경우가 많다. 그렇기 때문에 이것을 도와주고 흥을 돋우기 위하여 사용되는 악기가 기독교인에게는 당연히 혐오스러울 수밖에 없었다. 당시 악기가 예배에서 제한되었던 그 이유를 스콰이어(R. N. Squire)의 『교회음악사』58에서 인용한다.

> 그들이 기악을 회피한 이유는 1) 이교의 사상과 연합될 위험성이 있고, 2) 기악이 없는 것은 회당으로부터 내려오는 전통이며, 3) 당시 기독교인은 악기 연주에 능숙하지 못하였으며, 4) 훌륭한 솜씨로 악기를 연주하는 것이 불가능할 뿐만 아니라 불필요하다고 생각한 것이다.

위의 이유에서 보면 지금의 교회가 고민해야 하는 것은 1)의 경우이다. 2)에서 회당의 전통이라고 하더라도 성전의 전통을 생각하면 기악이 있는 것이 당연하며, 3)과 비교하면 지금은 악기를 능숙하게 연주하는 사람이 교회 안에 많이 있다. 그리고 4)에서 악기를 능숙하게 연주하는 것이 불필요하다고 생각하는 것은 칼빈의 입장과도 같은 것으로 예배에서 기술적인 연주는 성악이든 기악이든 하나님께 올리는 귀한 연주가 될 수 있다. 그렇기 때문에 위의 이유 중에서 1)은 현대 기독교인에게만이 아니라 어느 시대에도 해당될 수 있는, 중요한 경고의 메시

---

58 Russell N. Squire/이귀자 역, 『교회음악사』 (호산나음악사, 1990), 53.

지이다. 대중음악 악기를 사용하는 것은 믿지 않는 사람들의 사상과 연합이 될 가능성이 많은 것으로, 이것은 음악의 영향력이라는 점에서 매우 의미 있는 말이다.

최근에는 신시사이저, 전기 기타, 드럼 이 세 악기가 대학교에서 전공으로 다루어지고 있는 경우가 있으나 여전히 클래식 악기에 비해서는 훈련 과정이 짧고 단순하다. 그리고 실제로 교회에서는 이 악기들을 전공으로 공부하지 않은 사람들이 더 많이 연주하고 있다. 이것은 이 악기는 비전공자들도 쉽게 다룰 수 있는 악기라는 의미이다.

대중음악 악기가 교회에서 사용될 때의 위험은 세속성이라는 면 외에도 교회음악의 전문성과 특수성이라는 점에서도 심각한 위협이 된다. 교회음악은 클래식 음악 중에서도 더 전문적인 영역이다. 그리고 교회음악은 세상의 어떤 음악보다 진중하고 어려운 음악이다. 그래서 그 훈련 과정은 세상이 인정할 만큼 힘든 과정이다. 유럽의 교회음악 과정이 그러하며 미국 또한 대부분의 경우가 대학원 과정에 있다. 이것은 교회음악은 대학의 기본적인 음악 공부에 추가로 더 많은 연구와 훈련이 필요한 음악이라는 뜻이다. 그런데도 쉬운 음악과 쉬운 악기로 교회음악을 대중음악의 수준으로 내려 보내는 것을 아무렇지 않게 생각할 수 있겠는가? 사실 대중음악이라고 쉽기만 한 음악은 아니다. 그들은 그들 나름대로 엄청난 노력과 투자를 한다. 이들은 대중음악 전문가이기 때문이다. 그런데 교회에서 이들의 음악을 하는 사람들은 이 음악의 전문가가 아니다. 그리고 대체로 그들만큼 투자와 노력을 하지 않는다.

교회음악은 이 세상 사람들의 음악이 아니다. 이것은 하나님께 드리는 음악으로 세상에서 요구하는 것보다 더 오랜 시간과 훈련이 들어가는 음악이다. 그런데 이런 희생과 고난 없이 할 수 있는 음악이라면 무슨 의미인가? 이런 성도가 있을 수 있다. 뭐 그렇게 힘들게 하나님을 믿느냐고. 하나님을 편하게, 쉽게 믿는 것이 뭐 잘못이냐고 할 성도가 있을 수 있다. 어쩌면, 현대의 많은 기독교인은 이런 말을 직접 입 밖으로 하지는 않더라도 그 마음속에는 이런 생각을 하고 있는 것은 아닌가? 그래서 기독교인으로 사는 것도 대충하면서 편하게 살고 있는지도 모른다. 이런 악기들을 좋아하고 또한 허용하고 있는 교회는 스스로 몰락하는 길을 걷고 있는지도 모른다.

이 세 악기의 특징으로 유의해야 할 또 다른 점은 이 악기들의 즉흥성이다. 음악 연주에서 즉흥성이라는 것은 어떤 의미에서는 가장 창의적인 것으로 귀한 것이다. 기보법이 발달하기 이전의 모든 음악은 즉흥적으로 연주되었다. 그리고 즉흥적으로 연주된 음악은 거의 모두가 당시의 세속음악이다. 교회음악 특히 예배음악에서 즉흥성은 대체로 엄격한 규제에 따라 행하여졌다. 초기 교회의 즉흥적인 노래 등은 부분적으로 존재하였으나 오랫동안 남아있지 않았다. 기보법이 나올 때까지 교회의 성가들은 성가 가사에 독특한 표시[59]들을 두어서 그들이 찬양하는 음악이 여러 지역과 후대에 같은 찬양으로 전수되도록 하였다.

연주에서 즉흥성은 연주자에게 전적으로 의존되는 음악으로, 미리 생각하고 계획할 수 없으며 연주 도중에 수정할 수 없다는 것이 특징이다. 물론 연주전에 큰 구도와 전개 그리고 약간의 세부적인 계획을 할 수 있을 때가 있기도 하다. 하지만 이것이 실제 연주에 반영될 때도 있으나 완전히 다른 음악이 될 때도 있다. 필자는 단순한 형태이지만 즉흥

---

[59] cheironomy: 이것은 지휘자의 손이라는 뜻으로도 쓰이는 용어로 5세기 경 교회 성가에서 나타난다. 이것은 나중에 9세기경 neum이라는 그레고리안 챤트 기보법이 나오면서 함께 사용되다 서서히 사라진다.

연주를 하기 시작한 것이 4-5년이 되어간다. 자주 하지는 못하지만 학교 채플에 방문자가 있을 때, 특히 교회 손님일 경우에는 찬송가 선율에 의한 즉흥연주를 하는 편이다.

즉흥연주의 어려움은 실제 연주할 때의 어려움도 있지만, 특히 교회 예배에서 하는 것이라면 더 신중하게 생각해야 하는 연주이다. 연주자의 생각과 심적 그리고 더욱이 영적인 상태가 그대로 반영되는 즉흥연주는 어떻게 보면 가장 인간적인 음악일 수 있다. 이 사람이 영적인 사람이라면 영의 음악이 될 것이며 세속적인 사람이라면 세속적인 음악이 될 것이다. 이와 동시에 이 사람이 제일 많이 듣고 제일 좋아하는 음악이 즉흥연주에서 나올 것이다. 왜냐하면 그 사람의 음악은 자신이 가진 것에서 나오기 때문이다.

신시사이저, 전기 기타, 드럼 이 세 악기의 연주 성격이 즉흥적이라는 점에서, 이들이 교회 예배에서 연주를 한다면 이들이 바로 교회음악을 제일 많이 공부해야 하는 사람들이다. 이들은 교회음악의 본질을 배우고 교회음악의 그 많은 레퍼토리를 익히고, 성경에 박식하여 하나님의 성품과 하나님의 취향을 제일 잘 알아야 하는 사람이다. 클래식 악기를 연주하는 사람보다 이들이 더 이렇게 해야 하는 이유는 이 연주가 즉흥적인 연주이기 때문이다. 그런데 이 연주자들이 교회음악을 공부하게 된다면, 아이러니 하게도 이들은 이 악기들을 교회 예배에서 연주하지 않을 가능성이 매우 높다. 그 이유는 앞에서 설명한대로 그들이 공부하는 과정에서 이 악기들은 교회음악에 적합하지 않다는 결론을 내릴 것이기 때문이다. 그리고 이 악기들로 교회음악을 연주하는 것은 어려울 뿐만 아니라, 그럼에도 불구하고 이 악기들을 연주하게 된다면 그것은 지금과는 다른 연주가 될 것이며 그 음악 또한 지금과 다른 음악이 될 것이다. 그 음악은 더 이상 그 음악이 아닐 것이며, 그 악기의 기능을 제대로 살리지 않는 연주일 것이다. 대중음악 악기가 클래식 스타일로 연주가 가능하다면, 이것은 클래식 악기가 대중음악 스타일로 연주하는 상황과 같은 경우로서, 온전히 이루어지기는 불가능한 하나의 가설일 뿐이다.

 이 세 악기의 또 다른 특징은 소리의 성격과 연주의 성격뿐만 아니라 소리의 크기이다. 드럼은 기본적으로 큰 음량을 가지고 있으며 연주자가 원하면 사람의 귀를 상하게 할 만큼 크게 할 수 있다. 전기 기타와 신시사이저는 스피커를 통하여 음을 확성하기 때문에 이 또한 거대해질 수 있다. 클래식 악기는 기본적인 음량의 한계가 있다. 소리를 크게 하려면 연주자가 온 몸으로 힘들게 노력해야 가능하다. 그리고 스피커를 통하여 소리를 확성하지 않는다. 스피커로 확성된 소리는 자신의 소리가 아닌 변질된 소리이기 때문이다. 최근 스피커를 사용하는 클래식 연주가 있기는 하지만 이것은 클래식의 본질을 외면하는 것이다. 그래서 본질적으로 클래식 연주는 인간의 욕심이 잘 통하지 않는 것이다. 그러다 간혹 인간의 욕심이 드러나는 연주자를 보면 청중은 실망한다. 하지만 스피커를 통해 소리를 확성하여 내는 악기는 인간의 욕심이 그대로 나타날 수 있다. 왜냐하면 쉽게, 즉 노력 없이도 간단하게, 마음대로 소리의 크기를 조절할 수 있기 때문이다. 사람의 감정을, 마음을 조정하기 위하여 인위적으로 음량을 변화시키면서 결국은 소리로 사람을 압도하게 만든다. 이렇게 강한 소리에 의해 압도당하는 사람은 정신적으로 맑을 수 없다.

 성도가 하나님을 만나는 때는 그 정신과 영이 가장 맑을 때이다. 하나님은 거대한 불[60] 가운데서도 나타나시지만 조용한 떨기나무[61] 가운데 그리고 미세한 음성[62]으로도 오신다. 요란스럽게 자기들의 신을 찾았던 바알의 선지자들과 대조되게 엘리야가 하나님을 찾는 방법은 제단을 쌓고 이스라엘 백성의 제사 예식에 따라 희생물을 제단에 올리는 일로 단순하다. 오히려 그는 이 희생물을 태우는 일과는 반대되는 물을 희생물과 나무 위에 올렸다. 이것은 엘리야가 이 세상이 하는 방법과는 완전히 반대의 방법을 취한 것이다. 이 일은 우리가 하나님께 드리는 예배는 어떠해야 하는지 시사하는 바가 많다. 세상의 일은 영의 일과는 반대되는 것이다. 세상 방법으로는 영의 일을 할 수 없다. 세상 음악 중에서도 맑고 순한 음악은 특히 위의 두 악기, 전기 기타와 드럼은 거의 사용하지 않는다.

이 악기들의 성격 중 교회의 예배 악기로 부적절한 이유 중 또 하나는 이 악기는 실내 악기가 아니라는 것이다. 그래서 실내에서 드리는 주일예배에서는 더더욱 어울리지 않는다. 이 악기들은 실외, 즉 옥외의 큰 대중을 상대로 하는 악기이다. 그래서 이들의 큰 음량은 대중에게 다가가는 것을 수월하게 해준다. 그러나 이 악기들이 교회 안으로 들어오면서, 정도의 차이는 있으나 여전히 이 악기는 예배당에서 큰 소리로 성도들의 귀를 아프게 하며 몸 전체를 짓누르기도 한다. 전기 기타와 드럼은 강한 리듬으로 성도의 심장에도 압박을 가한다.

악기는 그릇과도 같다. 그릇은 각기 그릇마다의 용도가 있다. 이것을 도자기에 비유해도 마찬가지이다. 귀한 것을 담는 그릇은 귀한 것을 담을 수 있도록 정성을 다해 좋은 것으로 잘 만든다. 하지만 아무 것이

---

60 열왕기상 18:38, 갈멜 산에서 불로 임하셔서 제단을 태우시는 하나님.
61 출애굽기 3:2, 모세가 하나님을 만나는 장면.
62 열왕기상 19:12 "세미한 음성"(a still small voice), 엘리야가 하나님을 만나는 장면.

나 담아도 되는 그릇은 소중하게 만들지 않는다. 재료도 그럴 것이며 만드는 기간도 그렇게 오래 걸리지 않을 것이다. 하지만 귀한 것을 담는 것은 좋은 재료에, 그 만드는 기간도 신중하게 오래 걸릴 것이다. 소중한 내용을 담는 그릇이 적절하지 않아도, 즉 하나님을 혹은 하나님과 관계되는 귀한 것을 세속적인 것으로 오염된 그릇에 담아도 괜찮다고 할 수 있겠는가? 우리는 이렇게 해도 되는가? 이때에도, 마음이 중요하지 그릇이 중요한 것이 아니라고 말할 사람이 있겠는가? 제사장의 옷(에봇)과 성전의 정결예식은 왜 있었는가? 마음이 있으면 귀한 그릇에 담지 않을 이유가 없다. 하나님의 입장을 생각해보라.

교회음악은 하나님 말씀에 바탕을 두고 진중하고 깊이 있는, 내면과 영에 호소하는 음악이다. 감성을 자극하여 쉽게 사람의 마음을 움직이려고 하는 것은 예수님의 방법이 아니다. 사람을 얻는 것은 오랜 시간이 필요한 것으로 하나님께 드리는 예배는 더욱 그렇다. 그래서 그 방법도 그 내용도 다 순수하며 신중할 수밖에 없다.

38. 많고 큰 것이 좋다?

교회는 세상과 다른 가치 기준을 가지고 있어야 한다. 이것은 하나님의 명령이며 예수님의 명령이다. 이것은 겉모습이 아니라 마음의 중심, 즉 내면을 중요시 하는 것이다. 세속적 가치는 크고 많은 것이다. 하지만 내면의 질을 중요시 하는 소위 '생각이 있는' 사람도 있다.

교회가 언제부터 많고 큰 것을 좋아하였던가? 하나님과 연관된 것은 대부분이 작고 적은 것이다. 특히 천국 가는 길은 좁은 문이라고 하였다.63 하나님께서 이스라엘의 두 번째 왕으로 선택하신 다윗도 형들에 비하면 좋은 용모나 풍채가 아니었다. 그래서 다윗의 아버지 이새도 이런 다윗이 이스라엘의 왕이 될 것을 생각하지 못하였다. 오히려 그는 다윗의 형들이 더 낫다고 생각했다. 그러나 하나님께서는 사람의 중심을 보신다고 하신 것이다. 사무엘상 16장 7절 말씀이다.

> … 사람은 외모를 보거니와 나 여호와는 중심을 보느니라 하시더라
> … 사람은 겉모습만을 따라 판단하지만, 나 주는 중심을 본다
> (표준새번역 개정판).

하나님께서 사람을 보는 기준이 이 정도면 하나님께 드리는 예배가 어떠해야 할지는 말할 필요가 없을 것이다.

하나님께서 명령하신 성전의 크기는 크지 않았다. 하나님께서는 하나님의 성전은 가장 필요한 것만으로 지으셨다. 그런데 이 성전보다 훨

---

63 마태복음 7:13 "좁은 문으로 들어가라 멸망으로 인도하는 문은 크고 그 길이 넓어 그리로 들어가는 자가 많고."

씬 더 큰 성전도 있었으니 그것이 바로 세 번째 성전인 헤롯의 성전이다. 헤롯은 이스라엘 백성이 아닌 에돔 사람으로 자신의 부와 권력을 과시하게 위해 그리고 이스라엘 백성의 환심을 사기 위해, 솔로몬 성전의 몇 배의 크기로 성전을 지었다. 이것은 규모로서는 크고 화려한 것이었지만 하나님께서 좋아하신 성전은 아니었으며 결국 이 성전은 예수님의 예언대로[64] 로마인들에 의해 파괴되었다.

성전에서 하나님을 예배할 때 많은 성가대원 혹은 기악 연주자들이 연주하였을 때가 있었다. 아래의 말씀은 솔로몬이 하나님의 전을 건축하고 법궤를 성전으로 옮기는 예식을 설명하고 있으며 그 규모가 얼마나 큰지 짐작하고 남는다.

> 노래하는 레위 사람 아삽과 헤만과 여두둔과 그의 아들들과 형제들이
> 다 세마포를 입고 제단 동쪽에 서서 제금과 비파와 수금을 잡고
> 또 나팔 부는 제사장 백이십 명이 함께 서 있다가
> 나팔 부는 자와 노래하는 자들이 일제히 소리를 내어
> 여호와를 찬송하며 감사하는데 나팔 불고 제금 치고
> 모든 악기를 울리며 소리를 높여 여호와를 찬송하여 이르되
> 선하시도다 그의 자비하심이 영원히 있도다 하매
> 그 때에 여호와의 전에 구름이 가득한지라 (역대하 5:12-13).

이 성전 헌당 예식은 이스라엘 왕조 역사에서 가장 역사적이고 중요한 예배였을 것이다. 거기에 맞게 음악 또한 장대한 면을 보여준다. 제

---

[64] 누가복음 21:6 "너희 보는 이것들이 날이 이르면 돌 하나도 돌 위에 남지 않고 다 무너뜨려지리라."

사장 백이십 명이 나팔을 불었다는 것은 당시 성가대 규모도 어떠하였을지 상상할 수 있다. 지금도 우리가 할 수 있는 모든 것, 가진 것 모두를 동원하여 이렇게 하나님을 찬양할 때가 있다.

교회가 시작되면서 교회 안의 음악인들은 처음에는 거의 없었다고 해도 과언이 아니다. 필요에 따라 노래 선창자가 있었을 수 있으며 이 일은 예배 인도자들도 가능했었다. 교회의 박해 시기 이후 기독교가 공인되면서 전문적인 교회음악인들이 서서히 예배음악을 담당하기 시작하였다. 하지만 이들은 여전히 소수의 인원이었다. 기악이 금지된 중세 예배는 더욱, 지금의 교회음악인 수에 비해 작은 규모였으며 대성당의 성가대인 경우에도 소규모의 성가대원으로서, 지금의 대형 개신교회처럼 백 명을 능가하는 대규모 음악인들은 찾아보기 힘들다.

현대에 와서 중세 혹은 르네상스 합창을 전문으로 하는 합창단의 규모가 이것을 증명하는 것으로 이들은 대부분 작은 앙상블 규모로서 적은 인원으로 연주한다. 바흐 교회의 성가대도 적은 인원으로 십여 명의 인원으로 매주 새로운 칸타타를 연주했었다. 현재 라이프치히 바흐 교회의 성가대원은 9세에서 18세까지 90여 명의 소년들로 구성되어 있으며 최근 필자가 다녀온 바티칸의 시스티나성당 성가대 한국 초청 연주에서 그들의 수는 육십이 넘지 않았다. 이 오륙십 명의 성가대라는 것은 현재 유럽의 교회에서는 대규모에 해당된다. 규모면에서 세계에서 가장 큰 교회음악인이 있는 곳은 미국 솔트 레이크 시티(Salt Lake City)의 몰몬(Mormon) 대성전으로서 수 백 명의 성가대원이 찬양을 한다. 그런데 이들의 특징은 또한 찬양을 암보로 한다는 것이다. 이들이 이렇게 찬양하는 것을 들으면 우리 교회가 찬양하는데 얼마나 더 노력을 해야 할지 각성하게 된다.

그럼에도 불구하고 이렇게 대규모 음악인들이 실제로 교회에서 전문적인 음악을 해내는 것은 쉽지 않다. 예전 유럽의 교회에서 작은 규모의 음악인들이 있었을 때는 대체로 그들이 전문 음악인인 경우이다. 그리고 규모가 커지는 경우는 자원하는 성가대 혹은 악기 연주자인 경우이다. 전문 연주자 경우는 재정적 부담이 있기 때문에 큰 규모는 예외적인 예배에서 가능하겠지만, 자원 음악인들 경우에는 교인 수가 많은 교회라면 대규모도 가능할 것이다.

현대의 큰 성가대나 많은 기악 연주자들이 예배에 적합하지 않다는 의미가 아니다. 교회음악으로 훈련된 전문가가 그만큼 많지 않을 때는 비전문가로서 자원하는 사람들이 많이 참여할 수도 있다. 하지만 많은 음악인을 동원할 때 그들이 모두 신앙인인가 하는 것이다. 혹시라도 영적인 것보다 음악적인 것을 위하여 그리고 사람에게 보이기 위하여 사람을 더 많이 동원하는 것이 아닌가 하는 것이다. 일반 클래식 음악과 교회음악은 엄연히 다른 영역이다. 교회 밖에서 연주하는 사람이라고 하여 교회 안에 와서 연주할 수 있다고 하는 것은 예배를 모르는 사람의 생각이다. 과거 교회음악이 엄격했을 때는 이런 경우가 없었다. 오히려 교회 연주자가 교회 밖에서 연주하는 것이 더 자연스러운 일이었다. 더욱이 예전에는 교회음악으로 훈련되지 않은 사람은 그리고 예배에 준비되지 않은 사람은 예배에서 연주할 수 없었다. 그런데 지금 우리나라 교회에서는 교회음악을 전공하지 않은 그리고 예배음악을 연습하고 준비하지 않은 상태에서도, 많은 것이 좋다는 생각으로 주일에 그냥 와서 악보를 초견(sight reading)으로, 그래서 종종 소음을 내면서 서로 맞지 않는 소리를 내고 있는 경우가 있다는 것이다.

많은 것을 좋아하여 무엇이든지 크고 많게 보이려고 하는 것은 인간의 욕심이다. 예배에 많은 음악인들을 세우기를 원하는 것이 진정으로 하나님을 위한 것인지 자신의 교회 크기를 과시하려는 것인지 묻고 싶다. 많은 것이 좋은 것이 아니라 제대로 하는 것이 좋은 것이다.

외형적으로 큰 것을 좋아하는 우리의 욕심으로 인해, 우리나라 파이프 오르간 중에 다음과 같은 오르간이 있다. 오르간의 실제 규모에 비해 외형이 크게 만들어진 오르간들을 필자는 알고 있다. 오르간의 크기는 파이프 수로 알 수 있다. 그리고 오르간의 모든 스탑(stop, 음색)은 기본적으로 각기 다른 음색이다. 그런데 실제 파이프 수는 얼마 되지 않지만 똑같은 음색(stop)을 각 손건반에 두어서 겉으로 보기에는 음색이 많아 보이도록 오르간을 설계하는 것이다. 이것은 연주자의 편리를 위하여 각 손건반에 같은 음색을 넣는 배려 차원이 아닌 경우이다. 이것은 음색 수가 많아 보이는 시각적인 효과를 위한 것이며 교회당에 파이프를 배열할 때도 많아 보이도록 진열한다. 하지만 실제 파이프 수를 알게 되면 실망한다. 이런 오르간에 대하여 한 오르간 제작 장인(Orgelmeister)은 "그것은 티코 엔진에 그랜저 몸체를 올린 것"이라고 하였다. 부끄러운 말이다. 그런데 이것을 교회가 부추기고 사람들도 좋아하기에 이런 오르간도 생기는 것이 아닐까? 이것을 단지 오르간 제작사의 얕은 상술이라고만 말할 수 있겠는가?

이 모든 것은 세상적인 가치로서 많은 것과 큰 것을 좋아하는 인간의 욕심이 예배 악기에 그대로 반영된 것이다. 이런 기형적인 파이프 오르간은 물론, 교인 중에서 악기를 다룰 줄 아는 사람만 있으면 가능한 한 많은 사람이 예배에서 연주하는 것을 좋아한다. 음악은 충분한 준비가 되지 않으면 하지 않은 것보다 못하다. 일 년에 한두 번 특별한 축제적인 예배에 미리 오랫동안 준비하였다면 대규모 악기와 성가대가 찬양할 수도 있다. 하지만 매주일 예배에서는 적은 인원이지만 정성으로 잘 준비된 음악이 많은 인원으로 어수선한 음악보다는 하나님께 훨씬 나은 봉헌이 된다. 음악을 할 줄 안다고 성가대에 혹은 악기팀에 많은 사람을 넣어 정돈되지 않은 아마추어 같은 음악보다는 적지만 잘 준비되어 보다 전문적인 음악을 드리는 것이 정직하고 겸손한 예배이다. 예배는 크고 많은 것을 자랑하는 때가 아니다.

 노래를 할 줄 안다는 것으로 성가대에서 노래를 부르게 하는 것은 성급한 일이다. 성가대는 큰 규모를 유지하면서 교육이나 봉사 혹은 선교 영역에 소홀히 하는 교회가 있다면 이것 또한 불균형으로 좋은 교회의 모습이 아니다. 그리고 성가대 자체를 위해서도 많은 사람보다는 제대로 헌신하는 사람이 성가대원이 되어야 한다. 성가대원이나 악기 연주자 모두는 전문적인 부분에서도 제대로 훈련받은 사람이어야 하며 신앙 면에서는 더 철저한 점검이 우선되어야 한다. 큰 성가대, 큰 악기 앙상블이 목표가 아니라 온전한 찬양이 목표가 되어야 할 것이다.

39. 교회음악은 진보적인가, 아니면 보수적 혹은 전통적인가?

교회음악을 평할 때 자주 등장하는 단어는 '전통적'(traditional) 혹은 '보수적'(conservative)이라는 말이다. 교회음악에서 전통적이라는 것은 성전의 음악부터 초기 교회를 이어 현대까지 클래식 작곡가들에 의하여 이어져 온 교회음악의 맥을 전통이라 할 수 있을 것이다. 팔레스트리나에 이어 바흐에 의해 최고의 교회음악을 보여준 바로크 시기 이후, 교회의 급격한 쇠퇴로 교회음악은 이전에 비해 질적으로 후퇴하였으며 양적으로도 많이 줄어들었다. 하지만 예배용은 아니더라도 연주회용 교회음악은 작곡가들에 의해 꾸준히 작곡되었으며, 교회음악의 전통은 여전히 이어져 내려오고 있다.

교회음악에서 '보수적'이라는 말은 '전통적'이라는 말에 비해 적게 사용되지만, 단어 자체의 뜻은 새로운 것이나 변화를 적극적으로 받아들이기 보다는 전통적인 것을 옹호하며 유지하려는 것으로, 결국은 전통적이라는 단어와 함께 가는 용어이다. 전통적일 수 있다는 것은 과거의 것들에서 좋은 것이 있다는 의미이다. 그리고 이전 시대에 비하여 좋은 것이 추가될 때는 새로운 전통을 만들어 간다고 할 수도 있다. 교회음악의 경우, 현재 우리나라 교회음악을 생각하면 교회의 오래된 좋은 전통에서 가져와야 할 것들이 많이 있다. 우리나라 교회음악은 현재 많이 약한 상태로서, 새로운 전통을 만들 능력도 제대로 갖추지 못하고 있다.

음악에서 전통적이라고 하는 의미는 구식(old style, 구시대의 양식)을 계승하는 그런 의미도 함께 있다. 즉 현재 살아가는 시대의 유행을 따르지 않고 과거에 더 나은 것이 있다고 생각될 때 그것을 따르는 것이다. 음악은 시대적으로 늘 성향이 바뀐다. 특히 이것은 교회 밖의 대중음악인 경우에는 거의 100%이다. 그래서 이것을 대중음악이라고 하는 것이다. 왜냐하면 이 음악은 달라지는 사람의 취향에 맞춘 음악이기 때문이다. 사람은 시간이 흘러도 변하지 않는 인간의 본성이 있는 반면 생각하고 살아가는 방식은 늘 변화해왔다. 사람을 비롯하여, 사람을 둘러싸고 있는 환경, 즉 정치, 경제, 사회, 문화 등 모든 것들이 달라지면서 사람이 좋아하는 것이 달라진다.

교회는 어떤가? 교회도 변하는 것과 변하지 않는 것이 있다. 교회의 본질과 모습은 변하는 것이 아니다. 하나님은 영원하신 하나님으로 언제나 동일하신 분이시다. 성경에서 하나님의 성품을 자세히 묘사한 출애굽기 34장 6절을 소개한다.

> … 여호와라 여호와라 자비롭고 은혜롭고 노하기를 더디하고
> 인자와 진실이 많은 하나님이라.
> … The LORD, the LORD GOD, merciful and gracious,
> longsuffering, and abundant in goodness and truth.

이 구절은 모세가 하나님으로부터 두 번째로 십계명을 받는 순간에 하나님께서 임재하셔서 하나님 자신을 확인하는 순간이다. 하나님의 이런 성품은 성경 곳곳에서 변함없이 나타난다. 이것과 비슷한 구절은, 많은 세월이 지나 이스라엘 백성들이 바벨론으로 유배 갔을 때 느헤미야 9장 17절에도 나타난다.

… 그러나 주께서는 용서하시는 하나님이시라
은혜로우시며 긍휼히 여기시며 더디 노하시며 인자가 풍부하시므로….
… but thou art a God ready to pardon, gracious and merciful,
slow to anger, and of great kindness…

위의 성경 구절들은 하나님의 사랑과 인자하심이 늘 영원함을 말하는 것으로, 하나님의 의로우심과 공의 그리고 정의 또한 변함이 없으신 것도 성경 곳곳에 있다. 하나님의 공의와 정의의 영원함에 대한 히브리서 1장 8절 말씀이다(현대인의 성경).

… 하나님이시여, 주는 영원히 통치하시고
주의 나라를 정의의 지팡이로 다스리십니다.
… Thy throne, O God, is for ever and ever;
a sceptre of righteousness is the sceptre of thy kingdom.

하나님은 그 성품과 속성에서 영원하신 분이시다. 인간은 늘 변하지만 하나님은 천지를 창조하실 때부터 지금까지 변함이 없는 같은 분이시다. 그런데 사람은 환경을 변화시키고 그리고 그 환경에 적응하기 위하여 사람 스스로 또 변한다. 그래서 하나님을 섬기는 방법은 변해왔다.

음악은 표현이다. 사람의 모든 것을 표출하는 음악은 인간이 이렇게 변화함에 따라 함께 또한 변해왔다. 예전의 음악에서 사람들이 좋아하지 않던 음악의 요소들, 예를 들면 특정한 음정[65]과 리듬은 시간이 흐르

---

[65] 현대음악에는 어떤 음정 혹은 어떤 화음도 사람의 호불호를 떠나서 가능한 시대라 할 수 있다. 하지만 감5도(도-파# 음정, tritone, 세 개의 온음이 연이어서 생기는 음정)의

면서 받아들여지기 시작하였으며 표현하는 방법 또한 다양하게 변모하였다. 추상적이고 객관적인 음악 스타일에서 보다 구체적이고 주관적인 스타일로, 단순한 스타일에서 화려한 스타일 등 음악은 당시 사람들의 취향을 반영하기도 하며 동시에 취향을 이끌어 가기도 했다.

나날이 세속화가 가속되는 인간 중심의 환경에서, 교회의 입장은 성도를 세상으로부터 보호하는 것이다. 우리가 살아가는 이 세상은 하나님을 대적하는 것이라고 성경은 늘 말씀하신다.

> 세상이 너희를 미워하지 아니하되 나를 미워하나니
> 이는 내가 세상의 일들을 악하다고 증언함이라(요한복음 7:7).

> … 너희는 세상에 속한 자가 아니요
> 도리어 내가 너희를 세상에서 택하였기 때문에
> 세상이 너희를 미워하느니라(요한복음 15:19).

이렇게 성경은 성도와 세상이 같이 갈 수 없음을 말씀한다. 교회 지도자들의 생각은 늘 이 관점에서 교회음악을 생각하였으며, 이로 인해 교회음악은 한 동안 세상 음악과 다른 스타일을 가질 수 있었다. 이것은 교회가 이 세상에서 지도적인 역할을 하였을 때에 가능했던 일이었다. 하지만 교회가 이 세상에서 지도적인 역할을 하지 못할 때는 반대로 세상을 따라가는 현상이 생겼다. 이것은 바로크 시기부터 조금씩 시작하여 이후 고전기와 낭만기를 이어 지금의 현실이 되었다.

경우 적어도 18세기 초까지는 그리고 특히 교회음악에서는 "음악의 악마"(diabolus in musica, Devil in Music)라는 명칭이 붙을 정도로 강한 불협화음으로 기피했던 음정이다.

교회음악이 전통적이라는 것 혹은 보수적이라는 것은 참으로 좋은 의미이다. 좋은 전통이 있기 때문에 전통적이라는, 보수적이라는 말이 가능하기 때문이다. 교회의 좋은 음악 전통은 중세 교회와 르네상스 교회 그리고 바로크 교회들이 세운 것이라 할 수 있다. 중세와 르네상스에 이어지는 그레고리안 챤트 음악과 무반주 합창음악, 바로크 시기의 오르간 음악과 독일 교회의 칸타타를 비롯한 뛰어난 합창음악은 후대의 음악가들이 계승한 교회음악 전통이 되었다.

교회음악이 다른 음악에 비하여 전통적인 성향을 띠는 이유를 살펴본다. 클래식 음악을 이끌었던 중세는 교회음악의 전통을 만들어내는 시기이다. 중세의 긴 기간 동안 교회는 뛰어난 작곡가들에 의해 좋은 음악을 발전시켰다. 7-8세기에 발달한 그레고리안 챤트는 교회의 전통이 되었으며, 중세 교회음악의 모든 것이라 할 만하다. 당시에도 교회 밖의 음악은 있었다. 유랑 음악인들의 음악이 사람들에 의해 인기를 누렸으나 그 음악은 교회로 들어오지 못했다. 그리고 중세 교회음악의 또 다른 전통은 무반주 음악이다. 세상의 음악은 악기들을 사용하여 사람에게 더 즐거움을 주는 음악이었으나 교회는 무반주 음악을 대체로 르네상스 시기까지 유지한다. 교회의 챤트와 무반주 성악 음악(제창, 독창 혹은 합창)은 교회음악의 전통이다. 작곡가는 이러한 교회의 전통에 따라 많은 곡들을 작곡하였다.

중세 교회의 교회 작곡가들은 당시 최고의 작곡가들이었으며 그들의 교회 작품(Sacred Music)과 세상 작품(Secular Music)은 서로 다른 스타일을 가졌다. 이것은 앞서 언급한 그레고리안 챤트와 악기의 사용 유무와 바로 연결된다. 그리고 음악적 표현에서도 교회적인 진중한 스타일과 교회 밖에서 인간의 다양한 감정을 주제로 한 감성적인 음악은 서로 성격적으로 다르다. 그리고 두 음악의 구별 현상은 르네상스 시기로 오면서 더 드러난다.

음악에서 진보와 전통 혹은 보수를 논할 때 서로 좋은 대조가 되는 대표적인 작곡가들이 있다. 이들은 르네상스 시기의 작곡가로 로마 베드로성당의 교회음악 전통을 세운 팔레스트리나(Palestrina, 1525-1594)와 이 전통을 이은 프레스코발디(Girolamo Frescobaldi, 1583-1643), 그리고 베네치아 마르코성당의 가브리엘리(Giovanni Gabrieli, 1557-1612)와 르네상스 음악에서 혁명가로 불리는 몬테베르디(Claudio Monteverdi, 1567-1643)이다. 프레스코발디와 몬테베르디 이 두 작곡가는 태어난 연도는 차이가 있지만 같은 해에 죽은 동시대 작곡가로 음악사에서 모두 위대한 작곡가이다. 프레스코발디는 중세 교회음악의 전통을 이어받은 작곡가로 특히 많은 오르간 곡을 작곡하였으며 여기서 더 나아가 당시의 또 다른 건반 악기인 쳄발로를 위하여 수많은 곡을 씀으로서 건반 음악의 큰 발달을 이룬 사람이다. 그는 세속 음악을 작곡하였으나 많지 않다. 그가 작곡한 성악곡은 전통적인 교회곡 스타일이 대부분이다. 그의 기악곡의 스타일은 기교적인 가운데서도 진지하며 건반 음악이라는 섬세한 성격을 잘 드러내고 있다. 이에 비하여 몬테베르디는 교회음악 곡이 많지 않으며 그는 오페라의 탄생과 발전에 크게 공헌했다. 그의 음악은 프레스코발디에 비해 극적이며 새로운 음악적 시도가 넘쳐난다. 그의 리듬과 화성 모두는 진보적이고 실험적으로, 그는 시대를 앞서간 사람이다.

바로크 시기의 대표적인 전통적 혹은 보수적인 작곡가는 바흐이다. 이것은 바흐가 죽은 해인 1750년이 음악사에서 바로크 시기의 끝으로 구분하는 것을 보아도 알 수 있다. 그가 라이프치히 토마스 교회에서

27년 동안 교회음악장(Cantor)으로 있을 당시, 주위의 음악은 새로운 변화와 시도들이 유행하고 있었다. 바로크 시기에 크게 발달한 궁정 음악(Court Music)은 교회음악 스타일과는 다른 음악, 즉 Galante 양식66과 Empfindsam Stil(감성과다 양식, 섬세한 스타일)67로서 많은 작곡가들에 의해 선호되고 있었다. 바흐의 아들인 카를 필립 임마누엘(Carl Philipp Emmanuel Bach, 1714-1788)과 요한 크리스천(Johann Christian Bach, 1735-1782)은 이 양식의 대표적인 작곡가들이다. 바흐는 당시 작곡가로서는 구식(old style)으로 여겨지는 다성음악(Polyphonic Music)을 끝까지 붙들고서 최고의 음악으로 만든 사람이다. 다성음악에서 바흐보다 뛰어난 음악을 쓴 사람은 없다고 할 만큼 바흐는 당시 전통적인 작곡법인 대위법을 끝까지 수호한 사람으로, 그의 음악은 대부분 다성적인 작품으로 작곡가가 쓸 수 있는 최고의 예술적 경지를 보여주는 작품으로 평가받는다. 그의 교회음악은 역사상 가장 위대한 작품들로서 그의 칸타타와 수난곡 그리고 오르간 곡은 교회음악의 보석들이다.

고전기에는 이전 시대에 비해 뛰어난 교회음악 작곡가가 적다. 궁정음악, 오케스트라 음악, 피아노 음악의 발달과 연주회장의 발달로 교회 안의 많은 작곡가들은 그 곳으로 직을 옮겼으며, 이와 동시에 교회 또한 재정적으로 많이 쇠퇴한 가운데 이런 상황에서 적극적으로 우수한 작

---

66 Galante Style: 바로크 후기 특히 프랑스 궁정 음악에서 발달한, 우아하고 세련된 음악으로 많은 장식음을 사용하며 가볍고 경쾌한 것이 특징이다. 클래식 음악 중 여흥 음악의 전형적인 모습을 보여준다.
67 Empfindsam Stil: "섬세한(sensitive) 스타일"이라는 뜻으로 바로크 후기 독일에서 발달한 음악 사조로 감성적이고 극적인 유연성이 특징이다. 갑작스러운 다이내믹의 변화와 많은 장식음을 사용한다. Galante Style 음악과 공통점이 있는 음악으로 이전의 다성 성부 구조에서 단성부적인(homophonic) 음악이다.

곡가들을 유치하는 것이 쉽지 않았다. 그리하여 교회에 남은 교회음악인들은 한동안 전통으로 내려오는 레퍼토리를 답습하면서 새로운 작품들은 많이 작곡되지 않았다. 당시 교회에 남아있던 교회음악인들에 의하여 작곡된 곡들은 음악적인 질에서 미흡한 곡들이 많다고 평가를 받는다. 하이든과 모차르트는 교회음악인은 아니지만 미사곡 등 교회음악을 작곡하였다. 이 음악들은 예술성이 높은 우수한 곡들이기는 하지만 지금까지 언급된 전통적인, 보수적인 교회음악과는 다른 면을 보인다. 하이든의 오라토리오 〈천지창조〉는 오히려 더 진보적이며 인간적인 모습이 많이 담긴 음악이다. 그럼에도 불구하고 그들의 합창음악은 바흐의 전통을 따르는 모습이 엿보인다.

낭만 시기의 멘델스존은 교회음악의 전통을 부활시킨 작곡가라 할 수 있다. 멘델스존은 하이든과 모차르트가 가톨릭인 것에 비해, 당시 대부분의 클래식 작곡가들이 가톨릭인 경우가 많았지만, 그는 루터교인으로 바흐의 전통을 이었으며, 그의 교회음악 작품은 전통적이고 보수적인 편이다. 멘델스존은 1829년 20살의 나이로 바흐의 〈마태수난곡〉을 지휘함으로써 당시 역사에 잊혔던 바흐의 음악을 재발견하고 부흥시킨 사람이다. 이것은 단순한 바흐 음악의 부흥뿐만 아니라 교회음악의 부흥을 이끌어 낸 계기도 된다. 그는 낭만 초기와 중기의 천재 작곡가로 그의 교향곡과 피아노곡 등 많은 유명한 레퍼토리들은 전형적인 낭만 음악이다. 하지만 그의 교회음악 작품은 초기 낭만의 화성으로 대체로 고전 형식의 틀 안에서 전통적인 모습을 가지고 있다. 낭만 시기의 자유롭고 감성적인 표현보다는 절제되고 세련되면서 진지하고 투명하다. 이런 그의 음악적 특징은 오라토리오 〈엘리야〉와 많은 시편 합창곡에서 드러난다.

멘델스존의 보수적인 작곡 스타일은 오르간 작품에서 더 많이 나타난다. 그의 오르간 작품은 낭만주의 화성을 가지고 있으나 작곡 기법에서는 거의 바로크적이다. 푸가는 그의 대부분 오르간 곡에 들어있으며 곡의 성부 구조(texture)는 시종일관 다성적이다. 각 성부는 늘 다른 성부와 모방 혹은 대위적인 위치에서 성부간의 관계를 만들어간다. 그의 악보를 눈으로만 보면 바로크 악보를 보고 있는 것 같은 느낌을 가지는 멘델스존의 음악은 20세기 디슬러(Hugo Distler, 1908-1942)[68]까지 이어지는 독일 교회음악의 전통을 보여준 클래식 작곡가라 할 수 있다.

멘델스존 이후 브람스(Johannes Brahms, 1833-1897)나 브루크너(Anton Bruckner, 1824-1896)를 제외하면 작곡가들은 교회음악을 자신의 음악을 대표할 만한 역작으로 쓰지 않는다. 뒤로 올수록 우수한 교회음악 자체도 많지 않을 뿐 아니라, 쓰더라도 교회음악의 전통적인 진지함과 깊음 대신 가볍고 대중적인 스타일로 곡을 쓰기도 한다.[69] 이런 점에서 이러한 곡들은 진정한 교회음악이라고 말하기 힘들 때도 있다. 오페라 같이 대중들이 즐기는 음악을 교회음악 안에 들여온 당시의 작곡가들은 엄밀히 교회음악인이 아니었다.

20세기 현대 교회음악은 20세기답게 다양한 음악이 있다. 20세기의 현대 교회음악으로 신바로크(Neo-Baroque) 성향과 신고전(Neo-Classic) 성향을 가진 교회음악이 있으며 후기 낭만 스타일의 곡들이

---

68 함부르크(Hamburg)의 교회음악인으로 그의 음악은 신바로크(Neo-Baroque), 신르네상스(Neo-Renaissance) 음악 스타일로 20세기 최고의 독일 개신교회 음악으로 꼽힌다. 그의 음악은 독일 나치(Nazi)에 의해 핍박을 받았다.
69 낭만 시기 미사곡의 합창곡이나 독창곡 중에서 오페라의 합창이나 아리아 같이 드라마틱하고 감성적이며 기교를 드러내는 곡들이 많다. 리듬에서도 가볍고 세속적인 흥을 돋우는 것들도 있다. 여기에 프랑스 낭만 작곡가들이 많으며 대표적인 것은 구노(Charles Gounod, 1818-1893)의 미사곡들이다.

있다. 20세기 교회음악에서 예배용 음악과 연주회용 음악은 여러 면에서 서로 많이 다르다. 교회에서 연주되는 음악은 대체로 전통적인 모습을 가지는 반면 연주회용 교회음악은 20세기의 현대적이고 실험적인 음악까지 다양하다. 그런데 20세기 교회음악으로 현대적이며 실험적인 동시에 전통적이기도 한 뛰어난 교회음악 작곡가가 있으며, 그는 바로 메시앙(Olivier Messiaen, 1908-1992)이다.

메시앙은 20세기 작곡가 중에서 가장 뛰어난 그리고 독보적인 작곡가이다. 그는 지금까지의 신실한 교회 작곡가의 노선을 따르면서도 새로운 시도들과 함께 그의 독특한 음악 세계를 만든 사람이다. 그는 교회의 챤트 등에서 전통적인 스케일과 화성 및 리듬을 가져와서 20세기의 기법을 사용하여 유일하고도 개성적인 자신의 음악을 만들었다. 그의 화성은 교회 선법(Church Mode)을 기초로 한 새로운 음계(scale, 스케일)에 의한 것으로 리듬 또한 그렇다. 그래서 그의 음악은 누구도 닮지 않았으며 그만의 화성과 리듬을 사용한다. 하지만 그의 음악 요소는 교회의 전통인 그레고리안 챤트와 교회 선법을 비롯하여 현대적 기법의 다성음악이다. 이런 실험적인 음악에도 불구하고 그의 음악 작품의 대부분은 교회음악으로, 특히 예배용(전례적) 음악이 많으며 기독교 사상에 근거한 음악들이다. 그 스스로 자신의 음악은 기독교적 신앙을 표현한 것이라고 말할 정도로 그의 음악은 종교적 신비감으로 차 있다. 메시앙의 곡은 20세기 기법의 현대곡임에도 불구하고 그가 살아있을 때 교회에서 늘 연주되었으며 지금도 연주되고 있는 뛰어난 예술 작품이다. 대부분의 20세기 음악이 이해하기 힘든 음악이라는 선입견에도 불구하고, 메시앙의 음악은 늘 교회에서 연주되는 20세기 예배음악이었다는 점에서 그의 의미는 대단하다.

메시앙의 교회음악은 현대 교회음악인에게 큰 도전을 준다. 그전까지 교회음악은 전통적이거나 보수적이어야 한다고 생각한 것을 그는 뛰어 넘은 것이다. 난해한 곡 대신 이해하기 쉬운 화성 혹은 낭만 화성으로 교회 곡을 작곡하는 것은 성도를 위한 것이라고 하는 말은 변명에 불과할 수 있다는 것을 그는 보여준 것이다. 작곡가 자신의 문제인 것을 성도의 귀가 문제인 것으로 돌리는 것은 비겁하다. 잘 작곡된 현대 음악은, 난해할 수도 있는 현대 음악이지만 교회의 전통에서 소재를 가져와서 자신의 신앙적 영감으로 그리고 뛰어난 예술적 감각으로 좋은 현대 교회 작품은 얼마든지 작곡될 수 있다. 현대는 현대적 감각이 필요하다. 그리고 일 년 52주 안에 이렇게 다양하고 좋은 현대 교회음악이 하나님께 그리고 성도들에게 들려져야 하지 않겠는가?

여기서 우리나라 교회음악은 어떤가? 우리나라 교회음악은 전통적인가 그리고 보수적인가? 우리나라 교회음악은 1980년대 초반까지는 보수적이다 못해 시대적으로 뒤떨어져 있었다. 현대 작곡가의 곡들은 거의 외면당하였으며 당시 교회 성가대곡들은 영국 등에서 쓰인 낭만 화성, 단순한 리듬 그리고 고전적인 선율로, 찬송가와 같은 음악들로 가득하였다. 대원군의 쇄국 정책으로 외국의 문물이 들어오지 못하여 우리나라가 암울한 상황이었던 것처럼 한국교회의 음악이 또한 그랬었다. 그럼에도 불구하고 당시 세상의 음악이 그때까지는 교회에 들어오지 않았던 일은 나름 다행한 일이었다.

그런데 1980년대 중반부터 한국의 교회음악은 변하기 시작하였다. 그리고는 30여 년이 지나면서 지금 한국 교회음악은 너무 많이 변했다. 이것은 전통적 혹은 보수적이라는 차원의 개념뿐만 아니라 거의 모든 교회가 한 모양과 한 음악으로 하향평준화가 되었다는 것이 더 큰 문제이다. 평준화가 좋은 쪽이라면 그나마 다행일 수 있다. 하지만 한국교회의 음악은 대중음악으로 평준화되었다. 대부분의 교회에는, 앞서 악기 부분에서 설명한 바와 같이, 대중음악 악기들이 들어와 있다. 이것은 교회에서 대중음악을 하기 때문이다. 그렇기 때문에 이것은 전통 혹은 진보의 논점이 아니라 음악의 성격과 내용이 변한 것이다. 대중음악은 진보가 아니다. 적어도 음악적인 면에서는 대중음악은 진보가 아니라 세상 음악으로, 유행하는 오락 음악이다.

우리나라에 전통적인 교회음악을 고수하려고 평생을 노력한 작곡가 중 대표적인 사람을 예로 들면 김두완과 박재훈이다. 김두완(1926-2008)은 한국 교회음악에 큰 기여를 한 사람으로, 약 4천여 교회음악 작품을 작곡한 것으로 알려져 있다. 그는 난이도가 많이 높지 않는 교회 칸타타를 작곡하여 교회 성가대가 어렵지 않게 부를 수 있게 하였으며 교회음악 스타일에서 전통적인 노선을 가졌던 사람이다. 그의 화성은 고전 시기에서 낭만 초기의 화성으로 단순한 리듬이며 진보적인 화성이나 새로운 시도들은 거의 보이지 않는다. 하지만 신앙적인 가사와 호소력이 있는 선율은 많은 성도들에게 감동을 주었다. 당시 그의 곡을 구식뿐이라고 비평한 사람들도 있었으나 자신의 소신을 끝까지 지킨 교회음악인으로 작곡, 지휘, 저술 등으로 성가대 발전에 크게 공헌하였으며 평생을 교회음악에 헌신한 사람이다.

박재훈(1922-)은 현재 목사로서 한국의 대표적인 교회음악가이며 찬송가 〈어서 돌아오오〉(527장)로 유명하다. 그의 곡이 우리나라 찬송가에 아홉 곡(17, 301, 319, 392, 515, 527, 561, 578, 592장)이 실려, 한국 작곡가로서 가장 많은 찬송곡이 실린 작곡가이다. 그는 500여 곡 이상의 찬송가를 작곡하였을 뿐만 아니라 보석과도 같은 어린이 노래(동요)와 어린이 찬송가를 많이 작곡하였으며 우리나라 최초 기독교 오페라 〈에스더〉와 〈손양원〉도 작곡하였다. 그의 곡은 교회의 전통적인 모습을 이어가고 있으며 한국 교회음악에 지대한 영향을 주었다. 우리나라 초창기 음악인들이 대부분 교회음악인으로 시작한 것과 같이 그도 평양에서 교회 오르간 연주자였었다.

교회음악이 당대의 새롭고 진보적인 음악과는 다르게, 보수적이고 교회음악의 전통을 따라가는 것은 작곡가의 선택이며 동시에 그의 능력이다. 팔레스트리나, 프레스코발디, 바흐, 멘델스존 등은 당시 시대의 음악적 조류에 비하면 보수적인 음악가들이었다. 하지만 그들의 작품은 뛰어난 예술 작품으로 음악사적으로 높이 평가받는다. 결국 실력이 있을 때는 보수적이 될 수 있으나, 실력이 없을 때는 보수적이 아니라 음악적으로 퇴보하든지, 아예 대중적으로 되어버리는 것이 교회음악이다.

그래서 우리나라의 교회음악은 실력이 없어 대중음악으로 넘어갔는지도 모른다. 한국교회에서 음악을 하는 사람들은 교회음악 전공자들이 드물다. 이것은 교회음악인의 능력에서 가장 큰 약점이다. 그런데 이것을 더 악화시키는 것은, 그들이 비록 교회음악 전공은 아니더라도 다른 음악 전공자임에도 불구하고 교회음악을 위해서는 있는 실력도 그리 발휘하지 않는다는 것이다. 그들은 세상의 연주를 위한 실력은 있을지 모르나 교회음악을 위해서는 대체로 별로 연습하지 않는 편이다. 이것은 전임 교회음악인이 없는 것이 큰 이유이며, 예배음악을 위한 준비와 연습에 많은 시간을 투자하지 않기 때문이다. 이것은 헌신의 문제이다. 그래서 교회 안에서 음악은 능력을 잃어버리고 실력이 없는 상태로 지속되다, 결국은 교회음악의 무지로 대중음악을 따라가는 것이다.

전통과 보수는 좋은 것이다. 이것을 지키려면 실력이 필요하다. 세상이 혼란하여 우리를 미혹하더라도 교회의 전통에 자신이 있으면 이것을 지킨다. 하지만 이것에 자신이 없을 때는 무너질 수밖에 없다. 메시앙과 같은 뛰어난 현대 작곡가들과 김두완과 박재훈을 이을, 현대의 좋은 교회음악인들과 작곡가들이 교회에서 더 많이 배출되어야 한다. 교회는 전해 내려오는 전통적인 좋은 교회음악들을 이어가면서 끊임없이 실력을 키워, 대중음악이 대규모 시장으로 발달한 현대에서도 교회음악의 본질과 정체성을 당당하게 지켜나가야 할 것이다.

40. 무반주 예배음악

음악에는 성악곡과 기악곡이 있다. 성악과 기악은 각기 고유의 개성을 가지고 혼자서 혹은 같이 음악을 만들어 낸다. 성악 음악은 사람의 목소리로 하는 것이기 때문에 세상의 어떤 악기보다 가장 직접적인 표현이 가능한 것으로 음악 중에서 가장 순수한 음악이다. 사람의 목소리는 인간이 만들어내는 소리 중에서 가장 아름다우며, 사람의 마음을 가장 잘 표현할 수 있는 악기로서 사람의 목소리만으로도 훌륭한 음악이 된다.

더 나아가 성악곡은 음악이라는 무언의 언어가 아니라 실제적인 언어를 음악에 넣어 구사할 수 있다는 것이 또한 장점이다. 기악곡에도 가사를 넣어 가사의 의미를 음악으로 표현할 수는 있다. 하지만 기악곡에서는 사람이 실제로 그 가사를 들을 수 없기 때문에 음악 자체에 녹아들어가 있는 가사를 함께 이해하는 것은 좀 더 훈련이 되어야 가능하다. 하지만 성악곡에서는 가사가 없는 곡[70]을 제외하면 가사를 직접적으로 듣는 이에게 전달할 수 있기 때문에 성악은 예술에서 더 많은 가능성을 지니고 있으며, 직접적이고 강렬할 수 있다.

성악곡은 하나님을 찬양하는 성도의 마음을 표현하는 음악으로 늘 교회와 함께 해왔었다. 교회에 기악곡은 있을 수도 있고 없을 수도 있었다. 상황이 되면 하는 것이며 없으면 못할 수도 있었던 것이 예배에서 기악 음악이다. 성전음악이 제정된 후로는 예배에서 악기는 늘 있었지

---

70 보칼리제(vocalise): 이것은 성악곡으로 단어가 아니라 한두 개의 모음으로만 부르는 노래 연습 혹은 발성 연습으로 일반적으로 "말이 없는 노래"라는 뜻으로 통한다. 가사가 없는 노래의 대표적인 것으로는 푸치니의 오페라 〈나비 부인〉에서 "허밍 코러스"와 라흐마니노프의 〈Vocalise〉 Op. 34가 있다.

만 바벨론 포로 시기부터 형성된 회당 예배에는 악기가 없는 무반주 찬양이었다. 악기가 없는 무반주 찬양, 즉 무반주 예배음악은 대부분 초기 기독교 교회와 중세 교회 그리고 르네상스 시기까지 이어졌다.

중세 교회의 예배음악은 무반주 음악으로 그레고리안 챤트와 합창 음악이 있다. 중세 초기 교회는 악기를 엄격히 금했으나 중기로 들어오면서 파이프 오르간이 교회로 들어왔다. 하지만 파이프 오르간은 성가를 부를 때 절을 교대연주로 했을 뿐 성가를 반주하는 것은 아니었다. 즉 성가는 성가대만, 오르간은 오르간만으로 서로 따로 연주가 되었다. 챤트는 단선율 성가로 악기 반주가 없이 한 선율만 있는 음악이라는 것이 특징이다. 성가는 대체로 제창으로, 다함께 부르는 편이나 가끔은 교창(antiphonal)과 응창(responsorial)으로도 하였다.71 이 성가를 부를 때는 교회당의 긴 잔향을 통하여 음들이 지속되면서 결과적으로 화성 감각이 생기기는 하지만 단선율 음악이라는 점에는 변함이 없다.

무반주 챤트 음악의 특징을 보면, 첫째는 가사 전달의 우수함이다. 기악 반주가 없는 성악곡인 경우 가사는 당연히 잘 들린다. 당시 가사는 라틴어이기는 하였으나 전례를 따른 예배를 생각하면 당시 성가는 일 년의 절기별로 대체로 늘 불리는 성가였기 때문에 가사의 뜻은 성도가 대부분 이해하였을 것으로 생각된다. 그레고리안 챤트는 가사의 의미와 아름다움을 최고의 예술로 표현한 음악이다. 챤트는 가사의 발음에서 나타나는 자연스러운 억양과 액센트를 따라 음정을 넣고 가사를 그대로 살려 산문시적인 불규칙한 운율을 가지고 있는 노래이다. 그렇기

---

71 챤트를 부르는 방법으로 세 가지 유형이 있으며 직창(direct, 처음부터 끝까지 다함께 부르는 것), 교창(antiphonal, 대등한 두 그룹이 주고받으며 부르는 것, 예를 들면 성가대에서 두 팀)과 응창(responsorial, 종속적인 관계의 두 그룹이 주고받으며 부르는 것으로 한 쪽은 대체로 같은 것을, 종종 후렴 구절, 반복하는 경우가 많다)이 있다.

때문에 이 성가는 찬송가처럼 규칙적인 리듬에서 오는 안정감보다는 물 흐르는 듯한 혹은 자연의 바람이 왔다 갔다 하는 듯한 자연스러운 흐름이 이 곡의 아름다움이다. 당시 일반 성도는 성경이나 찬송가를 가질 수 없었기 때문에 이 성가 찬양의 가사는 예배에서 하나님의 말씀을 전하는 도구가 되기도 하였다. 대부분의 성가는 성경을 가사로 하고 있으며, 예외적으로 창작 찬양시 경우에는 하나님 말씀에 준하는 가치를 가지기도 하였다.

무반주 챤트와 합창음악의 또 다른 특징으로는 음악의 순수한 미(purity, 깨끗함)와 간결하고 단순한 미(simplicity)에 있다. 여기서 음악의 순수함이라는 것은 자연스러운 소리라는 의미와 사람의 목소리라는 점이다. 음악은 대체로 다양한 소리를 통해 아름다움을 표현하는 편이다. 이것은 오케스트라가 대표적이다. 하지만 한 악기에서도 다양한 소리를 만들 수 있듯이 목소리 하나만으로도 다양한 소리를 만들 수 있다. 하나의 악기라는 사람의 목소리, 그것도 한 선율로만 음악을 할 때는 가장 단순하면서도 어려운 동시에 가장 예술적인 음악이 가능하다. 한 가지 소리기 때문에 더 깨끗해야 하며 더 정련되어야 하는 어려움이 있다. 더구나 한 사람이 이 성가를 부르는 경우도 있지만 여러 사람으로 구성된 성가대가 한 목소리(유니슨, unison)로 제창하는 성가는 가장 아름다운 음악이 될 수 있다. 그렇기에 여기서 음악의 단순한 미라는 것은 한 가지 소리에서 오는 간결함이다. 이 간결함은 사람으로 하여금 더 집중하게 하며 가사는 더 잘 들리게 된다. 이 한 가지 소리의 음악으로 뛰어난 기악곡의 대표적인 것이 바로 앞의 논제에서 언급한 바흐의 무반주 첼로 조곡과 무반주 바이올린 소나타이다. 이렇게 한 가지의 소리는 사람의 마음을 모으는 경건함이 있다.

무반주 성악 음악의 셋째 특징은 음악의 서정성(lyricism)이다. 교회음악의 특징은 극적인(dramatic) 표현을 자제하고 서정성을 추구하는 것이다. 이것은 인간의 욕심을 내려놓으면서 하나님으로부터 오는 성령의 맑은 소리를 추구하기 때문이다. 그래서 비브라토(vibrato) 연주법이나 사람의 감정을 부추기는 표현은 자제한다. 성악곡에서 기악 반주가 없으면 기악곡 자체에서 주는 표현이 없기 때문에 성악만으로 모든 것을 해야 한다. 이런 상황에서 무반주 성악곡은 표현법에서 가장 대조적인 양 극단이 나올 수 있기 때문에 어떤 면에서 연주자에게는 유혹이 있을 수 있다. 사람의 목소리는 다양한 다이내믹과 표현이 얼마든지 가능하다. 하지만 교회음악은 본질적으로 다이내믹이나 표현에서 절제하면서 자연스러운 음악의 흐름을 지향하기 때문에 이 무반주 음악은 교회와 가장 잘 어울리는 연주 형태가 되는 것이다.

마지막으로, 무반주 성악 음악은 기악 반주가 있는 음악에 비하여 여백이 많이 있는 음악으로 듣는 사람으로 하여금 묵상의 기회를 더 많이 준다. 이것은 무반주 챤트나 무반주 합창음악을 들으면 경험하는 것으로, 어딘가 빈 듯 하면서도 소리의 연속 가운데에서 공간과 여백을 느끼는 것이다. 기악의 반주가 있을 경우에는 성악에 기악의 연주가 추가로 되어 음악은 대체로 채워진 느낌이 든다. 이런 채워진 수직적인 화성감(chordal character)은 또 다른 음악의 감동이기는 하지만, 화성감의 유무와 관계없이 단선율 챤트가 주는 선적인 감(linear character)은 사람에게 묵상할 공간을 더 많이 준다.

무반주 성악 음악이라는 것은 자유로움을 의미하기도 한다. 이것은 사람만 있다면 가능한 음악으로, 악기 반주가 있어야 할 경우 악기는 음악에게 다른 아름다운 소리를 주는 반면 악기로부터 자유로울 수 없는 제한이 있다. 그 음악은 악기가 없으면 연주가 불가능하며 작곡가가 원하는 소리를 위해서는 그 악기라는 조건을 받아들여야 한다. 그렇기 때문에 사람만 있다면 언제 어디서나 연주가 가능한 음악이 바로 무반주 성악 음악으로, 이 음악은 사람이 가질 수 있는 자유로움을 최대한 제공한다는 의미에서 최고의 음악이다.

무반주 합창음악은 교회음악의 전통[72]이며 교회음악의 진수이다. 유럽의 많은 교회 성가대는 이 전통을 이어받아 현재에도 예배에서 많은 부분을 무반주로 한다. 무반주 합창음악은 많이 있다. 이 곡들은 중세 교회와 르네상스 교회에서 작곡된 미사곡과 모테트들이 많은 부분을 차지하지만 바로크 시기는 물론 고전, 낭만, 현대에 이르기까지 작곡가들은 이 무반주 합창음악에 도전한다. 그 이유는 이미 설명한 무반주 합창음악만이 만들어내는 소리의 순수함과 가능성이다. 무반주 합창음악이 발달한 교회는 가톨릭교회와 루터교회 그리고 영국의 성공회 교회로서 모두 전례를 행하는 High Church(316, 333쪽 참고)이다. 이들의 교회음악은 많은 교회 중에서 가장 뛰어난 교회음악의 전통으로 현재에도 영향을 준다. 그 외의 교회는 정도의 차이는 있으니 대체로 악기를 선호한다. 그런데 악기를 많이 사용하는 교회로 갈수록 음악의 질은 떨어지는 경우도 있다. 이것은 매우 아이러니한 상황으로 악기를 더 많이 사용한다면 더 좋은 교회음악이 되어야 하지 않을까? 그런데 교회는 이와 무관하다. 교회는 세상과 반대이다. 악기를 적게 사용할수록 더 좋은 교회음악이 있는 경우가 많다는 것은 우리가 심각하게 생각해

---

[72] 무반주 합창음악을 a cappella("교회 스타일로")라고 하는 것은 16세기 무반주 교회 합창음악에서 유래된 것으로 이제는 클래식 음악 용어이다. 무반주 합창음악은 이전에도 있었던 것이나 이 음악의 대표적 작곡가인 팔레스트리나의 무반주 교회 합창을 통해 a cappella라는 말이 본격적으로 사용된다.

볼 점이다.

　무반주 챤트와 무반주 합창음악이 이렇게 교회음악으로 뛰어난 예술이 되기 위한 중요한 요건 중 하나는 예배당의 긴 잔향이다. 그레고리안 챤트와 무반주 합창음악이 있었던 당시의 교회당의 잔향은 대단하다. 유럽의 교회당은, 적어도 7-8초 이상의 잔향이 기본이다. 긴 잔향 안에서 울려나는 무반주 성악 음악을 들으면 하늘나라에 온 느낌이 든다. 하지만 이런 잔향이 없는 곳에서 무반주 성악 음악을 하면 그 음악을 제대로 못 들을 수 있다. 앞서 설명하였듯이, 그레고리안 챤트는 이러한 잔향에서 연주되는 단선율 음악(monophony)[73]이지만 하나의 선율선(melodic line) 혹은 프레이즈(phrase)가 울리면 여러 초의 잔향을 통하여 음들이 서로 여리게 겹치는 현상이 일어나면서 실제로는 화성적인 결과가 생기게 된다. 이러한 자연스러운 화성은 음이 울리는 순간부터 쌓아지는 수직적인 화성 감각보다 훨씬 신비한 느낌으로, 이것은 여백과 편안함의 공간을 만들어 주면서 영성 면에서는 더 뛰어난 음악이 되는 것이다.

　그리고 이 긴 잔향은 적은 인원의 소리도 크고 자연스러운 풍부함으로 교회당 안을 채운다. 오래 전 필자는 프랑스 노트르담성당에서 합창과 오르간 연주회에 참석한 일이 있다. 합창단이 보이지 않는 가운데 첫 곡이 합창단의 입례송으로 앞쪽 성단에서부터 입장하고 있었으며, 귀로 들리는 소리로는 약 60-70여 명의 혼성 합창단이 입장하는 것으로 생각했었다. 하지만 합창단이 모두 입장하였을 때는 불과 12명이었

---

[73] monophony: 무반주 단선율 음악으로 대표적인 것이 그레고리안 챤트이다. 이 음악은 악기나 다른 성부의 화성적인 뒷받침이 없이 오직 한 선율로만 이루어진 음악으로 중세 교회 성가는 이런 형태이다.

다. 12명의 성악 앙상블 인원이 이렇게 큰 규모의 합창단 소리로 들린 것은 순전히 노트르담성당의 긴 잔향 때문이었다. 그들은 아무리 큰 *ff* 에서라도 우리나라 합창단이 부르는 식의 힘을 주거나 애를 쓰는 느낌이 전혀 보이지 않았다. 그들은 이런 긴 잔향에서 어떻게 소리를 내는지를 익히 알고 있었으며, 그래서 이 잔향을 오히려 이용하면서 소리를 내고 있는 것을 알 수 있었다. 이것은 대중음악 가수가 마이크를 잘 이용하면서 소리를 내는 것과 같은 또 하나의 연주 기술이었다. 이런 잔향에서 늘 찬양하는 사람들은 연주할 때 인간적인 욕심을 내려놓기가 더 쉬울 것이라는 생각이 들었다.

그런데 비엔나 소년 합창단 같은 유럽의 소년 합창단이 우리나라에서 연주회를 가지는 일은 반대의 상황이다. 이 경우에 우리나라 교회당 혹은 연주회장의 짧은 잔향으로 인해 그들 자신의 교회당에서 연주 소리와는 전혀 다른 엉성하고 무미건조한 소리를 들을 때가 대부분이다. 이때마다 느끼는 것은 유럽의 합창단은, 특히 어린이 합창단은, 우리나라 방문 연주에 그리 적합한 경우가 아니라는 것이다. 그들의 50%도 안 되는 소리를 우리나라 청중이 들을 수 있기 때문에 그것은 좋은 음악회가 아닌 것이다. 그렇다고 그들이 짧은 잔향에 맞게 즉석에서 다르게 발성하고 다이내믹을 만드는 것은 거의 불가능할 것이며, 한다고 하더라도 많은 한계가 있다. 그들도 아마 우리나라 연주를 그리 좋아하지 않을 것이며 우리나라 청중 또한 만족하지 않을 것은 분명하다. 그럼에도 불구하고 그들은 거의 매년 한국을 방문하여 연주하며, 우리나라 청중들도 비싼 입장료를 지불하면서 가서 듣는다.

그러면 순수하고 경건한 무반주 성악 음악이 우리나라 교회 예배에 가능한 것인가? 우리나라 교회의 잔향은 정말 짧다(예배당의 잔향은 논제 23에서 자세하게 논의되었다. 220~228쪽 참고). 그럼에도 불구하고 우리는 무반주 음악을 교회에서 할 수 있다. 유럽 교회만큼 좋은 소리는 아니겠지만 여러 악기가 있는 우리나라 교회를 생각하면 악기가 모두 소리를 멈추는 그것만으로도 큰 변화와 의미가 있을 것이다. 무반주 찬양은 회중도 성가대도 가능하다. 늘 악기에 의존하여 소극적으로 찬양하는 것이 아니라 적극적으로 우리의 목소리만으로도 훌륭하게 찬양할 수 있다.

무반주 회중찬송가 또한 훌륭한 음악이 될 수 있다. 회중찬송에서 적극적으로 무반주 찬송을 시도하기를 권한다. 이 경우는 예배당의 잔향이 적어도 가능하다. 물론 잔향이 길면 더욱 좋은 음악이 되겠지만 그렇지 않더라도 많은 회중이 부르기 때문에 짧은 잔향에서 하는 성가대의 무반주 합창보다는 나은 음악이 될 것이다. 찬송가라고 늘 반주가 있어야만 하는 것은 아니다. 자주 언급되었지만 중세 교회뿐만 아니라 개혁 당시 루터와 칼빈의 찬송도 무반주였다. 찬송가의 몇 절을 부르는 동안 한 절 정도를 무반주로 한다면 성도들은 가사에 더 집중할 수 있을 것이다. 회중찬송에서 갑자기 예배의 모든 악기가 혹은 오르간의 웅장한 소리가 사라짐으로써 일순간 적막 같은 느낌에서 성도 자신들의 목소리로 예배당을 채우는 신령한 시간이 될 것이 틀림이 없다. 성도가 악기에 너무 의존한 나머지 자신의 찬양을 잊고 있는 것은 좋지 않으며 자신의 찬양을 자각하는 순간, 그리고 사람의 목소리만 남은 그 순간은 경험해 보지 않은 사람은 알 수 없는 영적인 경건함이 배어 있다. 우리나라 교회에서 회중찬송의 무반주 찬양은 적극적으로 시도할 부분이다.

그런데 우리의 짧은 잔향의 현실에서 성가대 음악은 어떤가? 이 상황에서 무반주 합창음악은 어렵게 느껴지기 마련이다. 긴 잔향에서 느낄 수 있는 묵상적이고도 종교적인 신비감(Religious Mysticism)은 우리나라 교회에서 가지기 쉽지는 않겠지만, 음악의 다른 종류로서 무반주 합창은 또 다른 큰 의미를 가질 수 있다. 음악은 다양하고도 창의적인 표현이 필수적이다. 이것은 예술의 특징이기 때문이다. 그렇기 때문에 늘 듣는 익숙한 음악에서 다양하면서도 새로운 예술적인 시도들은 늘 필요하다. 더욱이 무반주 음악이라는 것은 새로운 것이 아니며, 특히 현대인에게는 더욱 필요한 음악일 수 있다. 무반주 성악 음악의 예술적 가치를 떠나서라도, 소리에 중독되고 많은 소리에 둘러싸여 사는 지금의 우리들에게는 무반주 음악은 큰 짐을 내려놓은 듯한 짧은 휴가(rest) 혹은 쉼(break)을 주는 신선한 충격으로 다가올 수 있다. 그리고 무반주라는 순수함은 잔향과 무관하게 음악에서 나타날 것이다.

IV

CCM
(Contemporary Christian Music, 대중적 기독교 음악)

41. CCM은 예배음악으로 가능한가?

CCM(Contemporary Christian Music, 대중적 기독교 음악[1])은 20세기의 새로운 교회음악의 한 종류로 현대의 대중음악 스타일로 작곡된 교회음악의 한 부류이다. 이 음악은 1960-1970년대에 십대 선교를 중심으로 발전하였으며 이 용어는 1970년대 말에 사용되기 시작하였다. CCM은 편안하고 조용한 음악부터 헤비 메탈(Heavy Metal) 음악[2] 성격의 곡까지 다양한 곡들이 있다.

이 음악의 뿌리는 19세기 후반 미국에서 발달한 복음성가(Gospel

---

[1] 〈새로운 대중음악 CCM〉의 저자 양동복은 그의 책에서 CCM을 대중적 스타일의 기독교 음악이라고 불렀다.(15쪽)
[2] Heavy Metal 음악: 이것은 짧게는 Metal 음악이라고도 하며 1960년대 후반부터 1970년대 초기의 록 음악(Rock Music)의 한 유형으로 영국에서 발달하였다. 전기 기타, 베이스 기타, 드럼과 싱어가 연주하며 강하고 두터운 금속성 소리를 스피커로 크게 확성하여 낸다. 이 음악의 특징은 공격적이며 남성적인 이미지를 크게 부각시키는 것이다.

Song)이다. 복음성가는 당시 전도집회와 부흥집회에서 유용하게 쓰인 교회 노래이다. 교회당이 아닌 옥외에서 대중을 대상으로 하는 집회의 찬양은 여러 점에서 교회 예배 찬송과 다를 수밖에 없었다. 이 모임은 우선 교회의 주일예배가 아니다. 이것은 믿는 성도들이 예배당에 다 함께 모여 하나님께 예배하는 주일예배가 아니라 옥외의 큰 운동장이나 캠프 같은 곳에서 믿는 성도뿐만 아니라 믿지 않는 일반인도 포함할 수 있는 대중을 대상으로 하는, 예배가 아닌 집회(meeting)이다. 그래서 이 집회에서 불리기에 좋은 찬양은 주일예배의 찬양과 다를 수 있으며, 또 어떤 점에서는 그럴 수밖에 없는 상황이 되기도 한다.

옥외 집회에서 불리던 복음성가는 점차 교회 예배 안으로 들어왔으며 복음성가집으로 별도로 출판되던 악보에서 주일예배에 부르는 찬송가 안으로 조금씩 들어오기 시작하였다. 이것이 현행 우리나라 찬송가(hymnal, 찬송집)의 모습이다. 하지만 이 찬송가(hymn)가 태어나고 발전한 미국 교회의 찬송집보다 현재 우리나라 찬송가에 이 찬송가들이 더 많이 실린 것은 의아한 일이다. 이것은 유교가 중국보다 우리나라에 현재 더 많이 남아있는 것과 비슷한 현상인 것 같다.

CCM은 복음성가 혹은 복음 찬송가와 또 다른 성격을 가지고 있다. 복음성가는 예배보다 집회에 더 적합한 찬송이다. 그 이유는 이 곡의 태생이 그러하며, 그래서 가사와 음악의 성격 모두가 전통적인 예배음악과 다른 것이 특징이다. 그런데 CCM의 가사는 집회 성격도 있지만 예배 가사도 많이 있다. 그래서 '찬양과 경배'라는 '집회'를 통해 이 음악이 빠른 속도로 우리나라에서 유행한 것이다. 그런데 '찬양과 경배'와 '집회'라는 이 용어에서 두 단어는 서로 맞지 않는 조합이다. 이것이 바로 이 음악의 모호성이다. '찬양과 경배'는 '집회'가 될 수 없다. 왜냐하면 찬양과 경배는 그 자체가 예배이며, 집회가 아니기 때문이다. 이것은 이미 처음부터 이 음악은 전체 진실(whole truth)을 말할 수 없는 장애를 가진 것이라 생각한다. 찬양과 경배 모임을 예배라고 하고 싶지만 그 음악이 대중음악을 그대로 닮았기 때문에 차마 그렇게 하지 못하면서, 예배로 할 만한 음악은 아니지만 우리는 하나님께 찬양하고 있다고 하는 이런 모호한 개념으로 우리나라에서 시작한 것이 CCM이 아닐까? 이것이 하나님을 찬양하는 것이면 당당히 예배라고 말할 수 있어야 한다. 그런데 그렇게 시작하지 못하였으며, 지금도 이 음악은 예배음악으로서 당당하지 못하다. 어정쩡한 상태로 많은 교회가 이 음악을 예배가 아닌 집회 음악의 성격으로 사용하며, 종종 예배 전에 이 음악으로 소위 '준비 찬양'을 한다. 찬양이면 찬양이지 '준비 찬양'은 또 뭐란 말인가? 아마도 여기서 준비란 예배(식)를 준비한다는 의미로 보인다. 하지만 찬양은 이미 예배이다. 그러니 예배를 드리면서 또 무엇을 준비한다는 것은 그 찬양이 진정한 찬양이 아닐 수 있다는 뜻이 아니겠는가?

CCM은 사탄이 교회에 보낸 음악인지 아닌지 우리는 고민해야 한다. 사탄이 성도를 유혹할 때는 이런 식으로 유혹한다. 이것은 하나님을 완전히 떠나는 것이 아니라 조금만 다른 생각을 하도록 하는 것으로, 결국은 그것이 죄가 들어오는 통로가 되어 전체를 삼킬 수도 있게 된다. CCM은 세상과 하나님 양쪽에 걸치고 있는 음악이다. 성경은 우리가 하나님과 세상 이 둘을 다 사랑할 수 없다고 한다.

한 사람이 두 주인을 섬기지 못할 것이니 혹 이를 미워하고 저를 사랑하거나 혹 이를 중히 여기고 저를 경히 여김이라…(마태복음 6:24).

하나님의 속성과 세상의 속성은 반대이다. 이 두 가지 반대의 속성이 어떻게 하나로 만들어지겠는가? 이것은 불가능하다. 하나를 사랑하며 하나를 미워한다고 한 말씀은 지금 한국 교회음악의 현실이다. CCM으로 인하여 찬송가는 청소년들에게 완전히 밀려 났으며 성가대곡 또한 CCM 스타일의 곡들로 인해 전통적인 교회 합창음악들은 거의 다 사라지고 있다.

그럼 CCM은 어떤 음악인가? 먼저 가사를 살펴본다. CCM의 많은 곡들은 하나님을 찬양하는 가사이다. 이것은 복음성가와 다른 점이다. 하지만 그 가사의 표현에 있어서는 전통적인 예배 찬송가와는 다른 현대(동시대의, contemporary)의 대중적인 표현을 담고 있다. 그래서 현대의 언어로 가볍고 가끔은 직설적이다. 하나님을 찬양하되 고전 찬송가의 경외심과 두려워하는 하나님이 아니라, 모두 용서하시고 축복하시는 부자 하나님이시고, 친구 같은 하나님이시다. 그래서 현대 신학자들은 종종 말한다. 현대의 성도들은 하나님 아버지(God Father)라고 하나님을 부르고 있으면서도 실제로는 부유한 하나님 할아버지(God Grandfather)를 찾고 있다는 것이다. 그래서 늘 같이 살면서 사랑하시지만 교육하시고 훈련시키시는 아버지 하나님이 아니라, 가끔 보면서 좋은 말만 해주시고 선물 주시고 사랑만 해주시는 할아버지 하나님이라는 것이다. 그리고 가끔 보기 때문에 부담도 없는 분이시라는 것이다.

이것은 음악에서 그대로 나타난다. CCM은 음악적으로 쉬운 음악이다. 이것은 리듬적으로 당김음(syncopation)[3]이 많이 들어있어 까다

---

[3] syncopation(당김음): 음악의 기본박인 강-약-중강-약의 패턴을 따르지 않고 강-약 "사이" 혹은 약-강 "사이"에 또 다른 리듬이 들어와서 그 리듬이 강이 되면서 연속적인 강박이 정규 박 사이에 나타날 뿐만 아니라 약박을 강박으로 만드는 현상이다. 강박이 정규 박에 옴으로써 얻는 안정감 대신에 강박이 정규 박 "사이"에 연속적으로 들어오면서

로워 악보대로 정확히 부르지 않고 대충 부르면서도, 음악적인 질에서는 평이한 음악이다. 리듬이 어렵다는 말은 교인들이 익숙하지 않다는 의미이다. 대중음악에 익숙한 청소년들은 이 리듬이 쉽다. 왜냐하면 이 리듬은 그들이 늘 대하는 대중음악의 리듬이기 때문이다. 물론 이들은 악보대로 부르지 않고 흥에 따라 적당히 부른다. 그리고 화성적으로는 단순하고 간단한 화성을 계속 반복하여 곡의 앞부분만 지나면 나머지 곡은 저절로 파악이 될 정도로 화성적으로 매우 빈약하다. 리듬의 반복 또한 마찬가지이다. 많이 사용하는 리듬은 CCM 어느 곡에서나 나타나며 한 곡에서도 같은 리듬은 시종일관 거의 변화가 없을 정도로 반복한다.

그래서 글의 앞부분에서 음악이론 교수가 복음성가를 "Low Music"이라고 혹평한 것을 언급하였다. 이 말은 복음성가 성격의 곡들을 말한 것이지만, 지금의 CCM은 음악적으로 더 나빠졌다. 그리고 사람에게 듣기 좋고 즐기기 좋은 음악, 즉 대중음악의 모습을 그대로 닮았다. 그래서 특히 젊은이들이 좋아한다. 사람의 감성을 움직이는 선율과 매끄럽고 달콤한 화성 그리고 특히 리듬은 대중음악의 경쾌한 리듬과 당김음을 적절히 사용하여 사람에게 흥을 돋우며 사람의 마음을 조정한다. 그래서 이 음악은 클래식 악기가 아니라 대중음악 악기를 사용한다. 복음성가의 경우는 오르간과 피아노를 주로 사용한 반면(필자가 유학 중이었던 1980년대 당시 미국의 침례교회에서는 복음성가를 피아노와 파이프 오르간이 함께 반주하였다), CCM은 대중음악 악기를 사용하여 대중음악과 똑같은 모양을 하고 있다.

음악을 긴장시키고 정상적인 음악의 흐름을 해체시키는 결과를 가져온다. 이런 예기치 못한 박의 돌출로 인해 노래에서 재미와 일탈의 느낌을 주기 때문에 젊은이들이 좋아하는 리듬이다. 이 리듬은 또한 사람의 몸을 비정상적으로 흔들도록 하는 요소를 가지고 있어 움직이기 좋아하는 어린이와 젊은 층이 더욱 이 음악에 집착하도록 만든다.

이렇게 음악적으로 쉬운 음악임에도 불구하고 CCM은 대부분 악보대로 잘 부르지 않는 곡이다. 단순한 화성을 반복하지만 리듬은 앞에서 말한 당김음 리듬으로 쓰인대로 부르기는 대체로 어렵다. 그래서 젊은 이들도 흥이 나는 대로 혹은 선창자를 따라, 리듬을 정확하게 하지 않고 박자 사이사이에 적당하게 음을 넣어 부르면서 전체적인 음악을 따라간다.

어른들의 상황은 더 힘든 것으로, 선율의 굴곡이 심하면 따라 부르기가 더욱 힘들어진다. 그래서 힘들면 아예 부르는 것을 포기하고 쉬어 갈 때도 있으며, 가사 또한 얼버무리는 식으로 부르다 말다를 반복하는 경우가 많다. 악보를 제대로 정확히 부르지 않는다는 것은 대중음악에서도 그렇다. 이것은 즉흥연주와는 다른 의미이다. 많은 대중음악 가수들은 대체로 악보를 보고 노래를 배우지 않는다고 알려져 있다. 그들은 듣고 그리고 가사를 보면서 노래를 배운다. 이것을 두고 대중음악 가수 중에는 악보를 읽을 줄 모르는 사람이 있다는 말이 가끔 나오는 이유이다. 이런 관습은 좋고 나쁨 혹은 더 좋고 덜 좋고를 떠나서 대중음악과 클래식 음악의 성격적 차이를 말하는 것이다.

이것은 악기의 상황도 같은 것으로, 앞서 대중음악 악기의 특징에 대하여 말한 바와 같이, 악기들 또한 반주 악보가 제대로 없으며 즉흥으로 연주하는 경우가 많다. 그들은 즉석에서 임의대로 리듬과 반주 선율을 추가한다. CCM이 바로 이런 음악이다. 그래서 CCM은, 음악적 스타일을 논하지 않는다면 어떤 의미에서는 가장 영적이든지 아니면 가장 세상적이든지 둘 중의 하나가 된다.

CCM은 세상 음악을 그대로 따왔기 때문에 재미있고 끄는 매력이 있다. 이것은 가볍고 경쾌하며 감성적인 음악이다. 교회음악은 즐겁고

밝은 음악일 수 있지만 결코 가볍기만 한 음악은 아니다. 진중하면서도 깊이와 여백과 풍부함으로 사람을 그 안에서 묵상하게 한다. 그리고 사람으로 하여금 자기 성찰을 하게 하는 음악이 전통적인 교회음악이다. 그리고 이 음악은 사람을 조정하지 않는다. 그 음악 안에서 사람은 편안히 거할 수 있게 된다. 하지만 CCM은 사람을 끌고 다닌다. 사람이 음악을 느끼고 묵상하고 그 안에서 자유한 것이 아니라, 즉 음악의 주체가 사람이 되는 것이 아니라, 음악이 주체가 되어 심한 경우에 사람은 이 음악의 노예가 될 수도 있다.

그래서 사람은 이것을 좋아하며 결국 중독이 되는 경우도 있다. 이 중독은 정도의 차이일 뿐, 현재 젊은 기독교인 대부분은 CCM에 중독되어 있다고 해도 과언이 아니다. 중독이 아니라고 한다면 다른 음악도 할 수 있어야 한다. 그런데 교회의 젊은이들에게는 CCM 외에는 다른 음악은 전혀 없으며 다른 음악은 관심도 없다. 오직 이 음악만 한다. 이것이 중독이 아니고 무엇이겠는가? 그들에게 교회음악은 이 음악뿐이라면, 이것은 한 쪽으로 기울어져도 한참 기울어진 것이다. 세상의 유혹은 언제나 이렇다. 작은 틈에서 시작하여 마침내 전부가 되는 것이다.

사람을 이렇게 조정하는 CCM의 요소에는 또 다른 리듬이 있다. 이 리듬은 록(rock) 리듬이다. 록 음악은 현대의 대중음악 중에서 가장 대중적으로 인기가 있고 대표적인 음악으로 대중음악의 많은 장르에서 이 요소가 나타난다. 이 음악의 특징은 사람을 몰아치면서 큰 소리와 강한 리듬으로 강요하는 듯한 박으로 결국은 사람을 선동하는 음악으로도 평가된다. 특히 이 리듬은 당김음의 연장선에 있는 것으로 정상적인 강약 관계의 리듬이 아니라 비정상적인 위치에 강박(strong beat)이 옴으로써 사람을 자극한다. 다시 말하면 강-약-약이 아니라 약-강-강이거나, 강-약-중강-약이 아니라 약-강-약-강의 패턴을 반복한다. 일반적인 강-약 리듬의 클래식 음악을 듣는 사람은 이런 순한 리듬에 편안함을 느끼며 고개를 끄덕일 수 있다. 그러면서 즐기도 한다. 하지만 이와 반대되는 약-강 리듬의 음악을 듣는 사람은 바로 몸의 자극을 받으면서 몸은 편안함에서 깨어나며 끄덕이는 것이 아니라, 몸이 양 옆으로 기울어지면서 흔들릴 수 있다. 이것을 몸이 뒤틀린다라고 한다. 그리고는 몸을 비정상적으로 흔든다. 이것이 이 리듬의 영향력이다. 이 음악은 사람의 반항적이고 저돌적인 성격 형성에 영향을 줄 수 있다.

『물은 답을 알고 있다』4의 책에는 음악이 사람에게 반응을 일으키는 다양한 사례들을 소개하고 있다. 성인의 경우 몸의 70%가 물로 구성된 것을 생각하면 물이 어떻게 반응하느냐는 것은 사람이 어떻게 반응할 것인가 하고도 연결된다. 8년 동안 물의 입자 사진을 찍어온 에모토 마사루(1943-2014, 일본)는 물에게 글과 말과 음악을 들려줄 때 물이 사람의 정서와도 같이 반응을 보이는 것을 발견했다. 안정적인 음악과 순한 음악을 들려주었을 때의 물의 반응은 아름답고 영롱한 입자가 되지만, 나쁜 말과 격한 음악을 들려주었을 때는 물의 입자가 일그러지고 무서운 얼굴같이 변하는 것이다. 이 물을 바로 사람의 마음 밭이라고 생각하면 우리는 어떤 음악을 들어야 할지를 알게 된다.

CCM는 인간적인 음악이다. 그리고 기계를 이용하는 음악이다. 인간적이라는 것 자체는 나쁜 것이 아니다. 하지만 이것이 중심이 되고 과하게 될 때 문제가 있는 것이다. 무엇이든지 모자라는 것이 문제가 아니라 과한 것이 문제이다. 그런데 CCM은 기계와 인간적인 것으로 가득 차 있는 음악이라 할 수 있다. 이 인간적이라는 것은 음악 자체의

---

4 에모토 마사루/양억관 옮김, 『물은 답을 알고 있다』 (나무를심는사람, 2001).

성격뿐만 아니라 연주의 성격도 말한다. 그리고 기계라는 것은 바로 스피커로 확성되는 소리를 의미한다. CCM은 대중음악을 가져온 것으로서 당연히 대중음악 악기를 사용한다. 이 악기들의 특징 중 가장 중요한 것이 바로 확성되는 소리이다. 선창을 하는 사람들, 즉 '싱어'들은 각자 마이크를 사용하며 악기들은 모두 스피커에서 소리가 난다. 이 스피커의 위험이 바로 거대함이다.

사람들은 큰 것을 좋아한다. 이제는 이것이 소리에까지 와서 음악이 아니라 소음에 가깝도록 크게 소리를 확성한다. 큰 소리에 대한 유혹은 이 악기를 다루는 사람들 대부분에 해당된다. 일단 CCM 찬양을 하게 되면 연주자는 가능한 한 소리를 크게 하고 싶어 한다. 전기 기타의 저음과 드럼의 격한 리듬 그리고 신시사이저의 크고도 꽉 찬 누르는 듯한 소리, 이 모든 것은 거대한 소리이다. 그것이 음악적이고 아니고 상관없는 것처럼, CCM은 대부분 크게 하는 느낌을 종종 받는다. 필자는 CCM을 들을 때마다 소리가 너무 커서 심장에 심한 충격을 받게 되어 오래 앉아 있을 수 없어 대체로 잠깐 앉았다 그 자리를 떠나는 편이다. 필자는 이렇게 먼저 나오지만 남아 앉아 있는 사람들을 걱정하지 않을 수 없다.

CCM은 곡을 잘 선정하고 적절하게 연주한다면 옥외의 집회 성격의 모임에서 가능할 수 있다. 하지만 만약 실내 음악으로 한다면 마이크를 사용하지 않는 것이 좋다. CCM을 찬송가 부르듯이 육성으로 찬양하고 피아노 혹은 오르간으로 반주하여 찬양할 수 있다. CCM 중에는 덜 세속적으로 교회 노래와 닮은 곡도 있기 때문에 예외적으로 적용이 가능하나, 대부분은 위의 세 악기들로 함께 연주하면서 찬양하는 것이 CCM이다. 그래서 이 음악은 실외 음악으로 더 적합하다는 것이다. 이 악기와 연주되는 CCM은 작은 실내에서는 어울리지 않으며, 예배당에서 찬양할 경우 대중음악 악기와 마이크와 스피커는 필요하지 않다.

클래식 음악과 대중음악의 차이 중에서 중요한 차이가 바로 이 점으로 클래식 음악은 마이크를 사용하지 않는다. 클래식 음악이 옥외에서 많은 대중을 대상으로 하는 연주일 때는 마이크를 사용할 수밖에 없을 수도 있다. 그런데 마이크를 사용하면 소리가 달라진다. 음악은 소리가 생명이다. 목소리를 포함하여 모든 악기는 자체가 가지고 있는 고유 소리가 있다. 클래식 음악은 이것을 최고의 미로 생각하고 존중한다. 그래서 이 고유의 소리를 가능한 한 더 아름답게 만들기 위해 오랜 과정을 통해 훈련하고 연습한다. 이것이 클래식 음악의 훈련 기간이 오래 걸리는 이유이다. 그런데 실내연주에서 클래식 음악이 마이크를 사용하는 것은, 자신의 소리가 아닌 것을 자신의 것으로 하는 것으로 정직하지 않을 뿐 아니라 인간의 욕심이 들어가 있어 클래식의 순수성을 저해하는 일이다.

그러면 CCM이 예배음악으로 가능한지를 살펴본다. 이미 위의 글을 통해 더 이상 설명이 필요하지 않을 정도로 CCM의 성격은 세상 음악이라는 것이다. 예배는 사람을 내려놓고 하나님을 바라보는 순간이다. 그래서 예배음악은 사람이 아니라 하나님을 생각나게 하는 것이어야 한다. 이것은 사람이 즐거운 것이 아니라 하나님께서 즐거우셔야 한다는 의미이다. 이것이 예배의 본질이고 목적이다. CCM은 전통적인 예배음악과는 다르게 선율과 리듬 그리고 화성 모두에서 대중음악을 닮았기 때문에 사람들이 좋아하지만 경건성과 영성에서 미흡한 음악이다. 사람의 감정에 호소하는 선율과 화성 그리고 몸에 호소하는 리듬 등을 사용하면서 사람의 감정을 쉽게 움직인다. 이것은 사람의 지성과 영과는 거리가 먼 것으로 예배음악으로는 거리가 있다.

또한 CCM의 악기는 대중음악 악기로서 예배 시간에 세상의 악기를 가져와서 사용함으로써 사람의 마음은 하나님과 세상으로 나뉘게 된다. 왜냐하면 그 소리는 이 세상에서 즐기던 소리이기 때문이다. CCM의 인간적인 성격은 예배음악에서 가장 반대되는 요인이다. 기계로 확성된 큰 소리는 인간의 욕심이 담길 가능성이 매우 많으며, 이 큰 소리에 사람은 맑은 영혼이 되기 힘들다.

그리고 CCM은 젊은이들에게 어울리는 음악으로 모든 연령대가 함께하는 주일예배의 음악으로는 적합하지 않다. 젊은 사람들만 좋아하는 음악을 교회 성도 전체를 위한 찬양으로 하는 것은 이치에 맞지 않으며, 이것은 회중찬송으로는 중요한 결격 사유가 된다. 그리고 젊은 층을 이야기한다고 해도 이것은 넓은 문, 쉬운 길로 가려고 하는 기독교인의 궁색한 변명에 불과하다.

CCM은 기독교적 성격의 노래로서 교회음악의 여러 종류 중에 하나로는 가능하다. 하지만 지금 CCM이 젊은이들에게 100%라는 것은 매우 위험하다. 예배 시간에는 찬송가를 비롯한 교회의 전통적인 음악을 해야 한다. 그러면서 젊은 기독인들의 다른 모임에서는 CCM을 선별하여 사용할 수는 있을 것이다. 그리고 그것은 대중음악 악기를 사용하지 않는 선에서 가능하다. 특히 실내라면 더 말할 필요가 없다.

성경에는 우리 성도가 이 세상과 같이 되라고 한 구절이 없다. 성경에서 늘 하시는 하나님의 말씀은 세상과 분리, 구별되어라(separate)는 말씀이시다. 이것은 바로 구약성서에 나오는 구절로 "내가 거룩하니 너희도 거룩하여라(holy)"[5]하신 하나님의 말씀으로, '거룩'이라는 것은

---

5 레위기 19:2 "… 너희는 거룩하라 이는 나 여호와 너희 하나님이 거룩함이니라"

세상과 끊어져서(cut) 떨어졌다는 의미이다. 로마서 12장 2절에 "세상을 본받지 말고(not conform) 변화를 받아라(transform)"라는 말씀과 같은 의미이다.

우리가 입으로는 하나님을 사랑하고 섬긴다고 하면서 그 안에는 자신을 사랑하고 세상을 사랑하며 세상을 즐기는 사람이 아닌지 스스로를 돌아봐야 한다. 만약 이런 일이 하나님을 예배하는 예배에서 일어나고 있다면 우리는 어찌하겠는가. 교회는 이렇게 변명하기도 한다. 세상 사람들과 공감할 무엇이 필요하다고 한다. 그리고 그것은 세상에 하나님을 소개하는 한 방법이며, 일반 성도에게 특히 젊은 사람들에게 점잖은(젊지 않은?) 클래식 스타일의 음악보다는 지금의 문화에 어울리는, 쉽게 이해하고 같이 부를 수 있는 세상 노래 스타일의 음악이 현대 교회에 필요하다고 그들은 말한다.

무엇이 진정한 이유인가? 이것이 우리의 나태함의 결과는 아닌가? 모두들 이렇게 하기 때문에, 혹은 다른 길을 잘 모르거나 그 길을 배우고 연구할 능력이 없어서, 연구하기 귀찮아서, 아니면 그 길이 외롭고 어려워서 다들 가는 길을 따라가는 것은 아닌지 반성해야 한다. 다른 길은 있다!! 현재 상황에서 CCM의 비중을 서서히 줄이되 젊은이들 모임의 경우는 현재의 1/3까지 줄이고 주일예배에서는 하지 않는 것이 예배의 본질에 맞으며 하나님의 말씀에 맞다. CCM은 기독교 가사를 가진 대중음악이다. 대중음악은 예배음악에 적절하지 않으며 예배가 아닌 다른 기독교적 모임이라 할지라도 예배당 안에서는 대중음악 악기를 사용할 필요가 없다. 스피커를 통한 큰 음량의 악기와 과다한 타악기의 사용은 클래식 음악에서는 아주 드문 일로서, 클래식 음악보다 더 영적이고 신중해야 할 교회음악이라면 더 이상 말할 필요가 없다.

42. CCM은 인스턴트 음악(instant music)인가?

CCM은 음식으로 비유하면 탄산음료, 패스트푸드, 인스턴트 음식이라 할 수 있을 것이다. 탄산음료는 어떤 음료인가? 마시면 바로 시원하며 톡 쏘는 맛으로 사람을 자극하면서 기분을 좋게 한다. 하지만 이것은 설탕이 많이 들어있어 칼로리는 높지만 영양가가 있는 음료는 아니다. CCM은 듣기 좋고 부르기 좋아 탄산음료나 달콤한 음식 같다. 하지만 그 많은 칼로리는 사람에게 향하는 것으로 사람은 비대해진다. 이것이 하나님께로 가는 것이 힘들다는 것은 앞서 설명하였다. 사람은 시원한 청량제 같은 것을 늘 찾아 나선다. 현대인은 사막에 사는 사람 같다. 그렇기 때문에 오아시스의 시원한 물을 찾는 것은 당연한 것이다. 하지만 이 사막에서 마실 음료는 물이어야 하며 탄산음료는 아니다. 이런 상황에서 탄산음료를 마실 경우 그 사람의 갈증은 더욱 심해진다. 탄산음료는 갈증을 해소시키지 못한다. 오히려 역효과만 줄 뿐이다. 그래서 CCM은 청량제 같으나 실제로는 청량제가 되지 못한다.

CCM이 이렇다. 하지만 교회의 전통적인 찬송가는 자극적이지 않고 단숨에 기분 좋게 하는 음악이 아니다. 그래서 사람들은 이런 찬송가보다는 CCM을 더 좋아한다. 특히 젊은이들은 더욱 그렇다. 감상적인 선율, 편안하고 듣기 좋은 화성 그리고 흥을 돋우는 리듬으로 젊은 사람이 처음 CCM을 들으면 바로 좋아하게 된다. 그리고 이 맛에 빠지면 이 맛을 잊을 수 없어 계속 찾게 된다. 콜라를 좋아하는 사람 중에는 거의 중독이 된 것 같이 좋아하는 경우도 있다. 아이들 중에는 밥도 콜라에 말아 먹는 아이가 있다고 한다. 이 정도면 거의 중독이라 할 만하다. 이 음악을 듣고 부르게 되면 이 음악의 묘미에 빠져 다른 음악은 거들떠보지도 않으며 이 음악만 듣고 이 노래만 부른다. 교회의 다른 찬송가는 관심도 없으며 소개하더라도 싫어하고 부르지 않는다. 이렇게 CCM을 부르는 사람은 대체로 찬송가를 재미없어 한다. 시원한 맛도 없으며 입안을 자극하는 것도 없기 때문이다.

여기서 찬송을 재미로 부른다는 것이 바로 찬양의 본질에서 멀리 간 것을 알 수 있다. 전통적인 교회 찬송가는 음료 중에서 우유로 비유가 가능할지 모르겠다. 우유는 마실 때의 첫 느낌은 별 맛이 없다는 것이다. 물론 우유도 자체 고유의 맛이 있지만 그 맛을 알기까지는 대체로 시간이 걸리는 편이다. 그리고 우유는 걸쭉해서 시원하지 않으며, 혹시라도 시원한 우유를 원한다고 하여 냉장고의 우유를 바로 탄산음료처럼 마시면 배탈이 날 가능성도 있다. 그리고 우유는 우리의 입 안을 즐겁게 하는 자극도 없다. 그런데 몸에 좋은 것은 우유이며 탄산음료가 아니다. 그리고 우유를 천천히 음미하면 우유는 고소하고 깊은 맛이 있다.

교회의 전통적인 찬송가는 바로 오는 느낌은 적을 수 있으나, 오래 동안 불러도 물리지 않는 음악이다. 음악을 음미하고 음악 안에 들어가면 음악의 깊이에 감동한다. 이런 감동은 바로 즉각적으로 오는 것이 아니라 대체로 천천히 온다. 그래서 사람들은 이 시간을 못 기다린다. 바로 자극이 들어와야 좋은 것이라고 평하는 이 세대이다. 무엇이든 즉석에서 몇 초 안에 호불호를 결정하는 세대가 되어 가고 있다.

탄산음료의 단점은 중독성이 있는 것은 물론 과다한 설탕으로 비만을 부를 수 있으며 치아에도 좋지 않다. 설탕 중독이라는 말이 있듯이 CCM을 좋아하면 이 음악을 끊기 힘들다. 그래서 비만은 물론 영양적인 불균형으로 여러 병을 불러오는 요인이 된다. 몸이 무거운 사람은 자연스럽게 덜 움직인다. 그래서 체력도 약해지면서 건강이 안 좋아진다. 결국 악순환의 고리가 되는 것이다. 이것이 지금 우리나라 성도의 신앙 상태가 아닌지 생각해 볼 일이다.

CCM은 우리나라에 들어온 지 30년이 넘어간다. 예전에 많았던 CCM 찬양 집회는 조금은 줄어든 느낌이지만 여전히 이 노래는 교회의 젊은이들에게는 유일한 노래이다. 그런데 젊었을 때 좋아했던 CCM은 나이가 들면 잘 따라 부르기 힘들어 즐겨 부르지 않는다. CCM은 시대를 초월해서 불리는 클래식6 음악이 아니다. 단어 자체에서 Contemporary(동시대의)라는 뜻이 바로 이것이다. 당대에 불리는 노래라는 것이다. 이것은 유행가처럼 새로운 곡들이 등장하면 지금까지 부르던 곡들은 곧 사라진다. 예외적으로 지금까지 오래 불리는 CCM이 있지만 그것은 복음성가나 초창기 CCM으로서 몇 되지 않는다.

지금의 교회는 많이 허약해졌다. 물론 이것은 CCM만의 이유는 아니다. 교회의 많은 부분은 이미 세속화의 길을 걸은 지 오래 되면서 교회는 쇠퇴하고 있으며 이것을 가속화시키는 요인 중에는 CCM을 비롯한 교회 안에 들어온 세속적인 문화이다. 교회음악의 불균형은 기형의 교회를 만들며, 기형의 교회는 이런 불균형의 음악을 좋아한다.

CCM은 패스트푸드와 같다. 패스트푸드는 만들기 쉬운 간단한 음식으로서 대체로 미리 다량으로 만들어 놓고 손님이 주문하면 바로 줄 수 있는 음식이다. 음식 중에서 미리 그리고 빨리 만들어 놓을 수 있는 것은 좋은 음식이 아니다. 이것은 간편함을 위해서는 좋은 음식일 수 있으나 진중한 식사는 되기 힘들다. 예배음악은 사람이 편하게 하는 쉽

---

6 클래식이란 단어는 클래식 음악에 가장 많이 사용하는 용어이지만, 문학에서 클래식이라는 작품이 있듯이 이때의 의미는 바로 어떤 특정한 스타일의 뛰어난 작품으로 시대를 초월하여 그 가치를 인정받는 것을 일컫는다.

고 간단한 음악이 아니다. 예배는 이렇게 해서는 안 된다. 예배는 예배자의 수고가 필요하며 특히 예배음악은 많은 시간을 들여 준비하는 것이다. 음식으로 비유하자면 예배음악은 손이 많이 가는 한국 전통 요리일 것이다. 전문가의 정교한 솜씨를 요구하는 음악이 예배음악이며, 희생과 수고가 필요한 음악이다.

패스트푸드의 특징은 무엇인가? 이것은 다양한 종류의 메뉴라기보다 기본적으로는 한 가지이지만, 예를 들면 햄버거나 피자, 그 안에는 또 몇 종류가 있다. 하지만 결국은 이미 제시된 조리법에 의하여 기계적으로 만들어지며 그 음식을 만드는 사람은 요리 전문가가 아니다. 이들은 규정화된 매뉴얼에 의해 조립 정도의 일만 하면 된다. 예를 들면 시간에 맞추어 감자튀김(french fry)을 하고, 시간에 맞추어 고기를 구워 준비된 빵과 야채들을 순서대로 넣기만 하는 것이다.

교회의 전통적인 음악을 한국 전통 요리에 비유하였듯이 CCM은 패스트푸드에 가깝다. 패스트푸드 가게의 사람들은 전문 요리사가 아니듯이, CCM 작곡은 교회의 전통적인 음악보다는 쉬워 클래식 작곡가들은 대체로 이 곡을 쓰지 않는다. 그래서 CCM 작곡에는 작곡 전공자가 있을 수는 있으나 비전공자 등 누구나 작곡하는 노래이다. 연주자 또한 그렇다. 클래식 음악 연주자는 일반적으로 전공이 필수적이다. 하지만 CCM 연주자들은 비음악전공자들이 더 많다. 즉 CCM 보컬 전공, 신시사이저 전공, 전기 기타 전공, 드럼 전공을 한 사람보다는 전공하지 않은 사람이 대부분이라는 것이다.

CCM의 울타리 안에는 조용한 발라드 성격의 노래에서부터 거의 금속성에 가까운 메탈(Metal) 음악까지, 종류는 여러 가지이지만 신시사이저, 전기 기타와 드럼을 사용하는 대중음악의 모습이라는 것은 변함이 없다. 그런데 여기서 CCM이 최근의 패스트푸드와 흡사한 또 한 가지는, 전문 요리가는 아니지만 규정화된 대로 햄버거를 만들 뿐만 아니라 주문자가 원하는 대로 즉석에서 다양하게 만들어내는, 즉 CCM 연주 혹은 반주에서 기본 뼈대(혹은 재료)를 토대로 하여 자신이 즉흥적으로 연주를 만들어 내는 점도 있다.

하지만 패스트푸드가 미리 만들어 놓은 것을 즉석에서 빨리 조립하여 만들어 내는, 같은 종류의 음식인 것처럼, 이 음악은 즉흥적인 연주가 가미되기는 하지만 결국은 그 패턴은 거의 그 안에서 반복되는 것들이다. 리듬도 화성도 그 안에서 맴도는 것이다. 그래서 다 같은 음악으로 들린다. 이 안에서 예술성이나 창의성은 한계가 있을 수밖에 없다. CCM은 전문가가 있기는 하지만 오래 가지 못한다. 클래식 음악처럼 평생 가는 것이 아니다. 왜냐하면 이 음악의 한계성 때문이다. 이 음악은 대중음악이며, 대중음악이란 대중이 원하는 스타일에 따라 늘 변하는 음악이다.

클래식 음악은 거의 천 오백년 정도의 레퍼토리 안에서 그 예술성은 시대를 따라 늘 다양하면서 인간의 도전을 요구하는 기교(technique, 기술)와 함께 발달하였다. 평생을 연주하고 연습해도 어려운 곡들은 많다. 하지만 CCM은 몇 십 년밖에 되지 않는 짧은 기간 안에 레퍼토리는 대체로 2-3분 정도의 짧은 곡들로, 많은 곡들이 있으나 실제로 현재 불리는 곡은 많지 않다. 이런 한계성 안에서 그 생명은 짧으며 연주자 또한 이제는 활동이 조금씩 줄어들고 있는 추세이다. 그래서 대중이 좋아하는 음식 혹은 음악이지만, 오히려 대중적이기 때문에 생명은 더 짧으며 쉽게 좋아하는 대신 쉽게 잊힌다.

패스트푸드의 특징은 음식이 빨리 나온다는 것이다. 요리를 주문하여 음식을 기다리고 그리고 여유 있게 앉아서 먹을 시간이 없을 때 이 음식을 먹는다. 더 많이 바쁠 때는 차 안에서 주문하고 차 안에서 먹기도 한다. 이 음식은 좋은 음식은 아니지만 바쁜 현대를 살아가는 사람에게 가끔은 도움을 주는 음식이다. 그러면 이 CCM은 어떤가? 이 음악 역시 효과는 빠르다. 쉽게 사람을 울리기도 한다. 그래서 이 음악의 뿌리인 복음성가는 당시 옥외의 부흥집회나 전도집회에서는 적절한 음악이었다. 그 날 그 시간에 온 대중은 집회가 마치면 헤어지고 내일은 오지 않을 수도 있다. 이런 절대 절명의 시간이라 생각한다면 빨리 회중을 설득하고 감동을 줄 수 있다면 그런 음악을 사용할 수 있다. 이것은 나쁜 것이 아니다. 음악의 적합성에서 보면 당연히 필요한 음악이기도 하다.

이에 비해 주일예배의 음악은 슬로우푸드(slow food)인 것이 타당하다. 새로운 성도가 혹 있다 하더라도 주일예배는 기본적으로 이미 믿는 성도들이 하나님께 드리는 예배로서 일주일에 가장 귀한 것으로 매주일 드리는 것이며 영적인 교육과 성숙의 장기적인 계획과 구도 안에서 이루어진다. 예배에서 인간적인 욕심으로 빠른 결과를 원하는 것은 예배의 본질에 맞지 않다. 예배는 바라는 것이 없는 것이다. 드리기만 하는 것이 예배이며, 드린 사람은 받는 것과 받지 않는 것에 연연하지 않는다. 받을 때는 오히려 황감할 뿐이다.

CCM은 인스턴트 음식과 같은 음악이다. 인스턴트 음식은 집이나 야외에서 제대로 된 요리를 할 수 없을 때 간단히 먹는 음식이다. 이것은 패스트푸드와 일맥상통하는 것으로 빨리 음식이 준비되어 먹을 수 있다는 것이 장점이다. 이것은 먹는 사람이 준비하기는 하지만 간편하고 노력이 덜 들어가는 음식이다. CCM의 경우 많은 시간으로 준비하고 영성 훈련을 하는 찬양팀의 예를 들은 적이 있다. 하지만 이 음악은 대체로 준비를 많이 하지 않아도 가능한 음악이다. 성가대처럼 화성을 넣어서 부르지 않고 제창(unison, 유니슨)으로 부르기 때문에 곡을 몇 번 불러 보는 정도가 대부분이다. 하지만 노래 부르는 사람과 악기 연주자들이 함께 모여 많은 리허설을 한다면 이들의 음악은 인스턴트 음식의 성격을 면할 가능성이 있다. 하지만 음악의 성격 자체가 크게 연습하지 않아도 되는 곡으로 이것의 한계를 뛰어넘기에는 역부족이다.

　인스턴트 음식은 어디든 가지고 다니면서 먹을 수 있다는 것으로, 휴대가 가능한 것이 특징이다. 그래서 필요하면 언제, 어디서든지 간단히 만들어 먹을 수 있다. 하지만 이 음식은 건강에 좋지 않다고 말한다. 그래서 나이가 들면 이 음식은 피하는 것이 일반적이다. 최근에는 이 음식이 건강한 음식이 되도록 많이 개선되고 있지만 여전히 이 음식은 직접 수고하여 요리한 것과는 다르다. 더 좋은 음식을 선택할 수 있는 상황에서도 이것을 선택하는 사람은 거의 없을 것이다. CCM은 어디서든 쉽게 부를 수 있다. 왜냐하면 예배 이외의 자유로운 여러 모임에서 편안하게 부를 수 있기 때문이다. 이것은 사실 많은 장점이 있다. 하지만 이것 또한 연령이 높아지면 잘 부르지 않는다.

　인스턴트 음식은 간편하게 최소의 노력으로 만들어내는 음식으로 이런 음악은 하나님께 드리는 예배 찬양으로는 적합하지 않다. 사랑은 시간으로 나타난다. 하나님께 드리는 사랑의 찬양은 당연히 시간을 들여 준비하는 것으로 이미 거의 다 만들어진 것에서 적은 노력으로 즉석으로 내놓는 음악이 되어서는 곤란하지 않겠는가?

　결론적으로 CCM은 사람의 마음에 빠르고 쉽게 감동을 주는 음악이며 대중음악의 모습을 가져온 음악으로 교회의 전통적인 경건한 음악과는 거리가 있다. 이것은 중독성 있는, 불균형한 영양을 가진 탄산음료, 패스트푸드, 인스턴트 음식과 같은 '인스턴트 음악', 즉 좋은 요리를 만들어 낼 시간이 없을 때 즉석에서 빨리 만들어 내는 음식과 같이 깊이가 부족한 음악이다. 세상이 편리함과 간소함과 빠름을 내세우더라도 교회는 이 가치를 뛰어넘어야 한다.

올림픽 표어는 궁극적으로 사람을 신으로 만들려는 것이다. '더 빨리', '더 높이', '더 멀리'(원래는 '더 힘차게'이다)는 한계를 극복하는 인간의 위대한 승리가 목표일 수 있으나 교회는 그렇지 않다. 우리는 '더 천천히', '더 낮게', '더 가까이'의 자세를 가지고 주위를 살피고, 이 세상을 돌보고 섬기야 하는 것이다. '더 많이', '더 크게'가 아니라 '더 적게', '더 조용하게'는 우리가 더 고민해야 하는 숙제로 떠오른다.

43. CCM의 교육적 문제점

　CCM은 청소년 기독교교육이라는 측면에서 볼 때 많은 문제점을 안고 있다. 음악의 성격은 듣는 사람의 인격 형성에 영향을 준다. 음악은 사람의 정신에 큰 영향을 주는 것이라는 것은 아주 오래 전 많은 철학자들의 이론들로서 이제는 모든 사람들이 다 알고 있는 사실이다. 어린 나이에 새로운 것이 받아들여지면 한 평생 영향을 줄 수도 있는 것으로 음악은 매우 중요하다.
　CCM은 앞서 설명한대로 감성적이고 리듬적으로 격한 음악이 많다. 그래서 쉽게 감정이 움직이도록 하는 음악이다. 이런 음악을 많이 들을 경우 사람은 인내심이 적거나 조울증이 생길 수 있으며, 큰 소리로 된 리듬적인 음악은 사람을 충동적으로 혹은 과격하게 만들 수 있다. CCM에 들어있는 당김음 리듬이나 록 리듬은 반항적인 성격 형성에 영향을 줄 수 있다. 왜냐하면 이 리듬은 순한 리듬이 아니며 규칙적인 움직임을 반대하고 이를 역행하는 리듬으로, 이런 특징이라는 묘미 때문에 젊은이들이 좋아한다.
　세상의 음악은 이렇다. 물론 세상에는 순하고 좋은 대중음악도 있다. CCM도 순한 음악은 있지만 그 표현법은 세상 음악의 표현을 사용하여 대중음악 악기로 연주하기 때문에 순한 음악이 되기 힘들다. 예수님은 이 세상에서 가장 온유한 사람이었다. 그런데 예수님을 따르는 Christian(그리스도의 추종자)들은 이와 반대로 가기를 좋아하며, Christian이 되도록 가르쳐야 할 젊은이들을 온유와 반대되는 격한 음악을 즐기도록 교회는 그대로 방치할 뿐만 아니라 많은 경우 앞장서서 이렇게 가르친다. 혼탁한 세상에서 격해진 아이들과 청년들 그리고 어른들을 교회에서 치유하고 순하게 회복시켜야 할 교회가 여기에 더 가세하여 악화시키고 있는 현실이다.

CCM은 교육적으로 좋은 음악이 아니다. 쉽게 감동하고 좋아한다고 다 좋은 것은 아니다. 'like'와 'good'은 다르다. 좋은 음식을 먹고 자랄 때 건강한 것처럼, 모든 성도는 좋은 말씀뿐만 아니라 좋은 찬양을 할 때 영적으로 건강하게 자란다. CCM은 지금의 청년들의 예술적이고 음악적인 잠재력을 많이 후퇴시켰다. 그 중 하나는 CCM의 창법으로 이 노래는 깊은 호흡을 하는 클래식 발성이 아니다. 이 노래는 마이크를 사용하여 아주 얕고 가볍게 발성한다. 그래서 호흡도 짧다. 그리고 노래하는 동안 대체로 불규칙하게 호흡하면서 과하게 마이크에 호흡을 불어넣기도 한다. 노래를 할 때 호흡을 규칙적으로 계획하면서 깊은 호흡을 하는 것은 사람의 건강에도 좋다. 그러나 얕은 호흡만을 계속 하는 것은 사람에게 좋지 않다. 클래식 음악은 대체로 깊은 호흡을 요하며 특히 프레이징(phrasing)7으로 음악을 만들기 때문에 이 프레이징을 위하여 계획하면서 길고도 깊은 호흡을 많이 하게 된다. 그래서 그 사람은 폐활량도 좋아지며 몸에 산소를 많이 넣을 수 있어 좋다.

그런데 CCM은 대중음악을 닮아 노래 부르는 법도 대중 가수들처럼 부른다. 대중 가수들 중에도 가창력이 뛰어난 사람들이 있다. 하지만 사람은 좋은 것은 닮기 힘들며 좋지 않은 것을 쉽게 따라 한다. 청소년들은 요즈음 젊은이들에게 인기 있는, 특히 팀으로 구성된 젊은 가수들을 흉내 내는 것을 좋아한다. 그래서 청소년들은 그들을 따라 한다.

---

7 프레이징(phrasing): 음악의 선율 구조에서 여러 음이 하나의 구성적인 의미를 가지는 것을 프레이즈(phrase)라고 하며 이것을 주로 호흡(혹은 간격)을 통해 서로 구분해내는 것을 프레이징(phrasing)이라 한다.

교회의 중고등부나 대학부 학생들의 찬양하는 모습을 보면 모두들 입을 작게 조금만 움직이든지 아니면 옆으로 얇게 움직인다. 이것은 목만 사용하면서 얕은 호흡을 하는 것의 전형적인 모습이다. 이것은 클래식 발성이 입을 아래위로 크게 벌리면서 배와 가슴을 사용하는 호흡과는 반대이다.

실제로 CCM을 찬양하는 소리를 들으면 마이크로 노래하는 사람 이외의 사람들은 그 소리가 모기 소리처럼 가늘고 힘이 없다. 그들의 목소리는, 클래식 발성을 하지 않아 목소리가 트이지 않은, 여전히 어린애 같은 목소리로 가늘고 힘이 없는, 앙상한 가지처럼 연약하다. 그리고 그들은 노래를 크게 부르지도 않는 것 같다. 이것은 그들의 나약함으로 연결이 될 가능성이 많다. 노래는 앞에서 마이크로 크게 불러주는 사람의 소리만 스피커로 크게 나며, 그 모임이 작은 경우 나머지 함께 찬양하는 사람의 전체 목소리는 그 스피커에서 나는 소리 하나만도 못한 소리가 대부분이다. 특히 여학생인 경우에는 더욱 심하다. 실제 한 예로 필자의 목소리는 큰 편이 아니지만, 스무 여명의 여학생들과 찬송가를 부른 적이 있으며 그때 그들의 소리는 필자의 소리보다 더 작았다. 그들은 노래를 부를 줄을 모르며 어떻게 소리를 내는지를 모르는 것 같았으며 이들은 모두 교회에서 CCM을 부르는 학생들이다.

CCM의 창법 중에 대중음악의 창법을 따온 것으로 음을 있는 그대로 내지 않고, 음을 아래에서 시작하여 위로 끌어올리는 창법이 있다. 이 창법은 대부분의 가수들이 노래하는 방법으로, 교회음악학자들은 이것은 하나님을 찬양하는 방법으로는 좋은 창법이 아니라고 말한다.[8]

---

8 Joy E. Lawrence and J. A. Ferguson, *A Musician's Guide to Church Music* (The Pilgrim Press: New York, 1981), 81.

이렇게 부르는 것을 scooping(숟가락으로 뜨는 것) 혹은 slide(음을 미끄러지듯이 소리 내는 것)라고 말한다. 이것은 클래식 성악가에게는 치명적인 것으로, 클래식 성악가가 대중가요를 부를 경우에 이렇게 부르는 경우도 가끔 있다. 이 창법은 실제 음을 있는 그대로 내지 않는 것으로, 음 하나하나를 이렇게 모두 부르면 전체적인 선율은 그네를 타는 것같이 울렁울렁하는 결과를 가져온다. 물론 대중음악은 이런 스타일로 노래를 부르기 때문에 오히려 클래식 음악처럼 음을 피치 그대로 내면 대중음악의 맛이 없어질 것이다. 이것이 바로 대중음악과 클래식 음악의 연주법 스타일 차이 중에서 작은 하나이다. CCM은 이렇게 음을 아래에서 퍼서 위로 뜨는 것처럼 노래한다. 성악 전공자 학생이 교회에서 CCM을 많이 부를 경우 이런 나쁜 습관이 생겨 학교에서 자신의 전공곡을 제대로 못 부르는 경우를 종종 보아왔다.

이 scooping 창법이 스타일의 차이 이외에 다른 좋지 않은 점이 있는 것인가? 결론적으로 말하면 scooping 창법에는 좋지 않은 점들이 여럿 있다. 우선 음을 있는 대로 내지 않는다는 것은 정직하지 않는 것이다. 교회음악은 자신에게 있는 그대로 정직하게 연주하는 음악이다. 모든 음은 그 음 높이에서 각각의 의미가 있다. 한 선율일 때도 중요하지만 여러 선율이 동시에 울릴 때, 즉 화성으로 합창을 부를 때는 여러 음들이 이렇게 scooping으로 울렁거리면서 음을 내게 되면 그 음악은 아주 우스운 음악이 된다. 교회음악은 비브라토(vibrato)[9]를 하더라도 대체로 적게 하는 음악이다. 중세 교회와 르네상스 그리고 바로크

---

[9] 비브라토(vibrato): 음을 떨리게 하는 것으로 낭만 시기에 들어오면서 표현적인 연주를 위해 이런 기법들이 사용되기 시작하였다. 특히 현악기에서 많이 사용하는 기법으로, 성악에서 비브라토가 심할 경우 피치상의 문제가 생기기도 한다.

시기 교회에서는 비브라토를 거의 사용하지 않았다. 이것은 이 음악이 연주되는 교회의 잔향과도 영향이 있다. 유럽의 교회당은 자체적으로 울림이 많기 때문에 이런 비브라토를 했을 경우 그 노래는 심하게 흐트러져서 듣기 불편할 정도가 될 것이다. 지금까지도 유럽의 교회음악들은 비브라토를 많이 사용하지 않는다. 성악 독창은 물론 합창에서는 더욱 치명적이다.

그래서 이 scooping 창법은 클래식 음악이 아닌 경우 혼자만 부를 때는 약간의 표현력으로 들릴 수 있다. 그럼에도 불구하고 이 창법은 인간적인 표현으로 사람의 마음을 인위적으로 움직이게 하려는 성악가의 욕심이 들어 있을 가능성이 많다. 연주자는 표현을 위해서 한다고 말할 수 있을지 모르지만, 그것이 절제되고 예술적인 과정을 통하여 정련되지 않을 때는 그 노래는 탁하여 순수성과 진실성을 잃어버리게 된다. 교회음악은 순수하고 진실한 음악이다. 그런데 이 창법은 일단 음을 휘어서 내기 때문에 맑지 않다.

우리가 찬양하는 것은 하나님을 찬양하는 것이며 사람에게 하는 것이 아니다. 그래서 사람을 감동시키려는 노력은 필요하지 않다. 하나님은 우리의 정직하고 순수한 마음에서 오는 음악을 원하신다. 연주자가 청중(사람)을 보게 되면 인간적인 방법을 동원하고 싶은 유혹이 생길 수 있다. Scooping 혹은 slide 창법은 인간적인 방법으로, 하나님 찬양에는 좋지 않다. CCM을 주로 부르는 학생들에게 음을 바르게 내는 것을 가르치는 것은 중요하다. 이것은 노래에만 해당되는 것이 아니라 삶의 모든 부분에서 영향을 줄 수도 있다. 음 주위에서 적당히 소리를 내는 것은 무엇이든지 정확하게 그리고 철저하게 하는 데에 좋지 않은 영향을 줄 수 있다. 그리고 사람을 감동시키려고 하는 인간적인 욕심에서 항상 자신을 바로 세우는 훈련도 필요하다.

　CCM의 가장 큰 폐해 중 하나는 교회에서 학생 성가대가 없어지고 있는 것이다. 현재 우리나라 교회에서 학생 성가대가 있는 곳이 있기는 하지만 예전에 비하면 많이 없어진 상황이다. 교회의 학생 성가대는 매우 중요하다. 이것은 어린 학생들의 순수하고 깨끗한 찬양을 하나님께서 귀히 보시기 때문도 있지만 합창이라는 교육적인 가치가 매우 소중하기 때문도 있다. 합창의 교육적인 가치는 여기서 자세히 언급하지 않더라도 교회 성도라면 대부분 인지하고 있을 것이다. 합창은 단체로 하는 음악이기 때문에 협동심과 사회성, 인내심 등 사람의 인성에 중요한 덕목을 길러준다.

　교회 학생 성가대에서 어린 학생들은 하나님의 말씀뿐만 아니라 교회의 전통적인 음악을 배운다. 찬송가를 비롯하여 성가대 합창의 중요한 레퍼토리를 배우면서 교회음악은 세상의 음악과 다르다는 것 또한 배운다. 그리고 다양한 클래식 음악을 배움으로 정서적인 발달도 도와 줄 수 있다. 이런 음악들을 듣고 부르면서 기독교인으로 성장하는 청소년은 교회를 쉽게 떠나지 않는다. 왜냐하면 교회는 이 세상과 다르다는 것을 음악을 통해 먼저 배우기 때문이다. 그리고 이런 음악을 하는 교회에는 세상이 줄 수 없는 영성과 더 높은 가치, 즉 진리가 있다는 것을 배우게 된다. 어린 학생들에게 교회의 전통을 가르치는 것은 주일 학교에서도 가능하지만 이런 학생 성가대를 통하여 직접 부르고 참여하면서 몸으로 더 확실하게 터득하게 된다.

　교회 학생 성가대는 청소년에게 예술성이 높은 클래식 음악을 배우고 이해하는 문화예술인의 자질을 또한 길러준다. 현 시대는 세속 문화가 청소년들을 사로잡고 있다고 해도 과언이 아니다. 많은 청소년들이 연예인이 되기를 원하는 이 현실이 그것을 반영한다. 클래식 음악 전공의 입시 경쟁률은 갈수록 낮아지지만 대중음악을 가르치는 실용음악과의 경쟁률은 몇 백 대의 일까지도 치솟는다. 더구나 교회음악 전공 학생 수는 점점 더 줄고 있다.

이 세상에는 클래식 음악과 대중음악이 항상 공존해 왔다. 하지만 기독교인은 대중음악보다는 클래식 음악과 친한 것이 좋다. 왜냐하면 클래식 음악이 교회음악에서 나왔기 때문이다. 그래서 교회음악과 클래식 음악은 스타일과 표현법에서 깊이가 비슷하다. 하지만 대중음악은 교회가 아닌 세상을 닮았으며 그래서 세상을 사랑하게 만든다. 대부분의 대중음악은 하나님 나라를 부정하며 인간을 최고로 여기면서 이 세상을 즐기라는 사탄의 유혹이 들어 있다. 물론 이런 내용이 클래식 음악에도 있을 때가 있다. 어떤 점에서는 이런 클래식이 더 위험할 수도 있지만 현대의 대중음악은 사람을 직접적으로 유도하고 자극하는 것이 더 구체적이고 광범위하다는 것이 문제이다.

학생 성가대를 통하여 청소년은 올바른 발성을 배우며 어른이 되어서 좋은 목소리를 가질 가능성이 높다. 학생 성가대는 좋은 발성과 함께 깊은 호흡을 통하여 청소년의 성장에도 좋은 영향을 줄 것이다. 필자의 경우 도시가 아닌 시골이었지만 중고등학생 때에 교회에서 학생 성가대를 하였다. 당시 다양한 교회 합창곡으로 성가대곡을 연습하면서 클래식 발성을 배웠다. 그때는 기독교인 학생이라면 모두가 이런 과정을 거치는 것이 필수였다. 그래서 기독교인 중고등학생은 학교 음악 수업에서 늘 노래를 잘 하는 학생이었다. 이것은 모두 교회 덕분으로 학생 성가대에서 터득한 발성과 음악적 자질 때문이다.

학생 성가대를 통하여 학생은 또한 많은 것을 배운다. 여기에는 음악을 비롯하여 성경, 교회, 문학 등 다양한 주제를 배운다. 배운다는 것은 좋은 것이다. 재미있는 것을 하는 것도 좋지만 배우면서 가지는 즐거움은 더 큰 것이다. 현재 CCM은 즐기는 음악이며 배움이 있는 음악은 아니다. 몸이 움직여지고 흥이 나며 감정적으로 카타르시스를 느낄 수도 있다. 그래서 가끔은 이 음악을 통하여 스트레스를 해소한다는 얘기를 한다. 이것은 전형적인 세속음악의 결과로서, 찬양을 통하여 스트레스를 해소한다는 이 말은 성립이 되지 않는 어불성설이다. 찬양은 찬양이며 스트레스를 해소하는 것이 아니다. 물론 찬양의 결과로 평화가 내려오면서 스트레스가 해소되는 결과를 경험할 수는 있다. 그런데 그것이 찬양의 목적이 아니라는 것이다. 스트레스를 해소하는 것이 찬양의 목적이라면 이 사람은 찬양 후 더 많은 스트레스를 받을 수도 있다.

이와 같이 학생 성가대는 기독교교육의 한 방법이다. 교회는 어린 학생들을 위하여 많은 기독교교육 프로그램을 제공한다. 기독교교육에서 영적인 영역은 필수이지만, 이 영적인 부분을 음악을 통하여 교육할 때 훨씬 효과적이라는 것은 이미 검증된 사실이다. 하지만 현재 젊은 학생들의 음악이 CCM 뿐인 상황에서 지금의 비교육적인 현실을 그대로 둘 수는 없지 않은가?

학생 성가대가 없어짐으로 해서 청소년의 발성과 호흡에서 큰 문제를 지적하였듯이, 또 하나는 청소년들이 악보를 읽을 줄 모르는 경우가 허다하게 되었다. 악보를 읽을 줄 모르는 것이 웬 그리 큰 장애인가 생각할 수 있으나 이것은 중요하다. 이들이 커서 교회 예배 성가대원이 되는 것에 큰 위협이 되며 나아가 교회 성가대의 존재 여부에도 영향을 미칠 것이기 때문이다. 더구나 학생들은 예전의 학교에 비해 음악 수업에서 악보 읽는 것을 거의 배우지 않는다. 어린이를 위한 피아노 혹은 음악 학원도 쇠퇴 추세에 있다. 현재 교회의 청소년은 미래의 교회다. 이들이 찬송가를 모르며 악보를 읽을 줄 모르면서 자랄 때는 몇 십 년 후 교회에서는 찬송가를 부르지 않으며 성가대가 없어질 수도 있다. 하물며 이들의 목소리까지 대중음악의 발성으로 되어, 목소리가 제대로 발달되지 못한 경우가 많은 현 시점에서 앞으로의 성가대가 걱정이다.

많은 교회의 성가대가 이런 현실을 반영하고 있다. 성가대원의 대부분은 40대 이상이며 평균 연령은 50이 넘을 것이다. 물론 여기에는 사례를 주어 외부에서 초청한 사람은 제외한 것이다. 대학생 혹은 청년들이 성가대에서 이제는 거의 없어지고 있다. 이것은 교회에서 젊은이들이 적은 이유도 있지만, 있더라도 많은 경우 목소리가 클래식 발성이 아니며 악보도 잘 읽을 줄 모르는 것이 중요한 이유이다. 이런 현실은 우리나라에서 대형 교회를 제외하면 대부분의 교회 상황일 것이다. 우리나라가 고령화 사회로 들어섰다는 것은 이미 아는 바이지만 교회는 물론, 성가대 역시 고령화가 심각하다.

교회는 심각하게 청소년 교육을 고민해야 한다. CCM은 청소년들이 좋아하는 스타일의 음악으로서 완전히 없애는 것은 불가능할 것이다. 이 음악을 교회의 여러 전통적인 음악과 함께 사용하면서, 연주법에서 세속적인 스타일을 지양한다면 가능한 음악이다. 무엇이든지 한 가지만 의존하는 것은 좋지 않다. 더구나 음악은 정신의 양식 중 하나로서 다양하고도 좋은 음악들이 필요하다. 그런데 그 음악들을 외면하고 재미만을 추구하여 CCM을 교회 노래의 100%로 삼는 것은 교회 지도자로서 할 일이 아니다. 이 세상의 풍조를 따라가는 것은 위험하다. 이 풍조라는 것은 늘 변한다. 교회가 세상의 풍조에 휘둘려서 같이 따라가면서 변하는 것을 하나님께서 어떻게 보시고 계실까?

교회음악에는 여러 종류가 있다. 예배음악은 음악적 스타일에서 교회의 본질과 예배의 본질에서 위배되는 음악은 멀리 하는 것이 타당하다. 그리고 기독교인의 여러 모임, 즉 성경공부, 주일학교, 부흥집회, 전도집회 혹은 교회음악 연주회 등 이런 다양한 모임에서는 각각의 성격에 맞는 음악을 할 수 있을 것이다. 때와 장소를 모르며, 하나님의 뜻과 세상의 가치를 뒤바꾸며 천방지축[10]하는 음악인 혹은 목회자가 있는 한은 한국교회와 교회음악은 표류하는 배가 될 것이다.

교회음악은 하나님을 기리고 하나님을 생각하고 하나님을 바라보게 하는, 즉 성도로 하여금 하나님 쪽으로 올라가도록 혹은 위를 바라보도록 하는(upward to God) 음악이다. 반면 대중음악은 하나님은 온 데 간 데 없으시고 사람만이 가득한 음악으로, 사람으로 하여금 세상으로 향하게 하는, 즉 세상으로 내려가게 하는(downward to world) 음악이다. 이 음악의 한 종류가 CCM이다. 아무리 아니라고 부인하더라도 그 모양과 모습은 그렇다. 기독교 가사가 있다고 해서 교회음악이 되는 것이 아니다. 내용을 담는 그릇은 중요하며 CCM의 그릇은 대중음악이라는 그릇이다. 그릇이 제대로 되지 않을 때는 그 담는 내용물까지도 그 그릇에 어울리게 변하게 되는 것이 자연스러운 이치이다.

> *이 세상이나 세상에 있는 것들을 사랑하지 말라 누구든지 세상을 사랑하면 아버지의 사랑이 그 안에 있지 아니하니(요한1서 2:15)*

교회가 세속적으로 될 때는 교회는 항상 쇠퇴하였다. 교회는 하나님

---

[10] 천방지축(天方地軸): 하늘 방향이 어디이고 땅의 축이 어디인지 모른다는 뜻으로 어리석은 사람이 갈 바를 몰라 두리번거리는 모습을 말한다.

말씀으로 교회의 진정한 모습을 가질 때 성장하며 영적인 능력을 발휘한다. 그리고 이 세상에 빛을 발한다. 세속적인 것이 교회 들어오면 교회는 그 빛을 잃어 자체적으로 어두워질 뿐만 아니라 결국 세상에서 빛의 역할을 할 수 없다. 교회는 교회의 정체성이 있으며 이 정체성이 유지될 때 능력이 생긴다. 이 정체성이라는 것은 하나님의 말씀이다. 그리고 하나님께서 명령하신 거룩함(holiness)이다. 세상과 구별되고 세상과 다름이다. "가장 한국적인 것이 바로 경쟁력이다"라고 하는 말이 있다. 교회의 능력은 세상과 다른, 교회만의 정체성과 본질에 충실한 것이며, 이것은 하나님의 말씀(Sola scriptura)으로 모든 것을 하는 것이다.

V
교회음악인

44. 교회음악은 전문 영역인가, 교회에서 음악을 하는 사람은 모두 교회음악인인가?

교회음악은 전문 영역인가? 이 질문은 황당한 질문이다. 황당하다는 의미는 여러 점에서 그렇다. 그것도 질문인가 하는 사람들이 많을 것이다. 그런데 이 질문은 우리나라 교회 목회자들과 음악인들에게 꼭 해야 하는 질문이며 또한 성도들에게도 해야 하는 질문이다. 이 질문이 황당하다고 얼버무릴 것이 아니라 정확히 답을 해야 한다. 그리고 교회에서 음악을 하는 사람은 모두가 교회음악인인가 하는 것 또한 질문에 답을 할 수 있어야 한다.

먼저 교회음악은 전문 영역인가에 대해 답할 수 있는 사람은 많지 않을 것 같다. 그 이유는 그 답에 상응하는 모습이 교회에 별로 없기 때문이다. 우리나라 교회에서는 교회음악을 전문 영역으로 생각하지 않는다. 목회자나 음악을 하는 사람들 자신도 그러하며, 성도는 더욱 그렇다. 더 정확히 말하면 성도는 이에 대해 아는 바가 없다. 누가 교육하지도 않았으며 전공한 사람을 보지 못한 성도들이 더 많기 때문이다. 현대 사회는 모든 것이 전문화되고 있다. 현대 사회가 아니라 오래 전부터 이 사회는 전문화 시대로 들어섰다. 음악에서도 마찬가지이다. 클래식 음악의 세부적인 영역을 본다면 대표적인 것이 교회음악, 연주, 작곡, 이론, 음악학, 음악사 등이며 현대에 와서는 음악 치료를 비롯하여, 음악과 다른 영역들의 융복합 영역들이 계속 늘어날 전망이다.

예전의 음악에서는 연주자가 작곡가였으며 이론가였다. 특히 중세 음악의 교회 작곡가들은 대부분 뛰어난 성악가였다. 그리고 성악가로서 작곡가의 활동은 기악 연주 영역까지 넓어진다. 이것은 바로크 시기 바흐까지 이어진다. 하지만 바로크 시기를 지나 고전기로 들어와, 이미 르네상스 시기부터 시작된 특출난 성악가 전통이 더 활발해지면서 작곡에서 성악은 일찍부터 독립하는 현상을 보인다. 그리고 성악에 이어서 소위 말하는 기교파 악기 연주자들(virtuoso)이 등장한다. 이 기교파 연주자들도 모두 작곡자이기는 하였으나 연주 활동을 더 많이 한 음악인들이다. 이에 비해 음악학이나 음악 이론은 더 오래 작곡과 함께 있었던 영역이다.

우리가 아는 모차르트와 베토벤은 뛰어난 피아니스트이기도 하였으나 작곡가로서 음악사에 남아 있다. 리스트 또한 그가 젊었을 때는 뛰어난 기교파(virtuoso) 피아니스트였으며 후기에는 지휘자로 활약을 하였지만 그가 평생 했던 것은 작곡이었다. 현대에 와서도 뛰어난 작곡가로서 기악 연주자들이 많이 있다. 이런 경우는 피아니스트도 많지만 특히 오르간의 경우는 거의 모든 오르간 작곡가가 뛰어난 오르가니스트이다. 이것은 오르간 음악사 처음부터 지금까지 전해 내려오는 전통이다. 그래서 전통적으로 오르간 작곡가를 소개하면 제일 먼저 등장하는 것이 어느 교회 오르가니스트라는 직함이다.

　이제 첫 질문으로, 교회음악은 전문 영역인가? 우리가 즐겨 듣는 지금의 서양의 클래식 음악은 교회음악에서 발달한 것이다. 기원 후 서양 음악이 발달하는 데는 기독교의 영향이 절대적이었다. 중세 서양의 음악은 교회 안에서 성장 발전하였으며 대부분의 작곡가들이 교회음악인으로 교회에서 활동하면서 교회 작품을 작곡하였던 사람들이다. 당시 교회음악은 클래식 음악 중에서도 가장 수준이 높은 음악의 영역으로 전문 영역 중의 전문 영역이었다. 교회음악은 아무나 할 수 있는 것이 아니었으며 클래식 작곡가 중에서도 선택된 사람들이 하였다. 그래서 교회음악은 음악의 깊이와 작곡가의 수준에서 최고 경지의 음악이라고 할 수 있다.

　이것은 성서에서부터 출발한 것이다. 구약성서에서 성전의 음악인들을 생각해 보면 이것을 알 수 있다. 구약 시대 하나님의 성전의 음악인들은 누구였는가? 그들은 하나님께서 택하신 사람들인 레위 지파 중에서 음악을 맡은 가계였다. 이들은 하나님께서 직접 택하시고 또 재능을 주셔서 조상 대대로 이 직을 이어 받았으며 이들은 성직자들처럼 전문 사역자들로서 지금으로 말하면 전임 교회음악인(Full-Time Church Musician)들이었다. 이들은 부모로부터 음악적 재능을 물려받은 것은 물론 평생 성전음악을 담당하면서 전문적으로 뛰어났던 음악인들이었다. 성전의 음악을 담당하는 일은 이스라엘 다른 지파 사람들은 희망할 수도 없었던 귀한 직분으로 기술적(technique)으로 뛰어났던 전문인, 즉 교회음악인이었다.

　전통적으로 교회음악은 음악의 여러 영역 중에서도 준비하는 기간이 가장 길다. 교회음악은 기본적인 음악을 배운 후에 더 나아가 교회와 신학, 성경과 예배 등 이론적인 공부와 함께 교회음악이라는 전문 영역을 심도 있게 배워야만 하는 영역이다. 그렇기 때문에 학부에서 배우는 음악 이론과 화성학, 음악사 등의 음악 공통 과목과 한두 가지 정도의 연주 능력 가지고는 부족한 음악이 교회음악으로, 교육 기간이 다른 음악 전공보다 더 오래 걸린다. 미국 대학교의 대부분 교회음악이 석사 과정에 있는 것이 이것을 증명한다. 그리고 독일의 경우는 전체적으로 5년에서 7년 정도의 과정이다. 학부 4년의 공부로는 교회음악을 공부했다고 할 수가 없는 것이다.

   필자는 교회음악 전공으로 석사과정을 하면서 교회음악과 관련된 이론 과목으로 찬송가학, 그레고리안 챤트, 예전(예배식, Liturgy), 음악 목회 실제, 오르간 문헌, 합창 등을 공부했었다. 이 과목들은 학부에서 기본적인 음악 공부가 갖추어지지 않으면 따라가기가 힘든 과목들이다. 교회에서 음악을 담당하는 오르가니스트나 지휘자는, 특히 우리나라의 경우는 피아니스트는 물론, 이런 교회음악 공부를 해야 온전한 예배음악이 가능하다.

   교회음악을 공부하지 않고 음악 전공한 사람이라고 교회에서 음악을 담당할 수 있다고 생각하는 것은 큰 오산이다. 교회음악을 조금이라도 안다면 이런 무책임한 말은 할 수 없다. 현재 교회의 성가대 지휘자나 피아니스트에게 교회음악의 전통과 역사를 물어보면 거의 대부분이 무지하다. 이런 현실에도 불구하고, 배워야겠다는 생각도 하지 않는 것은 더 황당한 일이다. 어떻게 배우지 않고 하겠다고 할 수 있겠는가? 그것도 하나님의 일을…. 무슨 일이든 그 일을 합당하게 하려면 그 일을 하기 전에 우선 그 일에 대하여 배워야 한다.

   교회음악은 음악 중에서 가장 전문적인 영역이다. 교회에서 음악을 담당하는 사람들은 하나님 앞에서 스스로의 모습을 내어 놓고 교회음악에 합당한 자질을 갖추었는지 다시 물어야 한다. 그리고 부족하다면 배워야 한다. 배울 수 있는 길은 많이 있다. 가장 중요한 것은 교회음악이 전문 영역이라는 의식이 없기 때문에 배워야 한다는 생각도 없는 것이 가장 큰 문제이다. 즉 자신이 부족한 것이 무엇인지를 모른다는 것이다. 예배에 대하여, 교회음악에 대하여 전혀 생각해 본 적이 없는 사람들이 현재 우리나라 교회에서 음악을 하는 사람의 90% 이상이 되지 않을까?

교회음악의 본질을 배우고 예배를 배우면 예배에서 어떤 음악을 해야 하는지를 깨닫게 된다. 지금의 한국 교회음악은 근본적으로 교회음악의 무지에서 나온 혼돈 상태이다. 음악만 하면 모두 교회 예배에 세우는 일반 성도나 목회자들의 책임도 물론 있다. 음악인 스스로도 자신이 합당한 교육을 받았는지 묻고 이에 책임 있는 태도를 가져야 하겠지만 목회자 또한 마찬가지이다. 한국 교회음악의 혼란은 교회음악이 전문 영역임을 알지 못하는 무지함과, 혹 안다고 하더라도 지금까지 내려온 관습에서 스스로 발전하려는 동력마저 가지고 있지 않은 것이 주요 원인이다. 사람들은 대부분 편하게 살기를 원하며 힘든 길을 가려고 하지 않는다. 그리고 연구하지 않는다. 지금의 교회는 평범한 현실을 그대로 반복하면서, 하나님 예배음악을 더 잘 해보려는 기대도 희망도 딱히 가지지 않는 모습이다. 모두가 가는 길이라면 그냥 같이 가는 것이다. 이 세상은 우리를 유혹한다. 뭐 하러 그렇게 열심히 하느냐고. 뭐 하러 배우고 연구하느냐고. 이 정도면 되었지 그렇게 잘 해서 뭐 하느냐고, 세상은 늘 우리 옆에 서성이고 있으면서 틈만 나면 속삭인다.

현대는 전문화의 시대이기도 하면서 모든 사람을 평준화시키며 무엇이든지 대중성을 강조한다. 사람이 중심인 것이다. 사람들이 좋아해야 하고, 사람들이 모여야 하고, 사람들이 그 한가운데 있어야 한다. 그러면서 별나게 튀지 말고 우리 모두 다 같이 비슷하게 살자고 사람들은 부르짖는다. 하지만 이것은 겉모습일 뿐, 그 안에는 인간의 이기심과 욕심이 가득 차 있으며 남이 자신보다 잘하는 것을 그리고 남이 자신과 다른 것을 싫어하는 것일 뿐이다.

교회음악은 전문 영역 중 전문 영역이다. 신학, 의학, 법학 등이 학부 이후에 전문 훈련을 거치듯이 교회음악 또한 이렇게 훈련 과정이 있다. 하나님의 일을 하면서, 목회자의 훈련 과정이 어렵고 힘들 듯이 교회음악인의 과정 또한 이런 것이 정상이다. 예배를 배우면 예배음악을 제대로 하며, 찬송가를 배우면 제대로 찬송하며, 제대로 찬송을 지도한다. 오르간문헌과 합창문헌을 배우면 좋은 오르간 곡을 예배에서 오르간으로 찬양할 수 있으며 좋은 교회 합창곡을 성가대에서 찬양할 수 있다. 이것을 배우지 못함에 따라 지금의 한국교회 성가대는 전통적인 좋은 교회 합창음악이 아니라 지금 작곡되는 CCM(Contemporary Christian Music, 동시대 혹은 현재 작곡되는 대중적 기독교 음악) 스타일의 곡들로 그야말로 거의 매주 찬양한다. 부르는 사람도 듣는 사람도 딱한 상황이다. 그렇다면 하나님은 어떠하실까?

교회 스스로 교회음악을 평가절하하고 있는 지금의 한국교회는 반성해야 한다. 신학대학을 나오지 않는 사람이 목회자 혹은 설교를 할 수 없다면 교회음악을 전공하지 않은 사람은 교회 예배에서 음악을 할 수 없다는 말이 이 땅에서 나와야 하지 않겠는가? 적어도 지휘자와 반주자는 이렇게 해야 한다. 교회는 음악을 하는 사람들에게 교회음악 전공 혹은 이에 준하는 자격을 가지도록 요구할 수 있어야 한다.

이에 앞서 음악인 스스로가 이 자격을 갖추어야겠다는 음악적 양심이 필요하다. 그리고 하나님 앞에서 그 맡은 일이 얼마나 중차대한 것인지 아는 것이 필요하다. 예배는 기독교인에게 가장 중요한 일로서 그 일을 맡은 사람은 떨리는 마음으로 이 일에 임해야 한다. 스스로 기본적인 자격을 갖추었는지 돌아보아야 한다. 교회음악인의 자격은 무엇인가? 그것은 세상이 말해준다. 신앙의 양심이 말해주기 이전에 먼저 세상이 말한다. 세상에 있는 학교에 교회음악 전공이 있으며, 교회음악 전공은 오래 연구하는 학문으로 학부 4년이 아니라 그 이상의 공부가 필요한 공부라고 세상이 말한다. 교회음악의 전통을 이어온 나라들은 지금도 이렇게 하고 있다. 세상도 인정하는 공부를 부인하는 것은 우리가 세상의 기준에도 못 미친다는 의미로, 하나님의 기준을 생각한다면 얼마나 부끄러운 일인가?

하나님의 기준에 합한 사람은 이 세상에 아무도 없을 것이다. 하지만 동시에 하나님의 기준은 세상의 기준이 아닌 것도 우리에게는 희망이 있다. 지금은 부족하지만 교회음악은, 하나님의 음악은 배워야 하는 음악이며 이것을 위해 평생 배우고 노력하고 있다면 하나님께서 인정하시지 않을까? 교회에서 음악을 하는 사람은 교회음악을 배워야 한다. 이것은 전공 영역이기 때문에 교회를 오래 다닌다고 그냥 터득되는 학문이 절대로 아니다. 구체적으로 배우지 않고는 평생 모르고 지낼 수도 있는 것이 교회음악이다. 이것은 학문적인 영역이며 동시에 영적인 영역이다. 영적인 일은 학문을 무시하지 않는다. 만약 학문을 무시한다면 목회자들은 신학대학을 다닐 필요가 없지 않겠는가? 이 일을 위하여 신학대학과 기독대학들은 교회음악을 더 많이 가르쳐야 한다. 이 논제는 계속해서 뒤에서 다룰 것이다.

45. 교회음악인의 연구의 필요성
― 예배음악 준비를 위한 시간과 노력

안타까운 일이지만 우리나라 교회에서 음악을 하는 사람들은 예배음악을 위하여 연구와 연습을 많이 하지 않는 것 같다. 이것은 자신이 일주일 동안 주일예배 음악을 위해 몇 시간을 준비하는지 솔직하게 스스로에게 질문을 해보면 알 것이다. 전임 교회음악인이 아니니 뭐 그렇게 시간을 들일 필요가 있느냐는 말을 혹시라도 하는 지휘자가 있다면 그는 이번 주일에라도 당장 지휘봉을 내려놓는 것이 낫다. 그리고 피아니스트와 오르가니스트도 그렇게 생각한다면 건반에서 손을 떼야 한다.

준비가 없는 예배는 예배가 아니다. 준비는 정성이며 마음이다. 마음이 없는데 무슨 예배를 드린다는 것인가? 우리나라 교회의 여건 상 교회음악인의 전임 제도가 현실적으로 힘들며 제도화 되는 데는 시간이 많이 걸릴 것이라는 것은 알고 있지만, 전임만이 준비하고 연습을 하는 것이 아니다. 준비와 연습은 전임과 비전임이라는 타이틀과는, 엄밀히 말하면 관계가 없다. 비전임이라도 예배음악 준비에 충실하고 헌신적인, 그래서 파트 타임(part-time)으로 일주일에 20시간도 안 되는 시간이지만, 나름대로 많은 시간을 내어 예배음악을 준비하는, 즉 교회음악인이라고 부를 만한 사람들은 있다.

한국교회에 전임 교회음악인이 한 사람도 없다고 가정한다면, 우리나라의 교회에서 음악을 맡은 사람은 모두 일주일 내내 다른 일을 하는 사람이라는 뜻이다. 일주일 동안 다른 일을 하는 사람이 주일예배 음악을 위해 따로 시간을 내어 예배음악을 연습하고 준비한다는 것은 절대로 쉬운 일이 아니다. 이것은 하나님께서 자신을 이 일에 부르셨다는 소명감이 있는 사람만이 가능하다. 그런데 현실적으로 이렇게 준비하는 사람이 많지 않다는 것은 그만큼 소명감 역시 부족하다는 뜻일까?

필자가 가르치는 수업 중 예배음악 반주법이라는 수업이 있다. 이 수업에는 피아니스트들도 함께 수강을 한다. 매학기 학생들에게 얼마나 예배를 위해 따로 시간을 내어 연습하는가를 물어본다. 오르간 전공자는 악기의 특성상 교회에서 교회 오르간으로 연습해야만 예배 때 연주가 가능하기 때문에 적어도 몇 시간씩 본 교회에 가서 연습을 한다. 이에 비해 피아니스트들은 거의 100%가 따로 연습을 하지 않는다는 것이었다. 피아노가 오르간과 다르다 하더라도 피아노 또한 연습이 필요한 악기이다. 교회 피아노와 자신이 연습하는 피아노가 다를 것이며 연습 장소와 교회, 두 장소의 음향 상태 또한 다르다. 더 중요한 것은 모든 것이 다 같다고 하더라도 어떤 연주자든 전체 리허설 외에 혼자 연습하는 시간을 가지지 않는 연주자는 별로 좋은 연주자가 아니다.

필자도 교회 성가대 반주를 거의 40년 가까이 해오고 있지만, 실제로 오르간을 전공하면서부터 성가대 곡을 위해 개인 연습이 필요함을 깨닫고 —물론 이것은 평소 연습하는 학교 오르간과 교회 오르간이 다른 이유도 있지만— 교회 곡을 따로 연습하기를 시작하였다. 이 말은 필자도 부끄럽게 교회 피아니스트일 때는 연습을 하지 않았다는 뜻이다. 그래도 예배 반주가 가능했다는 것은 필자가 뛰어났음이 아니라 제대로 하지 않았다는 것을 깨달았다. 기술적으로 그리고 정신적으로, 더 중요하게는 영적으로 준비를 하지 않았다는 것이 참으로 부끄러웠다. 그때는 필자는 예배음악 준비의 필요성을 못 깨달은 것이었다. 현재는 교회음악 전공자들이 배출되고 있지만 그때와 지금의 상황은 별로 달라 보이지 않으며 특히 피아니스트는 여전히 교회음악을 모르며 관심도 없어 보인다. 그래서 수업 중에 피아니스트들에게 개인 연습을 할 것을 간곡히 부탁하지만 반응은 별로 없는 편이다.

반주자들이 이렇다면 지휘자는 어떠한가? 우리나라 교회의 지휘자 대부분은 남자들이다. 그렇기 때문에 예배음악 준비에서 여자들이 대부분인 반주자 경우보다 지휘자 경우가 더 심각할 수 있다. 지휘자의 경우는 대체로 일주일 내내 자신의 직장일로 바쁘다. 이런 상황에서 따로 준비 시간을 내는 일은 쉽지 않으며 본인의 철저한 소명감이 없으면 불가능할 수 있다. 하지만 일을 맡으면 제대로 해야 하지 않겠는가? 더구나 이것은 헌신으로만 하는 봉사가 아니라 대체로 교회에서 사례도 받는다. 이 사례에 대하여는 바로 이어서 논의할 것이지만, 사례와 무관하게 자신의 맡은 일에 최선을 다하는 것은 누구에게나 기본적인 것이다.

그런데 교회에서 음악을 하는 사람들은 세상일만큼 열심히 하지 않으며, 오히려 적당히(?) 하는 인상이 짙다. 대충 해도 성도들은 잘 모르며, 성가대원들도 아마추어라서 음악을 전공한 사람들이 볼 때는 쉬운 대상이라고 생각할 유혹도 있을 수 있다. 세상일은 사람들의 눈치를 보면서 열심히 하는 사람이 교회에 오면 그만큼 하지 않는 경우가 많다.

그런데 교회음악인들이 연습과 준비에 시간을 많이 들이지 않는 데는 여러 이유가 있다. 첫째는 그들이 이 일에 대한 소명감과 헌신이 약한 경우이다. 이 일이 얼마나 귀하며 중요한 일인 것을 미처 깨닫지 못하는 것이다. 이것은 음악인 자신의 문제이다. 그런데 교회의 이유도 있다. 교회는 이들의 음악에 대하여 간섭 아닌 간섭을 해야 한다. 역사적으로 교회는 예배음악과 음악인들에 대해 원칙을 가지고 있었다.[1] 어

---

[1] 대표적인 예로 중세 교회부터 이어온 교회 예배음악에서 교대연주 관습(Alternatim

떤 음악은 할 수 있으나 어떤 음악은 하면 안 되는 것인지 교회와 음악인들의 관계는 어떤 면에서는 갈등의 관계가 되기도 하였다. 그리고 교회에서 음악인을 채용할 때 영적인 요건은 매우 중요했었다.

교회는 예배음악에 대하여 음악인들에게 모든 것을 맡기고 뒷짐을 지고 있으면 안 된다. 이것은 신뢰의 문제가 아니라 영적으로 서로 교통하면서 하나의 말씀과 정신으로 교회 예배를 함께 이끌어 간다는 의미가 있다. 많은 목회자들은 예배에서 자신은 설교만 하며 음악은 음악인이 알아서 책임지는 것을 묵시적으로 약속이나 한 듯이 음악에 관하여 전혀 상관하지 않는 경우가 많다. 이것은 잘못된 것이다. 교회는 적극적으로 음악인들과 조정이 필요하며, 또한 음악인들은 이것을 자신들의 영역 침해로 생각하면 안 된다. 미국의 경우 목회자 회의에는 음악인들도 포함된다. 예배음악의 성격을 만들어 주고 예배음악을 바로 이끌어줄 책임은 교회 지도자들에게 있다. 비록 이 음악인들이 교회음악 전공자들이라 하더라도 마찬가지이다. 오히려 교회음악 전공자들인 경우에는 이 필요를 더 느낄 것이다.

예배음악뿐만 아니라 음악인들의 영적인 면에도 교회는 관심이 있어야 한다. 지휘자와 반주자, 성가대원, 기악 연주자의 영적인 상태는 교회의 책임이다. 그들의 영적 성장을 위하여 교회는 기도하고 또한 키워주어야 한다. 영적으로 성숙한 음악인들은 예배음악을 위해 연구하고 준비한다. 음악인들이 연구하지 않는 것은 그들의 동기부여가 되지 않은 이유이다. 이것은 스스로 해야 하는 일이기도 하지만 교회의 적극

Praxis)은 교회 율령에 따라 바뀌기도 했었다. 교대연주에서 성가대가 먼저 시작했을 때와 또 다른 율령에 의해 오르간이 먼저 시작했던 때도 있었다. 이것은 교회의 간섭이라기보다 교회의 예배음악에 대한 정책으로 교회가 직접적으로 예배음악에 관여한다는 것은 매우 중요하다.

적인 관심 속에 함께 더 성숙해질 수 있다.

    교회음악인을 위한 전국 세미나를 추천하고 후원하는 등 적극적인 관여뿐만 아니라 잘못될 경우 규제하고 교정하는 일도 교회는 감당해야 한다. 교회의 요구가 많을 때는 음악이 발전할 수 있다. 교회가 적극적으로 음악에 관여한다는 것을 알면 음악인들은 준비에 좀 더 신중할 것이다. 스스로 할 수도 있지만 교회의 관심은 음악인을 자라게 할 수 있다.

    음악인은 예술인이다. 예술인의 특징은 다른 사람의 간섭을 싫어하는 경향이 있다. 하지만 교회음악인은 예술인이기 이전에 교회라는 한 공동체의 일원이다. 성경 말씀에 의하면 한 몸의 여러 지체 중 한 지체이다.[2] 한 몸의 한 지체로서 교회음악인은 예배에서 하나님을 영화롭게 하는 일을 맡은 사람이다. 맡은 자에게 구할 것은 충성이라는 것은 성경 말씀(고린도전서 4:2)이 아니더라도 세상에서도 상식이다. 그런데 세상의 상식에도 못 미치는 음악인이 교회 있다면 부끄러운 것이다.

    한 가정의 부인이 식구들의 식사를 위해 요리를 연구하면서 좋은 음식을 만드는 것처럼 교회음악인들은 하나님의 예배를 위해 좋은 음악을 연구하는 사람이다. 이들이 이렇게 연구하고 연습할 때, 성가대 레퍼토리가 달라질 것이며 오르가니스트의 찬송가 연주를 비롯하여 전주곡과 봉헌송 및 후주곡이 달라질 것이다. 피아니스트는 교회음악 문헌들을 찾아 예배에서 좋은 독주곡으로 하나님을 찬양할 것이며, 찬송가 연주와 그 외 반주들 또한 좋아질 것이다.

---

[2] 로마서 12:4 "우리가 한 몸에 많은 지체를 가졌으나 모든 지체가 같은 기능을 가진 것이 아니니", 고린도전서 12:12 "몸은 하나인데 많은 지체가 있고 몸의 지체가 많으나 한 몸임과 같이 그리스도도 그러하니라."

교회음악은 어려운 음악이다. 영적인 음악이라서 그러하며, 오래 공부해야 하는 음악이라서 그러하며, 사람을 보고 하는 음악이 아니라 하나님을 보고 하는 음악이라 더욱 그러하다. 사람을 기쁘게 하는 것은 쉽다. 하지만 하나님을 기쁘시게 하는 것은 어렵다. 준비할 것이 너무 많기 때문이다. 하지만 이것은 어렵기만 한 것이 아니다. 이 준비하는 시간은 고통의 시간이 아니라 축복의 시간이다. 오늘도 예배를 준비하는 음악인들이 더 많아지기를 기도한다. 한 시간 준비하는 사람이면 두 시간으로, 두 시간 준비하는 사람은 세 시간으로, 예배를 준비하는 시간이 점점 더 늘어나는 한국교회가 되기를 소망한다. 그래서 결국은 전임 교회음악인이 생기면서 이 제도가 한국에 정착되어 하나님의 나라가 올 때까지 발전하기를 기대한다.

46. 교회음악인의 사례(fee)

교회음악인직은 세상 일이 아니다. 이것은 영적인 일이다. 모든 교회음악인들은 교회의 사례에 관하여 유의할 것이 있다. 이 주제는 상당히 예민한 사안이지만 하나님 앞에서 솔직하게 내어놓고 어떤 것이 성경적이고 예수님의 마음에 가까운 것인지 함께 고민하고 토론할 수 있으며 또한 그렇게 해야 한다. 교회음악인이라면 한 번쯤 마음으로 조금은 불편하게 생각하였을 이 주제에 대해, 지금의 현상을 그냥 지나치기보다는 드러내어 놓고 이야기하는 것이 필요하다고 생각한다.

교회음악인은 교회에서 사례를 받는 것이 정당한가? 그리고 사례의 많고 적음으로 교회를 옮기는 일은 괜찮은가? 바로 예를 들면, 자신이 봉사하는 교회보다 사례를 더 많이 주는 교회가 있다고 하면 그곳으로 옮기는 사람이 있다. 이 사람도 교회음악인으로서 소명 의식이 있는 사람으로 볼 수 있을까?

현대 교회에서는 많은 성도들이 섬기는 일을 한다. 예전의 교회에서는 미술이나 음악, 즉 예술가 이외의 전문인들이 교회를 섬기는 일들은 많지 않았다. 그리고 음악인 경우는 대체로 전임 교회음악인이었다. 하지만 요즈음 교회에는 많은 전문인들이 전임 사역이 아니라 주일에 교회에 와서 여러 부서에서 자신의 전공으로 교회를 섬기고 있다. 학교 교사는 주일학교 교사로, 성악 전공자는 성가대원으로, 요리 전문가는 교회 식당에서, 은행원은 교회 재정 관련 일을 도우며, 의사는 무료 건강 진료 등등 많은 전문인들이 각자 자신의 본업과 관련된 영역에서 섬긴다. 이렇게 다양한 전문인들의 봉사 중에서 지휘자나 반주자 등의 음악 전공자들만이 교회에서 사례를 받는 것이 타당한 것인지 다시금 생각해 볼 일이라는 것이다. 더욱이 다른 전문인 봉사자들은 오히려 자신이 경비를 들여 섬길 때도 많다.

지금의 교회 현실에서 음악만이 전문 영역이라든가 특수한 분야라는 말은 설득력이 없다. 그렇다고 음악인들이 교회의 후원을 받는 것이 교회의 전통이니 그렇게 해야 한다고 한다면, 예전의 교회음악 전통이 지금까지 내려와 있는 것이 도대체 무엇이 있는지 물어야 한다. 전통적인 교회음악인이라면 다른 직장이 없이 일주일 내내 교회에서 음악 일을 하는 전임 교회음악인이다. 지금의 교회는 예배식, 예배 시간, 교회음악 등 너무나 많은 것들이 전통과 다르게 하고 있다. 그렇기 때문에 음악인 사례에서만 전통을 주장하는 것은 이치에 맞지 않다. 교회음악인들이 주일 이외에 일주일에 약간의 시간, 대체로 한두 시간 혹은 많으면 서너 시간 예배음악을 준비하고 예배에서 연주한 것으로 사례를 당연히 여기는 것은 교회의 전통이 아니다. 교회 식당을 운영하는 사람도, 주일학교 교사도 이 정도의 시간을, 가끔은 더 많은 시간을 들여 교회를 섬기고 있다. 교회 안에서 전임(전담, full-time) 사역자인 경우에는 당연히 교회에서 그들의 생계를 책임진다. 하지만 그 외에도 전임 사역자는 아니지만 보수를 받고 시간제로 교회를 섬기는 행정 혹은 관리직의 사람들도 있다.

성경에 근거한다면 교회음악인이 다른 직장 없이 교회음악만 일주일 내내 교회에 와서 준비하고 연구하는 사람이라면, 즉 full-time 음악인이라면 교회에서 다른 전임 사역자들처럼 생계를 책임져야 한다. 이것은 구약성서에서 나타나는 하나님께서 명하신 성전음악인 제도와 같은 것이다. 성전의 레위인 음악인들은 하나님께서 선택하시고 뽑으신 사람들이었다. 그들은 성전 이외의 다른 일이 없는, 성전에서 음악인으로 하는 일이 그들의 유일한 일이었던, 다시 말하면 그들은 전문 직업으로서 교회음악인이었던 사람들이다. 그 외의 이스라엘 지파 사람들은 성전음악인이 되고 싶어도 불가능하였으며, 이와 반대로 성전음악인 가계에 태어난 사람은 선택의 여지가 없이 성전음악인이 되는 경우였다. 그렇기 때문에 이스라엘 민족들은 이 레위 지파 사람들, 즉 음악인뿐만 아니라 성전과 관련된 일을 맡아 했던 모든 레위 지파 사람들의 생계를 책임지고 있었다. 그래서 성전음악인들은 부모에게서 물려받은 그 음악성과 재능으로 한 평생 연습하며 갈고 닦음으로 늘 최고의 음악을 하나님께 드릴 수 있었다. 이런 예배음악인 제도는 교회 역사상 어느 때에도 존재하지 않았던 제도로서, 이것은 율법 시대 하나님의 직접적인 통치로 이해된다.

예수님도 종종 다니셨던, 신약성서에 나타나는 회당의 예배음악은 성전음악과 다른 모습을 가지고 있다. 회당에는 전문 예배음악인들은 없었으며 예배 자체는 말씀 위주의 성격으로 음악으로는 시편을 모두 제창하는 정도였다. 교회가 핍박을 받으면서 미약했던 초기 기독교 교회의 예배음악은 평신도 중심의 간소한 음악으로 무반주 성악이 대부분이었다. 313년 밀라노 칙령 이후 교회가 자유 종교로 되면서 교회는 급성장을 하게 되며 중세(음악사적으로 1450년까지)로 들어오면서 교회는 세상의 중심이 되어 당대 최고의 음악인들이 교회 안에서 자랄 수 있었다. 그들은 교회로부터 경제적으로 전적인 지원을 받으면서 교회를 위하여 작곡을 하였다. 이들을 어떤 의미에서 전임 교회음악인(Full-Time Church Musician)이라고 부를 수 있으며 당연히 그들의 작품은 대부분 교회음악이었다. 이 시기의 교회음악인들은 생계는 물론 그들의 작품이 교회에서 연주되면서 작품 활동까지 보장 받는, 그야말로 당시 교회음악인은 세상의 어떤 직보다 확실한 직업이었다고 할 수 있다.

르네상스 시대(1450-1600)로 들어오면서 세속음악이 서서히 발전하게 되지만 교회음악인의 전통은 이어지며 교회음악은 여전히 최고의 작곡가들에 의해 작곡되고 있었다. 이러한 환경은 1517년 루터의 개혁으로 개신교회가 가톨릭교회에서 분리되면서 다양한 양상을 띠게 된다. 즉 가톨릭교회는 이러한 전통을 이어가지만, 개혁교회는 개혁자들에 따라 각기 다른 형태를 가지게 된다. 루터교회의 경우 독일 가사로 된 회중찬송가(코랄, Chorale) 외에는 대체로 가톨릭교회의 음악 전통을 이어가는 편이었지만 칼빈이나 쯔빙글리(Ulrich Zwingli, 1484-1531, 스위스의 개혁자) 등 다른 개혁자들의 교회에서는 음악의 중요성이 많이 후퇴한 상황으로 전문적인 전임 교회음악인 제도가 많이 사라지게 되었다. 이것은 교회음악의 쇠퇴와도 연관이 있다.

바로크 시기(1600-1750)에는 교회 밖의 궁정음악이 발달하면서 전문 음악인들은 그들의 일터가 궁정과 교회로 나뉘게 된다. 교회음악가 바흐 또한 라이프치히 토마스 교회로 오기 전 쾨텐 궁정의 음악인으로 있었다. 가톨릭이 우세한 프랑스에서는 이 시기에 궁정음악이 더 발달하였으며 교회음악은 많이 미흡하였다. 개신교회가 발달한 독일에서는 궁정음악이 프랑스에 비해 늦게 발달하여 많은 작곡가들이 여전히 교회에서 전임 교회음악인으로 활동하였다. 그 대표적인 작곡가가 독일의 북스테후데(Dietrich Buxtehude, 1637-1707)와 바흐이다.

바로크 시기 이후부터 교회음악이 급격히 쇠퇴하면서 전임 교회음악인 제도는 약화되면서, 음악인의 자질에서 큰 변화가 일어났다. 그럼에도 불구하고 교회가 국가적인 보호를 받는 영국이나 독일의 경우 전임 교회음악인 제도는 지금까지도 많은 교회가 유지하고 있다. 그리고 가끔은 한 사람의 전임 교회음악인이 몇 교회를 맡아서 하는 경우도 있다.

유럽과는 다른 역사를 가지고 있는 미국 교회는 전임 교회음악인 제도가 각 교회의 재정적 상황과 음악의 규모에 따라 다르게 나타나고 있다. 하지만 대체로 중형 이상 규모의 교회인 경우 전임 교회음악인으로 성가대 지휘자 혹은 성가대 지휘자 겸 오르가니스트 한 사람 이상을 두고 있다. 전임 교회음악인 제도에 대한 주제는 이 책의 마지막 부분에서 다시 자세하게 논의될 것이다.

이런 제도 안에서 그들의 사례는 당연히 일반 직장의 임금과 같다. 그들은 교회에 나와 있는 시간만큼 임금을 받는다. 그들의 개념은 교회음악인의 일은 세상 직업이기도 하면서 하나님의 일이기도 한 것이다. 이것은 목회자들이 교회에서 사례를 받는 것과 같은 것이다.

그러면 우리나라의 경우는 어떤 상황인가? 우리나라 교회에서 음악을 맡은 사람은 성가대 지휘자와 피아니스트, 오르가니스트 그리고 교회에 따라 작은 관현악 앙상블부터 큰 규모의 오케스트라까지 다양하게 있다. 우리나라 교회의 음악인은 유럽이나 미국의 상황과는 거리가 멀다. 유럽이나 미국 교회에서는 교회의 담임목회자가 한 사람이듯이 지휘자 혹은 오르가니스트도 한 사람이다. 교회 예배 횟수가 2-3회로 되어도 혼자서 음악을 다 이끌어 간다. 하지만 우리나라 교회의 경우는 다르다. 교회의 예배가 2회만 되어도 각기 다른 지휘자와 반주자가 예배음악을 맡는다. 그러다 보니 우리나라 교회 성가대 지휘자나 반주자들은 일주일에 한 번 주일예배에서 지휘 혹은 반주하기 때문에 교회에 있는 시간도 얼마 되지 않는다. 그러므로 일반 직장의 개념으로 보면 이것은 일요일 직장(Sunday Job) 혹은 주말 직장(Weekend Job)인 셈이다. 이것은 시간제(part-time) 일이라고 말하기는 너무나 적은 시간으로, 예배 후 성가대 연습 시간을 2시간으로 한다면 일주일에 일하는 시간이 서너 시간인 일요일 직장이다.

그리고 또한 중요한 것은 이 음악인들이 예배음악을 위하여 일주일에 얼마나 시간을 따로 내어 준비하는가 하는 것이다. 이들은 대체로 주중에 시간을 따로 내지 않는다. 혹 낸다면 성가대 연습 내지 앙상블 연습이 있을 수 있으나 많은 교회들이 주일예배 후에 연습 시간을 가지며 이것은 개인적인 연습이 아니라 함께하는 리허설이다. 그렇다면 이들이 예배음악을 위해 실제로 개인적으로 준비하는 시간은 거의 없을 수 있다. 성가대 혹은 악기들과 함께 연습한다고 해도 시간적으로는 주일 혹은 평일 연습을 합하면 평균적으로 서너 시간이 전부일 것이다. 물론 특별한 연주를 위해서는 예외가 있겠지만 성가대 연습은 평균적으로 예배 전 한 시간과 예배 후 한두 시간, 총 서너 시간의 연습을 하는 편이다.

이런 경우에도 이 사람을 교회음악인이라고 부르는 것이 타당할까? 이러한 상황에도 불구하고 자신이 맡은 음악을 헌신적으로 잘 하는 사람이 있는 반면, 이런 상황을 이유로 예배 준비에 마음과 시간을 별로 투자하지 않는 사람들도 있다. 예배에서 맡은 음악이 많지 않은 사람인 경우 자신의 일에 소명 의식이 없으면 예배를 준비하는데 시간과 정성을 들일 가능성은 낮다. 이것이 현재 국내의 대부분의 교회음악인이 처해있는 현실일 것이다.

더구나 이런 상황을 더 악화시키는 것은 현재 주일예배에서 연주되는 음악이다. 최근 대부분의 성가대 곡은 음악을 전공한 사람이라면 지휘나 반주에서 준비를 많이 하지 않아도 어렵지 않게 연주할 수 있는 난이도 면에서 평범한 곡들이며, 더 좋지 않는 현실은 이런 곡들을 매주 하기 때문에 음악적인 연구도 필요가 없는 상황이다. 이것은 필자 주위의 피아니스트 대부분의 의견이다. 그렇기 때문에 음악인이 준비나 연습의 필요성을 적게 느낄 수밖에 없는 것은 또한 큰 문제이다. 주일에 함께 연습하는 가운데 곡을 배우면서 익히는 정도로도 예배에서 찬양이 가능할 수 있는 곡들로 현재 한국 교회음악은 쉽고 넓은 길을 가고 있다.

이런 현실에서 사례(fee, 보수)에 대하여 생각해 본다. 사례는 그 사람의 전문성의 정도와 주어진 일에 시간을 들인 만큼에 상응하는 것이 원칙이다. 모든 교회음악인이 기독교인인 것을 전제한다면, 기독교인이 주일이 되어 교회에 와서 예배를 드리는 것은 당연하다. 기독교인이면 맡은 음악이 있든 없든 주일예배에 참석한다. 그런데 여기서 지휘 혹은 반주를 한다고 해서 특별한 대우를 받으려고 하는 것이 기독교 신앙에서 합당한 것인가 하는 것이다. 앞에서 논의한 것으로 지휘자와 반주자의 경우 주일에 두세 시간 정도 함께 연습하는 것 이외에는 개인 연습이 거의 없는 상황이다. 연습이 많이 필요한 찬송가 연주에서도 우리나라 교회에서는 피아노 등 다른 악기와 대체로 같이 연주하기 때문에 악보 그대로 절마다 똑같이 반복하는 경우가 대부분이다. 그럼에도 불구하고 오르가니스트는 개인 연습이 필수로서(필자의 책 『예배와 오르간』 42-65쪽, 73-139쪽 참조) 연습이 없이는 예배음악을 제대로 할 수 없는 사람이다. 교회에서 지휘하고 반주하면 당연히 사례를 받는 것이라는 것은 잘못된 생각이다. 이것은 당연한 것이 아니다. 받을 수도 있지만 받지 않을 수도 있다.

그리고 여기서 먼저 언급할 일이 있다. 교회에는 교회를 섬기는 분들이 많다. 교회 건물을 관리하는 사람부터 행정을 맡은 사람, 목회자를 비롯한 교역자들이 있다. 교회는 교회의 여러 직책들 중에서 전임으로 일하는 사람에게는 확실한 생계를 보장해줘야 한다. 하나님의 일을 하는데 있어서 경제적으로 힘든 일이 없어야 하기 때문이다. 그런데 여기서, 하는 일에 대한 사례의 차등이 있는 것은 성경적이지 않다. 교회를 섬기는 일이라면 섬기는 사람 모두가 같은 대우를 받는 것이 마땅하다. 교회를 섬기는 것에 있어서 일의 경중이라는 것은 하나님 앞에서는 무의미 하다. 그래서 예전에 김진홍 목사는 목사와 교회 관리인은 같은 대우를 받는 것이 마땅하다고 한 적이 있다. 이것이 바로 예수님의 생각과 같다는 것이다. 그들은 다 같이 하나님의 일을 하는 사람으로 하나님 앞에서는 모두가 같이 귀한 사람들이다. 이 일은 세상 일이 아니기 때문에 세상적인 기준에 의해 보수를 결정해서는 안 되는 일이다.

교회는 모든 것에서 세상과 달라야 한다. 세상의 가치는 하나님의 가치와 다르기 때문이다. 세상적인 경영 논리는 교회의 본질과 성경의 말씀과는 대치되는 것이 많다. 사도행전에 나타나는 초대 교회에서는 모든 성도가 물건을 공유하면서[3] 서로 비슷한 경제적인 상태를 유지하였으며, 이것은 시대를 초월하는 하나님 교회의 이상적인 모습이며 모델이다. 그때는 가능했지만 지금은 상황이 다르다고 하는 것은 인간의 핑계에 불과하다. 현실적으로 이루어지기 힘들 수는 있지만 이렇게 노력해야 하는 것은 성경 말씀이기 때문이다.

그런데 교회의 지휘자와 반주자의 경우, 특히 지휘자의 경우 세상의 사례보다 더 높이 책정이 되는 경우는 바람직한 것이 아니다. 교회에서

---

3 사도행전 4:32 "믿는 무리가 한 마음과 한 뜻이 되어 모든 물건을 서로 통용하고 자기 재물을 조금이라도 자기 것이라 하는 이가 하나도 없더라."

사례를 받는 경우라면 그것은 교회의 상황에 맞추어 할 일이다. 그리고 일주일에 주일예배 준비를 위하여 몇 시간을 들이는지를 계산하여 시간당 사례를 정하는 것이 타당하다. 그 시간이라는 것은 주일예배 시간은 빼면 더욱 좋다. 왜냐하면 그 사람이 기독인이라면, 물론 당연한 요건이지만, 주일예배는 어디서든 참석할 것이기 때문이다. 물론 예배만 드리는 사람과 예배음악을 담당하면서 예배를 드리는 일은 다르기는 하다. 그렇지만 예배드리는 시간만큼은 돈으로 환산하는 것이 예배의 본질에 맞지 않다고 필자는 생각한다. 왜냐하면 그 시간에 음악을 하고 있지만 자신은 예배를 드리고 있기 때문이다. 돈을 받는 예배라는 것이 이상하지 않는가? 그렇다면 성가대 연습 시간과 추가적인 개인 연구 시간을 계산하여 그 사람의 사례로 책정할 수 있다. 이것이 필자가 계산하는 지휘자와 반주자의 사례 책정 근거이다. 그리고 이외에 세미나 참석 등, 특별한 연구 활동이 있을 때에는 이것을 교회가 보조할 것이며 개인적으로 악보 수집이 있을 경우 연구비로 책정할 수도 있다.

그런데 현재 한국교회의 음악인 사례의 현실을 보면 대형 교회에서는 이보다도 높은 사례를 지휘자와 반주자에게 지불하는 경우가 있다. 받지 않고도 할 수 있는 일을 세상에서 받는 것보다 더 받아도 괜찮은 것인가? 이런 사례를 받는 것을 당연히 생각하는 사람이 있다면 자기가 하나님의 음악인인지 아닌지를 성경에 비추어 보아야 한다. 신앙인이 교회에서 어떤 일을 하고 교회에서 뭔가를 바라는 것은 바람직한 일이 아니다. 교회는 우리가 섬기는 곳이지 받는 곳이 아니다. 교회 안에는 개인 돈을 쓰면서 교회를 섬기는 사람들이 많이 있다.

아직까지도 교회에서 음악을 하는 사람에게 사례를 하는 것이 교회의 전통이라고 하면서 당연하게 생각하는 것은 이제 버려야 한다. 다시 말하지만 이것은 당연한 것이 아니다. 우리는 전임이 아니며, 그렇기 때문에 평신도 선교사처럼 평신도로서 교회를 섬기는 것이 좋지 않을까? 이제는 교회에서 섬기는 사람들 중에서 음악만이 전문 영역이라고 하는 말은 맞지 않는 것이다. 음악만 전문 기술로서 사례를 받아야 한다는 것은 다른 전공 영역은 전문 기술이 아니라고 말하는 것과 같은 시대착오적인 발상이다.

가끔 반주자 혹은 지휘자들 사이에서 사례의 많고 적음을 얘기하면서 많이 받는 교회를 부러워하는 말을 들으면 답답하다. 어찌 그것이 자랑할 말이겠는가? 그 사람 말의 뜻은 자기는 그만큼 실력이 있어 대우를 받고 있다는 것으로 들린다. 실력은 세상이 판단할 수 있을지 모르나 하나님께서는 전혀 다른 생각을 하실 수 있다. 그리고 교회에서 높은 사례를 받음으로 대우를 받는다고 생각하는 것은 부끄러운 일이다. 헌금은 성도들이 힘들게 일하여 교회에, 하나님께 드린 것이다. 더욱이 연습도 크게 필요하지 않는, 전문적인 음악이라고 부르기 미흡한 음악을 하면서 전공을 운운하는 것은 부끄러운 일이다. 교회에 헌금으로 들어온 돈은 세상이 말하는 소위 '눈 먼' 돈이 아니다. 하나님께서 그의 '엄청난 눈'[4]으로 지켜보시고 계시는, 성도의 피땀 어린 돈이다.

이렇게 사례를 받지 않으면서 하나님께 섬기는 것을 논할 경우, 예외는 있다. 교회의 지휘자와 반주자 중에는 경제적으로 넉넉하지 않아 생활비 내지, 학비와 용돈을 마련하며 공부해야 하는 학생이 있을 수 있다. 이 경우는 자신이 봉사하는 교회에서 장학금을 받을 수 있다. 교회는 아무런 봉사를 하지 않더라도 경제적으로 힘든 학생을 도와주기도 한다. 이것은 하나님께서 교회의 일꾼을 키우시며 약한 자를 도와주

---

4 요한계시록 1:14 "… 눈은 불꽃과 같고."

시는 방법이기도 하다.

또한 성인인 경우에도 지휘자를 비롯하여 교회음악인 가운데 전업 직장이 없든지, 직장이 있으나 생활에 어려움을 겪는 사람들이 있다. 이런 사람들도 교회는 음악인을 키우고 돕는 의미에서 연구비 명목으로 사례를 줄 수 있다. 하지만 자신이 전업 직장이 있으며 경제적으로 힘든 경우가 아니라면 ―물론 이것은 하나님 앞에서 본인만이 아는 것이다― 스스로 자신은 교회에 무보수로 봉사하는 자리에 서는 것이 하나님 보시기에 좋을 것이다.

필자의 경우 유학 시절 미국 교회 오르가니스트로 있으면서 사례를 장학금으로 받았었다. 경제적으로 힘들었던 유학 당시 이 사례금은 귀한 것이었다. 일주일 동안 다른 아르바이트를 하면서 공부 시간을 내어주기보다는 하나님의 일을 하면서, 전공 공부에도 도움이 되는 오르가니스트 혹은 피아니스트 직을 하면서 하나님으로부터 장학금을 받는 것이 더 좋은 것이다. 하지만 교회에서 주는 사례금으로 개인 장식품 하나 더 사는 정도라면 안 받는 것이 더 좋은 일이라고 필자는 학생들에게 늘 말한다.

위에서 살펴보았듯이 음악인에 대한 교회 사례에 관하여서는 한 가지 원칙만을 적용하기가 힘들다. 그래서 실현하기도 쉽지 않다. 각 사람의 형편에 따라서 사례를 적용한다는 것이 교회로서는 어렵고도 불편한 것이다. 그렇기 때문에 이런 일은 교회가 나서서 시행하기 힘들며 음악인들이 스스로 결정할 수 있는 일이다. 어떤 교회는 무조건 교회음악인들에게 무보수를 선포하여 음악인들이 어쩔 수 없이 따르는 경우도 있다고 듣고 있다. 이것 또한 좋은 모습은 아니다. 신실하고 좋은 음악인이 경제적으로 힘든 경우라면 교회가 그 사람의 음악 활동을 지원

할 의무도 있다. 이것은 예배를 세울 뿐만 아니라 하나님 일꾼을 키우는 일이며, 성도를 보살피는 일이기도 하다.

신앙인에게 교회는 봉사하고 섬기는 곳이며, 받는 것보다 주는 것을 배우고 실천하는 곳이다. 하나님께서 주신 재능을 하나님께 드리면 가장 좋은 것이다. 가끔은 자신의 사례금 크기를 자신의 가치와 동일하게 생각하는 사람들이 있다. 이것이야 말로 세속적인 가치관의 극치라 할 수 있다. 교회에 이런 가치관이 들어온 것은 참으로 부끄러운 일이다. 하나님께서 언제 우리를 돈으로 환산하셨는가? 교회의 예배음악을 하는 일이 어떤 가치로도 매길 수 없는 직으로 생각하고 자랑스럽고 자원하는 마음으로 하는 것이 더 즐겁고 감사하지 않을까?

제3부

한국교회 예배와 예배음악의 미래

VI. 한국교회 예배와 예배음악을
　　위한 제언

VI
한국교회 예배와 예배음악을 위한 제언

47. 교회음악 연구위원회

우리나라 개신교 교단에는 총회가 있다. 총회는 교회음악을 담당하는 상설위원회를 두어 적어도 한 달에 한 번 이상 정기적인 모임을 가지면서 현재 교회의 음악에 관하여 의논하고 연구하여야 한다. 찬송가 발간 등의 일이 있을 때 한시적으로 열리는 위원회가 아니라, 정기적으로 모임을 가지면서 수시로 교회음악에 대하여 논의하고 문제점이 있을 때나 교회에서 질문이 있을 때 원리와 원칙을 제시할 수 있는 상설위원회는 필수적이다. 우리나라 개신교회는 여러 교파가 있다. 그런데 교파는 다르지만 우리나라 교회의 예배음악은 서로 비슷한 편으로 이것은 이런 음악위원회가 없기 때문에 생긴 현상일 수 있다. 예를 들면, 예전에 장로교회와 침례교회의 음악은 다른 점이 있었으나 지금은 거의 모든 교회가 비슷한 음악으로 통일된 느낌이다.

가톨릭교회는 한 사람의 교황과 그 아래 엄격한 규칙에 따른 사제 제도와 조직을 통하여 모든 것이 전문화되기 쉬운 교회이다. 그래서 음악은 늘 위에서 내려오는 칙령에 의해 좌우되었다. 이러한 것들은 앞의 글에서 자주 언급되었다. 가톨릭교회는 교회음악의 거룩성(holiness)을 유지하기 위하여 교회음악의 본질에 따라 각 교회에 허락되는 음악과 허락되지 않는 음악 등의 구분을 자세하게 내려 보내는 것이 전통이다. 가톨릭교회 음악의 큰 변화를 주도했던 교회 회의 중 가장 대표적인 것이 글의 앞부분에서 언급한 트렌토공회의(The Council of Trent)이다.[1] 이 회의의 여러 의제들 중 하나가 당시 무절제하게 교회 안에서 불리던 부속가(속가, sequence)를 네 개만 남기고 금지시킨 일이었다. 우리나라 교회사에서 이것과 비교할 만한 교회의 회의가 있었는지 우리는 알지 못한다. 교회 지도자들은 교회음악의 전반적인 것을 지도하고 감독하는 일을 해야 한다. 그래야 교회음악의 거룩성을 유지할 수 있기 때문이다. 이것은 하나의 기구를 통해서 가능하다.

교회음악 연구위원회가 하는 일은 무엇이겠는가? 개신교회는 가톨릭교회와 다를 수 있다. 이 위원회에서 토론되고 채택된 내용은 각 교회가 따를 수도 있지만 따르지 않을 수도 있다. 이것은 개신교회의 특징으로 법적인 효력을 가지는 것이 아닐 수도 있다. 하지만 각 교단 총회 산하의 기구에서 어떤 논제에 대해 입장을 제시하는 것은 각 교회가 존중할 것이기 때문에 상당한 의미가 있다. 이 위원회는 우선 교회음악과 예배음악의 본질적인 정의를 명문화할 필요가 있다. 교회음악은 무엇인지, 예배음악은 무엇인지, 그래서 어떤 음악을 교회 예배에서 연주해야 하는지 그리고 연주할 수 있는지를 구체적으로 명시하는 것이다. 반

---

[1] The Council of Trent(1545-1563): 북 이탈리아 Trento(Trent)와 Bologna에서 열린 가톨릭교회 지도자들 회의로 루터의 종교개혁 이후 가톨릭교회의 자체 정화를 위한 의제들이 논의되던 회의이다. 이것 때문에 이 회의를 루터의 종교개혁(Reformation)에 대응하는 가톨릭교회의 개혁운동이라는 의미로 Counter-Reformation이라고 부르기도 한다.

대로 예배에 적합하지 않는 음악도 구체적이지는 않더라도 기본적인 개념은 명시할 수 있다. 예배음악은 하나님께 드리는 거룩한 음악으로 세상에서 즐기는 음악과는 다른 것이라는 것을 비롯하여 교회는 본질적으로 어떤 음악을 지향하는지 그리고 하나님께서 원하시는 음악은 어떤 음악인지 성경에 근거하여 제시해야 한다. 이것이 현재 총회에서 되어 있는지는 모르나 필자는 지금껏 교회에서 들은 바가 없다.

그리고 위원회는 정기적인 모임을 통하여 현재 각 교회에서 연주되고 있는 음악에 대한 기본 정보와 자료를 가지고 있어야 한다. 이것은 위원회 아래 각 교회와 연결되는 교회음악인들의 네트워크(network)를 통해 상시 업데이트 되어야 할 부분이다. 그리고 이 자료를 통하여 나타나는 교회음악의 현주소를 파악하고, 진단하고 제언할 수 있어야 한다. 무엇이 잘 되고 있으며 어떤 것이 문제점인지 등 교회의 음악 상황에 대하여 전체적으로 의견 또한 줄 수 있어야 한다.

현재 한국의 교회음악은 여러 면에서 문제가 많다. 교회음악의 세속화를 비롯해 현재 교회에서 연주되는 음악의 질과 균형 문제는 심각하다. 세속음악이 교회에 들어옴으로써 세속적인 악기가 들어왔으며 이제는 이것이 아무 문제가 없는 듯이 교회 안에서 보편화되고 있는 실정이다. 이런 상황에서 위원회가 있어서 이것이 성경적인지 아닌지를 말해 줄 수 있어야 한다. 예전에 필자가 목회자들을 대상으로 강의할 때 많은 목회자들이 이런 가이드를 원했었다. 신뢰할 수 있는 교회음악 연구위원회에서 음악의 종류에 따라 예배음악의 적합성 여부의 원칙을 제시해 주면 교회에서 예배음악의 선정에서 그리고 청소년들을 지도할 때 좋은 가이드가 될 것이라고 하였다. 이것은 약 7-8년 전의 일로서 그때만 해도 CCM에 대해 우려하는 목회자들이 대부분이었으나 이제는 많은 목회자들이 거리낌 없이, 하는 대로 따라가는 것 같다. 한때 우려했던 길을 계속 가고 있었으니, 이것은 이제 교회가 7-8년 더 세속화 되었다고 해도 과언이 아닌 것이다.

이 위원회가 또한 해야 할 중요한 일은 매년 혹은 격년으로 전국 교회음악인들의 모임을 가지는 것이다. 총회를 통해 전국의 목회자들이 모이는 것과 같은 것이다. 한국 오르가니스트는 전국협회(KGO)가 있어 매년 전국 모임을 가지고 회의를 비롯하여 연주와 마스터클래스를 가지면서 오르가니스트의 연구를 돕는다. 성가대 지휘자들 또한 KGO의 성격은 아니더라도 전국적인 모임이 있다. 하지만 우리나라 많은 교회에서 주 반주자인 피아니스트는 이런 전국적인 연구 모임이 있다고 들은 적이 없다. 교회음악인들은 각각의 영역에서 전국적인 혹은 지역적인 모임을 가지는 동시에 총회의 이름으로 전국적인 협회 내지 모임이 있어야 한다. 그리고 매년 혹은 격년으로 전국의 교회음악인들이 함께 모인다면 대단한 모임이 될 것이라 생각한다. 현재 우리나라에 교회음악협회가 있기는 하지만 이들은 주로 대학 등에서 전문적으로 활동하는 사람들로 구성되어 있어 작은 교회에서 활동하고 있는 대부분의 교회음악인들은 포함하기가 어려운, 성격이 다른 모임이다.

이런 전국 모임을 위해서는 전국의 교회음악인들의 명단이 파악되어야 한다. 교회음악인은 전문인이다. 전문인이라면 전문인들만의 모임이 당연히 있어야 한다. 총회는 목회자들을 위한 모임만이 아니라 교회 사역과 연관된 전문 사역자들의 모임도 만들어 주어야 한다. 이 일은 목회자들이 우선 나서서 해야 할 일이며, 일단 이 일이 시작되면 교회음악인들에 의해 자연스럽게 운영될 수 있을 것이다. 목회자는 설교만으로 예배를 이끌어갈 수 없음을 안다. 예배에는 설교만큼 음악도 중요하다. 한 시간 예배 동안 설교의 시간이 30분이라면 음악 부분은 거의 20분이 된다. 이렇게 막중한 시간과 일을 맡고 있는 사람들이라면 목회자만큼이나 책임감을 가지고 연구하고 노력해야 하며 이를 위한 위원회가 총회 소속으로 있어야 하지 않겠는가? 혼자서는 할 수 없는 일을 같이 하면 가능한 일들이 많이 있다. 총회 산하 교회음악 연구위원회는 세속화 되어가고 방향을 잃고 있는 한국의 교회음악을 다시 성경에 입각하여 바로 세우고 정비하는 일을 할 수 있을 것이다.

위에서 언급한 총회 소속 교회음악 연구위원회가 할 수 있는 일을 몇 가지 정리해본다.

1. 교회음악 매뉴얼 제작: 교회음악과 예배음악의 정의와 목표, 교회음악인의 정의, 자질, 자세 등을 성문화 함
2. 전국에 있는 교회음악인들의 소속 교회와 명단을 파악하여 자료로 보관
3. 총회 주최로 전국 교회음악인 연구 모임 개최 - 매년 혹은 격년
4. 교회음악 연구 활동
5. 교회음악 현황 파악
6. 현재 교회음악의 문제점을 파악하고 제언

48. 전임 교회음악인(Full-Time Church Musician) 제도

교회의 전임 음악인이란 교회음악인으로서 교회의 전임 사역자를 의미한다. 교회에 전임 음악인이 있으면 한 교회에 담임 목사님이 모든 (예외적인 경우도 있다) 주일예배 설교를 하듯이 예배음악도 이 전임 음악인이 모든 예배음악을 담당하므로 한 교회의 성도가 하나의 메시지와 하나의 음악을 공유하게 된다. 한 교회 안에서 예배가 몇 회로 나뉘는 것은 바람직한 교회의 모습이 아니다. 이것을 피할 수 없는 상황이라면 담임 목사가 모든 예배의 설교를 담당하듯이 음악 또한 한 음악인(지휘자, 반주자 혹은 추가 악기)이 예배음악을 담당하는 것이 타당하다. 음악적인 면에서도 여러 성가대와 여러 오르가니스트 등으로 나뉘는 것은 장점보다는 단점이 더 많다. 이것은 불필요한 낭비라는 점에서는 물론, 전문성 면에서도 위협이 되는 것이다. 조금씩 여러 사람이 부분적으로 하는 것이 아니라 한 사람이 '제대로 전문적으로' 하는 것이 교회음악의 발달에 훨씬 유리하다. 기독교 안에서는 지금까지 이런 제도로 교회음악이 발달해 왔다. 하지만 우리나라는 여러 이유로 이 제도를 수용하지 못하고 있는 현실이 안타까울 뿐이다. 우리나라 교회에서 교회음악의 전문성을 인식하고 이런 발상의 전환이 없는 한 지금 교회음악의 평범함과 비전문성은 계속될 것으로 우려한다.

구약성서에서 성전음악을 담당하는 사람들은 전임 사역자들(full-time church musician)이었다. 이것은 하나님의 명령으로 이스라엘 자손 대대로 내려오는 전통이며 원칙이었다. 성전에서 사역하는 모든 사람들, 즉 제사장, 음악인 그리고 성전 관리와 예배를 구체적으로 돕는 모든 사람들은 레위 지파의 사람으로서 인간의 선택이 아니었다는 것이 중요한 의미를 가진다. 왜 하나님께서는 이렇게 예배하는 일에서 사람에게 선택권을 주시지 않고, 어떤 면에서는 하나님께서 그 사람의 의지에 관계없이 레위 지파를 일방적으로 부르셔서 일을 시키신 것인지 이해하기 힘들 수도 있다.

이 일은 전적으로 하나님의 주권에 해당하는 일이다. 신앙은, 믿음은 사람의 머리로 이해하는 일이 아니다. 하나님의 주권 안에 먼저 순복하고 믿음으로 받아들일 때 신앙은 시작하는 것이다. 그리고 하나씩 이해하기 시작한다. 창세기 1장 1절을 머리로 이해할 수 있는가? 불가능하다. 하나님 말씀 첫 절부터 우리는 순복하고 무조건 믿고 받아들이는 것이 바로 신앙이다. 하나님은 레위 지파를 선택하시고 하나님 섬기는 일을 맡기셨다. 그리고 그 섬기는 일은 전임(full-time)으로 하는 일로서 전문적인 일이었다.

전임(full-time) 일이라는 것은 무슨 의미를 가지는가? 이것은 한 가지 일을 집중적으로 그리고 전문적으로 한다는 의미이다. 사람이 한 직장을 다니면서 그 일에 전문가가 되는 것과 마찬가지이다. 특히 예배와 관련된 것은 평범한 일이 아니다. 예배와 성전(교회당) 관리 및 음악을 운영하는 것은 일반 회사의 사무직과 같은 일이 아니며 특수하고도 전문적인 일이다. 그래서 목회자가 되려면 대학을 졸업한 후 신학대학원을 또 다닌다. 그리고 여러 과정을 통과한 후에 목사가 되면서 교회목회가 가능하다. 현대 교회당은 이스라엘의 성전과 같은 성격이 아니기 때문에 관리하는 것이 어쩌면 전문직이 아닐 수도 있다. 하지만 하나님을 예배하고 성도들이 모이는 곳이라는 특수성 때문에 이 일 또한 특별한 일이다. 그리고 교회음악 혹은 예배음악은 음악 중에서도 어려운 전문 분야의 음악으로 아무나 할 수 있는 분야가 아니다. 그래서 목회자처럼 교회에서 음악을 담당하는 사람은 교회음악을 배운 사람이어야 한다. 거기서 더 나아가 목회자가 전임이듯이 교회음악인도 전임이어야 한다. 하나님께서 명하신 예전의 성전음악인이 지금은 필요하지 않다고 누가 말할 수 있겠는가?

하나님의 명령과 선택에 따라 전임으로 평생, 그것도 대대로 부모의 업을 이어받아 하나님의 음악인으로 일했던 사람들은 축복받은 사람들이었다. 그리고 그 음악은 전문적일 수밖에 없었을 것이다. 하나님께서 직접 이들을 선택하시고 일을 맡기셨기 때문에 재능과 영감을 함께 부어주셨을 것은 당연하다.

교회음악인이 교회에서 전임으로 음악을 맡게 될 때 결과는 대단하다. 하루 종일 교회음악만을 생각하고 연구할 수 있는 환경은 교회음악의 발전에 큰 기여를 할 것은 말할 필요가 없다. 즉 작곡가, 지휘자 혹은 기악 연주자(오르간 내지 피아노)가 교회 전임 음악인으로 있게 된다면 이들은 여기서 뛰어난 업적을 이룰 것이다. 이렇게 되면 교회음악은 이 세상 음악을 이끌어 갈 수 있다. 이것이 팔레스트리나와 바흐를 비롯한 많은 교회음악인들이 이루어낸 것들이다. 하지만 교회의 전임 음악인들의 자질이 낮아지고, 그들의 수가 줄어들면서 교회음악은 쇠퇴하였으며 이에 교회음악은 세상 음악을 이끄는 것이 아니라 따라 가게 되었다. 이것은 현대까지 이어지는 상황으로 안타깝게도 지금의 한국 교회음악은 수준뿐만 아니라 정체성 면에서 혼란 그 자체이다. 필자의 대학시절 교회음악 수준보다 못한 것이 지금의 상황이다. 필자는 대학시절 팔레스트리나의 미사곡을 가끔 교회에서 들었으며, 모차르트의 대관식 미사를 기독대학생 동아리 합창 연주에서 반주하였다. 기독동아리 대학생이라면 대부분이 비전공자로서 이런 수준의 곡들을 연주하였다는 것은 당시 교회의 성가대가 어떤 수준이었느냐는 것을 단적으로 보여주는 것이다. 하지만 최근에는 기독학생단체는 물론 교회 성가대에서도 이와 비슷한 예는 드물다.

전임 교회음악인이 없다는 의미는 교회음악은 발전할 수 없다는 뜻과 같다. 일주일에 40시간을 투자하는 음악과 일주일에 4-5시간을 투자하는 음악의 차이는 말할 필요가 없지 않겠는가? 이 시간으로는 발전할 수 없을 뿐만 아니라 제자리걸음도 벅찰 정도이며 퇴보할 가능성이 더 많다. 그리고 이 경우 변화를 시도할 여력이 없다. 그래서 모두가 다 가는 쉽고 큰 길을 걸을 수밖에 없는 것이다. 이것은 자신이 스스로 연구하고 노력하여 예배음악의 일 년을 계획할 수 없어, 한두 번의 세미나 참석으로 일 년 동안의 예배음악을 위한 악보를 확보하고 거기서 누군가 만들어 주는 매뉴얼대로 따라갈 수밖에 없는 시간적인 분량이라는 것이다.

그러면 전임 교회음악인이 일주일에 40시간 교회에서 근무한다면, 도대체 그렇게 할 일이 있는가 하는 것이다. 이것은 음악목회 차원의 일로서 제대로 음악목회를 한다면 이 시간도 모자라는 시간의 양이다. 일반적으로 전임인 경우는 성가대 지휘가 우선이며 그 다음이 오르가니스트이며, 성가대 지휘자와 오르가니스트를 겸하는 경우도 많다.

성가대 지휘자로서 전임인 경우 사역의 영역을 살펴본다. 이 사람은 자신의 교회 성가대 전체를 지휘하고 교회의 모든 음악을 다 관장하는 사람이다. 교회의 성가대가 몇 개더라도 원칙적으로는 본인이 다 지휘한다. 그래서 오히려 성가대가 몇 개가 되는 것이 아니라 예배 성가대는 하나가 되며 교회의 여건에 따라 그 외 여러 연령층을 위한 성가대 혹은 합창단이 있을 수 있다. 그는 예배음악 전체에 책임이 있으면서 지휘자로든 오르가니스트를 겸하든 많은 영역의 곡을 선정하고 연습하면서 준비한다. 이 경우는 성가대가 부르는 예배 중의 짧은 송영은 거의 매주일 바뀐다. 그리고 성가대 찬양은 한 곡만 하는 것이 아니라 두 곡을 종종 한다. 두 곡이 아닌 경우는 성악 독창 혹은 중창이나 기악 연주를 준비시킨다.

그는 성가대 찬양곡을 연구하고 선정하고 연습시키는 일뿐만 아니라 찬송가 선정까지 책임을 맡을 수 있다. 특히 찬송가는 단순한 찬송가를 더 다양하게 부를 수 있도록 많은 연구를 하는 것이 임무 중 중요한 일이다. 예를 들면 찬송가의 다른 편곡으로 찬양하는 것과 찬송가에 데스칸트(descant)를 넣어 예배 때 회중찬송에 활기와 영성을 넣어 주는 일 등 회중찬송에 있어서 전임 음악인은 할 일이 많이 있다. 그리고 일 년의 장기 계획 안에서 합창 연주회를 한두 번 가진다. 합창 연주뿐만 아니라 그 교회가 주최로 하는 주 중의 저녁 연주회를 기획하여 운영하며 성가대가 주 중에 활동할 수 있는 프로그램을 개설하여 외부 활동을 하며 봉사 활동도 한다. 뿐만 아니라 성도를 위한 교회음악 교육 프로그램을 운영한다.

여기서 전임 교회음악인의 대표적인 임무만을 언급하였으나 사역자에 따라 더 창의적인 활동은 가능하다. 이 사람은 한 교회의 예배음악과 성도들의 교회음악 교육에 책임을 진 사람으로 그의 일과는 늘 바쁘게 돌아간다. 이 모든 일을 하면서도 가장 중요한 것은 예배음악을 준비하는 것이며, 위에서 언급한 많은 프로그램 가운데서 조금이라도 빈 시간이 나면 연구하고 연습하는 것이 이 사람의 하는 일이다. 서양의 경우는 결혼식과 장례식을 교회에서 예배로 많이 하기 때문에 이 일 또한 그의 임무에 들어간다.

전임 교회음악인 제도가 지금까지 잘 이어온 독일의 경우는 쇠퇴해 가고 있는 서양의 교회와 교회음악을 그나마 잘 지켜가는 예가 된다. 우리가 익숙한 미국 교회의 경우에는 중형 교회 이상은 대부분 전임 교회음악인을 한 사람 이상 두고 있다. 대형 교회인 경우는 두세 명이 되는 경우도 종종 있다. 유럽까지는 가지 않더라도 우리나라의 교회음악을 미국 교회와 비교하면 부끄러운 상황이다. 우리나라의 대형 교회들은 세계에서 손꼽히는 정도로 큰 교회이며, 중형 교회라고 해도 경제적으로 전임 교회음악인을 둘 만큼 한국교회는 성장하였다. 하지만 여전히 교회는 교회음악에 마음을 쓰지 않고 있다. 그래서 전문 영역 중의 전문 영역인 교회음악을 여러 사람들이 나누어 한 예배만 담당하는 그야말로 아마추어식의 음악으로 하고 있다.

우리나라에서 전임 교회음악인 제도를 시행하기 위해서는 여러 장애물들이 있다. 첫째는 전임 교회음악인은 교회음악을 전공한 사람이어야 한다는 것이다. 교회는 교회음악을 전공한 사람을 전임으로 채용하여 음악을 맡겨야 한다. 사범대학을 졸업하면 교사가 되듯이 교회음악 전공을 졸업하면 전임 교회음악인이 되는 것이 당연하다. 그런데 교회는 이 일을 하지 않고 있다.

두 번째 장애물은 한 교회의 예배가 여러 횟수로 나뉘어져 있는 경우 성가대 지휘자와 오르가니스트, 피아니스트들이 각 예배마다 따로 있다는 현실이다. 전임으로 사역을 맡길 경우 당연히 한 지휘자가 모든 성가대를 지휘할 것이며 오르가니스트를 겸한다고 하면 이 일 역시 한 사람이 모든 예배를 담당한다. 물론 도와주는 사람이 필요할 경우 보조지휘자(assistant conductor) 혹은 보조 오르가니스트(assistant organist)를 둘 수는 있으나 이들은 그야말로 일주일의 몇 시간만 일을 하는 시간제(part-time) 음악인이 될 것이다.

전임 교회음악인을 둘 경우 현재 여러 예배 시간에서 각자 지휘와 반주를 담당하는 음악인들이 한 사람으로 줄어들게 되는 것, 이것이 아마도 한국교회에서 해결해야 할 제일 큰 과제일 것이다. 이것은 쉽지 않는 일이다. 여기에는 찬반 의견이 있을 수 있다. 교회는 여러 성도에게 봉사의 기회를 주려고 하는 좋은 의도가 있을 수 있다. 그리고 사람을 키워야 한다는 주장도 있을 수 있다. 하지만 교회의 많은 인적 자원은 예배음악이 아니라 교회의 다른 사역을 통해서 얼마든지 사용할 기회가 있다. 이 일들을 운영하는 것이 바로 전임 교회음악인이다. 하지만 그렇게 될 때 그들은 교회 예배음악을 담당하는 사람의 사례만큼은 받지 않을 것이기에 문제가 생긴다. 지금의 많은 지휘자들과 반주자들은 자신의 활동 영역이 없어질 뿐만 아니라, 현재 교회에서 무보수로 섬기는 사람이 아니라면 수입도 없어지는 것으로서, 인간의 욕심을 내려놓지 않으면 우리나라 교회에서 전임 교회음악인 제도는 험난한 길을 예상한다.

필자가 보기는 위의 이유가 한국교회에서 전임 교회음악인 제도가 실현되지 못하는 가장 큰 이유라 감히 생각한다. 개인적인 욕심으로 인해 교회음악의 성장을 막고 있는 것이다. 물론 이것은 음악인 자신의 욕심이 아니라 음악인과 연관되어 있는 주위의 사람들의 욕심일 수도 있다.

세 명의 지휘자에게 줄 사례를 한 사람에게 다 줄 수 있다면 이 사람은 다른 일을 하지 않아도 전임 교회음악인으로 교회음악에 전념할 수 있다. 한 사람의 온전한 헌신과 전문적인 음악 사역은 여러 명의 분산되고 전문적이지 않는 음악 사역보다는 월등히 효과적이고 가치가 있다.

적어도 시간적으로 계산해도 한 사람의 전임은 일주일에 40시간이지만 세 명의 분산된 지휘자의 경우라면 다 합해도 스무 시간이 되지 않을 것이다. 그리고 앞서 설명한 전임 교회음악인이 하는 그 일들을 이 세 사람은 거의 한 가지도 할 수 없다. 이 일은 하나씩 나누어 할 일이 아니기 때문이다. 지금처럼 겨우 성가대 찬양 정도만 가능할 뿐이다.

　비전문가가 아무리 많아도 전문가 한 사람을 대신할 수 없다. 지금 현재 한국교회의 음악은 대부분 예배음악 전문가가 아닌 비전문가가 담당하고 있는 현실이다. 이런 현실에서 교회음악의 발전을 기대한다는 것은 불가능하다. 할 능력도 없고, 할 의지도 없으며, 할 시간도 없는 것이 현실이다. 교회는 이 사람들을 원망해서는 안 된다. 처음부터 교회음악인이 아닌 사람에게 교회음악을 맡긴 사람은 교회이기 때문이다. 자격이 없는 사람을 쓰면서 그 자격에 준하는 일을 기대한다는 것은 서로에게 온당치 않다. 그렇기 때문에 처음부터 교회는 교회음악 전문가에게 교회음악을 맡겨야 하며 교회 예배가 두 회 정도로 나누어진다면 100% 전임은 아니더라도 반전임 수준, 일주일에 20시간 시간제 교회음악인을 채용할 수 있다. 이것은 100% 전임 교회음악인 제도가 정착될 때까지 가능한 하나의 방법이기도 하다. 우선 예배음악을 담당하는 사람 수를 줄이고 자격이 있는 한 사람에게 모든 것을 담당하게 하면서, 그 사람의 하는 일을 서서히 넓혀갈 수 있도록 하는 것이다.

　전임 교회음악인 제도의 좋은 예로 필자가 유학 시절 음악목회의 실제를 공부하기 위하여 3년 동안 성가대원으로 다닌 텍사스주 달라스 소재 미국인 교회 Highland Park Presbyterian Church가 있다. 이 교회는 당시 Bell 목사님[2]이 담임목사님으로 교회음악에서는 달라스

---

2 Benjamin Clayton Bell(1932-2000): 중국의 의료 선교사 L. Nelson Bell의 아들이며

에서 가장 뛰어났던 교회였다. 당시 교회 멤버(member)는 약 만 명 정도로서 매주일 예배 참석자는 2-3천 명 정도였다. 이 교회는 당시 교회음악 분과에 전임이 세 명으로 지휘자(Music Director라는 직책이었음), 부지휘자 그리고 음악 사무실 직원이었다. 또한 시간제(part-time) 음악인으로 오르가니스트, 음악 도서관의 사서 그리고 어린이 음악 담당자가 있었다. 주일예배는 3회가 있었으나 성가대는 하나였으며 Music Director가 한 성가대로 세 예배 모두 지휘를 하였다. 시간제 오르가니스트 또한 모든 예배의 반주를 맡았다. 성가대원의 전체 수는 80-90명 정도였으며 이들은 각각 한 주일에 대체로 두 예배에 봉사를 하였다. 그래서 가장 이른 예배는 성가대가 약 40명, 9시경 예배는 50-60명 그리고 11시 예배는 60-70명 정도가 찬양을 하였다. 성가대 연습은 수요일 저녁에 두 시간 내지 두 시간 반을 하였으며 1부에서는 다가오는 주일 찬양곡과 한 달 정도의 찬양곡 4-5곡과 짧은 송영들을 연습하였으며, 2부에서는 앞으로 있을 합창 연주 연습을 하였다.

음악목회에 대한 주제는 더 많은 지면이 필요하기에 여기서는 자세히 언급하지 않겠지만 전임 교회음악인 제도는 음악목회를 위해서는 필수적인 것이다. 모든 것이 전문화된 이 사회에서 교회 안에도 많은 부분들이 전문화되었다. 하지만 교회음악은 오히려 퇴보하여 비전문 영역으로 남아있다. 용기 있는 결단과 성경으로 돌아가는(Sola scriptura) 믿음의 전환이 없으면 지금의 현실은 악화될 것이며 하나님의 교회는 이 땅에서 영적인 영향력을 더 잃게 될 것이다.

빌리 그레이엄 목사님의 부인 Ruth Bell Graham(1920-2007)의 동생이다. 그는 Dallas(Texas)의 장로교회 목회자로서 영향력이 컸던 사람이다.

49. 신학대학교의 목회자를 위한 교회음악 교육

목회자를 교육하는 신학대학교의 교과과정에서 교회음악 과목이 크게 중요하지 않게 다루어지고 있는 것으로 듣고 있다. 이것은 매우 중차대한 과오이다. 목회자들이 신학대학교에서 실제로 교회음악에 대하여 별로 배운 것이 없다고 종종 말을 한다. 그래서 자신의 교회목회에서 어떤 음악을 해야 하며 그리고 어떤 음악은 자제해야 하는지 등 필자는 자주 질문을 받는다. 물론 이것은 신학대학을 졸업한지 시간이 어느 정도 지나서이기도 하겠지만, 처음부터 교회음악에 대한 교육을 제대로 받지 못했다고 말하기도 한다.

이미 예배음악의 중요성은 이 책에서 줄곧 서술되어 왔다. 그런데 목회자가 되는 과정에서 교회음악에 관한 공부를 제대로 하지 못한다는 것은 그 교육과정에 결함이 있다는 뜻이다. 그래서 그런지 대부분의 목회자는 교회음악에 대해 아무 의견이 없는 경우를 종종 본다. 대부분 목회자들은 교회음악은 음악을 하는 사람의 영역으로 자신의 영역이 아니라고 미룬다. 그런데 문제는 교회에서 교회음악을 전공한 사람이 적거나 없다는 것이다. 현실적으로 교회에서 음악을 하는 사람 중에 교회음악을 전공하지 않은 사람의 비율이 훨씬 높다. 더구나 지휘자인 경우는 교회음악 전공이 더 적어 10%에도 못 미칠 것이다. 그런데 목회자는 지휘자 혹은 반주자에게 교회음악의 전공 여부와 관계없이 그들의 하는 음악에 대해 의견을 주지 않고, 음악 전체를 맡기는 경우가 대부분이라는 것이다.

목회자는 스스로 교회음악에 대해 공부를 해야 하지만 더 중요한 것은 신학대학에서 그것을 가르쳐야 한다는 것이다. 신학대학이 이것을 제대로 가르치지 못하였다면 그것은 직무유기이다. 목회자의 자질에 책임을 지고 있어야 할 신학대학이 이것을 제대로 하지 못하고 목회자를 배출한 것이다. 신학대학은 목회자를 위해 책임 있는 교육을 실시할 의무가 있다. 이것은 하나님의 교회를 맡는 일로서 중차대한 일이다. 예배에서 음악의 쓰임은 정도의 차이는 있으나, 우리나라 모든 교회가 음악을 통해 하나님께 예배한다.

교회음악 교육은 가톨릭교회보다 특히 개신교회에서 많이 미약하게 나타난다. 가톨릭교회의 예배음악을 보면, 우선 그들은 예배에서 찬송가(성가)를 부르는 것이 개신교회보다 더 많으며 그 의미도 더 중요하다. 가톨릭교회의 성직자 과정은 개신교회의 과정보다 더 엄격한 것으로 알려져 있다. 그들의 훈련 과정은 평생 독신으로 헌신하는 목자의 길이기 때문에 어려운 과정이기도 하겠지만, 보다 더 전문적으로 훈련을 시킨다. 전례를 행하는 가톨릭교회에서는 신부가 미사를 인도할 때 노래(chant)하는 것이 필수이다. 그래서 이들의 성대 훈련은 물론 음악에 대한 지식과 기술적인 면의 훈련을 기본적으로 거친다. 전례를 행하는 가톨릭교회나 루터교회 혹은 성공회교회의 예배를 참석하면 예배를 집례하는 신부(혹은 목사)의 성가는 종종 전공자 수준에 이르는 것을 느낀다. 단순한 목소리뿐만 아니라 음표를 읽는 것과 소리를 내는 발성이 기본적으로 훈련을 잘 받았음을 알 수 있다. 또한 그들은 성가를 아름답게 부르는 법도 배운 듯, 성가를 듣고 있으면 아름답고 영적이다.

이에 비해 개신교회 목사의 찬송은 개인차가 많다. 이것은 신학대학에서 배운 것이 아니라 타고난 목소리의 결과로서 소리가 좋은 사람은 잘 부르고 그렇지 못한 경우는 듣기가 불편한 것이다. 그리고 그들은 대체로 음악적인 훈련을 거치지 않았기 때문에 악보를 정확하게 부르지 않고 지금까지 부르는 습관대로 부른다. 그래서 성도들이 악보와 다르게 부르면 목회자도 같이 그렇게 부른다. 그리고 찬송가의 템포(tempo)는 대체로 목회자가 원하는 템포로 많이 한다. 그래서 목회자에 따라 찬송가는 느리게도 빠르게도 불린다.

목회자가 예배에서 찬양할 때 대체로 두 가지 경우가 있다. 하나는 마이크로 직접 자신이 찬송가를 인도하는 것과 자신의 마이크는 끄고 지휘자 혹은 악기, 주로 오르가니스트에게 찬송 인도를 맡기는 경우이다. 목회자가 직접 찬송을 인도할 경우 장점도 있지만 찬송을 정확하게 부르지 못할 때는 그 피해가 심각하다. 소리의 좋고 나쁨을 떠나서 잘못된 음정과 박자는 물론 템포와 호흡 등에서 가사와 음악에 적절한 것이 아니라 자신이 좋아하는 대로 부르는 경우가 될 때가 많다.

이와 반대로 찬송 인도를 다른 사람에게 맡기는 경우, 목회자는 찬송에 대해 소극적이 되어 열심히 찬송을 하지 않는 상황이 많으며, 이것은 찬송을 소홀히 하는 결과가 되어 성도에게 좋지 않은 영향을 주기도 한다. 목회자는 특히 예배에서 적극적인 예배자로 임하는 것이 중요하다. 그 이유는 모든 성도는 목회자를 쳐다보고 있기 때문이다. 예배에서 목회자가 어떻게 하느냐 하는 것은 성도의 예배에 막대한 영향을 준다. 따라서 목회자의 찬송가 부르기는 목회자가 되는 과정에서 중요한 교육 과정으로 성악 실기 교육도 포함되어야 한다.

찬송가 다음으로 목회자의 교회음악 교육에는 교회음악의 본질과 형태, 교회음악의 전통과 역사를 배우는 것이 필요하다. 목회자는 성경과 신학 과목을 바탕으로 하여, 성가대 곡과 교회에서 불리는 찬송과 악기의 사용 등에 관하여 교회음악의 전통과 본질을 배워야 한다. 이렇게 할 때 이들의 교회음악의 이해는, 어떤 의미에서는 교회음악을 전공한 사람보다 더 깊어질 수 있다. 이렇게 목회자가 제대로 교회음악을 배우고 훈련을 받으면 교회음악을 전공한 사람과는 또 다른, 교회음악의 영적인 면과 예술적인 면에서 고루 이해하게 될 것이다. 이에 그는 교회 안에서 어떤 음악이 하나님을 찬양하기에 좋은 것이며, 어떤 음악이 세속적인 것으로 하나님 찬양에 부적절한지를 분별할 수 있게 될 것이다.

목회자는 교회음악에 대한 개념이 교회음악인보다도 더 확실해야 한다. 목회자가 교회음악을 잘 몰라 음악인에게 묻거나 혹은 이것이 부담이 되어 아예 음악인에게 모든 것을 맡기는 것은 목회자의 책임을 다하지 못하고 있는 것이다. 목회자는 교회 안의 모든 것을 다 알고 있어야 한다. 특히 교회음악은 더 그렇다. 신학만큼이나 중요한 교회음악이 신학을 배우지 않은 사람에 의해 좌지우지 되도록 내버려 두는 것은 교회와 하나님에 대한 사명감이 부족한 것이나 다름없다.

성가대 찬양의 예로, 목회자는 성가대가 찬양하는 곡의 가사를 유심히 들어야 한다. 그것이 성서적인지 아닌지도 분별하여 혹 문제가 된다면 조정할 수 있어야 한다. 음악의 스타일에서도 교회에서 부르는 찬양이 세상의 노래와 흡사하다면 그것을 규제할 수 있어야 한다. 우리나라 예배음악에서 이제는 평범하게 되어버린 CCM과 이 스타일의 성가대 곡들은 교회음악의 본질에서 볼 때 심각한 문제를 안고 있으며, 이렇게 된 것에 대해서는 목회자의 책임이 크다. 더 나아가 목회자들을 바르게 가르치지 못한 신학대학의 책임은 더욱 크다 할 수 있다.

목회자가 배워야 하는 것으로, 성가대 찬양 못지않게 최근에 예배에서 많은 혼란이 있는 악기 사용이다. 예배 악기는 매우 중요한 것으로 모든 악기가 다 예배에 가능한 것은 아니다. 물론 악기는 근본적으로 중성이지만 그 악기가 평소 어떻게 쓰이고 있느냐에 따라 그 악기의 정체성과 대표성은 중요하다. 하나님을 예배할 때 세상의 생각과 느낌을 성도들에게 준다면 그것은 좋은 악기가 아니다. 그리고 그 악기가 순수하게 찬양을 돕는 악기인지 사람의 감정을 흥분시켜 다른 어떤 세속적인 감정을 부추기는 것인지를 분별할 수 있어야 하며, 문제가 있다면 그 악기는 예배에서 사용되지 못하도록 조치하여야 한다.

위의 모든 것에 추가할 것은 예배음악 연주법이다. 예배에서 음악을 연주하는 방법과 자세는 매우 중요하다. 예배음악은 그 자체가 예배이기 때문에 연주라는 상황이 되어서는 안 되며 또한 인간적인 기술을 과시하는 모습은 자제되어야 한다. 이것을 목회자는 음악인들에게 늘 주지시켜야 하며 이런 교육은 목회자가 가장 잘 할 수 있다. 교회음악을 모르는 음악인이 연주할 때 지켜야 할 자세와 태도는 한 교회의 규칙처럼 목회자가 만들 수 있다. 그래서 어떤 음악이 교회에서 예배로서 연주될 수 있으며, 또한 어떤 자세의 연주를 통해 찬양을 할 수 있는지를 목회자는 수시로 가르쳐 주어야 한다. 교회음악을 공부하지 않은 많은 음악인들이 한국교회 예배에서 연주하면서 하나님을 찬양하는 것이 아니라 자신의 음악 기술을 드러내는 기회로 삼는 일들이 현재 많이 있다. 이러한 것들을 분별하여 바르게 교회를 이끌어 가는 사람이 바로 목회자이다.

또한 목회자는 자신의 교회에서 연주 혹은 불리는 음악을 모두 알고 있어야 하는 사람으로 주일학교(Sunday School)에서 불리는 찬양 노래까지 바르게 지도할 임무가 있다. 실제로 필자는 기독교 노래가 아닌 세상 노래들이 교회 주일학교에서 아이들은 물론, 중고등학생까지 부르고 있는 사례들을 알고 우려하고 있다. 교회 안에서 특히 기독교교육에서 사용되는 노래는 매우 중요하다. 왜냐하면 그 노래들이 사람의 마음에 들어가서 영향을 주기 때문이다. 가사뿐만 아니라 음악의 스타일은 정서적인 부분과 더 나아가 취미까지 영향을 준다. 교회에서 경건한 노래를 부르고 들으면서 자란 아이와, 세상 노래와 같이 생긴 노래를 부르며 자란 아이는 당연히 다른 아이로 자랄 것이다. 교회의 전통적인 스타일을 배우고 경건의 모양과 능력을 익혀 가는 아이들은 이 세상에 나가도 그 모습을 잃지 않고 세상과 구별된 거룩한 삶을 살 수 있을 것이다. 반면 교회에서 세상을 배워나간 아이는(이 말 자체가 얼마나 어불성설인가? 하지만 지금의 현실이 이렇다) 세상에 나가면 세상 사람들과 똑같은 모습으로 살아갈 가능성이 매우 높다. 교회는 세상과 다르다는 것과 교회 노래는 세상 노래와 다르다는 것을 아이들이 배우는 것은 중요하다. 하나님 말씀과 교회음악의 본질에 근거하여 아이들을 바르게 이끌도록 책임을 진 사람은 또한 목회자이다.

목회자가 배워야 할 교회음악의 대표적인 내용들은 찬송가학, 교회음악의 본질과 역사, 예배음악, 음악목회 그리고 성악 실기 등이다. 결론적으로, 목회자는 한 교회의 모든 것을 책임지고 이끌어 가는 사람으로, 특히 교회의 중심인 예배음악 그리고 교회음악의 본질과 그 모습을 잘 이해하고 파악하고 있어야 한다. 지금의 교회음악이 세상 음악으로 교체된 것은 많은 부분 신학대학교의 책임이다. 하나님께서 그 책임을 물으실 때 뭐라 대답할 것인가?

50. 기독대학의 교회음악에 대한 사명

기독대학의 설립 목적은 무엇인가? 그것의 표현은 각기 다르겠지만 하나님 나라를 이 땅에 실현하는 것이며 또한 그 실현을 위하여 하나님의 사람을 키우는 일일 것이다. 기독교교육을 통하여 학생들에게 하나님 나라를 가르치며, 그들이 세상에 나가서 하나님 나라를 이 땅에 실현할 수 있도록 해 주는 것이다. 이것이 기독대학의 존재 의미이다. 이것이 불분명하거나 이것을 하지 않고 있는 대학은 기독대학이라고 이름할 이유가 없다. 명성과 전통이 있는 많은 기독대학들은 대부분이 선교사가 설립한 학교이다. 그리고 그 대학의 음악교육은 교회음악 혹은 종교음악으로 시작하는 경우가 많았다. 필자의 계명대학교도 그랬다.

기독대학의 교과과정에는 채플과 기독교 관련 필수과목이 있다. 그래서 학생은 학교에 들어오면 좋든 싫든 이 수업을 들어야 졸업할 수 있다. 이 수업은 모든 학생이 들어야 하기 때문에 학교에서 특별한 관심을 가지고 운영한다. 혹시라도 기독교에 대하여 오히려 반감을 가지게 되는 결과를 가져올 수도 있기 때문에 이 수업은 늘 큰 과제를 안고 있다. 전 학생을 대상으로 기독교의 진리를 소개하여 기독교의 이해를 돕고 하나님 나라를 이 땅에서 이루도록 하는 일은 참으로 중요하다.

이와 못지않게 기독대학이 할 수 있는 중요한 일은 교회 지도자들을 키우는 일이다. 이미 믿음이 있는 학생들을 대상으로 집중적으로 기독교교육을 실시하여, 보다 효율적이고 적극적으로 교회의 일군을 키우는 것이다. 여기에는 신학과 혹은 신학 단과대학으로 있을 수 있으며, 또한 교회음악과를 통하여 훌륭한 교회음악인을 길러내는 일도 중요하다. 현재 기독대학에서 교회음악을 개설 중인 학교는 많지 않다. 있던 학과도 없어졌거나 없어지고 있는 학교들도 있다. 교회음악은 신학대학교에서 가르치고 기독대학은 하지 않아도 된다는 것은 하나님 나라에 대해 무관심하다는 것과 같다.

　기독대학에서 교회와 직접적인 연관이 있는 전공을 개설하여 교육하는 것은 다른 어떤 전공보다도 중요한 일이다. 만약 신학대학교에서만 교회음악을 가르친다면 현재 우리나라 교회에 필요한 음악인을 충분히 교육하고 배출할 수 없다. 우리나라 교회는 8만 곳이 넘는 것으로 알려져 있다. 그런데 현재 교회음악을 가르치는 10여 개 되는 신학대학교에서 이 많은 교회의 음악인을 교육한다는 것은 현실적으로 불가능하다. 한국교회가 급성장으로부터 둔화되면서 마이너스 성장을 우려하는 이 시점이지만 우리나라 교회는 여전히 살아있다. 교회는 성장을 멈추면 안 된다. 성장을 멈추면 안 되는 것이 아니라 성장을 멈출 수 없는 것이 교회이다. 그것이 외적 성장이 아니라면 내적 성장 혹은 성숙이라도 마찬가지이다. 이 성장의 중요한 요인 중 하나가 바로 교회음악이다.

　교회음악은 선택 사항이 아니다. 이것은 하나님의 명령이며 성도는 음악을 통하여 하나님을 예배한다. 하나님을 예배하는 방법은 여러 가지가 있지만 음악은 가장 직접적인 예배이며 예배에서 연주되는 음악은 바로 그 자체가 예배이다. 기독대학은 미래의 목회자뿐만 아니라 교회음악인도 교육하여야 한다. 기독대학 중에는 교단 소속의 학교와 그렇지 않은 학교가 있다. 교단 소속의 신학대학교에서 교회음악 교육은 필수이며 지금도 대체로 그렇게 되고 있지만 교회음악과를 폐지 내지 축소하고 있는 학교가 있는 것은 매우 우려할 사안이다.

　현재 교회음악과를 축소 내지 중단하는 학교의 경우를 살펴보면 경영 논리가 큰 이유이다. 배우고자 하는 학생 수가 적기 때문에 적은 인원으로 학과를 여는 것이 쉽지 않다. 학교에서 경영 문제는 비록 피할 수 없는 것이라 하더라도, 기독대학에서 교회와 직접적인 연관이 있는 전공을 없애면서 학교를 살리려고 하는 것은 주객이 전도된 것이며 기독대학의 모습이 아니다.

교회음악과가 기독대학 혹은 신학대학에서 축소되고 사라지는 이유 중에는 현재 한국 교회음악의 전문성이 약한 이유도 있다. 정식으로 배우지 않은 비전문가들이 현재 교회에서 많이 하고 있는 상황에서 교회음악의 전문성을 인식하지 못 한다면 학교의 적자를 감안하면서 그 과를 살려둘 이유가 없는 것이다. 그래서 지금 한국교회의 교회음악 현실이 이런 결과를 가져오게 한 책임도 면할 수 없다. 교회에서 교회음악이 전문적인 영역으로 인정받고 있었다면 학교에서 과가 없어진다고 했을 때, 교회는 앞으로 도래할 교회음악의 혼란을 우려하여 이 일을 막았을 것이며, 학교에서도 이런 일을 하지 않았을 것이라는 것이 필자의 생각이다.

그럼에도 불구하고 기독대학은 교회의 수준을 뛰어넘어야 하며, 전체 학생을 위한 기독교교육뿐만 아니라 기독교 전문 분야의 교육이 잘 되어질 때 존재의 의미가 있는 것으로 이것은 기독학교의 정체성이며 자랑이다. 기독대학에서 기독교 관련 이외의 다른 어떤 것을 잘 한다고 하여 그것이 자랑이 될 수는 없다. 기독교 공동체는 기독대학이 좋은 사회인과 하나님의 좋은 종들을 배출하기를 기대하고 있다. 교단이나 교회의 후원을 받든지 받지 않든지에 상관없이 기독대학이라면, 하나님의 훌륭한 종들을 키워내는 소명감이 필요하다. 그리고 이것은 궁극적으로 대학의 설립 목적과 정체성에 충실한 것으로 결국 대학의 발전에 기여하게 될 것이다. 세상의 모든 대학들이 지향하는 목표를 기독대학이 따라간다는 것은 맞지 않다. 기독대학은 기독대학으로서의 정체성과 특수성으로 학교를 키울 때 학교는 발전한다.

기독대학이 하나님의 사람을 잘 키울 수 있도록 교회의 후원은 특히 중요하다. 교회가 뒷짐을 지고 있으면서 이들이 잘해주기를 기대하는 것은, 같은 하나님의 백성으로 함께 짐을 나누어져야 할 것을 게을리 하는 것이다. 교회는 자신의 자녀를 기독대학으로 보내주어야 하며 여러 모양으로 학교를 후원하여야 한다. 교회는 자기 교회만을 챙기는 개교회 이기주의에서 벗어나서 미래의 하나님 일군을 키우는데 열심을 내어야 한다. 미래는 교육에 달려있다고 다들 말하지 않는가? 세상 교육도 그러하거니와, 성도들의 적극적인 노력과 관심 없이는 기독교교육은 이 세속적인 사회에서 더 위축되고 외면당할 수 있다. 기독대학에서 좋은 일군을 키워내지 않으면 그 결과는 고스란히 교회가 다 감당할 몫이 된다. 평신도로서 헌신적이고 소명감이 있는 일꾼은 교회에서 키울 수 있으나 교회에서 일할 전문인, 즉 목회자, 교회음악인 등은 교회에서 키울 수 없다. 좋은 기독교 지도자 육성은 결국 신학대학교만이 아니라 기독대학의 책임이며, 이 대학들이 좋은 역할을 해낼 수 있도록 교회와 성도 모두는 적극적으로 도와야 한다.

51. 한국 찬송가(Hymnal, 찬송집)의 발전

한국 찬송가(Hymnal, 찬송집)3의 가장 최신판은 새찬송가(2006)이다. 여기서 우리나라 찬송가의 역사를 자세히 알아보지는 않더라도 우리나라 찬송가는 출판 시작 시점인 1892년 〈찬미가〉로부터 지금까지 찬송가가 출판될 때마다 매번 늘 아쉬운 점을 가지고 있었다. 선교 초기의 찬송가는 당시 상황을 감안한다면 미약했던 것들을 충분히 이해하고도 남는다. 하지만 일본의 강점기가 막을 내린 지가 70년이 넘었지만 아직도 우리 찬송가는 크게 달라진 것이 없이 여전히 부족한 점을 많이 가지고 있다.

그 부족한 점이란 바로 찬송가(찬송집)에 실린 찬송가의 시대적 그리고 지역적 분포의 불균형이다. 선교사들이 들어올 때 가지고 왔던 당시의 복음 찬송가를 비롯한 대부분의 찬송가들이 아직도 현행 찬송가의 많은 부분을 차지하고 있다. 찬송가 역사는 교회의 시작부터라고 말할 수 있다. 물론 구약성서의 찬송시를 포함하면 그 역사는 더 길어진다. 찬송가의 가사는 처음에 곡조와 한 세트로 만들어진 경우도 있지만, 가사는 성경에서 온 것이 많은 반면, 선율은 이미 있는 노래에 새로운 가사를 입히는 경우4도 있다.

---

3 찬송집(Hymnal): 회중찬송가(Congregational Hymn)를 모아놓은 찬송집(Hymn Book)으로 우리나라에서 찬송가라고 불린다. 그래서 이 글에서 찬송가는 찬송집이라는 의미로 주로 쓰이며, 가사가 있는 회중찬송 곡조는 찬송곡 혹은 찬송가라는 용어를 동시에 사용한다. 문장의 전후를 살펴 찬송집을 의미하는지 찬송곡을 의미하는지를 구분할 필요가 있다.

4 Contrafacta(콘트라팍타): 이미 있던 선율에 새로운 가사를 넣는 것으로 성악곡에서는 종종 선율을 이렇게 차용하기도 한다. 루터와 칼빈도 성도들이 찬송가를 잘 모르는 이유로, 쉽게 회중찬송을 보급하기 위하여 찬송가를 이렇게 종종 만들었다.

찬송가의 종류는 기독교 역사에서 다양한 형태로 나타난다. 중세 교회에서 오랫동안 불린 그레고리안 챤트(Gregorian Chant)는 현대까지도 가톨릭교회뿐만 아니라 전례를 행하는 루터교회와 성공회교회 등 많은 교회에서 불리며 최근에는 다른 개신교회에서도 조금씩 도입하고 있다. 1517년 루터의 개혁 이후 독일 교회에는 회중찬송가 코랄(Chorale)이 소개되어 지금까지 많은 클래식 작곡가들의 음악 소재로 쓰이는 뛰어난 찬송가이다. 칼빈의 개혁교회는 운율 시편 찬송가(Metric Psalmody)를 회중찬송가로 사용하였으며 18세기 웨슬리(John Wesley, 1703-1791)의 감리교회에서도 회중찬송가를 중요하게 생각하여 그는 직접 수천 편의 찬송시(詩)를 쓴 사람이기도 하다. 웨슬리 이전 이미 영국에서는 찬송가(Hymn)라는 종교적인 서정시가 많이 쓰이면서 찬송가가 발달하고 있었던 상황이었다. 그리고 19세기 초 영국 교회에서는 예배의 전통성을 강조하면서 많은 예배 찬송가가 작곡되었다. 이에 비해 미국에서는 19세기 중반부터 교회 주일학교 노래를 비롯하여 옥외 전도집회와 캠프 등에서 사용되는 복음성가(Gospel Song)가 크게 발달한다.

20세기의 찬송가는 새로운 시도와 함께 과거의 찬송을 다시 부활시키는 형태까지 다양하다. 즉 중세 교회의 그레고리안 챤트, 독일 교회의 코랄, 칼빈 교회의 운율 시편 찬송, 영국 찬송가, 미국 복음성가, 그 외 여러 나라의 고유한 정서를 담은 민속 찬송가(Folk Hymn), 영가(Spiritual) 그리고 20세기의 현대적인 찬송가와 대중음악에서 온 젊은 이의 찬송 CCM 등이다. 성경은 한 성경이지만 찬송가는 여러 찬송가인 것은 자연스러운 현상이다. 각 나라 교회의 찬송가는 대체로 서로 공통적인 곡조들을 어느 정도 싣고 있다. 그래서 성도가 어느 곳에서든 모이면 함께 찬양할 수 있는 찬송가는 늘 있는 편이다. 가톨릭교회의 찬송가에도 루터의 코랄이 들어있으며 개신교 찬송가에도 그레고리안 챤트가 들어있다. 신앙고백으로 사도신경에 나오는 '공교회'(Universal Church)라는 의미답게 찬송가(Hymnal, 찬송집)는 다양하게 있어도 그 안의 찬송은 공통적인 부분이 있는 것이 주님의 몸인 하나의 교회 찬송가인 것이다. 찬송가는 이렇게 만들어진다. 세계 어디를 가더라도 함께 찬송할 수 있는 것은 성도의 특권이다.

한국의 개신교에 영향을 많이 준 나라는 미국이다. 그런데 미국에서 가장 훌륭한 찬송가로 인정받는 찬송가는 우리 찬송가와는 아주 다른 미국 성공회교회 찬송가이다. 이 찬송가는 회중찬송의 역사를 알 수 있을 만큼 시대적으로 다양한 찬송곡이 실려 있다. 앞서 언급한 모든 찬송가, 즉 초기 기독교 찬송가에서부터 그레고리안 챤트, 루터교회 코랄, 칼빈의 운율 시편 찬송가, 웨슬리의 찬송가, 영국 성공회의 전통적인 찬송가, 미국의 복음 찬송가, 흑인 영가, 세계 교회의 전통 찬송가 그리고 20세기 찬송가들이 다양하게 실려 있다. 특히 이 찬송가는 예배 찬송가를 많이 포함하고 있으며, 절기 찬송가와 성찬 찬송가가 다른 개신교회의 찬송가보다 많이 들어있다. 이렇게 이 찬송가는 기독교의 찬송역사를 한 눈에 볼 수 있을 만큼 뛰어나다. 이 찬송가의 영향으로 장로교회, 감리교회, 침례교회에서도 좋은 찬송가를 편찬하는데 많은 노력을 기울여 왔으며 그 결과로 현재는 좋은 찬송가들이 많이 출판되어 있다.

이런 상황에서 우리나라 교회의 찬송가를 생각하면 여러 점에서 찬송가의 발달에 장애들이 많이 있다. 가장 큰 장애는 소위 통일찬송가라는 이름이다. 미국에는 많은 종류의 찬송가가 있다. 찬송가를 통일할 필요가 없다고 생각하는 것이다. 각 교단뿐만 아니라 교단 안에서도 개교회 목회자에 따라 찬송가가 다른 경우가 있다. 그런데 우리나라의 그 많은 교회들이 한 찬송가만 고집한다는 것은 찬송가 발전에 큰 장애가 된다. 다른 찬송가들이 많이 나와야 찬송가는 발전한다. 교과서가 한 가지만이 아니라 다양한 교과서가 있을 때 더 좋은 교과서가 나오듯이 경쟁이 없는 사회는 쇠퇴하기 마련이다. 찬송가는 몇 개의 다른 찬송가가 동시에 여러 교회에서 사용될수록 좋다. 좋은 찬송가는 더 많은 교회에서 사용될 것이며, 결과적으로 찬송가는 발달하게 된다.

그러면 찬송가 종류가 많아서 서로 다를 경우 다른 교회에서 예배할 때 지장이 있지 않느냐고 반문할 수 있다. 물론 방문한 교회에서 자신이 불러 보지 못한 찬송가를 부를 때 찬송하는 것이 어려울 수도 있다. 하지만 그것은 크게 문제 되지 않는다. 새로운 찬송가를 배우는 것이기 때문이다. 늘 부르던 찬송가만 고집하지 말고 우리는 다양한 찬송가를 배울 필요가 있다. 필자가 40년 전에 부르던 한국 찬송가와 지금의 찬송가를 비교해 보면 외국 찬송곡의 경우 새로운 곡은 적으며, 한국인이 작사·작곡한 찬송가는 많이 늘어났다. 하지만 이 찬송가가 나온 지 10년 이상이 지난 이 시점에도 한국인에 의한 새로운 찬송가는 거의 불리지 않고 있기 때문에 어떤 의미에서는 한국 찬송가는 거의 변화가 없다고 할 수 있다. 그리고 미국의 성공회교회 찬송가나 독일 교회 찬송가 그리고 미국의 장로교 찬송가나 침례교 찬송가에 실린 좋은 찬송가들이 우리 찬송가에는 여전히 실려 있지 않아 안타깝다.

찬송가가 다르다고 해서 성도가 다른 교회를 방문할 때 그 찬송가를 추가로 구입할 필요는 없다. 유럽이나 미국의 경우 찬송가는 개인이 가지고 있기보다는 주로 교회에서 비치하기 때문에 찬송가가 없어서 곤란한 일은 없다. 예배하러 가면 항상 교회는 찬송가와 성경을 의자

(pew)에 두든지, 예배당에 들어갈 때 가지고 들어갈 수 있도록 안내 책상에 두기 때문에 예배하는데 아무런 지장이 없다. 물론 관심이 있는 사람은 찬송가를 구입할 수는 있으며 다른 찬송가를 통하여, 성도는 오히려 습관적이고 매너리즘에 빠질 찬송을 새롭고 다양한 찬송가로 찬양에서 더 활력을 가질 수 있다. 우리가 좋은 찬송가를 배우고 소개받을 수 있는 기회를 처음부터 차단하는 것은 좋은 일이 아니다. 하나님을 찬송하는데 우리는 보다 더 적극적이고 열린 마음이 필요하다.

지금까지 우리나라 찬송가(찬송집)는 바뀌었어도 예배에서 부르는 찬송가는 그대로라면 이것은 문제이다. 새로운 찬송가에서 가사가 조금 달라진 것 외에는 찬송가가 왜 바뀌는지 이해하지 못 하는 성도가 많다. 새로운 찬송가를 구입하였지만 거기에 실린 새로운 찬송가들을 부르지 않고 늘 부르던 찬송가만을 여전히 부르고 있는 교회들이 많다. 찬송가만 새로운 것으로 바꿀 것이 아니라, 먼저 좋은 찬송가가 보급되고 또한 이 찬송가를 잘 사용하는 목회자와 교회음악인이 필요하다. 회중찬송가에 있어서 교회는 노력을 거의 하지 않으며, 결국 찬송가는 하나님께는 귀한 느낌이 들지 않는 '그냥' 부르기만 하는 평범한 찬송이 되는 경우가 허다하다. 우리의 노력이 없는, 희생이 없는 제사는 헛것이며 의미 없는 것이다.

우리나라 찬송가에, 특히 장로교 찬송가인 경우에 장로교 전통이 들어있는지 의구심이 생긴다. 우리나라 찬송가에 실린 곡들을 보면 미국의 침례교 찬송가처럼 보인다. 즉, 복음 찬송은 많이 실려 있지만 장로교 전통 찬송가인 칼빈의 운율 시편 찬송은 거의 보이지 않는다. 시편 찬송가로는 1장 "만복의 근원 하나님"이 운율 시편 찬송가로 유명한 것이나 칼빈의 시편 찬송가가 아니라 영국의 시편 찬송가이다. 물론 시편 찬송가라는 점은 칼빈의 영향이기는 하다. 교단 혹은 교회의 연구를 통하여 찬송가는 늘 개선되고 발달하게 되는 것이다. 장로교회에서 왜 장로교의 전통적인 찬송이 거의 없는지 의문을 가져야 한다. 찬송가 548장은 칼빈이 작시한 찬송가로서 곡조는 칼빈의 제네바 찬송집(Genevan Psalter, 1551)에 실린 찬송가이지만 이 가사는 창작시이며 칼빈의 전통적인 시편 찬송이 아니다.

각 교단이 자신의 독특한 역사와 전통을 살려 찬송가를 편찬하는 일은 의미 있는 일이다. 우리나라의 장로교는 여러 교파로 나뉘어져 있다. 이렇게 교단은 나뉘어 있으면서 찬송가에 대해서는 전혀 목소리를 내지 못할 뿐만 아니라, 오히려 하나의 찬송가를 주장하는 이유는 각 교파가 각자 이런 연구를 할 능력과 의지가 없기 때문이 아닌지 의아하다. 그리고 하나님을 찬송하는데 관심이 있는 것인지 모르겠다.

좋은 찬송가는 찬송가 역사에서 뛰어난 좋은 찬송가를 골고루 싣는 것이다. 한 지역이나 한 시대의 찬송가를 집중적으로 싣는 것이 아니라 각 시대와 지역의 좋은 찬송가가 고르게 분포되도록 하는 것이다. 외국의 좋은 찬송가를 참고하여 우수한 찬송가들을 모아 찬송가를 만들 수 있다. 찬송가를 펼치면 찬송의 역사를 한 눈에 볼 수 있을 만큼 다양한 지역과 시대의 찬송가를 성도들이 부르도록 하는 것이다. 이렇게 하는 이유는 세계의 교회는 한 교회이며 오래 전의 성도들의 찬양을 우리도 부르면서 한 믿음과 한 신앙 안에서 하나님의 한 자녀, 한 가족을 늘 실천하는 것이다. 이것은 하나님께 귀한 것이다.

그리고 성도는 다양한 찬송을 부를수록 좋은 것으로, 영적으로 더 부지런해지고 더 성숙해진다. 성경만을 통해 하나님 말씀을 배우는 것이 아니라 하나님의 말씀이 들어있는 찬송을 통해서도 우리는 배운다.

그리고 찬송은 곡조가 있는 기도라고 하지 않는가? 종류도 다양하지 않는 몇 개 안 되는 찬송가를 부르는 것과 다양하고도 많은 곡을 부를 수 있는 성도는 달라도 뭔가는 다르다. 외골수로 편협한 사고를 가진 사람들의 많은 경우가 모든 면에서 실제로 그런 생활을 한다. 좋은 찬송가가 많이 있음에도 불구하고 그것을 향유하지 못하고 늘 비슷한 찬송가만 부른다는 것은 스스로에게도 양심적이지 않다.

결론적으로, 좋은 찬송가(hymn)를 보급하는 일은 좋은 찬송가(hymnal)를 만드는 일부터 시작한다. 외국의 좋은 찬송가들이 왜 그렇게 찬송가들을 다양한 시대에 걸쳐서 싣는 것인지는 매우 중요한 의미가 있다. 그리고 우리나라 찬송가는 굳이 통일할 필요가 없다. 통일하는 바람에 찬송가의 발달이 늦어진 것은 사실이다. 좋은 찬송가 보급을 위한다면 다른 종류의 찬송가가 나오는 것을 권장해야 한다. 다른 찬송가가 나올 때 이단자를 보는 눈으로 배척하고 방해하는 것은 하나님을 믿는 성도가 결코 할 일이 아니다. 찬송가는 성경이 아니다. 그리고 성경도 최근에는 여러 한글 번역이 나온다. 그런데 왜 찬송가는 여러 종류가 안 되는 이유가 무엇인가? 권한 혹은 권력이 한 곳에만 있으면 타락하고 부패하게 되어 있다.

또한 중요한 것은, 좋은 찬송가가 나오려면 그 찬송가를 준비하는 사람들이 이에 맞는 자격을 갖춘 사람들이어야 한다. 이를 위해 교회음악 전공은 필수이다. 필자는 찬송가편찬위원회에 몇 명의 위원들이 교회음악을 전공한 사람들인지 모른다. 하지만 현재 찬송가를 보면서 교회음악 전공자가 어느 정도 포함되어 있는지 의문이 생긴다. 만약 교회음악 전공자가 위원회에 상당한 숫자가 있었음에도 불구하고 지금의 찬송가가 나왔다면, 이들이 교회음악을 전공하였으나 충분한 지식이나 자료가 없거나, 이들의 의견이 나머지 전공하지 않은 사람들의 인간적인 생각에 의해 좌절된 경우일 것이다.

단순히 음악을 아는 사람, 목회자 혹은 교회에서 오래 지휘한 사람이라고 해서 교회음악을 안다고 할 수 없다. 배우지 않고 어떻게 알겠는가? 말씀을 전해주는 자가 없으면 말씀을 알 수 없듯이 교회음악을 배우지 않으면 교회음악을 모른다. 아무리 오래 동안 교회에서 음악을 하였다고 하더라도 모르는 것은 모르는 것이다. 교회음악은 전문 분야 중에서도 전문 분야이다. 배우지 않고 안다고 하는 것은 거짓이며 억지일 뿐이다. 배운다 해도 제대로 아는 데는 오랜 시간과 경험이 있어야 하며, 하물며 배우지 않고도 안다고 하는 것은 너무 무책임한 일이며 하나님의 일을 경홀히 여기는 큰 잘못이다.

그리고 좋은 찬송가를 선택하였다면 교회가 힘들더라도 장기적으로 예배당 좌석수 만큼 찬송가를 구입하여 교회에 비치해 두는 것이 좋다. 그래서 본 교회 성도뿐만 아니라 다른 교회에서 성도가 방문하여도 예배드리는 데 지장이 없어야 할 것이다.

찬송가를 구입하면 목회자와 교회음악인은 이 찬송가를 적극적으로 사용하는 것이 중요하다. 아무리 좋은 찬송가를 구입하였다고 하더라도, 지금처럼 부르고 있는 곡만 부르며, 새로운 찬송가를 부르지 않는다면 지금까지의 수고가 헛될 것이다. 우리나라 교회는 세계적으로 유래 없는 발전을 이루었지만 이에 비해 찬송가의 상황은 열악하다. 교회 수와 교인 수 그리고 cell system(구역) 운영으로 세계의 기독인들을 놀라게 하였다면 좋은 찬송가와 우수한 교회음악으로 내적 성장을 기해야 할 것이다. 이것은 하나님을 섬기는 일에 가장 직접적인 일 가운데 하나이다.

52. 주일학교 노래, 기독교교육 음악, 세상을 가르치는 음악?

교회에는 여러 교육 기관이 있다. 어린이 주일학교를 비롯하여 장년에 이르기까지 기독교교육은 교회의 중요한 한 영역이다. 주일예배는 하나님께 드리는 제사와 헌신의 시간으로 교육의 시간이 아니다. 말씀 선포가 예배의 중요한 부분이기는 하지만 여전히 교육은 구분되어 이루지는 것이 예배의 본질에서 맞다. 예배의 결과로서 성도는 배우는 것도 있지만 본격적인 기독교교육은 별도의 제도를 통해 이루어진다.

기독교교육은 성도의 영적 성숙에 지대한 영향을 준다. 특히 자녀들을 어릴 때부터 말씀으로 양육하는 것은 성인이 되어 예배와 바로 직결되는 사안이다. 기독교교육을 통해 우리는 하나님 말씀을 배우는 것뿐만 아니라 기독교의 중심인 성경과 예배 그리고 교회음악까지 교회의 전반적인 것들을 교육받을 수 있다. 이렇게 훈련을 받은 성도는 하나님을 온전히 섬길 수 있으며 또한 이 세상에서 하나님의 자녀로 온전히 살아갈 수 있다.

교회에는 기독교교육과 관련된 음악이 많이 있다. 그 대표적인 것이 어린이를 위한 주일학교 노래(Sunday School Song)이다. 주일학교 노래는 특히 19세기 중반 미국에서 많이 발달한 노래로 당시 미국 교회의 영적 성장에 크게 기여하였다. 이 노래의 대표적인 예가 우리나라 찬송가 "예수 사랑하심은"(563장, A. R. Warner, 1820-1915, 작시/W. B. Bradbury, 1816-1868, 작곡)과 "예수께서 오실 때에"(564장, W. O. Cushing, 1823-1902, 작시/G. F. Root, 1820-1895, 작곡)이다. 이 노래들은 교회에서 광범위하게 불리면서 주일학교 노래만이 아니라 회중찬송가로서도 불리게 된 것이 우리나라 찬송가의 예이다. 이 노래들은 하나님의 사랑과 예수님의 구속 사역 등에 관한 가사에 쉽고 친근하게 부를 수 있는 선율을 사용한 뛰어난 찬송가로서, 이렇게 어릴 때 배운 찬송가는 평생 동안 성도의 귀한 영의 양식이 된다.

우리나라에서도 교회 주일학교의 노래들이 많이 작곡되었다. 필자도 어릴 때 교회를 다니면서 우리나라 작곡가들의 주일학교 노래들을 불렀었다. 이 노래들은 하나같이 어린이의 밝고 초롱초롱한 눈매처럼 예쁘고 재미있게 작곡된 동요 스타일의 곡이었다. 동심을 느낄 수 있는 아름다운 시와 노래 선율 그리고 리듬은 지금 생각해도 훌륭한 노래들이었다고 생각한다. 그중에서, 특히 선율은 평범하였지만 성경 66권의 이름을 외우는 "창세기, 출애굽기, 레위기…" 노래는 아직까지도 기억한다. 또한 "하나님이 세상을 이처럼 사랑하사…"(요한복음 3:16) 등 성경 구절을 노래로 만들어 재미있게 불렀었다.

또한 여름 성경학교에서 주제에 맞추어 새롭게 작곡되어 소개되는 노래는 아이들에게는 재미있는 과제였으며, 성경학교 마지막 순서 중에는 주제 노래 경연대회도 있었다. 그래서 열심히 가사를 외우면서 노래를 불렀던 기억들은 지금도 생생하며, 이 모든 것들은 어린 아이들에게 참으로 소중한 시간이라 생각한다. 부활절 노래는 많지 않았지만 크리스마스 노래는 많이 불렀다. 미국 등 외국의 크리스마스 노래도 있었지만 한국 작곡가들의 어린이 크리스마스 노래도 많았다. 그 노래들은 하나 같이 아름답고 서정적인 시에 동요풍의 선율이 합해진 맑은 어린이 노래였으며, 어린이 문화와 오락이 다양하지 못했던 당시의 환경에서 어린이들에게 좋은 예술 활동과 오락거리가 되기도 했었다.

기독교교육에서 불리는 노래는 기본적으로 기독교교육에 적합한 가사와 예술성이 있어야 함은 물론, 노래를 부르는 연령대에 어울리는 음악적 스타일이 중요하다. 우선 가사는 하나님의 말씀으로 성경 그대로 옮겨오거나 기독교적인 내용이 될 것이다. 동시에 중요한 것은 이 가사가 문학적으로 서정적이고 아름다워야 한다. 거칠고 과격한 표현이나 문학적인 미가 없이 아무렇게 쓰인 가사는 오히려 기독교교육에 반대되는 결과를 낳을 수도 있다. 가사가 담는 내용도 중요하지만 내용을 담는 그릇 또한 중요하다는 뜻이다. 어릴 때 부르는 노래가 어린이의 성격 형성에 큰 영향을 미치는 것은 교육적 사례로 다 알려진 사실이다. 노래를 통하여 어린이는 언어를 배우고 상대방과 교통하는 방법 또한 배우게 된다. 이렇게 하나님 말씀이 문학적이고도 순한 언어로 어린이에게 가르쳐지는 것은 기독교교육의 중요한 교육 방법이다.

주일학교 노래에서 음악적인 면은 감성 및 정서 교육에 중요하다. 좋은 시 못지않게 음악 또한 중요한 것으로, 아무리 좋은 시라고 하더라도 음악이 좋지 않으면 그 노래는 잘 불리지 않는다. 이것은 그만큼 음악이 중요하다는 의미이다. 가사는 뛰어나지만 음악적으로 적절하지 못할 때 음악 안에 담은 소중한 내용을 잃을 수도 있다. 그리고 가끔은 음악이 가사와 함께 하나로 가는 것이 아니라 음악 자체만이 강조되어 교육적인 의미를 담았던 주일학교 노래가 오락으로만 되는 경우도 있다. 어린이를 위한 교회 노래는 오락적인 부분이 다분히 있을 수는 있다. 아이들이 즐기고 재미있게 부를 수 있어야 하지만 시의 문학성과 곡의 예술적인 미를 무시하고 재미만 너무 강조하게 되면 오히려 교육의 역효과가 날 수 있다는 뜻이다. 그래서 어린이 노래는 가사와 음악 모두 서로 어울리면서 순수하고 아름다운 노래가 되는 것이 중요하다.

그럼 현재 우리나라 주일학교 노래는 어떤 상황인가? 필자는 많은 부분에서 우려한다. 특히 가사에서 보면 예전에 비해 말씀이 약하다고 생각한다. 가끔은 전혀 성경적이지 않는 세상적인 가사들도 많이 있다. 그리고 가사들은 어린이의 마음으로 하나님을 찬양하기보다 어린이를 사랑하셔서 좋은 것을 늘 주시는 하나님에 대한 개념이 많다. 교회의 노래는 근본적으로 하나님을 찬양하는 것과 성도의 영적 교육에 유익한 것이어야 한다. 그런데 가사 면에서 하나님을 찬양하는 것이 약한 것은 물론, 종종 교육적인 면에도 별 의미가 없는 노래를 단순히 재미있다는 이유로 가르치는 것은 다시 생각해 보아야 한다. 주일학교 교사는 학생을 위한 모든 노래의 가사와 음악을 신중하게 검토한 후 선택하여야 한다.

최근의 어린이 주일학교 노래는 화성과 선율이나 리듬에서 아름답고 동심을 표현한 노래라기보다 거의 중고등학생의 노래 같은 성격으로 변하고 있는 것 같다. 어린이는 없고 벌써 젊은이로 뛰어버린 것이다. 어린이는 어린이의 노래가 필요하다. 어린이를 빨리 어른으로 만들고 싶어 하는 그리고 어린이들도 빨리 어른이 되고 싶어 하는, 이 세상의 가치를 교회는 따라가면 안 된다. '애 어른'이라는 것은 결코 좋은 것이 아니다. 주일학교 교사는 좋은 교회 어린이 노래를 찾기 위해 전문가의 조언을 구할 수도 있다. 세상의 가치를 따라가지 않고, 또한 세상의 노래를 닮지 않은 순하고 서정적인 노래가 필요하다.

주일학교 중에서 중고등부 교회학교 노래는 더욱 심각하다. 중고등학생은 곧 청년이 될 것이며 이어 교회의 중심이 될 사람이다. 그래서 교회는 이들을 잘 준비시키고 교육하여야 한다. 준비시키고 교육한다는 것은 영적으로 성숙한 성도로 교육한다는 것으로, 성경과 예배, 교회의 임무와 역할, 이어서 성도의 교회와 사회적 책임까지 가르친다는 의미이다. 이것은 그들이 성장하면 곧 교회를 이끌어 가야 하기 때문이다. 중고등학생들이 이 시절에 교회에 대하여 자세히 배우지 않으면 미래의 한국 교회는 유럽 교회의 전철을 걷지 않을 것이라고 누가 장담하겠는가?

현재 우리나라 중고등부 주일학교 학생들의 노래는 모두 CCM이라 해도 과언이 아니다. 그리고 랩(Rap)도 자주 등장한다. 젊은이의 혈기와 반항적인 성향은 CCM의 음악적 특징과 잘 어울린다. 감성적인 선율과 싱커페이션(당김음)과 록 리듬을 가진 이 음악은 자극적인 맛이 있어 청소년이 좋아하며 그들의 흥을 돋우기에 충분하다. 이 음악은 앞의 글 CCM에서 자세하게 설명한 것으로, 교육보다는 오락으로 치우치는 음악이다.

교육의 방법은 배우는 학생이 관심과 흥미를 일으킬 수 있어야 하며, 방법 자체가 가지는 교육적 의미가 있어야 한다. 재미를 그 방법으로 할 때는 재미만 남으며 그 안의 내용은 사라질 수 있다. 목표가 선한 것이면 그 방법과 과정도 선해야 한다. 그런데 지금의 주일학교의 교육을 보면 목표는 하나님의 자녀를 키우는 일이지만 그 방법은 하나님의 방법 혹은 성경적 방법이 아니라 세상의 방법으로 많이 하는 것 같다. 이것은 교회는 세상과 다르다는 성경의 말씀에 대치되는 것으로 여기에 익숙해지는 청소년은 세상에서도 세상 사람들과 똑같이 살아간다. 하나님의 말씀은 배우지만 실제로 살아가는 모양은 세상의 모양을 가진 이중적인 기독교인이 양성되는 것이다. 교회에 와서 또 세상을 배운다는 것이 말이 되겠는가?

기독교교육에서 음악은 매우 중요하다. 이들은 미래의 교회 성가대원이며 교회 지도자들이며 성도들이다. 이들은 교회의 전통적인 음악을 배워서 이 전통을 이어가야 할 사람들이다. 이들이 찬송가를 부르면서 자라야 어른이 되어 예배에서 찬송가를 부르지 않겠는가? 그리고 성가대원으로 찬양하지 않겠는가? 교회의 전통적인 노래를 부르면서 자라난 어린이와 청소년은 교회를 떠나지 않는다. 교회가 세상과 비슷하다면 굳이 교회에 올 이유가 없지 않겠는가? 어렸을 때 교회를 나갔으나 청년이 되어 잘 나가지 않는 사람들의 경우, 그들은 찬송가라는 음악에 익숙하지 않음을 고백한다. 그리고 교회 안에서 세상의 좋지 않은 모습을 보면서 교회를 멀리하기도 한다. 이 모든 것이 교회 성도들의 책임이다. 한국교회의 미래는 이 기독교교육에 달려있다. 이 교육의 내용 중에 교회의 전통적인 노래, 즉 재미있는 찬양이 아니라 영적이고 순수한 찬양이 그들에게 절실히 필요하다. 교회는 세상과 다른 음악을 가르쳐야 하며 성도는 세상 사람과 다르다는 것을 삶의 모든 면에서 보여주면서 가르쳐야 한다.

53. 즐김 증후군

　예배는 사람이 죽어야 가능한 것이다. 그런데 현대 사회는 사람을 드러낸다. 자기 스스로를 알려야 이 경쟁 사회에서 살아갈 수 있다고 생각한다. 그래서 온갖 통로를 통하여 사람은 자신을 드러내고 싶어 한다. 그런데 이것은 착각이다. 자신을 드러낼 때는 어느 정도 인정이 가능할 수 있으나 이것은 잠깐으로, 생명이 길지 않다. 왜냐하면 모두가 다 이렇게 하기 때문이며, 모두가 이렇게 한다는 것은 이 사회는 극히 이기적인 사람들이 모인 사회라는 뜻으로 진심으로 남에게 관심이 있는 것이 아니라는 의미이다. 누군가가 드러나는 사람이 있다면 사람들은 잠시 그 사람에게 관심을 보이는 듯하다가 다시 자기 자신에게로 눈을 돌린다. 빛은 자신을 드러내는 것이 아닌 자연적인 현상이다. 빛은 노력해서 빛나는 것이 아니다.
　예배는 사람을 떠나 하나님 중심이 될 때 예배가 된다. 하지만 현대 사회는 갈수록 인간 중심의 세상이 되어 간다. 인간의 탐욕도 더 커지기만 할 뿐 이것을 자제하는 능력을 인간은 점점 잃어가고 있다. 인간 스스로는 인간을 구할 수 없다. 사람은 여러 가지 방법으로 이 어려운 세상을 고치면서 좋은 세상을 만들려고 노력하겠지만, 노력은 한계가 있을 뿐이며 좌절감은 커져갈 것이다.
　성도가 이 세상에서 경계해야 하는 것들이 많이 있다. 아세라와 바알 우상은 엘리야 시대에만 있는 것이 아니다. 현대에는 더 많고 더 다양한 우상들이 그 얼굴을 숨기고 우리 바로 옆에 있다. 이것이 더욱 위험한 것이다.
　우리의 예배 안에도 얼굴 없는 우상들이 많이 있다. 예배를 방해하는 요소 중에서 가장 인간적인 요소가 바로 즐김 증후군이라는 것이다. 이 말은 지금의 사회를 잘 대변하는 용어이다. 이 세상에서 사람은 신이며 자기 배(胃, 위)가 신이다. 자기를 사랑함의 극치로 치닫고 있는 이 세상에서 절대자로서 신이라는 존재는 그들에게 의미가 없어지고 있다. 보이지 않는 신은 더 이상 그들의 관심 대상이 아니며 보이는 것으로 만족을 얻으며 세상의 즐거움을 따라가며 살고 있다. 미국 사람들은 'fun'(재미) 혹은 'enjoy'(즐기다)라는 말을 자주 사용한다. 무엇을 해도 'fun'이 있어야 하며 'fun'이 없을 때 그 일은 시들해진다. 이것은 이제 남의 나라 말이 아니며 우리나라 상황도 같다.

이 '재미' 혹은 '즐기다'라는 것은 사실 좋은 것이다. 특히 'joy'라는 단어는 '기쁨'이라는 뜻으로 사람에게 순수한 기쁨의 감정이다. 그리고 재미는 '즐거운 기분'을 의미한다. 즐거운 것은 사람에게 중요하다. 무슨 일을 해도, 어떤 상황이 되어도 기분이 좋은 것은 일에도, 건강에도 좋은 것이다. 그런데 이것이 목적 혹은 과정에서 필수가 되어서는 안 된다. 사람의 '기분'을 말하자면 이것은 사람의 선택이기도 하다. 어떠한 상황에서 즐겁게 느낄 수 있는 사람이 있는 반면 기분이 나쁜 사람도 있을 수 있다. 사람의 마음 상태는 환경에 의존될 수도 있지만 이와 무관하게 자신에게 달린 일이기도 하다.

그런데 현대 사람들은 자신이 스스로 즐겁게 사는 것보다는 환경이 자신을 즐겁게 해주기를 바란다. 그래서 자기를 즐겁게 만들어 주는 환경을 찾아 가고 그런 환경을 만들려고 한다. 성경에는 이 세상에서의 즐거움을 '환락'(revel, 새번역성경) 혹은 '방탕'이라고 말하고 있다. 그런데 '향락'은 새번역에서는 '연회'라고 번역하였으며, 이것은 잔치를 벌이면서 먹는 일을 즐기는 것을 말하고 있다.

··· 술취함과 방탕과 향락과···(베드로전서 4:3).

세상이 이렇게 인생을 즐기는 일에 목숨을 걸고 있는 동안, 실제로는 이들의 목숨은 건강하지 않다. 건강을 신으로 하는 사람도 마찬가지이다. 세상에서 인생을 즐기는데 전념한 사람들로는, 탕자가 그러했으며 롯의 아내가 그러했으며 노아 시대의 노아 가족 외의 사람들은 모두 그러했다. 즐거움을 찾는다는 것은 그 사람 안에 즐거움이 없기 때문에 즐거움을 밖에서 찾는 것이다. 그런데 문제는 즐거움은 밖에서 찾아지는 것이 아니라는 것이다. 사람들은 그것을 모르고 즐거움을 밖에서 찾느라 온 세상을 뒤집고 다닌다. 그런데 이 증상은 교회 예배에 와서도 그대로 나타난다.

예배는 세상 즐거움을 내려놓고 하나님을 예배함으로써 자신을 성찰하고 진정한 자신을 발견하게 하는 것이다. 즐거움을 외부에서 찾는 것을 멈추고, 왜 즐거움을 찾는 것인지, 즐거움의 실체를 깨닫는 것이다. 즐거움이라는 것은 허상이다. 공허한(vanity) 것이다. 그래서 즐거움을 찾는 사람은 계속 더 찾는 것이다. 가질 수 없고 만질 수 없기에 계속해서 허공을 향해 손을 내젓는 것이다.

교회 예배와 예배음악은 즐거움을 주는 것이 아니다. 하지만 사람들은 교회 오면 교회가 즐거움을 주기를 바란다. 교회는 즐거움이라는 말보다는 기쁨(joy)이라는 단어를 사용한다. 세상이 자신에게 즐거움 혹은 기쁨을 주기를 바라지 않고 하나님이 바로 우리의 기쁨의 원천5이라는 것을 알고, 그래서 자기 스스로의 내면에 기쁨을 가지고 사는 사람은 복되다. 이런 사람은 다른 사람에게 기쁨을 주는 사람이다. 그리스도인

---

5 시편 43:4 "그런즉 내가 하나님의 제단에 나아가 나의 큰 기쁨의 하나님께 이르리이다…"

은 이런 사람이다. 즐거움을 찾는 사람이 아니라 즐거움을 주는 사람이다. 이 사람은 즐거움을 주려고 노력하는 것이 아니라 자연스럽게 이렇게 된다. 이것이 그리스도인이다.

··· 내 기쁨(joy)이 너희 안에 있어
너희 기쁨(joy)을 충만하게 하려 함이라(요한복음 15:11).

예수 그리스도를 믿는 성도는 그의 기쁨을 가지고 있기 때문에 밖에서 기쁨을 찾지 않는다. 교회는 이것을 성도들에게 가르쳐야 한다. 밖에서 찾지 말고 이미 예수님께서 주신 기쁨을 회복하도록 도와주고 가르쳐야 한다.

하나님이여 사슴이 시냇물을 찾기에 갈급함 같이
내 영혼이 주를 찾기에 갈급하나이다(시편 42:1).
내가 주는 물을 마시는 자는 영원히 목마르지 아니하리니
내가 주는 물은 그 속에서 영생하도록 솟아나는 샘물이 되리라
(요한복음 4:14).

위의 성경보다 더 확실한 증거가 어디 있겠는가? 솔로몬의 전도서 첫 절 '헛되다'를 다섯 번 반복으로 듣지 않아도 성도는 이 세상에서 살 때에도, 교회에서 예배할 때에도 즐거움을 찾지 않는다. 이미 마음 깊은 곳에는 기쁨이 있기 때문이며 이 기쁨은 세상이 주는 것과 비교할 수 없으며 또한 세상이 빼앗아 갈 수 없는 것이기 때문이다.

이 세상의 것을 즐기는 일은 기독교인에게 있을 수 있다. 이 즐거움

을 찾아다니지는 않더라도 생활 속에서 일어나는 많은 즐거움들은 언제든지 있다. 하지만 예배에 오면 나를 위한 즐거움은 내려놓아야 한다. 이것은 금욕주의와는 다른 것이다. 우리 스스로가 하나님의 악기가 되고 하나님을 영화롭게 하는 사람으로 이것이 바로 성도의 즐거움이 되는 것이 진정한 예배이다. 교회에 와서 목사에게 자신이 좋아하는 설교를 해주기를 바라며, 성가대가 자신이 좋아하는 합창을 해주기를 바라며 그리고 회중찬송가를 부를 때는 자기가 좋아하는 찬송가를 부르는, 그래서 어디서든 자기 자신을 즐겁게 해주기를 바라는 성도라면 이미 많은 부분에서 예배자의 모습을 잃었다.

> 사람들이 자기를 사랑하며 돈을 사랑하며…(디모데후서 3:2).
> … 낮에 즐기고 노는 것을 기쁘게 여기는 자들이니…(베드로후서 2:13).

위의 말씀은 성도가 이 세상 사람들과 어떻게 달라야 하는지를 말씀하고 있다. 바울 사도와 베드로 사도는 당시의 성도들이 이런 세상의 풍조에 휩쓸려 살지 않기를 경고하고 있는 것이다. 이것은 거의 2천 년 전의 말씀이지만, 노아 시대의 사람들이 그러했으며, 소돔과 고모라가 그러했다. 하물며 지금은 어떠한가? 진정한 예배는 우리로 하여금 스스로를 돌아보고, 이런 탁한 세상에서 우리를 지켜내는 분별력을 가지게 해준다.

예배는 우리가 좋아하는 것을 즐기는 시간이 아니다. 세상에서 즐기던 것을 예배에 와서는 내려놓는 시간이다. 성도는 세상에서 세상 사람들과 다르게 사는 사람이며, 예배는 세상과 다르게 모든 것을 하는 것이 예배이다.

나의 기쁨 나의 소망 되시며 나의 생명이 되신 주
밤낮 불러서 찬송을 드려도 늘 아쉰 마음뿐일세
(찬송가 95장, J. Swain, 1761-1796, 작시 /
Wyeth's Repository of Sacred Music, 1813).

54. 성도를 위한 예배와 교회음악 교육

성도는 여러 면에서 교육이 필요하다. 이것은 세상의 교육이 아니라 하나님의 백성으로서 교육이다. 예수님을 믿고 구원을 받는 것은 순간의 일이지만, 그리스도인으로서 평생을 통해 성숙해 가는 과정을 거친다. 매주일 교회에 나와서 예배를 잘 드리는 일은 성도의 가장 중요한 일이다. 하지만 예배와 함께 성도가 배워야 하는 것들이 많이 있다. 예배를 통하여 성도들은 교회와 관련된 많은 것들에 대하여 배우게 되지만 구체적인 교육 프로그램 또한 필요하다.

현재 교회에서 성도를 위한 교육 프로그램으로 가장 많은 것이 성경공부, 제자훈련, 전도훈련, 봉사 혹은 섬김훈련 등이다. 하지만 어떤 면에서는 더 기본적인 주제들이 있다. 이것은 교회와 교회음악이다. 처음 믿는 성도는 새신자 교육을 통하여 교회에 대하여 기본적으로 배우기는 하지만, 이런 교육을 제대로 하는 교회가 많지 않으며, 또한 오래된 성도들은 예전 것을 거의 기억하지 못한다. 그래서 성도는 교회가 무엇인지 다시 배워야 하며 교리 또한 배워야 한다. 개신교회는 이런 일에서 가톨릭교회보다 많이 약하게 보인다.

교회를 배울 때 필수적인 것이 바로 예배이다. 성도는 예배에 대하여 배워야 한다. 예배를 잘 모르기 때문에 예배하는 우리는 헛수고를 하는 경우가 많다. 예배와 기도, 찬양 이 모든 것은 구체적인 교육이 필요하다. 그리고 이와 함께 예배음악 혹은 교회음악에 대하여 배우는 것 또한 중요하다. 현재 우리나라 교회음악의 위기는 교회에서 이런 교육을 하지 않았기 때문에 생긴 결과이기도 하다. 목회자와 교회음악인들은 예배음악을 준비하는 것만으로 책임을 다했다고 생각하면 안 된다.

예배음악뿐만 아니라 성도들에게 교회음악의 본질을 가르치는 것은 올바른 예배를 드리는 지름길을 보여주는 것과 같다.

성도가 교회음악에 대하여 배워야 할 것을 구체적으로 열거하면, 1) 예배음악의 본질과 예배음악의 내용, 2) 찬송가와 올바른 찬양법, 3) 성가대 찬양의 본질과 의미, 4) 예배음악에서 기악 음악의 의미, 5) 예배 악기로서 적합한 악기 등이다.

예배에서 성가대 찬양 후 성도들이 박수하는 것은 예배와 예배음악의 본질을 모르기 때문이다. 우리의 실수가 무지로 인한 것이라면 이것은 첫째 교회의 책임이다. 모르면 가르쳤어야 하는 것이 교회의 할 일이다. 중세 교회에서는 성도들에게 하나님의 말씀을 제대로 가르치지 않았다. 개인적으로 성경을 가지지도 못했던 당시, 하나님 말씀의 유일한 통로인 교회가 하나님의 말씀을 제대로 가르치지 않았을 때 그들은 세속적으로 살 수밖에 없었을 것이다. 어쩌면 이것을 교회는 방치하고 이것을 통해 교회는 자신의 원하는 것을 이루려고 한 것은 아니었는지 알 수 없다. 이 모든 것은 루터의 개혁으로 새로운 교회의 문을 열게 된 것이다. 그래서 개혁자들은 성도들을 부지런히 가르쳤다. 성경을 지역어로 번역하고, 성경 말씀을 가사로 찬송가를 만들어 성도들이 직접 부르게 하여 영적인 교육에 힘썼다.

그런데 지금은 중세 교회와 다르다. 지금은 말씀이 넘쳐나는 시대이다. 성도는 원하기만 하면 언제든지 어디서나 하나님의 말씀을 읽으며 들을 수 있다. 성경은 우리 눈 안에 늘 있으며 차 안이나 집, 어디를 가든지 방송 혹은 녹음 등으로 언제든지 들을 수 있다. 성경뿐만 아니라 설교도 마찬가지이다. 기독교 TV와 라디오 방송을 통하여 많은 설교들을 들을 수 있으며 인터넷을 통하여 하나님 말씀은 늘 풍족하다. 그런데 이 풍족함의 시대에 빈곤은 어찌된 일인가? 많은 것이 좋은 것만은 아니다. 적음으로 해서 오히려 희소가치가 있을 때도 있다. 그렇다고 하나님의 말씀을 듣는 것이 어려운 사회주의 국가나 이슬람권의 나라가 더 좋다는 뜻이 아니다.

그러면 교회음악은 지금 하나님 말씀처럼 넘쳐나는 시대인가? 지금은 교회음악 빈곤의 시대이다. 말씀은 넘쳐나지만 교회음악은 그렇지 않다. 현재 한국 교회음악의 대부분을 차지하는 천편일률적인 CCM과 성가대 찬양곡은 개성이 없으며 예술성에서 많이 미흡하다. 하지만 성도들은 이것을 잘 모른다. 이것은 교회가 쉬운 길을 가기 위해 성도들에게 전통적인 교회음악을 가르치지 않는 이유가 아닌가?

교회음악은 교회의 음악인들만이 하는 음악이 아니다. 교회음악은 성도 모두의 것이다. 성도 모두가 함께 찬양하고, 함께 하나님께 돌리는 것이 교회음악이다. 이 음악을 잘하려면 배워야 한다. 현대로 들어와서 개신교회는 예전의 가톨릭교회로 되어 가며 가톨릭교회가 개신교회로 되어 간다고 하는 말이 있다. 개신교회 혹은 가톨릭교회라는 것을 떠나서 모든 교회 성도는 직접 하나님께 예배한다. 그래서 직접 찬양을 한다. 하나님께서 기뻐하시는 음악을 하려면 교회는 이것을 성도에게 가르쳐야 하며 성도는 배워야 한다. 예배를 다시 살리고 기쁨과 감사의 온전한 예배가 되기 위해서는 하나님께서 어떤 음악을 원하시고 좋아하시는지 배워야 한다. 이것을 위해 더 궁극적인 것은 하나님을 배워야 한다.

> 그러므로 우리가 여호와를 알자 힘써 여호와를 알자
> 그의 나타나심은 새벽 빛 같이 어김없나니 비와 같이,

땅을 적시는 늦은 비와 같이 우리에게 임하시리라 하느니라(호세아 6:3).

성도들에게 교회음악을 가르치는 방법은 많이 있다. 성경공부처럼 교회음악 클래스를 열 수 있다. 요즈음 교회에서 성도를 위한 평생교육원을 많이 개설하고 있다. 어떤 모양이든지 교회는 성도를 교육하는 시스템을 갖추어야 한다. 예배의 본질, 예배당에 대한 예의, 주일 옷, 예배자의 자세와 같은 가장 근본적인 것은 물론이며 교회음악을 널리 배우도록 프로그램을 만들어야 한다. 이 세상에는 좋지 않은 음악들이 많다. 이런 음악으로 정신과 영을 흐리게 할 것이 아니라, 교회음악 교육 프로그램을 통하여 교회의 좋은 음악들을 듣게 하는 것 또한 중요한 의미가 된다. 교회음악의 진정한 모습을 알게 되면, 성도는 삶에서 그리고 예배에서 찬양이 넘치며 이 세상의 음악에서 자신을 구별하는 능력을 갖출 것이다.

55. 예배에서 성도들의 참여

현대인은 몸으로 하는 것을 점점 기피한다. 그래서 인간은 로봇을 만든다. 이것은 기계를 점점 더 의지하는 것으로, 결국 사람이 할 수 있는 일이 거의 없어질 수 있다. 가정에서 요리하는 것, 청소하는 것은 갈수록 줄어든다. 이것은 좋은 것만은 아니다. 자신을 위해 대신 일을 해주는 무언가를 찾는 이 증상은 사람의 행동 전반에 깔려 있다. 나중에는 로봇에게 밥도 먹여달라고 하는 시대가 오지 않을까?

예배의 어원에는 '노동'(labor)이라는 뜻이 담겨 있다. 노동, labor라는 단어는 산모가 아이를 낳을 때 고통하는 혹은 수고하는 '진통', '산통'의 뜻이 있다. 예배는 예배하는 사람의 수고가 담겨 있어야 한다. 이것은 예배를 준비하는 혹은 예배 순서를 맡은 사람만이 하는 수고를 의미하는 것이 아니다. 예배자 모두가 해야 하는 수고를 말한다.

그런데 우리는 예배에서 수고하는가? 무엇으로 수고하는가? 성도가 예배당에 와서 찬송가 몇 장을 부르는 것이 예배에서 하는 것이 전부인 이 현실에서 이것도 수고라 할 수 있을까? 예배당 의자는 갈수록 편안해지며 성도들의 자세는, 드리면서 수고하는 자세가 아니라 받고 평가하는 거만한 자세이다. 그래서 다리는 주인의 자세로 편한 대로 아무렇게 한다. 거기다 예배는 1시간으로 엄수해 달라는 성도들의 묵시적 압력 또한 대단하다. 그래서 목회자는 예배를 이끌면서 시계를 계속 확인한다. 그리고 예배가 길어지면 죄송하다는 말을 한다. 예배가 길어질 때 왜 목회자는 성도에게 죄송하다는 말을 해야 하는가? 성도를 위해서 예배라는 식(?)을 마련한 것이 아니지 않는가?

예전의 예배는 성도들의 참여가 많았었다. 앉아만 있는 것이 아니라 오히려 앉아 있는 시간이 적어 예배 동안 대부분 서 있는 경우가 많았다. 성전 예배를 드리는 동안 이스라엘 백성들은 주로 이렇게 서 있었다.6 예배의 어원에 '섬기다'(serve)라는 뜻이 또한 들어있다. 그러면 섬기는 사람이 앉아서 할 수 있는 것이 무엇이 있을까? 사실 앉아서 누구를 섬길 수 있는 일은 거의 없다. 예배는 외형적인 모습이 아니라 내면의 자세라고 하는 것은 맞는 말이지만, 내면의 자세가 바로 되면 외형적인 모습은 자연스럽게 따라오는 것이다. 그래서 안과 겉은 서로 통하는 것으로 결국은 하나인 것이다.

예배의 자세, 즉 자신을 하나님 앞에 내려놓고 굴복하고 포기한 사람은 겸손한 사람으로 하나님을 예배하기 위해 무엇이든지 할 수 있는 사람이다. 이 모습은 모든 예배자의 모습이 되어야 한다. 그러면 성도는 지금 현재 예배에서 어떤 행위로 하나님께 예배하는가? 입으로 찬양하고, 기도하고, 귀로 말씀을 듣는다. 그런데 이것은 아주 작은 노동이며 작은 섬김이다. 보다 적극적인 노동과 섬김은 있는 것인가? 이것은 성도가 고행을 자처하라는 말이 아니다. 예배에서 우리는 보다 적극적인 행위가 있어야 한다는 의미이다. 예배당에 들어와서 의자에 앉으면 거의 움직임이 없이 내내 의자에 앉아 있는 것은 예배로 보기에는 많이 미흡하다.

성도의 적극적인 예배 행위(action)로는 첫째로는 일어서는 것이다. 전례를 행하는 교회의 성도는 예배 중에 일어서는 부분이 많이 있다. 일어서서 하나님께 찬양을 올리고, 복음서를 낭독할 때는 예의를 표하기 위해 모두 일어서서 말씀을 경청한다. 그리고 성찬에서 기도와 봉헌은 긴 시간임에도 불구하고 일어서서 참여한다. 특히 거양성체

---

6 누가복음 1:10 "모든 백성은 그 분향하는 시간에 밖에서 기도하더니."

(Elevation) 시간에는 모든 성도가 앞 성단의 집례자의 떡과 포도주를 의미 있게 주시한다. 왜냐하면 가톨릭교회에서 이 시간은 성물이 세상의 물질에서 예수님의 거룩한 몸과 피로 변하는 순간이기 때문이다.

둘째로 예배의 적극적인 행위로는 무릎을 꿇는 것이다. 예배의 어원에는 '무릎을 꿇다'라는 뜻이 들어있다. 이 뜻을 생각하면 예배는 무릎을 꿇고 하는 것이 예배의 개념에 가장 맞다. 지금의 의자가 없던 예전의 교회에서는 모두가 무릎을 꿇었었다. 물론 이것은 신체에 부담을 주는 일이기는 하다. 무릎이 약하거나 노약자인 경우에는 무릎을 꿇지 않을 수도 있다. 이것은 하나님 앞에서 기쁜 마음으로 어떤 모습이든지 선택할 일로서 옆의 사람이 말할 수 없는 사안이다. 하지만 교회에서 예배의 전체적인 모습을 이렇게 제시하면 성도들은 자신의 상황에 맞게 선택할 것이며, 자신이 무릎을 꿇지 못할 상황이라면 옆의 사람의 모습을 보면서 자신도 같은 마음과 자세를 가지게 될 것이다. 우리는 기도에서, 특히 성찬 중의 기도와 성찬이 진행되는 동안 무릎을 꿇는 것이 좋다.

교회에서 성도가 무릎을 꿇을 수 있는 의자를 두지 못할 경우, 차선으로서 글의 앞부분에서 언급한 것으로, 나무로 된 90도 각도의 긴 회중 의자(pew)를 두는 방법이다. 이 의자는 예배에서 성도의 자세를 좀 더 적극적으로 만들어 준다. 이 의자는 등을 뒤로 댈 수는 있지만 편안한 의자가 아니다. 영어에 'Sit up'(허리를 세워 90도로 똑바로 앉는 것)과 'Sit back'(등을 뒤로 경사지게 기대어 편하게 앉는 것)이 있다. 노래를 부를 때 제대로 부르기 위해서는 Sit up 해야 한다. Sit back 하는 것은 신체에 잠깐은 좋지만 이렇게 오래 앉는 것은 좋지 않다. 그리고 이 자세는 사람을 이완(release)시켜주는 자세로 영으로 깨어 있어야 할 예배자의 자세가 아니다. 예배자는 간절함이 핵심이다. 간절함으로 하나님을 찾고, 간절함으로 찬양하고, 간절함으로 하나님의 말씀을 듣고 받는다. 그리고 간절함으로 다시 소명을 확인하고 이 세상에서 섬길 자세를 가다듬는 것이 예배이다. 그런데 편안하게 등을 뒤로 기대고 앉아 있다는 것은 뭔가 잘못된 상황이지 않겠는가?

성도의 예배 참여와 예배 행위(action)를 늘이는 방법은 성도가 다 함께 하는 부분을 늘이는 것이다. 여기에는 회중의 화답송이 있으며 이것은 글의 앞부분에서 자세하게 논의하였다. 그리고 현재 부르고 있는 찬송가의 횟수를 늘일 수 있으며, 성경 봉독도 대표 성도가 읽는 것이 아니라 성도들 모두 같이 봉독하든지, 교독할 수 있다. 그리고 성경 봉독에서 성도가 모두 일어서서 같이 읽을 수도 있으며 대표 성도 혹은 집례자가 대표로 봉독할 수도 있다. 그리고 봉헌할 때 모든 성도가 일어날 것이며, 대표기도 외에 죄의 고백기도, '주님의 기도', 신앙고백은 당연히 일어서서 하는 것이다.

안락한 의자에 등을 기대고 편안한 자세로 앉아서 하는 것과 일어서서 하는 것은 많이 다르다. 더구나 무릎을 꿇는 것은 해이해진 마음을 다시 바르게 모아주기도 한다. 행동은 마음에 영향을 준다. 비록 마음에 없이, 습관적으로 한 행동이라 하더라도 일어서서 있는 동안 사람은 생각하게 되며, 특히 무릎을 꿇는 동안은 진지하다. 이런 예배 행위는 성도로 하여금 자신이 하나님께 예배드리고 있다는 것을 깨우쳐 주며 예배에 더 집중하게 만들어 준다.

성도가 예배당에 들어오면 편안하게 있다가 가려고 하는 생각을 접어야 한다. 집에서 소파에 앉아 TV를 보듯이 예배당에 앉아서 영상 스크린을 보다가 축도가 끝나면 나가는 것이 예배가 아니다. 예배당에 들어오면 뒤로 젖혀진 의자에 등을 기대는 시간이 적을수록 예배의 본질에 맞다. 이렇게 하는 것이 예배이다. 예배를 이렇게 힘들게 해야만 하는가 하고 불평하는 사람이 있다면 그 사람은 아직도 예배가 무엇인지 모르는 사람이다. 이것은 힘든 것이 아니며 고행이 아니다. 예전의 성도들은 다 이렇게 했었다. 우리는 그들보다 더 좋은 환경에서 살고 있다. 예배는 노동이다. 그리고 예배는 섬기는 일이다. 교회는 이것을 성도에게 가르쳐야 하며 이런 예배가 되도록 힘써야 한다. 지금의 예배는 희생제사가 있었던 이스라엘 성전의 예배가 아니라고 하면서, 우리의 예배에서 희생하는 것이 없다면 예수님의 죽음을 값싸게 하는 것이다. 귀한 것에는 귀하게 대하는 것을 우리는 배워야 한다. 예배당에 들어올 때 예의와, 예배하러 올 때의 옷, 예배하는 자세 그리고 예배에 적극적으로 참여하는 것 이 모두는 예배를 온전하게 하는데 필수적인 것들이다.

> Fairest Lord Jesus, Ruler of all nature
> O thou of God and man the Son;
> thee will I cherish, thee will I honor,
> thou, my soul's glory, joy, and crown.

> 가장 아름다운 주 예수님, 모든 자연을 다스리시는 분
> 오 주님은 하나님의 아들이시며 사람의 아들이십니다;
> 제가 주님을 소중히 모시고, 제가 주님을 공경합니다.
> 주님은 제 영혼의 영광이시며, 기쁨이시며, 영예이십니다.
> - German composite; tr. pub. New York, 1850, alt. -

마치는 글

Soli Deo gloria

한국교회의 예배와 예배음악은 희망이 있다. 왜냐하면 우리는 돌아갈 곳이 있기 때문이다. 희망은 사람에게 있는 것이 아니라 하나님께 있다. 이것은 단순한 희망이 아니라 소망이며 믿음이다. 필자는 하나님을 믿는다. 하나님께서는 우리가 조금이라도 하나님의 뜻을 찾고 돌아오면 회복시켜 주실 준비를 다 하시고 계신다. 우리의 노력은 미흡하더라도 하나님께서는 작은 겨자씨 같은 믿음이라도 있으면 산을 옮기게 하실 분이시다. 이런 것을 생각하면 우리는 얼마나 하나님께로부터 멀어져 있는 것을 새삼 깨닫는다.

> 악인은 그의 길을, 불의한 자는 그의 생각을 버리고
> 여호와께로 돌아오라 그리하면 그가 긍휼히 여기시리라
> 우리 하나님께로 돌아오라 그가 너그럽게 용서하시리라(이사야 55:7).
> 여호와께서 이르시되 이스라엘아 네가 돌아오려거든
> 내게로 돌아오라 네가 만일 나의 목전에서 가증한 것을 버리고
> 네가 흔들리지 아니하며(예레미야 4:1).

성경으로 돌아가는 길은 쉬울 수도 있고, 어려울 수도 있다. 문제는 우리의 어떤 것이 하나님 말씀과 다르게 되어 있는지를 성경에 비추어 보는 것이다. 최근 우리나라에서 정치적으로 한동안 많이 사용된 단어가 '적폐'였다. 좋지 않은 관습이 고쳐지지 않은 상태로 쌓이도록 오래 이어오고 있다는 것으로 우리나라 사회 전반적으로 이런 적폐가 있다. 이것은 사안에 따라 한숨에 청산되는 것이 있을 수도 있지만 아주 오래 걸리는 것도 있을 수 있다. 우리가 무엇이 잘못 되었다는 것을 깨달으며, 이것을 속히 고치려는 열망이 있을 때는 가능하다. 탕자가 아버지를 떠나 방황하며 살면서 아버지께 돌아가려고 고민한 시간이 길었을 수 있으나, 돌아온 후 아들로 회복되는 것은 한순간이었다. 하나님보다 더 소중하게 생각하는 것들을 다 내려놓을 때 이 모든 것은 가능하다.

그래서 *Sola scriptura*이다.

참 고 문 헌 (Bibliography)

〈성경〉

개역개정
개역한글
새번역
표준새번역(개정판)
현대인의 성경
King James Version
New International Version

〈찬송가〉

가톨릭성가, 한국천주교주교회의: 한국천주교중앙위원회, 2013.
대한성공회 성가 1990, 대한성공회출판부, 1991.
찬송가, 한국찬송가위원회: 대한기독교서회, 1967.
찬송가, 한국찬송가공회: 생명의말씀사, 1984.
찬송가, 한국찬송가공회: 예장출판사, 2006.
Evangelisches Gegangbuch, Leipzig: Evangelische Verlangsanstalt GmbH, 1995.
Lutheran Book of Worship, Augsburg Publishing House, USA, 2002.
The Hymnal 1982, The Church Hymnal Corporation, New York, 1985.
The Hymnbook, The Division of Christian Education of the National Council of Churches, USA, 1955.
The Singing Church, Hope Publishing Company, USA, 1985.

〈국내도서〉

김문환 역편. 『20세기 기독교와 예술』 (서울: 대한기독교서회, 1974).
김미애. 『서양의 교회음악』 (서울: 음악도서 삼호출판사, 1990).
김춘해. 『예배와 오르간』 (계명대학교출판부, 2017).
델라몽, 빅/김두완 역. 『교회와 음악목회』 (서울: 아가페 음악 선교원, 1989).

볼프, 크리스토프/변혜련 옮김.『요한 세바스찬 바흐 1, 2, The Learned Musician』(서울: 한양대학교 출판부, 2000).
스콰이어, 럿셀 N./이귀자 역.『교회음악사』(서울: 호산나음악사, 1992).
양동복.『새로운 대중음악 CCM, Contemporary Christian Music』(서울: 참빛미디어, 1995).
에모토 마사루/양억관 옮김.『물은 답을 알고 있다 1, 2』(서울: 나무심는사람, 2001/2003).
오영걸.『성경에서 비쳐 본 교회음악개론』(서울: 도서출판 작은우리, 2000).
오우성 외.『정신문화와 기독교』(계명대학교출판부, 2000).
이만열.『한국 기독교사 특강』(서울: 성경읽기사, 1987).
이상열.『기독교와 예술』(서울: 도서출판 한글, 1993).
최시원.『오직 하나님의 영광을 위하여』(서울: 도서출판 엠마오, 1991).
포르켈, J. N./강해근 옮김.『바흐의 생애와 예술 그리고 작품』(서울: 한양대학교 출판부, 2005).
홍세원.『교회음악의 역사』(서울: 연세대학교 출판부, 1999).
Garlock, Frank and Kurt Woetzel/홍성수 옮김.『위험에 처한 교회음악』(서울: 도서출판 두풍, 1997).
Rookmaaker, Hans R./김헌수 옮김.『기독교와 현대 예술』(서울: 한국기독학생회출판부 IVP, 1989).
Schaeffer, Edith/이상미 옮김.『최고의 예술가이신 하나님』(서울: 두란노, 1991).
Schaeffer, Francis A./김진홍 역.『예술과 성경』(서울: 생명의 말씀사, 1995).
Seebaß, Friedrich/김영재 옮김.『요한 세바스찬 바흐, 삶과 음악의 종교적 뿌리』(서울: 예솔, 2011).
Veith, Gene E..『예술에 대해 성도가 가져야 할 태도』기독교와 예술(3), (서울: 나침반사, 1992).

〈외국도서〉

Arnold, Corliss R., *Organ Literature*, New York: The Scarecrow Press Inc., 1973.
Best, Harold M., *Music through the Eyes of Faith*, Washington, DC: Christian College Coalition, 1993.
Brown, Frank B., *Religious Aesthetics, A Theological Study of Making and Meaning*, Princeton, New Jersey: Princeton University Press, 1989.

Davison, Andrew, *Blessing*, London: The Canterbury Press Norwich, 2014.

Dawn, Marva J., *Keeping the Sabbath Wholly*, Grand Rapids, MI: William B. Eerdmans Publishing Company, 1989.

Erwin, Gayle D. *The Jesus Style*, Waco, Texas: Word Books Publishers, 1983.

Frame, John M., *Contemporary Worship Music, A Biblical Defense*, Phillipsburg, New Jersey: Presbyterian and Reformed Publishing Company, 1997.

Gardiner, John Elliot, *Music in the Castle of Heaven, A Portrait of Johann Sebastian Bach*, London: Penguin Books, 2013.

Graham, Billy, *Unto the Hills*, Waco, Texas: Word Books Publishers, 1986.

Hatchett, Marion J., *A Manual for Clergy and Church Musicians*, New York: The Church Hymnal Corporation, 1980.

Hustad, Donald P., *Jubilate II, Church Music in Worship and Renewal*, Carol Stream, IL: Hope Publishing Company, 1993.

Kratzenstein, Marilou, *Survey of Organ Literature and Editions*, The Iowa State University Press, 1980

Lawrence, Joy E. and John A. Ferguson, *A Musician's Guide to Church Music*, New York: The Pilgrim Press, 1981.

Lovelace, Austin C. and William C. Rice, *Music and Worship in the Church*, Nashville, Tennessee: Abingdon Press, 1981.

Maxwell, William D., *An Outline of Christian Worship, Its Developments and Forms*, London: Oxford University Press, 1963.

Mitchell, Robert H., *Ministry and Music*, Philadelphia: The Westminster Press, 1973.

Osbeck, Kenneth W., *Amazing Grace, 366 Inspiring Hymn Stories for Daily Devotions*, Grand Rapids, MI: Kregel Publications, 1990.

Reynolds, William J. A., *Joyful Sound, Christian Hymnody*, New York: Holt. Rinehart and Winston, 1978.

Routley, Erik, *Church Music and the Christian Faith*, Carol Stream, IL: Agape, 1978.

_____. *Music Leadership in the Church*, Nashville, Tennessee: Abingdon Press, 1978.

Ryken, Leland, *The Liberated Imagination: Thinking Christianity About the Arts*, Wheaton, IL: Harold Shaw Publishers, 1989.

Sallee, James E., *A History of Evangelistic Hymnody*, Grand Rapids, MI: Baker Book House, 1978.

Sproul, R. C., *The Holiness of God*, Wheaton, IL: Tyndale House Publishers Inc., 1985.

Sumner, William Leslie, *The Organ: Its Evolution, Principles of Construction and Use*, MacDonald, 1962.

Veith Jr., Gene E., *Postmodern Times: A Christian Guide to Contemporary Thought and Culture*, Wheaton, IL: Good News Publishers, 1994.

_____, *State of the Arts: From Bezalel to Mapplethorpe*, Wheaton, IL: Good News Publishers, 1991.

Webber, Robert E., *Worship is a Verb*. Waco, Texas: Word Books Publisher, 1985.

교회음악 작품을 소개한 작곡가: Bach(J. S.), Barnard, Bliss, Bradbury, Brahms, Britten, Bruckner, Buxtehude, Cavazzoni, Crosby, Distler, Doane, Dykes, Frescobaldi, Gabrieli, Gounod, Grose, Handel, Haydn, Heber, Kirkpatrick, Lowry, Machaut, Malotte, Mendelssohn, Messiaen, Moody, Mozart, Palestrina, Praetorius, Root, Rutter, Sankey, Schubert, Schütz, Spafford, Stone, Sullivan, Sweney, Thomerson, Vaughan Williams, Vivaldi, Watts, Wesley(C.), Wesley(J.), Willaert.

찾아보기 (Index)

〈성경〉

창세기
1:2	227
3:1	190
3:6	209
4:3-4	92
4:3-15	151
4:21	343
8:20	93
14:20	94
22:2	94
24:26	37
25: 29-34	162
28:16-17	159

출애굽기
3:2	158, 376
3:5	218
3:6	337
3:14	44
12:5	361
20:12	143
24:5	95
25:11	361
28:16-17	159
28:40-43	49
29:14	95
31:3-4	195
34:6	385
34:8	37

34:35	129
39:3	274

레위기
10:1-2	48
11:44	194
16:3-4	49
19:2	417
23:33-44	180
26.23	26

민수기
6:22-27	84
29:12-40	180

신명기
12:4,31	256
27장	311

사사기
5:16	349

사무엘상
2:1-10	299
10:11	46
15:22	150
16:7	378
16:23	346

찾아보기 | 525

사무엘하
6:14-15	48, 347
6:16-23	129

열왕기상
8:22, 23-53	66, 195
9:3-9	66
8:8-11	195
8:23-53	195
18:38	376
19:12	376

열왕기하
11:12	132

역대상
15:16	238
15:27	239
16:36	312
23:30	238
25:1	361
29:14	68
29:20	37

역대하
3:17	200
5:11	247
5:12-13	379
15:14	349
26:18	158
34:12	269

에스라
3:11	87

느헤미야
8:5-6	60
9:17	385
12:24	87

욥기
21:12	349
27:23	132
30:31	349
34:37	132

시편
2:11	31
9:16	114
19:14	114
29:2	37
33:3	269
41편	313
43:4	505
47:1	132
47:5	348
84:1-2	56
92:3	114
96:9	37, 157, 275, 342
98:6	348
98:8	132
106:48	313
119:105	7, 25
133:1	234

150:3	348	나훔	
150:5	346	3:19	132

잠언
17:9   129

이사야
1:11-17   149
6:3   87
55:7   153, 518
55:8-9   24
55:12   132
56:7   219

예레미야
4:1   10, 518
48:36   349

예레미야 애가
2:15   132

에스겔
1:24   223
25:6   132
43:23   165

호세아
6:3   512

아모스
5:21-22, 24   148, 149
5:24   149

마태복음
3:16   80
5:3   202, 210
5:13   257
5:23-24   95
6:2   96
6:3   91
6:5-6   96
6:7   65
6:9-13   82
6:10   42
6:13   313
6:24   146, 409
6:33   63
7:13   336, 378
7:22-23   271
10:38   317
13장   104
16:24   317
18:12   341
21:9   331
21:12-13   112
22:21   144
23:23   95
23:27   96, 216
26:30   47
28:19   78
28:20   313

찾아보기 | 527

마가복음
 1:3 1 336
 12:33 95
 14:26 47
 8:34 317

누가복음
 1:10 514
 1:46-55 299
 2:14 331
 4:8 38
 9:23 32
 11:2-4 82
 11:42 95
 14:27 317
 21:1-4 97
 21:6 379
 22:19 71, 73
 24:53 314

요한복음
 1:29 331
 3:16 498
 4:14 506
 4:21-24 38
 5:17 235
 7:7 387
 8:32 54, 170
 14: 6 39
 15:11 506
 15:19 387
 20:5 238

 21:25 314

사도행전
 2: 42 74
 4:32 458
 5:1-11 154
 17:22-23 353

로마서
 5:10 94
 6:5 234
 12:1 156, 271
 12:2 258
 12:4 449

고린도전서
 3:16 158
 4:2 449
 8:13 136
 12:12 449
 14:7 349

갈라디아서
 3:20 25
 6:14 186

에베소서
 5:19 87

골로새서
 1:18 212
 1:24 196

디모데전서			4:3	505
2:5	25			
6:10	67		베드로후서	
			2:13	507
디모데후서				
3:2	25		요한1서	
			2:15	436
히브리서			4:20	266
1:8	386			
9:10	26		요한계시록	
			1:14	460
야고보서			1:15	222
2:19	25		7:9-10	142
3:10-11	265		14:2	345
			15:2-3	345
베드로전서			19:6	222
4:8	130		22:20-21	314

〈용어〉

가사그리기(Word Painting) 302
갈란테(Galante) 양식 390
감5도(tritone) 386
감성과다 양식(Empfinsam Stil) 390
감성론(Affection Theory) 302
개혁 17, 27
거룩(holy) 36, 194, 218, 262, 276, 284, 417
거양성체(Elevation) 114, 514
곡조명(tune name) 292
공교회(Universal Church) 198, 491
교대연주 관습(Alternatim Praxis) 447
교창(antiphonal singing) 399
교회력(Liturgical Year) 63, 106, 143, 145, 146, 169, 184, 185, 293, 322
교회 선법(Church Mode) 193
교회음악장(Cantor) 389
나는 나다(I AM THAT I AM) 44, 128
니케아회의(Council of Nicaea) 296
다성음악(polyphony) 49, 274, 315, 390, 393
단선율 성가(plain chant) 281, 315, 330, 399
단선율 음악(monophony) 399, 403

당김음(syncopation) 410, 412, 413, 427, 501
대강절(Advent) 293
라오디게아회의(Council of Laodicea) 297
랩(Rap) 음악 288, 289, 290, 501
로마악파(Roman School) 49, 50, 51
록(Rock) 음악 413
류트(lute) 346
마리아의 찬양(Magnificat) 299
밀라노 칙령(Milan Edict) 273, 453
번제(Burnt Offering) 94, 95, 148, 219
베네치아악파(Venetian School) 50
보칼리제(vocalise) 398
복음성가(Gospel Song) 51, 294, 298, 299, 305, 334, 407, 408, 410, 411, 421, 424, 490
부속가(sequence, 속가) 297, 466
비브라토(vibrato) 430, 431
사도들의 편지(Epistle) 39, 59
사순절(Lent) 72, 143, 169, 192
색유리창(Stained Glasses) 196
성가대 발코니(choir loft) 240, 243, 244
성가대 스크린(choir screen) 240
성공회 예배책(Book of Common Prayer) 63
성단(Altar) 67, 77, 181, 196-198, 218, 231, 243, 403, 515
성막(Tabernacle) 55, 194, 195, 312
세마포 옷 166
셀라(Selah) 114
소고(timbrel) 349, 370

송가(canticle) 63, 297, 480
송영(Doxology, 영광송) 58, 110, 313
쇼파르(Shophar) 347
수금(psaltery) 273, 343-347, 350, 352, 353
스쿠핑(scooping) 창법 430, 431
시실리안 운동(Cecilian Movement) 256
신고전(Neo-Classic) 양식 392
신바로크(Neo-Baroque) 양식 392
아론의 축복 기도(Aaronic Blessing) 84
아 카펠라(a cappella) 49
앤텀(Anthem) 329
야긴과 보아스 200
에봇(Ephod) 274, 377
오르간 의자(organ bench) 230
오르간 제작 장인(Orgelmeister) 382
요제(Wave Offering) 95
운율 시편가(Metric Psalmody) 59, 253, 490
유랑 음악인(trouvère 혹은 troubadour) 353
원시주의(Primitivism) 283
응창(responsorial singing) 50, 399
저교회(Low Church)와 고교회(High Church) 316, 317, 333
전음계(diatonic) 50, 285
주님의 기도(Lord's Prayer) 82
주님의 기도(Pater noster) 86
주님의 기도(하늘에 계신 우리 아버지, Vater unser in Himmel) 88
지휘자의 손(cheironomy) 373
찬송가(hymnal, 찬송집) 489, 491

초막절 180, 183
카타콤(Catacomb) 195
코랄(chorale) 293, 328, 454, 490, 491
콘트라팍타(contrafacta) 253, 489
테 데움(Te Deum) 330
트렌토공회의(Council of Trent) 466
프레이징(phrasing) 280, 428
한국오르가니스트협회(KGO) 468
한나의 찬양 299

할렐 시편(Hallel Psalm) 47, 48
헤비 메탈(Heavy Metal) 366, 407
현현절(Epiphany) 293
화목제물, 화목제(Peace Offering) 95, 148
화체설 75
회당 40, 119, 239, 388, 399
힉가욘(Higgaion) 114

〈인명〉

구두회(1921-)	305, 306	Bell, B. C.(1932-2000)	477
김두완(1926-2008)	332, 395	Bliss, P. P.(1838-1876)	295
김재준(1901-1987)	308	Bradbury, W. B.(1816-1868)	299, 497
김준곤(1925-2009)	127	Brahms, J.(1833-1897)	56, 392
남궁억(1863-1939)	308	Britten, B.(1913-1976)	332
민태원(1894-1935)	307	Buxtehude, D.(1637-1707)	254, 454
박재훈(1922-)	395	Calvin, J.(1509-1564)	15, 253
반병섭(1924-2017)	307	Casals, P.(1876-1973)	280
석진영(1926-)	308	Cavazzoni, M.(1485-1569)	50
에모토 마사루(1943-2014)	414	Crosby, F. J.(1820-1915)	193, 298
윤이상(1917-1995)	332	Distler, H.(1908-1942)	392
이동훈(1922-1974)	307, 308	Doane, W. H.(1832-1915)	193, 299
이일래(1903-1979)	308	Dykes, J. B.(1823-1876)	330
전영택(1894-1968)	306	Foster, S. C.(1826-1864)	298
Antegnati, C.(1549-1624)	357	Frescobaldi, G.(1583-1643)	389
Bach, C. P. E.(1714-1788)	390	Gabrieli, G.(c. 1554/1557-1612)	50, 389
Bach, J. C.(1735-1782)	390	Gounod, C.(1818-1893)	392
Bach, J. S.(1685-1750)	254	Graham, B.(1918-2018)	36, 298
Barnard, C. A.(1830-1869)	307	Grose, H. B.(1851-1939)	307
Beethoven, L. v.(1770-1827)	287		

Handel, G. F.(1685-1757)	255, 314	Rutter, J.(1945-)	315
Haydn, J.(1732-1809)	330	Sankey, I D.(1840-1908)	298, 299
Heber, R.(1783-1826)	298	Schubert, F.(1797-1828)	281
Kirkpatrick, W. J.(1838-1921)	299	Schütz, H.(1585-1672)	254
Lowry, R.(1826-1899)	299	Spafford, H. G.(1828-1888)	295
Luther, M.(1483-1546)	15, 253	Stone, S. J.(1839-1900)	300, 301
Machaut, G.(c. 1300-1377)	356	Sullivan, A.(1842-1900)	330
Malotte, A.(1895-1964)	86	Sweney, J. R.(1837-1899)	299
Mendelssohn, F.(1809-1847)	330	Thich, Nhat Hanh(1926-)	115
Messiaen, O.(1908-1992)	327, 393	Vaughan Williams, R.(1872-1958)	332
Monteverdi, C.(1567-1643)	389		
Moody, D. L.(1837-1899)	298	Vivaldi, A.(1678-1741)	329
Mozart, W. A.(1756-1791)	111, 281	Wagner, R.(1813-1883)	366
Palestrina, G.(1525-1594)	49, 389	Watts, I.(1674-1748)	192, 298
Praetorius, M.(1571-1621)	254	Wesley, C.(1707-1788)	298
Ravel, M.(1856-1926)	369	Wesley, J.(1703-1791)	490
Root, G. F.(1820-1895)	299, 497	Willaert, A.(c. 1490-1562)	50
Routley, E.(1917-1982)	46, 252, 335	Zwingli, U.(1484-1531)	454